KB188942

요한복음
어떻게 설교할 것인가

두란노 HOW주석 시리즈 37

요한복음 어떻게 설교할 것인가

엮은이 | 목회와신학 편집부

펴낸곳 | 두란노아카데미
등록번호 | 제302-2007-00008호
주소 | 서울시 용산구 서빙고로 65길 38 두란노빌딩

편집부 | 02-2078-3484   academy@duranno.com http://www.duranno.com
영업부 | 02-2078-3333   FAX 080-749-3705
초판1쇄발행 | 2007. 6. 25.   14쇄 발행 | 2022. 4. 12

ISBN 978-89-6491-087-0   04230
ISBN 978-89-6491-045-0   04230(세트)

책값은 뒤표지에 있습니다.

두란노아카데미는 두란노의 '목회 전문' 브랜드입니다.

요한복음

어떻게 설교할 것인가

• 목회와신학 편집부 엮음 •

두란노 HOW주석

HOW
COMMENTARY
SERIES
37

두란노아카데미

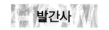

설교는 목회의 생명줄입니다

설교는 목회의 생명줄입니다. 교회 공동체를 향한 하나님의 음성입니다. 그래서 목회자는 설교에 목숨을 겁니다. 하나님의 말씀을 가감 없이 전하기 위해 최선을 다합니다.

이번에 출간하게 된 「두란노 HOW주석 시리즈」는 한국 교회의 강단을 섬기는 마음으로 설교자를 위해 준비했습니다. 「목회와신학」의 별책부록 「그말씀」에 연재해온 것을 많은 목회자들의 요청으로 출간하게 된 것입니다. 특별히 2007년부터는 표지를 새롭게 하고 내용을 더 알차게 보완하는 등 시리즈의 질적 향상을 추구하였습니다. 독자 여러분의 끊임없는 관심과 격려를 부탁드립니다.

「두란노 HOW주석시리즈」는 성경 본문에 대한 주해를 기본 바탕으로 하면서도, 설교에 결정적으로 중요한 '적용'이라는 포인트를 놓치지 않았습니다. 또한 성경의 권위를 철저히 신뢰하는 복음주의적 관점을 견지하고자 노력했습니다. 또한 성경 각 권이 해당 분야를 전공한 탁월한 국내 신학자들에 의해 집필되었습니다.

학문적 차원의 주석서와는 차별되며, 현학적인 토론을 비껴가면서도 고밀도의 본문 연구와 해석이 전제된 실제적인 적용을 중요시하였습니다.

이 점에서는 목회자뿐만 아니라 성경공부를 인도하는 평신도 지도자들에게도 매우 귀중한 지침서가 될 것입니다.

오늘날 교회에게 주어진 사명은 땅 끝까지 이르러 예수 그리스도의 복음을 전파하는 것입니다. 사도행전적 바로 그 교회를 통해 새롭게 사도행전 29장을 써나가는 것입니다. 이 시리즈를 통해 설교자의 영성이 살아나고, 한국 교회의 강단에 선포되는 말씀 위에 성령의 기름부으심이 넘치기를 바랍니다. 이 땅에 말씀의 부흥과 치유의 역사가 일어나고, 설교의 능력이 회복되어 교회의 권세와 영광이 드러나기를 기도합니다.

바쁜 가운데서도 성의를 다하여 집필에 동참해 주시고, 이번 시리즈 출간에 동의해 주신 모든 집필자들에게 이 자리를 빌어 감사의 뜻을 전합니다.

두란노서원 원장

contents

II 본문연구

I. 배경연구

1 요한복음의 주제와 구조

요한복음은 다른 복음서와는 달리 저술 목적이 분명하게 서술되고 있다는 점(20:30~31)에서 특이하다. 요한복음은 표적과 강론을 통해 예수가 유대의 메시아, 즉 구약을 성취하신 약속된 구원자이심을 보여 주며, 또한 하나님 아버지와 동일하신 하나님의 아들(10:30)로 제시함으로써¹ 그분을 믿어 구원(영생을 가짐·얻음)에 이르도록, 빛 가운데 거하도록 장려한다. 그러므로 요한복음의 중심 주제는 '믿음'이 확실하다.

믿음의 복음

'믿는다'라는 단어가 요한복음에 98번이나 언급되고 있는데 이것은 다른 공관복음(마가복음 11번; 마태복음 14번; 누가복음 9번)과 비교해 볼 때 매우 특이하다. 이 단어는 앞에서 언급한 요한복음의 저술목적(20:31)에서도 나타날 뿐 아니라 서두의 중심이 되는 요한복음 1:12과 3:16~18에도 나온다. 그리고 이 단어는 다양한 표적들과 그에 따른 강론들의 중심 된 논쟁이기도 하다. 특별히 요한복음은 사람들을 두 부류, 즉 그리스도가 예수라는 사실을 믿는 사람들과 그렇지 않은 사람들로 나눈다. 요한에 의하면 믿는 사람들은 영생을 가진 사람들(3:15~16, 36; 5:24; 6:40, 47)로서 빛 가운데 행하며

(12:46), 믿지 않는 사람들은 마지막 날에 심판받는 사람들(3:18; 12:48)로서 어두움 가운데 행한다. 확실히 요한복음에서 믿음은 현재의 삶과 미래의 운명을 결정하는 근본적 이슈로 제시된다.

한마디로 요한복음의 중심 메시지는 "믿느냐, 믿지 않느냐 이것이 문제로다"로 요약할 수 있다. 이런 이유로 학자들은 요한복음을 "믿음의 복음"이라 부른다(Merrill Tenny). 흥미로운 점은 요한복음에 '믿는다' 라는 동사는 거의 100번 가량 언급된 것에 비해 '믿음' 이라는 명사는 한 번도 사용되지 않는다는 사실이다. 이는 독자들로 하여금 믿음의 능동적이고 적극적인 행위를 고양시키는 데 주된 목적이 있음을 보여 준다. 물론 요한복음에서 언급되는 '믿는다' 는 표현이 꼭 '구원 얻는 믿음' 을 가리킨다고는 말할 수 없다. 때론 예수를 믿는다고 하는 사람들을 '마귀의 자식들' (8:31~44)로 지칭할 때도 있고, 표적을 믿지만 나중에는 주님을 떠나는 사람들도 있다 (2:23~25; 6:60~66). 아리마대 요셉과 같은 비밀 신자나, 니고데모 같은 진지한 탐구자, 의심하는 도마도 있다.

요한복음이 강조하는 믿음은 단지 표적을 보고 믿는 것으로 끝나지 않고 예수께서 하신 말씀('영생의 말씀')을 진리로 받아들이는 태도를 의미하며 이것은 또한 지속적 믿음 가운데 거하는 것(신뢰)을 의미한다. 확실히 '믿음' 은 요한복음 전체를 휘감아 가는 중심주제가 분명하다.

계시의 책

요한복음의 중심된 주제는 '계시' (O´Day 1986; Ashton 1991) 혹은 '계시의 본질' (Smith 1995:75)에 대한 문제다. 요한은 독자들에게 너희는 어떤 하나님을 믿으며, 어떻게 그 믿음을 확정할 수 있느냐고 묻고 있다. 여기에 대해 요한은 너희가 믿는 하나님은 성경이 증거하는 대로 창조의 하나님이며, 아브라함과 이삭과 야곱의 하나님이며, 또한 모세와 다윗의 하나님이라고 진술한다. 결국 이 하나님은 성경을 통해 계시되었는데, 성경은 예수를 이 하나님께서 보내신 메시아(그리스도)며 하나님의 아들로 증거한다(요 5:39; 1:41, 45; 5:45~47). 그리고 성경을 계시의 보고로 제시한다(요한복음에 '성경'이 란 단어가 12번 언급됨). 결국 성경과 성경의 하나님이 요한신학의 근본적 골조를 이룬다(Smith 1995:76).

이 계시는 성육하신 예수 그리스도를 통해 완전히 드러났는데 이 경우 예수의 계시는 하나님의 본질과 하나님의 구속계획을 잘 드러낸다(요 1:14~18). 그리고 요한복음의 계시는 성령의 사역을 떠나서 이해할 수 없다. 주께서 이른 말씀은 성령을 통해 주신 '영의 말씀'이며(6:63, 68), 후에 진리의 성령이 오셔서 우리를 진리 가운데로 인도하셔서 진리를 알게 해 주신다. 성경과 성육하신 그리스도와 성령, 그리고 주의 제자들이 바로 이 계시의 전달자며 매개체다.

성령론

복음서들 중에서 요한복음이 성령에 대해 가장 명백한 가르침을 가지고 있다. 요한복음에서의 성령의 역할은 성령의 세례인 중생(1:32~33; 3:5~8)과 관련되어 있을 뿐만 아니라 예수의 사역(6:63; 7:39; 20:22)과 밀접하게 관련되어 있다. 특히 성령은 요한복음 14~16장에서 집중적으로 언급되는데 여기서 성령은 주로 '보혜사'(14:16, 26; 15:26; 16:7) 혹은 '진리의 영'(14:17; 15:26; 16:13)으로 묘사된다. '보혜사'란 곧 '중보자', '돕는 자', '위로자'를 의미하는데 그것은 예수의 지상 사역을 이어갈 성령의 사역(또 다른 보혜사)을 의미하는 것으로 주께서 하늘로 올라가신 후에 그가 보내실 성령은 예수께서 지상에 계실 동안 하셨던 사역과 매우 유사한 사역을 하신다.

보혜사, 진리의 영으로 오신 성령은 공동체 가운데 거하시면서 예수의 사역과 깊은 연관성을 가지고 일하시는데, 믿는 자들 안에 영원히 거하면서(14:16~17), 모든 것을 가르치시고, 주께서 말씀하신 것들을 생각나게 하신다(14:26). 성령은 세상에 대해 예수를 증거하며(15:26), 죄와 의와 심판에 대해 세상을 정죄한다(16:8~11). 그리고 모든 진리 가운데로 인도하시며 장래 일을 알리신다(16:13). 이처럼 오신 성령은 주께서 하셨던 사역을 계속하며(완성하며) 그의 영광을 드러내신다(16:14이하). 그러므로 요한은 "내가 떠나가는 것이 너희에게 유익이라 내가 떠나가지 아니하면 보혜사가 너희에게로 오시지 아니할 것이요 가면 내가 그를 너희에게 보내리니"(16:7)라고 말하며 그 유익을 드러낸다.

한마디로 성령의 오심으로 "배에서 생수의 강이 넘쳐흐르는" 풍성한 삶이 주어진다(7:39). 오셔서 중생을 일으키시며, 신자 가운데 내주하셔서 가르치시며, 기억나게 하시며, 진리 가운데로 인도하시며, 증거하시며, 정죄하시며, 기쁨이 충만한 삶을 살게 하신다. 그러므로 우리는 요한복음을 통해 부활하신 주께서 제자들을 보내시면서 말씀하신, "성령을 받으라"(20:22)는 말씀을 가슴 깊이 받아들여야 한다.

'로고스' 기독론과 '아들' 기독론

요한복음의 중심주제는 중심인물이신 예수 그리스도에 관한 것인데 이것은 이미 앞에서 살펴 본 저술목적에서도 잘 드러난 주제다. 그것은 "예수가 하나님의 아들 메시아"라는 사실을 보여 주는 것으로 한마디로 '아들-메시아' 로서 예수에 대한 계시(선포)다. '아들-메시아' 를 믿는 사람들은 영생을 소유한 구원받은 사람들이다. 특히 예수는 성경적이며 유대적인 기대속에 성취된 메시아심을 보여 주는데, 다른 복음서와는 달리 요한복음에서는 히브리어인 메시아(Messiah)란 단어가 그대로 사용된다(1:41; 4:25). 이 메시아 예수는 모세보다 아브라함보다 선제하시고 크신 분(1:17; 8:58)이시며 자신의 (속죄적) 사역을 통해 율법의 기능(1:17)과 성전의 기능(1:14;

2:19~22; 4:21~24), 절기(유월절, 장막절, 수전절)의 기능을 온전히 성취하신 분으로 성경이 증거하고 기다리신 세상의 구원자며 믿는 자의 주님이시다.

특히 서두(1:1~18)에서 진술되는 말씀(logos)이신 예수께서 성육하셔서 우리 가운데 인성을 입고 오셔서 우리 가운데 거하시며 은혜와 진리와 영광을 드러내신다. 무엇보다도 성육하신 로고스이신 예수는 하나님 아버지의 독생자의 영광이며 은혜와 진리가 충만했다. 요한복음의 로고스 기독론은 말씀을 통한 하나님의 창조 사역에서 '성육된 말씀'을 통한 구속 사역으로 전환되고 있는데 로고스의 이러한 모습은 요한복음의 중요한 상징인 '빛'과 '생명'과 깊은 연관이 있다.

그리고 이 예수는 아버지의 아들(독생자)로서 제시되어(1:14, 18), 인성과 신성에 대한 강조와 함께 아버지(하나님)와의 유독한 관계(10:30), 즉 친밀한 교제(연합)와 의존과 순종의 관계 속에서 일하신다. 하나님 아버지에게서 특별한 사명을 받아 세상에 보냄받은 아들 예수(3:17, 34; 5:37; 6:38, 44; 7:16, 28; 8:16, 26, 42; 10:32, 37; 12:44, 49)는 모든 것을 아버지에게서 위임받아(3:35; 10:25), 아버지와의 깊은 관계 속에서 오직 아버지(의 영광)를 위해 아버지의 일을 행하신다.

아들 예수의 사명은 자신의 뜻이 아니라 오직 아버지의 뜻을 따라 행함으로 아버지의 일을 완성하는 것이다(4:34). 그리고 아버지의 일인 구속적 사명을 완수한 후에 아들 예수는 다시 아버지께로 가시며(14:2~3; 16:10, 28; 17:11, 13), 장차 자신을 믿는 · 순종하는 사람들을 구원하시기 위해 다시 오신다(14:3). 요한복음에서는 위임받은 아들, 보냄받은 아들을 믿고 순종하는 것이 구원이고 영생을 얻는 일이다. 아들 예수와 성부 하나님과의 이처럼 친밀하고 순종적인 관계(연합과 교제)는 '하나님의 자녀'(1:12)로서의 영적 삶(제자도)의 중요한 모델이 된다.

이처럼 예수는 그의 신분(아들, 메시아)과 사역을 통해 자신이 하나님께 나아갈 수 있는 유일한 계시자며, 구원자며 영생을 주시는 분으로 계시하신다(Peterson 1989). 이것은 "나는 …이다"라는 표현과 '표적'을 통해 잘 제시되어 있다.

"나는 … 이다"

요한복음에서 말하는 영생을 얻는 길은 오직 예수 그리스도를 통해서, 예수 그리스도를 믿음으로 주어진다(1:12~13; 3:14~16; 5:25; 6:51; 10:9~10, 28; 11:25~26; 14:6; 17:3; 20:31). 요한에 따르면 예수는 하나님(의 아들)이시며(1:1, 18; 1:14; 1:34), 창조주시고(1:3, 10), '세상 죄를 지고 가는 하나님의 어린 양' (1:29)으로 오신 메시아 · 그리스도(1:41; 4:25~26)로서, '세상의 구주' (4:42)가 되신다. 오직 예수만이 아버지(하나님)께로 갈 수 있는 유일한 길(the way)이 요 진리(the truth)요 생명(the life)이시다(14:6). 오직 예수만이 우리들에게 영원히 목마르지 않는 생수(the living water)를 주시고(4:10~15, 특히 14절을 보라), 영원히 주리지 않는 생명의 떡(the bread of life)을 주신다(6:33~35). 이 예수는 하나님께서 세상을 사랑하사 보내신 하나님의 독생자로서 자기에게로 나아갈 수 있는 유일한 계시자(revealer)시다.

이 모든 것들은 "나는 …이다"라는 표현들(6:35, 48, 51; 8:12; 9:5; 10:7, 9, 11, 14; 11:25; 14:6; 15:1, 5) 속에 잘 용해되어 있다. 이 표현은 구약의 선지자들을 통해 하나님을 계시하실 때 사용된 표현으로서 요한복음에서 예수의 이 표현은 예수를 하나님의 계시자로, 구원자로 그리고 영생을 주시는 분으로 제시한다. 즉 이것은 예수가 누구신가를 일깨워 주는 자아 계시적인 상징적 표현들로 아래의 표적들과도 깊은 관련성이 있다.

표적

요한복음의 저술목적(20:30~31)에서 본 대로 '표적'은 요한복음의 골격이 되는 주제임이 분명하다. '표적'이란 일반적으로 "어떠한 사람이나 어떠한 사물을 알 수 있도록 하는 가시적인 표시"를 의미하지만 특별히 이 단어는 요한복음의 "신학적 해석을 위한 열쇠가 되는 말"(Rengstorf)로 일종의 계시를 구성하는 표현이다. 요한복음에서 '표적'이란 단어가 17번 사용되었는데 그 중 11번이 예수의 이적을 지칭한다. 비록 이 단어가 공관복음서에도 언급되지만 요한은 그 자신의 독특한 의도와 방식을 따라 이 단어를 사용한다. 한마디로 요한복음의 '표적'은 그 자체를 넘어서서 예수의 구원 사역을 알려 주는 계시적 기능을 가지고 있는데, 그것은 예수께서 '하나님(하늘)에게서 오신 분'이라는 사실을 가리킬 뿐 아니라 하나님의 임재를 보여 주는 방편이다.

이처럼 '표적'은 사람들을 예수께 나아가도록 인도할 뿐 아니라(3:2; 6:2), 믿음을 이끌어 내는 역할을 한다(6:30; 2:11; 4:53; 20:30). 사실 "개개의 표적들의 의미는 하나님께서 그의 아들 안에서 행하신 큰 사역의 빛 안에서만 식별될 수 있는"(Morris 1995:20) 것으로 이것들은 예수의 구원 사역을 알려 주는 기능을 한다. 결국 '표적'은 그것이 가리키는 신학적 의미를 인식하지 못하면 그 의미를 깨달을 수가 없다(참고. 2:18; 6:30). 믿음이 없는 사람들에게 예수의 '표적'은 확신과 확증이 되지 못한다.

때론 '표적'이 아니라 예수님의 말씀(강론)이 헌신으로 이끌기도 한다(6:68; 11:27). 한마디로 요한복음의 '표적들'(2:1~11; 2:14~17; 4:46~54; 5:1~9; 6:1~13; 6:16~21; 9:1~12; 11:17~44)은 예수 안에 행하신 하나님의 구원 사역을 가리키는 것으로 자신을 하나님의 계시자로, 구원자로, 영생을 주시는 분으로 계시하신다.

'생명'과 '빛'과 '물'

요한복음에 언급된 위의 세 가지 요소들(상징들)은 매우 강한 상징적 혹은 신학적 의미를 지닌다. 이들 상징들은[2] 각기 그 자체의 고유한 의미를 가지지만 또한 앞에서 논의된 주제들과 함께 서로 밀접하게 관련되어 있다. 특히 '생명'과 '빛', '생명'과 '물'은 요한신학에서 그 의미가 서로 중첩되어 있다.

이 세 요소들은 하나님의 창조사역 혹은 창조신학을 나타내는 중요한 요소들로 이스라엘의 구원 역사에서도 매우 중요한 의미를 지닌다. 인류의 타락과 죄로 말미암아 인간은 생명을 잃고, 어두움 가운데 거하며, 물로 멸망을 당했다. 그러나 하나님은 그 백성을 죄의 세력에서 해방하여 흑암에서, 죽음에서, 물(피)에서 구원을 얻어 생명의 삶, 빛의 삶, 생수를 먹고 마시는 삶, 배에서 생수의 강이 넘쳐흐르는 풍성한 삶(7:38과 10:10)을 경험하게 하였는데 이것이 바로 하나님의 아들 예수 그리스도가 이 땅에 오셔서 그의 구속 사역을 통해 주시는 축복이다.

이들 세 가지 요소들은 또한 제의적인 것들과 관련된 것으로 성전(의 사역)과 깊이 관련되어 있다. 특히 '물'[3]은 씻는 것을 상징하는 것으로 구약의 제의적인 일의 중심에 서 있는 요소들이다. 물로써 세례를 주는 것(1:25~34), 혼인 잔치에서의 물이 포도주가 된 것(2:1~11), 그 외에도 생수논쟁(4장)과 장막절에 물 긷는 일과 생수의 강이 넘쳐나는 일(7:37~39), 그리고 예수님 살해 시에 옆구리에서 물과 피가 나오는 것(19:34), 이 모든 것은 예수의 구원 사역(성령의 역할을 포함)과 관련된 신학적 의미를 지닌다. '빛'과 '물'과 '생명'의 창조는 하나님의 창조 사역의 근간을 이루는 것으로서 이러한 창조 사역이 '성육하신 하나님' 예수 그리스도의 재창조 사역, 즉 구속 사역을 통해 완성된다.

이러한 주제나 모티브 외에도 요한복음에는 더 많은 주제들과 모티브가 있는데, 비근한 예로는 증거에 대한 주제(Boice 1970)나 영접과 배척 모티브, 최근의 선교 모티브(Kostenberger 1998)에 대한 연구가 있지만 지면관계로 생략한다.

요한복음의 구조

구조 이해는 주로 주제 이해와 상호 밀접한 관계를 가진다. 그러므로 중심 주제를 어떻게 이해하느냐에 따라 그 구조가 어느 정도 달라질 수 있다. 우선 주제 외에도 내러티브(narrative)의 특징을 살려서 요한복음을 지리적인 전환(Rissi 1983)이나 시간적인 전환 혹은 이 둘의 병합이나 청중의 변화(무리와 제자들)로 이해할 수 있고, 그 구조를 드라마적 요소나 극적전개(Martin 1979; Smalley 1998) 혹은 수와 상징(Lohmeyer), 대칭적 형태 등을 중심으로 나누어 이해할 수도 있다. 구조 분석은 본문 이해를 위한 해석적 틀을 제공하지만 특정한 하나의 구조로 고착하는 것은 불가능하다. 결국 해석자가 어떤 강조점을 가지고 본문을 분석하느냐에 따라 구조 이해는 달라진다. 요한복음의 다양한 구조분석에 대해서는 Du Rand의 글(1991)과 Mlakuzhyil의 책(1987)을 보라.

요한복음의 구조를 간단하게 이해하자면 분명한 서론(1:1~18)과 결론 혹은 부록(21:1~25) 사이에 존재하는 본론 부분이 있는데 1:19~12:50의 단락과 13:1~20:31의 단락으로 구성된 구조적 모습이다. 서론과 결론 사이에 있는 이 두 부분은 표적의 책과 영광의 책(Brown) 혹은 표적의 책과 고난의 책(Dodd)으로 이해되어 왔다. 사실 예수님의 사역을 수난과 영광 중 하나를 택하여 말할 수는 없다. 배척의 모티브와 함께 수난의 모습이 강하게 부각되지만 영광의 계시 또한 서두에서부터 요한복음의 중요한 모티브 중의 하나다.

중심된 주제를 중심으로 분석한 요한복음의 구조 이해는 본문 이해에 어떤 공헌을 가지는 것이 사실이다. 그러나 표적을 단순히 전반부의 단락에만 국한한다면 표적의 범위를 제한하여 이해하는 것이 되고, 두 번째 단락을 수난이나 영광 중 어느 하나의 주제를 중심으로 이해한다면 본문에 대한 축소적 이해를 벗어날 수 없다. 그럼에도 불구하고 본문을 이해하는 데는 구조적 이해가 매우 필요한 것이 사실이다.

요한복음을 크게 두 부분으로 나누어 이해하자면 전반부의 단락(1~12장)은 예수님의 공사역을 중심으로 되어진 일들, 즉 표적과 논쟁(문답)과 강론을 중심으로 기술되어 있고, 두 번째 단락(13~20장)은 자신의 제자들과의 토론과 고별강론(13~17장), 수난과 부활의 경험에 속한 일들(18~21장)을 중심으로 기술되어 있다.

특히 요한복음이 나아가는 스토리의 흐름은 '때'(죽음과 부활)를 향해 사건들이 전개되어 가는데 1~11장에서는 "그 때가 아직 이르지 않았음"(2:4; 7:30; 8:20)을 반복하여 언급하다가, 12:23에서 "계시의 중요한 때('영광의 때')가 도래하고 있음"을 선언하고, 13~20장에서는 "그 때가 도래하였음"을 확정하는 것으로 나타난다. 이처럼 요한복음의 스토리의 흐름은 '(영광의) 때'(17:1)를 중심으로 나아간다. 이 경우 요한복음은 영광의 계시가 그 중심 주제로 자리 잡으며 스토리의 흐름은 이 '때'를 절정으로 하여 나아가고 있음을 본다.

그 외에도 요한복음을 내러티브적인 구성으로 이해하면, 1:1~51은 하나님의 아들 그리스도로서 중심인물인 예수에 대한 소개(선재하심과 성육하심)와 2:1~17:26의 표적과 강론을 통한 하나님의 아들로서 예수를 세상에 알림(사역과 운명), 그리고 18:1~21:25의 수난과 영광의 절정과 대단원의 모습(예수의 주 되심과 베드로의 회복과 사명부여)으로 묘사된다.

또 다른 구조 이해(Burge)는 1:1~18은 말씀(로고스)을 통한 하나님의 구원의 일을 축하하는 찬양시로 시작하여 1:19부터 요한복음의 드라마의 서막이 오르면서 세례 요한을 소개하고, 세례 요한의 소개로 예수가 등장하여 제자들을 부르시는 것으로 그의 공사역이 시작됨을 보여 준다(1:19~51). 이어 2:1~5:47 사이의 스토리는 한 장면에서 또 다른 장면으로 이어지면서 그의 공사역이 소개되고 표적과 논쟁과 문답과 강론을 통해 하나님의 아들 메시아로서 그의 모습을 알린다(2:1~4:54). 그의 사역을 통해 유대의 제도와 기관들(정경규례와 성전)을 새롭게 된다. 이 단락은 가나에서 시작해 가나로 돌아가는 모습을 본다.

이어지는 단락(5:1, 10:42)은 유대절기들을 중심으로 일어난 일들을 기록한 것으로 안식일(5장)과 유월절(6장)과 장막절(7장)과 수전절(10장)에 일어난 사건들을 중심으로 표적과 강론으로 이어지는 사건들을 기술하며 예수 그리스도를 소개한다. 배척의 모티브가 드러난다. 그리고 11~12장은 예수의 임박한 죽음과 부활의 의미를 예시하는 사건들을 소개하는데 그것은 향유 부은 여인에 대한 기사와 나사로의 이야기, 죽기 위해 예루살렘에 입성한 기사로 첫 단락이 종결된다. 두 번째 단락인 13~21장은 유월절 만찬(13장)과 고별강론(14~17장)이 주어지고 연이어 예수의 수난과 죽음의 기사(18~19장)가 이어지며 위대한 부활기사(20장)가 주어진다. 그리고 21장의 '부활 후 출현기사'가 이적기사와 함께 베드로의 회복과 사명부여로 요한의 스토리는 종결된다.

지금까지 살펴본 요한복음의 다양한 주제들과 구조 이해는 우리의 본문 이해를 돕는 데 좋은 해석적 틀이 될 것이다.

2 요한복음 설교를 위한 배경

요한복음은 복음서 중에서도 카멜레온(chameleon)과 같은 책이다. 그래서 초대 교회 때부터 명쾌한 문서이면서도 혼란스러운 책, 빛을 제공하는 책이면서도 헷갈리게 만드는 문서로 취급되었다. 또한 이런 이유로 서로 모순적인 해석들을 불러일으키기도 했으며 근본적으로 다른 신학적 입장을 지지하는 데 사용되기도 했다. 예를 들어, A.D 2세기의 영지주의자들은 예수에 대한 그들의 이해와 기독교의 본질을 뒷받침하기 위하여 요한복음에 호소했고,[1] 이레니우스(Irenaeus, Against Heresies)는 영지주의에 대한 그의 비판과 정통성에 대한 변호로 비슷한 변증을 시도했다.

요한복음의 이러한 독특성은 셈족 문화와 그레꼬–로마 문화에 이 복음서가 걸쳐 있음을 인지할 때 금방 이해될 수 있다. 요한복음은 어느 하나에만 집중하지 않는다. 그 안의 모든 것들은 두 세계의 색채로 구성되는데, 그것은 세계를 더 적절히 포괄하기 위한 것이다. 즉 유대인들과 헬라인들 그리고 온 인류에게 그리스도의 영광을 설명하기 위하여 노력했는데, 이처럼 기독교의 복음은 문화의 요소를 결코 가볍게 보지 않으며, 적절하게 활용하는 특징을 보인다.[2]

유대적 배경

요한복음의 유대적인 요소들이 무시당했던 적은 없었다. 그런데도, 20세기에 거의 모든 학자들은 요한복음을 헬라 세계에 예수를 소개하기 위한 헬라문서로 생각했다. 그러던 중에 유대교 학자들 사이에서 '제4복음서는 네 가지 복음서 가운데 가장 유대적인 것'이라고 제안할 정도로 급격한 변화가 일어났다. 물론 이 사건 이전에도 요한복음의 유대적 특성에 대한 인식은 제기되어 왔다. 하지만 이러한 지적들이 제기된 이후 요한복음을 유대적 문서로 생각하는 이해가 급속도로 전파되었다.

그리고 이러한 견해는 1947년 쿰란에서 사해사본(Dead Sea Scrolls)이 발견되고 연구됨으로 그 입지가 강화되었다. 요한복음의 교회와 쿰란 공동체 사이에는 많은 차이점이 있겠지만,[3] 쿰란 공동체가 갖고 있던 종파적인 집단으로서의 특징은 요한복음의 교회와 비교된다.[4] 그러나 이 공통점은 쿰란 공동체에만 속하는 것이 아니라, 이 시대의 좀 더 광범위한 유대교의 특성이었다는 점이 지적되어야 한다. 따라서 요한복음의 교회가 지닌 유대적 특성은 강화된다.

1. 요한복음의 아람어적 문체

요한복음의 언어와 문체는 셈족의 세계를 가리킨다. 요한복음의 헬라어는 가장 쉽게 쓰여진 것으로 알려져 있지만 정작 그 내용을 이해하기는 쉽지 않다. 문장 구조, 특히 관계절에서는 번역하기가 매우 어렵다. 요한복음의 헬라어가 신약성경의 다른 문서보다 아람어(셈족어)에서 많은 영향을 받았기 때문이다.[5]

오래 전 「요한복음의 아람어적 기원」을 쓴 영국 학자 버니(C. F. Burney)는 '요한복음은 먼저 아람어로 저술되었고, 우리가 지금 가지고 있는 것은 번역본'이라고까지 주장하기도 했다.[6]

2. 유대교에 대한 저자의 지식

요한복음의 유대적 근거는 구약성경에 나타나는 매우 다양한 사상들의 뿌리에 의해서 밝혀진다. 헬라 철학의 직접적인 흔적을 보이지 않으며 오히려 유대교의 지혜시를 모델로 삼은 요한복음의 서문은 헬라적 개념의 도움 없이도 충분히 지혜 구절들에 의해 설명되고 헬라적 배경이나 영지주의를 필요로 하지 않는다.

또한 6:32~58의 본문에 나타난 생명의 떡에 대한 담화는 출애굽기 16장에 기록된 광야에서의 만나에 대한 구약성경의 이야기에 기초한다. 그리고 요한복음은 생명의 떡에 대한 담화를 명백히 가버나움 회당에서 예수에 의해 제공된 가르침에 돌리고 있다(6:59). 이것은 그 모델이 회당 훈화나 설교라는 것을 시사하는데, 거기서 예배 때 읽도록 지정되어 있는 성경의 일부 혹은 성경의 봉독이 설명된다. 그리고 우리는 이와 같은 것을 유대교의 미드라쉬에서 발견한다.

이 복음서에 포함된 랍비적 지식은 저자가 외면상으로 유대교를 인식하는 것과 그것에 정통했음을 나타낸다. 그는 모세의 율법에서 한 가지 특별한 명령을 언급한다. "모세는 율법에 이러한 여자를 돌로 치라 명하였거니와 선생은 어떻게 말하겠나이까?"(요 8:5). 이와 함께, 저자는 다양한 유대 절기에 정통했고, 그것이 나타내는 구약성경의 구절을 잘 이해하고 있음을 보여 주고 있다. 어떤 학자들은 요한복음의 모든 것들이 유대교의 대표적 절기들을 중심으로 구성되었고, 그 절기들과 관련된 구약성경의 구절들로부터 그 사상이 지배를 받고 있다고 주장했다[2:23(유월절); 6:4(유월절); 7:2(초막절); 10:22(수전절); 13:1(유월절); 5:1(초막절과 연관이 있는 듯함); 11:56(유월절)들을 참고할 수 있다].[7] 분명한 것은 이 복음서의 저자는 구약성경뿐만 아니라 유대교의 예전 전통에 매료되어 있다는 점이다.

저자가 사용한 자료에도 랍비들의 성경 해석에 정통했음을 보여 주는 구절들이 많다. "너희 조상 아브라함은 나의 때 볼 것을 즐거워하다가 보고 기뻐하였느니라"(요 8:56). 요한은 아브라함이 이미 '메시아의 날을 보았다'

는 생각을 어디서 끌어왔을까? 그것은 구약성경에는 없지만, 랍비들의 창세기 해석에는 나타난다.

창세기 24:1 "아브라함이 나이 많아 늙었고 여호와께서 그의 범사에 복을 주셨더라"에서 '나이 많아서 늙었다'는 구절은 히브리어를 의역한 것인데, 원문을 직역해 보면 '그 날들로 나아가다'(went into the days)다. 랍비들은 '그 날들로 나아가다'라는 문장을 '아브라함은 여호와 앞에서 그의 백성들로부터 메시아까지의 역사를 보았다'로 해석했다. 이 구절은 저자가 랍비들의 성경 해석에 정통했음을 보여 준다. 이것은 곧 그가 랍비들의 세밀한 관점을 그 그룹의 내부로부터 알고 있었다는 뜻도 된다.

그러나 저자는 단순히 예수를 설명하기 위한 배경으로만 유대교를 사용한 것은 아니었다. 예수의 영광을 나타내기 위하여 가장 돋보이는 은유들과 표현들로써 유대교 사상은 예수 그리스도에 대한 증거를 보충해 주고 있다(4:11~15; 6:35; 8:12). 어떤 학자들은 명시적이건 암시적이건, 예수께서 '생수', '생명의 떡', '세상의 빛'이신 것은 유대교에서 율법에 대하여 주장한 것에 비추어 이해되어야 한다고 주장했다. 율법은 완전하고 불변하는 하나님의 계시라고 인정되었다. 그리고 요한은 유대교가 율법에 대하여 주장한 내용을 예수에게도 적용하고 있다.

익숙한 은유들과 더불어 영어의 번역으로는 그 중요성이 쉽게 생략될 수 있는 구절이 있다. 유대교와 구약성경에서는 하나님의 이름에 큰 의미를 부여했다. 그런데 하나님은 하나의 감추어진 이름을 가지고 계셨고, 그 이름은 입 밖으로 내지 않아야 하는 것이었다(신 32:39; 42:8; 사 52:6).

하나님의 숨겨진 이름은 '나는 그이다'다. 그리고 요한복음은 이 명칭을 예수에게 적용한다. 하나님의 임재에만 국한된 명칭을 예수 그리스도께 사용함으로써 예수 안에서 하나님의 임재하심이 인간들 사이에 나타났다고 강력하게 주장한다. 요한의 이러한 용법은 18:1~7의 본문에서 발견된다. 예수께서 자신이 누구인지를 하나님의 명칭으로 그의 대적자들에게 알리실 때, 그들은 땅에 엎드러졌다. 그들은 하나님의 임재 안에서 갖게 되는 신비적인 두려움으로 압도당한다.

유대적인 배경에 두 가지를 더 추가해야 한다. 저자는 아주 상세할 정도로 유대교의 메시아 대망에 대한 지식을 드러낸다. 메시아가 어디서 온다는 것은 세상에 알려지지 않아야 하고(7:27), 그는 표적을 나타내야 하며 (7:31), 베들레헴에서 탄생해야 한다(7:42). 그리고 그는 영원히 계셔야 한다 (12:34). 이러한 메시아에 대한 언급들은 저자가 유대교 내부에 깊숙이 개입한 사람임을 우리로 짐작하게 한다.

또한 유대교의 주제에 대한 명백한 증거로, 처음 볼 때는 완전히 헬라적인 듯한, 서문이 있다(1:1~14/1:1~18). 서문의 용어들이 요한복음에 철학적이고 헬라적인 분위기를 조성한다는 느낌은 사실이다. 그러나 그러한 용법들은 또한 유대교의 중심 사상을 환기시킨다. 사실, 서문의 그 어떠한 단어도 오경(율법)과 동등시되었던 하나님의 지혜를 다루었던 유대교 문학과 병행되지 않는 것이 없을 정도다.

충분한 증거들이 위에서 제시되었고 또한 더 많은 것들도 추가될 수 있는데, 이것들은 요한복음의 저자가 유대교의 심오한 사상들에 정통했고, 그의 믿음을 위하여 그것들을 사용할 수 있었을까에 대한 의심의 그림자를 제거해 주는 것들이다. 그러나 그는 일방통행적인 사고방식을 갖고 있지는 않았다. 유대교와 친밀했지만 그것만으로 제한받지는 않았다. 요한복음은 유대교의 경계를 뛰어 넘어 더 광범위한 그레꼬-로마 세계와 헬라 시대의 복잡성에 자리를 잡는다. 우리는 여기서 복음이 문화를 어떻게 담아낼 것인지 고민하고 모색하게 된다.

헬라적 배경

유대교의 배경이 강조되더라도, 헬라적 세계관과의 연관성 역시 무시될 수 없다. 유대인들에게 강력하게 선포된 표현과 은유는 이방인들에게도 똑

같이 적용된다. 이 복음서는 헬라어로 기록된 것 이외에도, 용어와 사상 역시 그레꼬–로마 문화의 중심부와 관계를 맺고 있다. 이 복음서는 유대 사상과 더불어 헬라 세계의 세련된 정교함으로 우리에게 다가온다.

현재 미국이나 유럽의 대도시에서 그리스도인들과 유대인들이 함께 살아갈 때도 그들 사이에는 유대–기독교 전통이나 사상이 만들어지게 될 것이다. 이러한 상황은 요한복음의 저술 배경인 1세기의 그레꼬–로마 사회도 마찬가지였다. 유대교와 헬레니즘은 분리될 수 없었고, 서로 충돌하며 융합되는 과정을 겪을 수밖에 없었다. 팔레스틴에서조차 유대교는 헬라화되었을 정도였다. 그러므로 요한복음은 유대교와 대화하지만, 헬레니즘과도 대화를 나누고 있다. 요한복음의 정치, 문화 등을 분석할 때 이러한 상황이 고려되어야 한다.

이 복음서에서 발생하는 모든 갈등과 복선은 이러한 종교적이고 사상적인 차원에서 이해된다. 우리는 이 복음서에서 헬라적 범주를 어느 정도 사용하는지 알아보기 전에, 그것이 유대교와 헬레니즘의 융합에 직면한다는 것을 인정해야 한다. 예수에게 요한이 적용한 표현 가운데 하나인, '로고스' (λóγος)는 헬라 세계의 유대 지식층에게 너무나 익숙한 용어였다.

1. 로고스의 의미

알렉산드리아의 유대인 필로(Philo Judaeus, B.C. 20~A.D. 50)는 헬라의 유대 인물 중에서 가장 유명한 자일 것이다. 그는 로고스라는 용어로, 모든 사물의 근원인 최고의 하나님과 피조물들의 세계 사이에 있는 중개자를 지칭했다. 로고스는 스스로 타락하기 쉬운 사물들과 직접적인 접촉을 할 수 없었던 하나님께 세계를 창조하게 하고, 동시에 그것과 분리된 상태에 있게 했다. 이 로고스는 최고의 이데아(Idea)다. 그것은 빛이고 자연의 법칙이다. 로고스란 용어는 하나님이 '말씀했다' 는 것을 제시한다.

그러므로 로고스는 두 형태로 존재했다. 그것은 전능하신 하나님의 의지 속에 하나의 생각/사상으로 존재했지만, 그것은 또한 하나님이 자신의 생각을 입 밖에 내셨을 때 '명백하게' 그 존재를 드러냈다. 요한복음이 로고스를 언급할 때, 필로 같은 헬라파 유대인들의 호기심이 자극받았을 것은 당연했다.

2. 헬라 사상에 대한 요한의 인식

그러나 '로고스'라는 용어는 유대교와 직접적인 접촉을 갖지 않고 그것을 감싸는 원으로 이해될 수 있다. 진리를 찾는 헬라인들은 요한이 사용한 이 용어에 매우 익숙했다. 신약성경의 문서들이 기록될 무렵, 그레꼬-로마 세계에서 지성인들은 종교적으로 의지할 곳을 열심히 찾았다. 그들은 기존의 전통 종교에 만족하지 못했고, 그러한 종교들을 무시했으며, 이성에 대한 전통적인 철학의 강조에도 만족하지 못했다. 그들이 어디서 만족을 얻을 수 있었을까? 그들의 욕구를 해결할 철학적인 혼합물들이 등장했는데, 그 내용은 플라톤의 철학과 다른 사상을 혼합시켜 놓은 것이었다. 이런 상황에서 지성인들은 철학적이고 종교적인 모임을 구성했는데, 이 그룹들이나 영적인 감각을 소유한 사람들의 공동체에서 헤르메티카가 형성되었다.[8]

1) 전통과 전수된 고대의 진리

헤르메티카의 자료는 전승된 내용이다. 그것은 원래 헤르메스 트리스메기스토스(Hermes Trismegistos)에서 나왔는데, 그는 이집트 신들의 서기관이던 토트(Thoth) 신이었다.[9] 이집트의 제사장들은 이 토트로부터 지혜를 얻을 수 있었다. 그들은 그 지혜를 피타고라스(540~510 B.C.)에게 전수했고, 그는 다시 플라톤(427~347 B.C.)에게 그것을 전달했다는 것이다. 그러므로 헤르메티카의 가르침은 고대의 진리였다.

가르침의 고대적 성격을 강조하는 이유는 무엇인가? 그 이유는 허무의 시대라는 1세기의 특징에 자리를 잡는다. 환상을 잃어버린 사람들은 타락한 시대에 속한 것보다는 먼 옛날로부터 유래된 지혜만 가치 있는 것이라고 생각했던 것이다.

2) 지식, 영생 그리고 참된 삶

헤르메티카에서 고대의 전통은 '그노시스'라 불리는 것으로부터 구원을 얻게 되는데 그 의미는 '지식'이다. 그러나 지식이라는 용어는 조심스럽게 정의되어야 한다.

메마른 이성을 강조하는 학파들에 대한 반발로, 헤르메티카를 생성시킨 사람들은 단순히 이성적이고 우월적이며 직접적인 현실의 지식보다 더 높은 차원의 지식의 필요성을 강조했다. 그러한 지식은 단순히 의지만으로는 얻을 수 없었고, 고대의 전통으로부터 전달된 계시로만 가능했다. 이성을 파고드는 것이 중요하지 않았던 것은 아니지만 신을 만나는 데 최고 지점에 위치한 신비적 인식과 통찰이 더 중요한 것으로 간주되었다.

지식은 위에서 전달된 것들을 전수받은 영적인 사람들이 그와 함께 영생과 참된 삶을 전수받는 것이었다. 그 지식은 신성하게 되는 영적인 변화를 초래한다. 지식을 얻는 자는 신적인 세계에 다가가는 것이다. 이렇게 지식은 삶의 내용과 깊이 밀착되어 있었다.

3) 요한의 지식과 진리에 대한 강조

필로와 헤르메티카를 언급하는 이유는 그것이 함축한 개념 세계를 파악할 때 요한복음의 의도가 분명해지기 때문이다. 요한은 헬레니즘 시대의 유대교와 당시 사람들이 사용하던 용법을 사용했다. 이러한 요한의 전략은 다른 용어를 사용하는 경우를 통해서도 확인된다.

'지식'이라는 단어는 요한복음에 쓰이지 않지만, '알다'라는 동사는 다른 문서에서보다 더 많이 나온다(요 8:31~32; 10:14~15; 14:5~10; 17:3). 이 부분에서 영생 또는 구원은 지식(앎)을 통해서 얻는다고 말할 수 있다. 요한복음 13:3에서 예수는 지식을 가지고 있는데, 그것은 헤르메티카를 생성시킨 사람들이 갈망한 자신들의 근원과 운명에 대한 것이었다. 요한이 지식에 대해 강조했던 분명한 이유는 그가 살았던 시대적 요청을 반증해 준다. 지식에 대한 요한의 관심과 함께 '참된', '진정한'이란 형용사의 용법이 눈에 띈다(1:9; 4:37; 6:30~33; 7:28; 8:16; 17:3; 19:35).

이와 마찬가지로 요한복음에 25번 쓰이는 '진리'라는 명사도 사용빈도가 높다. 마태(1회), 마가(3회), 누가(3회)에 비하면 놀라울 정도로 많은 것이다(요 4:23~24; 8:32; 17:17). '진리'와 '참됨'에 대한 언급은 이데아의 불빛 아래서 더 잘 이해될 수 있고, 그것은 헬라 시대에 자주 사용된 것이며 곧 최종적으로 플라톤에게 되돌아간다. 플라톤주의는 두 질서를 구별하는데, 하나는 영원한 존재의 질서고, 또 하나는 공간/시간적 현상의 질서다. 전자의 부류에 속한 것만 사실이다. 그리고 헤르메티카를 생성시킨 사람들은 이러한 사실과 참됨에 관심을 가졌다.

나가는 말

이제 요한복음은 유대교의 영향과 더불어 다양한 색채의 헬라적인 경향을 가지고 있음이 충분히 드러났다. 요한복음은 유대교와 헬라의 종교 언어를 사용하고 있다. 그 내용은 두 문명 모두에게 관심을 갖게 만든다. 물론 요한의 진정한 목적은 현학적인 관심을 끌기보다는 신앙적인 도전을 주기 위한 것이었다. 당시에 허무주의에 빠진 사람들에게 그가 선포한 도전은 그리스도만이 참된 빛이며 생명이고 진리라는 사실을 분명하게 보여 주었다. 예수가 없는 요한복음은 그야말로 무용지물이다.

위에서 지적되었듯이, 요한복음의 저자가 받은 가장 큰 영향은 기독교 전승임이 명백하다. 그리고 이와 함께 요한복음이 유대적 배경과 호흡하고 있다는 것도 분명하다. 이 점은 사해사본의 증거로 더 확실해졌다. 그렇지만 요한복음의 독특성은 그것을 만들어 낸 특수한 환경과 문화에 대한 이해에 기초한다. 요한복음의 헬라적 배경은 저자가 헬라 사상의 용어를 사용하여 기독교의 메시지를 신선하게 표현했음을 암시하는데, 이렇게 하여 저자는 그가 의도하는 독자들(그가 누군들 무슨 상관이랴)을 겨냥했을 것이다. 고대의 역사적 사실을 정확히 판단하기란 어렵겠지만, 유대 전쟁 이후의 바리새인들의 지위가 향상되고, 1세기의 마지막 10년 동안 요한의 교회와 유대교의 불화를 알려 주는 '회당으로부터의 출교'(9:22; 16:2) 등의 표현은 요한복음이 기록되던 시대를 충분히 이해하게 한다.

요한복음은 하나님의 참된 계시인 신적 지혜가 생명의 중개자인 예수 안에서 완전하게 실현되었음을 선언한다. 즉, 당시의 사람들에게 가장 신빙성 있게 들렸을만한 '고대로부터 전수된 참된 진리'는 예수로 말미암아 확실하게 그 정체가 드러났다고 증거한다. 이것은 아테네 철학자들에게 사도 바울이 복음을 증거한 경우와 아주 흡사하다고 볼 수 있다(행 17:16~34). 요한복음의 저자는 복음의 진리를 선포하기 위하여 당시의 문화와 가치를 적극적으로 활용했던 것이다.

3 설교자를 위한 요한복음의 신학 이해

요한복음은 다른 공관복음에 비해 독특한 특징을 지니고 있다. 다른 공관복음처럼 예수님의 탄생이나 세례 요한의 탄생에서부터 시작하는 것이 아니라, 천지창조 이전의 '태초'로부터 시작한다(1:1). 또 '예수 그리스도'라는 이름에서부터 시작하는 것이 아니라, '로고스'(말씀)로부터 시작한다.

또한 다른 공관복음처럼 사건중심이 아니라 예수님의 행위와 연결된 대화 중심으로 메시아를 증언한다. 사건들을 다루지 않는 것은 아니지만, 사건들을 그 배후의 무엇을 가리키는 '표적'(sign)으로 다룬다.

그리고 마태복음처럼 구약의 한 구절을 인용하고 이것이 예수님의 삶과 죽음에 이러이러하게 성취되었다고 증언하지 않고(1:23//사 7:14; 2:6//미 5:2; 2:15//호 11:1; 2:16//렘 31:5 등), 구약의 만나와 '참 만나'이신 예수님을 직결시키고(6장) 구약의 '구리뱀'을 예수님과 직결시키는 방식을 택한다(3장). 땅의 떡을 말씀하시다가 구약의 만나를 말씀하시고 이것을 '생명의 떡'이신 자신과 연결시키시는 예수님의 말씀을 다룬다(6장). 말하자면, 요한복음은 땅과 하늘, 구약과 예수님을 거시적으로 연결시키는 복음이라 할 수 있다.

이런 독특함, 즉 틀에 박힌 메시아 증언에 매이지 않는다는 점 때문에 요한복음은 '비인습적인'(non-conformist) 복음이라는 평을 받거나, 밀밭에서 이리저리 뛰어다니는 '망아지'(maverick) 같은 복음이라는 평도 받는다. 요한은 '우뢰의 아들'이라는 별명답게 "태초에 말씀이 계셨다"고 천둥처럼 증언한다는 말을 듣기도 한다. 요한은 이렇게 틀을 깨는 방식으로 기독론을 중심한 신학을 제시한다.

생명 기독론

요한의 신학이 요한복음의 구조를 통해 표현되어 있기 때문에 그 구조를 간단히 살펴보는 것이 필요하다. 요한복음의 구조를 분석하는 열쇠는 20:30~31에서 찾을 수 있다. "예수께서 제자들 앞에서 이 책에 기록되지 아니한 다른 표적도 많이 행하셨으나 오직 이것을 기록함은 너희로 예수께서 하나님의 아들 그리스도이심을 믿게 하려 함이요 또 너희로 믿고 그 이름을 힘입어 생명을 얻게 하려 함이니라." 이 말씀은 20장까지의 내용을 요약하는 성격을 띠고 있다. 요한은 20장까지의 내용을 '표적들'이라는 말로 요약했다.

'표적'이란 앞서 말한 바와 같이 손가락표처럼 무엇을 가리키는 것이다. 여기서 요한복음의 '표적들'은 예수님이 하나님의 아들 메시아심을 가리킨다고 할 수 있다. 표적들을 통하여 예수님이 메시아라는 것을 증언하는 목적이 무엇인가? 그것은 예수님이 메시아심을 믿어 '생명'을 얻게 하기 위함이라고 하였다.

요한복음은 예수 그리스도가 '생명'이심을 증언하고 예수 그리스도를 믿음으로 그분이 주시는 '생명'을 얻게 하려는 목적으로 기록된 책이다. 요한의 기독론은 생명 기독론이다. 요한복음이 '생명'의 책이라는 것은 요한복음 3장에서 성령으로 거듭나는 생명, 4장에서 영생하도록 솟아나는 생수, 6장에서 영원히 주리지 않고 목마르지도 않는 생명의 떡, 10장에서 선한 목자가 생명을 버림으로써 주시는 생명, 11장에서 죽어도 사는 부활생활을 다룬다는 점에서도 증명된다.

요한복음이 증언하는 대로 예수님이 주시는 생명은 생명의 원천이신 하나님과 연결되는 하나님 자녀의 생명이다(1:12). 그것은 또한 풍성한 생명이다. "내가 온 것은 양으로 생명을 얻게 하고 더 풍성히 얻게 하려는 것이라"(10:10). 예수님이 주시는 생명은 동시에 '은혜와 진리가 충만'한 생명이다(1:14).

그것은 예수 그리스도를 믿음으로 사망에서 옮겨져 현재 누리는 생명이면서 동시에 마지막 부활할 미래에 얻을 생명이다. "내가 진실로 너희에게 이르노니 내 말을 듣고 나 보내신 이를 믿는 자는 영생을 얻었고 심판에 이르지 아니하나니 사망에서 생명으로 옮겼느니라"(5:24)는 현재적 생명을 나타내는 말이다. 그에 비해 "선한 일을 행한 자는 생명의 부활로, 악한 일을 행한 자는 심판의 부활로 나오리라"(5:29)는 말씀은 미래적 생명에 해당한다. 요한복음이 증언하는 생명은 현재에 맛 보고 미래에 만끽하는, 현재성과 미래성을 동시에 지니는 생명이다. 요한복음은 이러한 생명을 증언하되 1장에서는 서론적으로, 2~21장에는 '표적들'로 증언한다.

요한복음은 예수님이 믿는 자들에게 생명을 주시는 하나님의 아들이심을 말씀(로고스)과 행위(표적)를 통해 제시했다. 요한이 말씀과 행위로 예수님의 정체성을 밝히는 방식을 택한 것은 예수님 자신의 의도를 바로 깨달은 결과다. 예수님도 자신의 말씀과 행위가 하나님으로부터 사람들을 구원하도록 보내심 받은 자임을 증명한다고 밝히셨다.

- "어찌하여 내 말을 깨닫지 못하느냐. 이는 내 말을 들을 줄 알지 못함이로다" (8:43).
- "내가 진리를 말함으로 너희가 나를 믿지 아니하는도다. 너희 중에 누가 나를 죄로 책잡겠느냐. 내가 진리를 말하매 어찌하여 나를 믿지 아니하느냐" (8:45~46).
- "진실로 진실로 너희에게 이르노니 사람이 내 말을 지키면 죽음을 영원히 보지 아니하리라"(8:51).
- "유대인들이 에워싸고 가로되 당신이 언제까지나 우리 마음을 의혹케 하려나

이까. 그리스도여든 밝히 말하시오 하니, 예수께서 대답하시되 내가 너희에게 말하였으되 믿지 아니하는도다. 내가 내 아버지의 이름으로 행하는 일들이 나를 증거하는 것이어늘 너희가 내 양이 아니므로 믿지 아니하는도다"(10:24~26).

말씀 기독론(1장)

요한의 생명 기독론은 말씀(로고스) 기독론을 통해 드러난다. 요한은 '시작이 없는 시작'이라고 할 수 있는 '태초'에 하나님과 함께 계셨고 하나님으로서(1:1, 14, 18; 5:19~30; 8:24, 28, 58; 10:33~36; 18:5~6, 8; 20:28) 천지를 창조하시고, 생명을 가지신 '로고스'가 '육신'이 되어 "우리 가운데 장막(구약의 성막 연상)을 치고 거하셨다"고 하여 진리의 문을 열었다(1:14). 요한의 기독론을 로고스 기독론 혹은 지혜 기독론이라고 하는 것은 이 때문이다.

요한은 예수님이 그리스도라는 것을 증언하는 목적을 가진다고 했는데, 그는 그 목적을 이루기 위해 서론에서 증명과정 없이 '그리스도는 하나님과 함께 계셨고 그리스도 자신이 하나님이시라는 사실'을 충격적으로 거침없이 제시했다. 마치 천둥이 공중을 치듯 그리스도의 신성과 선재성, 창조자이심을 맨 앞에 배치하여 독자들의 마음을 강타한 것이다.

예수님은 말씀이시다(1:1~18; 3:3; 5:19~30; 6:63; 10:34~36; 12:44~50; 13:31~32; 14:6; 16:12; 17:6, 17; 19:5; 21:25). '말씀'은 요한이 예수님을 요약하는 명칭이다. 이것은 탁월한 선택이었다. 태초에 말씀이 계셨다. 태초에 하나님이 자신을 표현하셨다. 예수님은 하나님 말씀의 자기표현(Self-Expression), 하나님 자신의 말씀, 하나님과 동등하면서도 구분되는 말씀이시다.

예수님은 '말씀'이실 뿐만 아니라 자신이 하나님에게서 보내심을 받아 하나님의 생명 사역을 하는 메시아심을 스스로 '말씀'하셨다. 예수님은

'말씀' 이실 뿐 아니라 '말씀' 하신 것이다. 예수님의 자기증언(self-attestation) 은 예수께서 '내가 왔다'(ἦλθον)고 하신 표현과 '내가 …이다'(ἐγώ εἰμι)라고 하신 표현에 잘 나타나 있다.

예수님은 다음과 같이 '내가 왔다' 는 '말씀' 을 통해 자기증언을 하셨다.

- "내가 나를 위하여 증거하여도 내 증거가 참되니 나는 내가 어디서 오며(왔고, ἦλθον) 어디로 가는 것을 앎이어니와 너희는 내가 어디서 오며 어디로 가는 것을 알지 못하느니라"(8:14).
- "예수께서 가라사대 내가 심판하러 이 세상에 왔으니 보지 못하는 자들은 보게 하고 보는 자들은 소경 되게 하려 함이라 하시니"(9:39).
- "도적이 오는 것은 도적질하고 죽이고 멸망시키려는 것뿐이요 내가 온 것은 양으로 생명을 얻게 하고 더 풍성히 얻게 하려는 것이라"(10:10).
- "지금 내 마음이 민망하니 무슨 말을 하리요. 아버지여 나를 구원하여 이때를 면하게 하여 주옵소서 그러나 내가 이를 위하여 이때에 왔나이다"(12:27).
- "내가 온 것은 세상을 심판하려 함이 아니요 세상을 구원하려 함이로라"(12:47).

예수님은 또한 '내가 …이다' 라는 '말씀' 을 통해 자기증언을 하셨다.

- "네게 말하는 내가 그로라"(4:26).
- "내가 곧 생명의 떡이니"(6:35, 41, 48, 51).
- "나는 세상의 빛이니"(8:12).
- "나는 양의 문이라"(10:7, 9).
- "나는 선한 목자라"(10:11, 14).
- "나는 부활이요 생명이니"(11:25).
- "내가 곧 길이요 진리요 생명이니"(14:6).
- "내가 참 포도나무요"(15:1, 5).

- **"내가 곧 왕이니라"**(18:37).

요한은 예수님이 태초부터 하나님과 함께 계신 '말씀'(로고스)이실 뿐 아니라 자기증언의 '말씀'을 통해 자신이 생명을 주시는 하나님의 아들이심을 밝히셨다고 제시했다.

뒤이어 이 '로고스'가 '세상 죄를 지고 가는 하나님의 어린양'(1:29, 36), '성령으로 세례를 주시는 이'(1:33), '하나님의 아들'(1:34, 49), '메시아' (1:19~20, 29이하, 40~42; 3:1~3; 4:25~26, 28~29; 6:60~62; 7:30~32, 40~42; 9:22, 39; 10:22~30; 11:27; 12:34; 20:30~31), '모세가 율법에 기록하였고 여러 선지자가 기록한 그 이'(1:45), '이스라엘의 임금'(1:49), 야곱의 꿈 중에 나타난 하늘과 땅을 연결하는 사다리와 같은 '인자'(1:51) 등으로 증언한다.

예수님은 특별히 하나님의 아들(메시아의 동의어면서도 특징적인 명칭)이시다 (1:14, 34, 49; 3:16~18; 5:16~30, 37~38, 43~46; 8:36 이하; 10:31~39; 11:27; 14:10; 15: 22~24; 17:1이하; 19:7; 20:17, 30~31). 예수님은 하나님의 아들로서 하나님 아버지와 독특한 관계를 맺고 계신다.

성자 예수님은 기능적으로 성부에게 종속되어(fun-ctionally subordinate, Carson 95), 성부께서 자신에게 말하고 행하라고 주신 것만을 하셨다. 성자 예수님은 동시에 성부께서 하시는 모든 것을 하신다. 성부께서 성자에게 자신이 하시는 모든 것을 보여 주시기 때문이다.

예수님은 하나님의 아들이면서 동시에 '사람의 아들' 곧 '인자'('사람의 아들')시다(1:51; 3:13~14; 5:27; 6:27; 53~54, 62; 8:28~29; 9:35; 12:23~34; 13:31~32). 공관복음서에서 '사람의 아들'은 지상 사역, 즉 비하와 죽음의 고통, 완성 천국 묵시적 영광으로 강림과 관련해 사용되었으나 요한복음에서는 독특하게 사용되었다.

요한복음에서 인자는 죽음에서 '들어올림을 받으시고'(lifted up), 죽음을 통해 영광받으시고(12:23~28), 그를 믿는 자는 영생을 얻게 하신다는 면에서 독특하게 사용되었다. '인자는 계시자며, 인자만 하늘에서 온 자이므로 어

떤 인간도 말할 수 없는 것을 말씀하신다. 인자만이 하늘과 땅의 링크시다 (1:51; 3:11~13).'

요한은 증명되고 설명되어야 할 큼지막한 주제들을 이렇게 늘어놓는 것으로 일단 '생명'에 관한 증언의 문을 열었다. 요한복음 1장에서 보더라도 메시아 증언을 위해 이미 구약의 '어린양'(1:28, 29~36; 10:14~18; 11:51~52; 12:1; 15:13; 19:14), '이스라엘 왕'(1:49; 12:13~18; 18:33~38; 19:2~3, 12, 15, 19~22), '야곱의 사다리', 성막, 율법과 선지서가 기록한 자 등으로 구약의 예표와 넓게 연결시켰음을 알 수 있다.

행위 기독론 1: 외면적인 표적(2~12장)

요한의 생명 기독론은 말씀을 통해 드러날 뿐 아니라 행위(표적)를 통해서도 드러난다. 요한은 '생명'을 주시는 '로고스'(말씀)를 증명 없이 일단 제시하고 난 다음, 2~12장에서는 7대 표적을 통하여 로고스를 증명한다. 이러한 표적은 '로고스'에 대한 증언이기 때문에 '말씀'을 연관지어 소개하는 방식으로 증명한 것이다.

사건 명칭	사건구 / 말씀구	주제
물로 포도주 제조	2:1~11 // 3:1~21	새로운 시작
신하의 아들 치유	4:46~54 // 4:1~42	생수
중풍병자 치유	5:1~18 // 5:19~47	성부와 성자
오병이어의 기적	6:1~15 // 6:22~65	생명의 떡
물 위로 걸으심	6:16~21 // 7:1~52	예수님의 임재
소경의 개안	9:1~41 // 8:12~59	세상의 빛
나사로 부활	11:1~57 // 10:1~42	부활생명

요한은 표적과 말씀을 연결시켜 로고스 생명을 증명하되, 때로는 말씀이 먼저 나오고 표적이 뒤따르지만 때로는 표적이 먼저 나오고 말씀이 뒤

따르도록 배열하고 있다. 표적의 위치가 말씀 앞에 있든 뒤에 있든 중요한 것은 '예수님은 하나님의 아들 메시아', 즉 생명을 주시는 로고스라는 것을 예수님 자신의 말씀을 통해 증명했다는 점이다. 요한은 표적과 또 그와 관련된 말씀을 통해 예수님의 생명을 증언하되, 이미지의 각도를 달리해 풍부하게 증언했다. 이것을 요약하면 다음과 같다. 앞의 도표를 보면 사건의 명칭이 나오고 사건을 묘사하는 사건구가 나온 다음, 사건과 관련된 말씀구가 나온다. 그리고 그 사건이 어떤 주제를 다루는가 하는 것이 나온다. 즉 '사건 명칭(사건구//말씀구) → 주제'의 방식으로 제시되어 있다.

이상의 도표에서 사건과 말씀이 아주 자연스럽게 연결되는 경우가 있는가 하면, 그렇지 않은 경우도 있는 것을 발견할 수 있을 것이다. 가령 오병이어의 표적과 생명의 떡에 관한 말씀은 물 흐르듯 자연스럽게 연결된다. 그러나 38년 된 중풍병자를 고치신 표적과 '성부와 성자'라는 말씀은 연결시키기가 어렵다. 이 경우 표적과 말씀의 연결고리는 38년 된 중풍병자를 고친 날이 안식일이라는 사실이다. 안식일에 병자를 고침으로써 안식일 법을 어겼다고 보는 유대인들의 항의에 대한 답변에서 "아버지께서 일하시니 나도 일한다"(5:17)고 말씀하심으로써 성부와 성자의 관계가 밝혀지는 말씀이 주어진 것이다. 7대 표적과 연결된 말씀을 통하여 '생명'이라는 주제가 전개되는 것은 분명하지만, 주제가 새로운 시작, 생수, 성부와 성자의 관계, 생명의 떡, 예수님의 임재, 세상의 빛, 부활생명 등의 다양한 이미지로 전개되며 속도가 아주 느리다. 요한복음은 마치 하나의 성부(聲部)가 주제를 나타내면 다른 성부가 그것을 모방하면서 대위법(對位法)에 따라 좇아가는 둔주곡(遁走曲, fugue)과 같다는 말은 바로 이 점에 착안해서 한 말이다.

행위 기독론 2: 내면적인 표적(13~17장)

요한복음 2~12장은 7대 표적을 기록하는 반면, 13~17장의 내용은 내면적인 표적이 기록되어 있다. 내면적인 표적이란 성령께서 외면적인 표적을 내면화하셔서 예수님이 생명을 주시는 로고스라는 것을 가리켜 준다는 뜻이다. 성령을 내면적인 표적이라 할 수 있는가 하는 질문이 나올 법하지만, 요한복음의 목적(20:30~31)이 '표적으로 예수님이 생명을 주시는 로고스로서의 하나님의 아들이라는 것을 증명하는 것' 이라는 관점에서 성령을 내면적인 표적으로 묶을 수 있는 것이다.

- "보혜사, 곧 아버지께서 내 이름으로 보내실 성령 그가 너희에게 모든 것을 가르치시고 내가 너희에게 말한 모든 것을 생각나게 하시리라"(14:26).
- "내가 아버지께로서 너희에게 보낼 보혜사 곧 아버지께로서 나오시는 진리의 성령이 오실 때에 그가 나를 증거하실 것이요"(15:26).
- "진리의 성령이 오시면 그가 너희를 모든 진리 가운데로 인도하시리니 그가 자의로 말하지 않고 오직 듣는 것을 말하시며 장래 일을 너희에게 알리시리라"(16:13).

이 말씀들은 모두 '진리의 영' 이신 성령께서 내면적으로 예수님을 증언해 주시는 분이심을 밝혀 준다. 그러므로 요한복음에서 예수님이 생명을 주시는 로고스 메시아심을 가리키는 것이 표적의 의미라면, 성령께서 예수님이 하나님의 아들이심을 밝혀 주신다는 점에서 성령을 '내면적인 표적' 이라 해도 무리가 없을 것이다.

13장은 예수님께서 제자들의 발을 씻기신 사건을 다루고, 바로 뒤이은 13~16장은 소위 다락방 훈화로 보혜사 성령을 다루는 내용이며, 17장은 그 후의 대제사장 기도를 싣고 있는데, 13~17장을 모두 내면적인 표적인 성령으로 묶는 데는 약간의 무리가 있음을 발견한다. 그러나 13장과 17장은 14~16장의 성령훈화와 연결된 앞과 뒷부분이라 보고 13~17장을 '내면적인 표적으로서의 성령' 이라는 항목으로 묶으면, 20:30~31의 요한복음 구조요약과 잘 연결되므로 이렇게 묶어 이해할 수도 있을 것이다.

성령은 영원히 우리와 함께하시고 우리 속에 계시는 진리의 영(14:16~17)으로서, 예수님이 우리에게 말씀하신 모든 것을 가르치시고 생각나게 하신다(14:26). 또한 예수님께서 성부 하나님으로부터 우리에게 보내 주실 진리의 성령은 우리에게 예수님을 증거하신다(15:26). 예수님이 승천하심으로써 내려오실 성령님은 죄와 의와 심판에 대해 세상을 심판하시고(16:7~12), 우리를 모든 진리 가운데로 인도하심으로써 예수님의 영광을 드러내신다(16:12~15). 성령이 예수님의 내면적인 표적이라는 것은 이런 의미가 있다.

행위 기독론 3: 최고의 표적(18~21장)

2~12장이 외부적인 7대 표적을 통하여 예수님이 생명을 주시는 하나님의 아들이라는 것을 증언하고 13~17장은 내면적인 표적인 성령을 통하여 예수님을 증언한 내용이라면, 18장~21장은 최고의 표적(십자가와 부활)을 통해 예수님을 증언한 내용이라 할 수 있다.

오병이어의 기적을 본 군중이 예수님에게 "우리로 보고 당신을 믿게 행하시는 표적이 무엇이니이까"라는 질문을 던졌다(6:30). 이것은 참으로 이해하기 어려운 질문이다. 왜냐하면 오병이어로 약 5천 명이 먹고도 12바구니에 찰 정도의 음식이 남는 기적을 보았다면 예수님을 믿기에 충분할 것 같은데도 또다시 표적을 요구하기 때문이다.

예수님은 이런 어처구니없는 질문을 받으시고 자신이 하늘에서 내려오신 '생명의 떡'이라고 말씀하셨다(6:35). 그리고 '생명의 떡'에 대해 설명하시기를 "인자의 살을 먹지 아니하고 인자의 피를 마시지 아니하면 너희 속에 생명이 없느니라"고 하셨다(6:53). 이것은 예수님이 십자가에서 흘리실 보혈이 바로 생명의 원천이라는 것을 암시하신 말씀이다. 예수님은 표적을 보고도 표적을 구하는 군중에게 자신의 십자가를 최고의 표적으로 제시하신 것이다.

예루살렘에서 우양과 비둘기를 파는 사람들과 돈 바꾸는 자들로부터 성전을 정화하신 예수님께서 "네가 이런 일을 행하니 무슨 표적을 우리에게 보이겠느뇨"라는 질문을 받으셨을 때(2:18), 그 대답하신 말씀을 보아도 십자가가 최고의 표적이라는 것을 알 수 있다. 성전을 정화하신 예수님에게 대들어 질문한 유대인들은 웬만한 표적으로는 설득될 수 없는 자들이다. 이들에게 예수님은 결정적인 표적을 보이시겠다고 답변하셨는데, 그것이 바로 "이 성전을 헐라 내가 사흘 동안에 일으키리라"는 답변이었다(2:19). 이것은 "성전 된 자기 육체를 가리켜 말씀하신 것"으로(5:21), 결국 십자가를 최고의 표적으로 제시하신 것이다.

이렇게 20:20~21이 요한복음의 내용을 표적으로 요약한 점은 전기한 바와 같은데, 18~21장은 표적 중에 최고의 표적인 십자가와 부활 표적을 기록한다.

예수님은 십자가를 지시기 전에 체포되셨다. 예수님은 자신이 십자가 지실 것을 미리 아시고(18:4) 체포하러 온 자들에게 "너희가 누구를 찾느냐"고 질문하신 후 그들이 나사렛 예수를 찾는다고 할 때 "내로라"고 하셨다(18:6). 그리고 자신을 체포하러 온 자들에게 자신만 체포하고 제자들을 가게 하라고 하셨는데 이것은 "아버지께서 내게 주신 자 중에서 하나도 잃지 아니하였삽나이다"라는 말씀을 성취하려 하신 것이다(18:8~9). 예수님은 이렇게 체포되실 때도 하나님의 아들로서 하나님께서 자신에게 주신 자들을 하나도 잃지 않는다는 메시아 의식을 분명하게 가지고 계셨다.

빌라도의 심문을 받으실 때도 예수님은 "내 나라는 이 세상에 속한 것이 아니라 만일 내 나라가 이 세상에 속한 것이었더면 내 종들이 싸워 나로 유대인들에게 넘기우지 않게 하였으리라 이제 내 나라는 여기에 속한 것이 아니니라 … 내가 왕이니라 내가 이를 위하여 났으며 이를 위하여 세상에 왔나니 곧 진리에 대하여 증거하려 함이로라"고 하셨다(18:36~37). 예수님은 하나님의 아들로서 세상에 속하지 않은 하나님나라의 왕이라는 자기 증언을 분명하게 하신 것이다.

예수님은 십자가에 달리실 때 "여자여 보소서 아들이니이다"라고 하여 한 제자를 자신의 모친의 아들로 삼아 주시고 "보라 네 어머니라"고 하여 자신의 모친을 그 제자의 모친으로 삼아 주셨다(19:26~27). 신 포도주를 받으신 후에는 "다 이루셨다"고 하셨다(19:30). 예수님은 십자가 위에서도 자신의 육신적인 모친의 여생에 대해서까지 자상한 관심을 표명하시고 하나님 아버지로부터 받은 구원의 사명을 다 이루신 것이다.

예수님은 십자가에서 죽으신 지 삼일 만에 부활하셔서 막달라 마리아에게 나타나셨고(20:11~18) 제자들에게도 나타나셨다(20: 19~23). 도마에게도 나타나셨고(20:24~29), 디베랴 바다에서 다시 제자들에게 나타나셨다(21:1~25). 막달라 마리에게 나타나셨을 때도 "내가 내 아버지 곧 너희 아버지, 내 하나님 곧 너희 하나님께로 올라간다"고 하심으로써 자신이 하나님 아버지로부터 오셔서 생명을 주시는 구원사명을 완수하시고 다시 하나님 아버지께로 올라간다는 것을 분명하게 하셨다. 제자들에게 나타나셨을 때도 "아버지께서 나를 보내신 것 같이 나도 너희를 보내노라"고 하셨다(20:21).

예수님은 자신이 하나님 아버지의 보내심을 받은 메시아라는 것과, 메시아 신분으로 제자들에게 생명의 복음을 전파할 사명을 부여하시고 보내신다는 점을 밝히신 것이다. 도마에게 나타나셨을 때 도마가 의심할 수 없는 방식으로 자신이 부활하신 메시아라는 것을 확실하게 보여 주셨다. 제자들에게 다시 나타나셨을 때는 그물이 찢어질 정도로 고기를 많이 잡게 하시고 그렇게 잡은 생선을 그 자리에서 드심으로 자신이 부활하신 하나님의 아들이라는 사실에 의심의 여지가 없게 하셨다. 뿐만 아니라, 특별히 베드로에게는 주님을 사랑하는 것과 주님의 양을 먹이는 것을 직결시키는 말씀을 주심으로써 주님이 생명 주신 양들을 치는 사명을 강조하셨다.

예수님은 최고의 표적인 십자가와 부활을 통해 자신이 하나님 아버지로부터 이 세상에 내려오셔서 하나님 아버지의 말씀대로 생명구원의 사명을 완수하신 하나님의 아들이라는 것을 의심이나 반박의 여지가 없이 분명하게 제시하신 것이다.

요한의 기독론은 예수님이 하나님 아버지의 보내심을 받아 이 세상에 오셔서 생명구원의 사명을 완수하신 하나님의 아들이라는 것을 밝힌 생명 기독론이다. 또한 요한의 생명 기독론은 예수님의 특징을 말씀(로고스)으로 보고 로고스를 통해 자신의 메시아 신분을 밝히신 로고스 기독론이다. 요한의 로고스 기독론은 7대 표적인 외면적인 행위를 통해, 내면적인 표적인 성령을 통해서, 최고의 표적인 십자가와 부활을 통해서 예수님이 생명의 로고스라는 것을 밝힌 행위(표적) 기독론이다.

요한은 이와 같은 기독론을 밝힐 때 공관복음과는 달리 구약과 신약을 연결하고, 하늘과 땅을 연결하며, 표적과 말씀을 연결하는 튀는 방식으로 밝혀 주었다.

요한복음을 제대로 정직하게 읽은 사람들에게 '예수님이 누구라고 생각하느냐?' 고 질문하면, '그분처럼 말씀하시고 그분처럼 행동하신 분은 사람들 중에는 없다' 라고 할 것이다. 예수님은 태초부터 계신 로고스로서 하나님의 아들이 아니면 하실 수 없는 말씀을 하셨고, 하나님의 아들이 아니면 하실 수 없는 표적을 행하셨다.

예수님의 말씀과 행위를 어떻게 받아들이느냐 하는 것은 사람마다 각기 다를 것이다. 예수님을 두고 '좋은 사람' 이라고 보거나 '무리를 미혹하게' 하는 사람(7:12) 혹은 귀신들린 사람으로 보거나(7:20; 8:48; 10:20) 참람한 사람으로 여기는 사람들도 있었다(10:33). 그러나 예수님의 말씀과 행위에 정직한 반응을 보이는 사람들도 있었다. "무리 중에 많은 사람이 예수를 믿고 말하되 그리스도께서 오실지라도 그 행하신 표적이 이 사람의 행한 것보다 더 많으랴"(7:31). "하속들이 대답하되 그 사람의 말하는 것처럼 말한 사람은 이때까지 없었나이다 하니"(7:46).

이렇게 말씀과 행위를 통해 하나님의 아들이심을 계시하신 예수님에게 정직한 반응을 보여 믿게 되는 자들이 하나님의 자녀로 생명을 얻게 되는 것(1:12; 20:31), 이것이 생명 기독론인 것이다.

4 요한복음과 공관복음의 차이점과 공통점

요한복음을 읽을 때 우리는 요한복음이 공관복음과 매우 다르면서도 때로 유사하다는 것을 발견한다. 이러한 유사성과 비유사성에 관하여 어떻게 설명하느냐에 따라 요한복음은 다르게 읽혀질 수 있다. 만일 요한복음의 저자(편의상 약어로 "요한")가 공관복음을 참조하며 저술했기 때문에 유사성이 나타난다고 보면, 요한복음이 공관복음과 다른 부분은 요한의 신학적 강조가 들어간 것으로 이해할 수 있다. 그러나 만일 요한이 공관복음을 참조한 것이 아니라 구전이나 초기 자료를 토대로 하여 독립적으로 저술했기 때문에 다른 것이라면, 요한복음을 공관복음과 비교하면서 읽을 필요가 없게 된다.[1]

이러한 이유 때문에, 요한복음이 공관복음과 유사하면서도 상이한 현상을 설명하는 것은 단지 호기심 많은 신약학자들에게만 아니라, 요한복음을 읽는 모든 사람들에게 중요한 과제다. 요한복음이 공관복음과 유사하면서 상이한 현상을 설명하는 과제는 "요한복음문제"(the Johannine Question)라고 불린다.[2] 이것은 마태복음, 마가복음, 누가복음이 서로 유사하면서도 상이한 현상을 설명하는 분야인 "공관복음문제"(the Synoptic Problem)와 유사하다.[3] 이 두 학문 분야는 모두, 서로 유사하지만 동일하지는 않은 문헌들간의 관계를 연구하기 때문이다.

요한복음문제 풀기

요한복음문제는 공관복음문제에 비해 단순하다. 공관복음문제를 연구할 때는 무엇이 먼저이고 나중인지, 과연 직접적 관계가 있는지 없는지를 모두 따져야 하기 때문에 복잡하다. 그러나 요한복음과 공관복음의 관계를 연구할 때는, 요한복음이 공관복음보다 나중에 쓰인 것이 거의 분명하므로, 단지 요한복음이 공관복음에서 독립된 책인지 아닌지만 밝히면 된다. 이 경우, 요한복음문제에 대한 답은 다음 둘 중의 하나다. 1) 요한복음은 공관복음에서 독립된 책이다. 2) 요한복음은 공관복음을 자료로 사용하여 저술된 책이다.

대부분의 요한복음 주석학자들은 가설 1)을 선택한다. 하지만 루뱅대학의 신약학자 나이링크(F. Neirynck)와 그를 추종하는 일군의 학자들은 요한복음이 공관복음과 차이 나는 부분들을 가설 2)에 입각하여 편집비평적으로 설명해 보이면서, 가설 2)의 가능성을 역설한다.[4]

가설 1)의 결정적인 증거는 이미 오래 전에 영국의 신약학자 다드(C. H. Dodd)에 의해 제시된 바 있다. 다드는 공관복음의 평행구절에 요한복음의 문체에 적합한 표현이 나오는데도, 요한복음 문체에 맞지 않는 표현이 요한복음에 나오는 경우들을 제시한다. 이러한 표현은 공관복음을 사용하며 저술하다가 편집하는 과정에서 나왔다기보다는 요한이 사용한 다른 초기 자료에서 왔다고 볼 수밖에 없다.

다드는 요한복음 13:16을 마태복음 10:24과 다음과 같이 비교한다.

> 마 10:24 제자가 그 스승보다 낫지 않다.
>
> 요 13:16 사도가 그를 보낸 자보다 크지 않다.

만일 요한이 마태복음을 자료로 사용했다면, 요한은 그가 자주(78번) 사용하는 단어인 "제자"를, 다른 곳에서 전혀 사용하지 않은 "사도"로 바꾸지 않았을 것이다.[5] 비록 이것은 다드가 제시한 증거들 중 가장 설득력 있는 것이지만, 마태복음 10:24이 요한복음 13:16의 평행구절이 아니라고 볼 경우에는 증거력이 상실된다.

그러나 우리는 좀 더 설득력 있는 증거를 요한복음 18:39에서 발견할 수 있다. 이 구절은 마태복음 27:17과 마가복음 15:9의 평행구절이다.

마 27:17   내가 너희에게 누구를 풀어 주기를 원하느냐($\theta\acute{\epsilon}\lambda\epsilon\tau\epsilon$)?

막 15:9   내가 너희에게 …를 풀어 주기를 원하느냐($\theta\acute{\epsilon}\lambda\epsilon\tau\epsilon$)?

요 18:39   내가 너희에게 …를 풀어 주기를 원하느냐($\beta o\acute{\upsilon}\lambda\epsilon\sigma\theta\epsilon$)?

'$\theta\acute{\epsilon}\lambda\omega$' (쎌로, '원하다') 동사는 요한복음에서 무려 23번이나 쓰였고, '$\beta o\upsilon\lambda o\mu\alpha\iota$' (불로마이, '원하다') 동사는 요한복음의 다른 곳에서는 쓰이지 않은 단어다. 만일 요한이 마태복음이나 마가복음을 자료로 사용했다면, 그가 선호하는 단어를 자신이 사용하지 않는 단어로 바꿀 이유가 없었을 것이다. 그러므로 요한은 요한복음 18:39에서 마태복음이나 마가복음을 자료로 사용하지 않았을 것이다.

요한이 공관복음을 자료로 사용했다고 주장하는 나이링크와 그의 추종자들은 요한복음과 공관복음의 차이점들을, 요한이 왜 공관복음을 그렇게 바꾸었는지 그 이유를 제시함으로써 설명한다.

그러나 스미스(D. M. Smith)가 잘 지적하였듯이, 요한복음과 공관복음의 차이점들은 이러한 편집비평적 작업에 의해 충분히 설명되지 않는다. 요한복음은 공관복음과 차이가 나는 부분에서 요한복음만의 독특한 문체를 사용하지 않기 때문이다.[6] 따라서, 요한이 공관복음을 자료로 사용하면서 자신의 문체대로 고쳐 썼다고 단정할 수 없고, 공관복음이 아닌 다른 고대 자료를 사용했을 가능성도 배제할 수 없는 것이다.

영국의 신약학자 스트리터(B. H. Streeter)는 요한복음 13:38이 마가복음 14:30과 누가복음 22:34의 병합을 통해서 발생했다고 주장한다. 즉 '요한복음 13:38(아멘 … 우 … 헤오스) = 마가복음 14:30(아멘) + 누가복음 22:34(우 … 헤오스)'라고 주장한다.

막 14:30   내가 진실로(아멘) 너에게 말한다.

눅 22:34   네가 나를 안다는 사실을 세 번 부정할 때까지(헤오스) 오늘 닭
            이 울지 않을(우) 것이다.

요 13:38   내가 진실로 진실로(아멘) 너에게 말한다.
            네가 나를 세 번 부인할 때까지(헤오스) 닭이 결코 울지 않을(우)
            것이다.

스트리터에 의하면, 요한복음 13:38의 "진실로"는 마가복음 14:30에서 온 것이고, "때까지"와 "않을"은 누가복음 22:34에서 온 것이다.[7]

그러나 "진실로"는 독특한 마가복음의 어휘가 아니다. 왜냐하면 비록 마가복음이 이 단어를 14번 사용하지만 요한복음은 50번이나 사용했기 때문이다. 그러므로 요한복음 13:38의 "진실로"가 반드시 마가복음 14:30에서 왔다고 볼 수 없다.

또한 "때까지 … 않을"도 독특한 누가의 문체가 아니다. 왜냐하면 이 표현은 누가복음(9:27; 12:59; 13:35; 21:32; 22:16, 18, 34)뿐만 아니라 마태복음, 마가복음에도 자주 등장하기 때문이다.[8] 따라서 유독 누가복음 22:34이 요한복음 13:38의 자료일 필연성은 없다. 그러므로 요한복음 13:38에서 마가복음과 누가복음이 자료로 사용되었다고 말할 수 없다.

그런데 요한복음은 가끔 마태복음의 편집 부분과 일치하곤 한다. 예를 들어, i) 요한복음 1:27은 마태복음 3:11과 동일하게 "내 뒤에 오시는 이"란 표현을 가지고 있다. 평행구절인 마가복음 1:7은 "내 뒤에 … 올 것이다"이므로 마가 우선설을 가정할 경우 마태복음 3:11의 "내 뒤에 오시는 이"는 마가복음 1:7의 "내 뒤에 … 올 것이다"를 마태복음 저자가 변경한 결과로 볼 수 있다. 그런데 이러한 마태복음 저자의 손질이 요한복음에 동일하게

등장한다는 점은 요한복음이 마태복음을 자료로 사용하여 저술된 것이 아닌가 추측하게 한다.

이러한 경우들은 더 발견된다. ii)마가복음 14:72은 "그리고 즉시 닭이 두 번째 울었다"라고 표현되었는데, 요한복음 18:27과 마태복음 26:74은 모두 "그리고 즉시 닭이 울었다"로 표현했다. iii)마가복음 15:17은 "가시 면류관을 만들어 씌웠다"라는 표현을 가진다. 그런데 요한복음 19:2과 마태복음 27:29은 모두 "가시로 면류관을 만들어 얹었다"로 표현했다.

그러나 이러한 문자적 일치가 마태복음이 요한복음의 자료였음을 증명하지는 못한다. 왜냐하면 이러한 일치 속에 담긴 표현들은 마태복음의 특징적인 표현이 아니며, 요한복음의 다른 곳에서도 쓰였기 때문이다. 요한복음도 "내 뒤에 오시는 이"를 1:15에서 사용하며, "그리고 즉시"를 5:9, 6:21에서, "얹었다"를 9:15에서 사용한다. 그러므로 이러한 표현이 반드시 마태복음에서 왔어야 하는 필연성은 없다.

이것은 마치 마태복음과 누가복음이 함께 마가복음에 반대하며 서로 일치할 경우, 누가복음이 반드시 마태복음을 자료로 사용했다고 할 수 없는 것과 같다.[9] 즉 마태복음의 독특한 문체가 요한복음의 평행구절에 등장하지 않는 한, 요한복음과 마태복음의 일치만으로는 마태복음이 요한복음의 자료임이 증명되지 않는다.

요한복음은 또한 누가복음의 편집 부분과 일치하기도 한다. 마가복음 16:2에는 "그 주간의 첫 날에"란 표현이 등장하는데, 요한복음 20:1과 누가복음 24:1이 일치하여 "그런데 그 주간의 첫 날에"라고 표현했다. 즉, "그런데"가 공통적으로 추가된다. 요한복음은 때로 공관복음서들 중에서 누가복음에만 등장하는 부분(이른 바 "누가특수자료")에서 누가복음과 일치하기도 한다.

그리고 그가 굽혀 그 세마포들을 보았다(요 20:5 = 눅 24:24)
그리고 그가 그들에게 말씀하셨다. '평화가 너희에게'(요 20:19 = 눅 24:36)

그리고 이것을 말씀하시면서 보이셨다(요 20:20 = 눅 24:40).

그러나 이러한 일치들 역시 누가복음이 요한복음의 자료였다는 것을 증명하지 못한다. 왜냐하면 누가복음의 독특한 문체나 어휘가 이러한 공통 부분에 나타나지 않고, 오히려 요한복음의 다른 곳에서 사용된 표현들이 이 부분에 등장하기 때문이다.

i) 요한복음에서는 "정관사 + '데'(δέ)"가 43번 사용된다. 그러므로 요한복음 20:1의 '그런데 그 주간의 첫 날에'에서 '그런데 그'가 반드시 누가복음을 자료로 사용한 결과일 필요는 없다.

ii) 누가복음은 "세마포"란 단어를 다른 곳에서 전혀 사용하지 않지만, 요한복음은 19:40, 20:5~7에서 사용한다. 그러므로 요한복음 20:5의 "세마포들"이 반드시 누가복음에서 왔을 필연성이 없다.

iii) 누가복음은 "그리고 그가 그들에게 말씀하셨다"와 "평화가 너희에게"를 다른 곳에서 사용하지 않지만, 요한복음은 이러한 표현들을 각각 8번과 3번씩 사용한다. 따라서 요한복음 20:19의 "그리고 그가 그들에게 말씀하셨다. 평화가 너희에게"가 반드시 누가복음 24:36에서 와야만 하는 것은 아니다.

iv) 누가복음의 저자는 "그리고 이것을 말씀하시면서"를 누가복음 24:40과 사도행전 7:60에서만 사용한다. 그런데 요한복음도 이것을 (4번) 사용한다. 또한 "보이다" 동사는 누가복음에서 5회 등장하지만, 요한복음에서도 7회 등장하므로 이 동사를 누가복음의 독특한 어휘라고 할 수 없다. 그러므로 요한복음 20:20의 "그리고 이것을 말씀하시면서 보이셨다"가 반드시 누가복음 24:40에서 유래했을 필연성은 없다.

특히 부제(J. Buse)는 요한복음에 마가복음이 자료로 사용되지 않았다고 주장한다. 왜냐하면 요한복음이 마가복음과 문자적으로 일치하는 부분에 마가의 독특한 어휘가 등장하지 않기 때문이다.[10] 그의 주장은 요한복음과 마가복음 사이의 문자적 일치는 여러 경로를 통해 독립적으로 전승될 수 있었을 만한 예수님의 말씀에서 주로 등장한다는 사실에 의해 지원받는다.

또한 빌라도의 말과[11] 시편 118:25~26을 사용한 군중들의 외침에서도[12] 문자적 일치가 등장하는데, 이 모든 말씀들은 쉽게 기억되어 독립적 경로를 통해 전승될 수 있는 것들이었다. 요한복음과 마가복음의 일치는 서사 부분인 요한복음 19:6과 마가복음 15:15("십자가에 못박히도록"), 요한복음 19:38과 마가복음 15:43("예수의 몸")에서도 등장한다. 그러나 여기서도 마가의 독특한 문체는 발견되지 않으므로 마가복음이 요한복음의 자료로 사용되었을 필연성은 없다.

요한복음은 요한복음의 관점으로

그러므로 요한복음에 공관복음이 자료로 사용되었다는 가설에는 무리가 있다. 오히려 요한복음은 공관복음과 무관하게 독립적으로 저술되었을 가능성이 더 높다. 요한복음에 자주 쓰인 '쎌로' 동사가 공관복음의 평행구절에 등장함에도 불구하고, 요한복음의 다른 곳에서 사용되지 않는 '불로마이' 동사가 요한복음 18:39에 사용된 것은 공관복음이 요한복음의 자료로 사용되지 않았다는 결정적인 증거다.

일반적으로 공관복음이 요한복음의 자료로 사용되었다는 가설은 공관복음과 요한복음의 차이가 요한복음 저자의 변경으로 설명될 수 있다는 점이나, 요한복음과 공관복음이 문자적으로 일치하는 부분들이 있다는 사실을 토대로 주장되어 왔다. 그러나 요한복음과 공관복음이 상이한 부분에서 요한복음의 독특한 문체가 등장하지 않으며, 요한복음과 공관복음이 일치하는 부분에서는 공관복음의 독특한 문체가 나타나지 않는다. 따라서 요한복음과 공관복음 사이의 공통점이나 차이점은 공관복음이 요한복음의 자료로 사용되었다는 가설을 지지하는 단서를 담고 있지 않다.

공관복음이 요한복음의 자료가 아니었다면, 요한복음이 공관복음과 다른 부분들 속에서 요한복음 저자의 신학적 강조점을 읽을 필요가 없다. 요한복음의 신학은 요한복음 자체의 문맥 속에서 읽어야 한다.

설교자를 위한 적용

요한복음이 공관복음을 자료로 사용하지 않았다는 것은 설교자들이 요한복음을 설교할 때 공관복음과 비교하면서 분석해야 하는 짐을 덜어 준다. 지금까지 설교자들은 공관복음과 요한복음의 차이를 분석해야 하는, 지고 가지 않아도 되는 무거운 짐을 지고 간 것같다. 예컨대 요한복음과 공관복음이 서로 다를 경우 반드시 요한복음에만 특별한 강조점이 있는 것은 아니므로 저자가 왜 공관복음을 그렇게 변경시켰는지를 연구하는 것은 설교에 그렇게 도움이 되지 않는다.

요한복음에는 오래된 자료와 저자의 신학이 융합되어 있지만 이것을 정확하게 구분하는 것은 불가능하다. 저자가 수납하고 편집한 자료가 모두 저자의 신학을 담고 있으므로 본문의 신학적 의도를 설교할 때 자료와 편집의 엄밀한 구분은 사실상 무의미하다. 결국 요한복음은 요한복음의 문맥에서 설교되어야 한다. 요한복음 본문을 전승과 편집으로 해부하여 죽이지 말고 전체로서의 본문이 살아서 말하게 하여야 할 것이다.

5 설교에 도움이 되는 요한복음의 상징어 연구

요한복음에는 수많은 상징들이 존재한다. 여기서 그것들을 하나씩 분석하고 설명하는 것도 유익한 일이 될 수 있을 것이다. 그러나 요한복음의 독특한 상징들을 종합적으로 이해할 수 있는 틀을 독자들에게 제시하고 설명하는 것이 더 유익하리라 생각한다. 사실 개별적인 개념들을 하나하나 나열하며 설명하기에는 지면이 너무 부족하기도 하다.

요한복음의 상징들을 이해하기 위한 틀로서 필자가 제시하고 싶은 것은 다음의 두 가지 역사적 배경이다. 그 배경들을 설명하고 그것에 기초하여 상징들을 해석하는 방법을 제시해 보고자 한다.

유대인들과의 적자(嫡子)논쟁

요한복음의 상징들을 제대로 이해하려면 우선 요한복음이 유대인들과의 적자논쟁이 치열했을 당시에 쓰여진 책이라는 것을 기억해야 한다. 요한복음의 많은 부분들이 이런 적자논쟁을 염두에 두지 않으면 이해가 곤란하다. 적자논쟁이 무엇인지 알기 위해서는 당시의 역사적 배경을 살펴볼 필요가 있다.

주후 70년 로마의 디도(Titus Vespasianus) 장군에 의해 예루살렘이 멸망했다. 그런데 그때 예루살렘 성을 탈출해 로마에 투항한 랍비가 있었으니, 요하난 벤 자카이라는 인물이었다. 그는 성전이 파괴된 후 바리새파 유대인들을 규합하여 율법 중심의 새로운 유대교를 만들고 그 초대 수장이 되었다.

　유대인들에게 성전은 절대적인 중요성을 지닌 것이었다. 그런데 그 성전이 무너져 버린 것이다. 성전이 없어진 상황에서 유대인들이 경험했을 종교적 혼란은 우리의 상상을 초월하는 것이었다. 요하난 벤 자카이는 이런 시점에서 거의 새로운 종교를 만드는 것과 같은 엄청난 일을 해낸 것이다. 그가 유대교의 수장으로 있을 당시에는 기독교와 유대교 사이의 분리가 아직 확실하게 나타나지 않았다(사도행전에서 기독교인들이 회당이나 성전을 찾아갔던 것을 기억해 보라). 그것은 요하난 벤 자카이의 성품이 온화한 탓도 있었지만, 그 당시는 유대교가 존폐의 기로에 서 있는 위기상황이었기 때문이기도 했다. 유대교 지도자들은 기독교에 대해 제대로 관심을 기울일 여력이 없었다.

　그런데 요하난 벤 자카이의 후계자인 가말리엘 2세가 유대교의 새로운 수장이 되자 상황이 급변했다(가말리엘 2세는 사도 바울의 스승인 가말리엘의 손자다). 유대인들은 회당에서 예배를 드릴 때 '18기도문'이라는 것을 외웠다(이를 18이라는 숫자의 히브리어 명칭을 따서 '쉐모네 에스레이'라고 부른다). 그런데 가말리엘 2세는 이 기도문들 중 12번째 기도문에 '이단'(미님)들에 대한 저주를 삽입해 넣었다. 그 당시 '미님'은 기독교인을 뜻했고 기독교인들은 이 기도문이 추가된 이후 회당예배에 참석할 수 없었다. 스스로를 저주하는 기도에 동참할 수는 없었기 때문이다. 그래서 결국 기독교는 유대교와 영영 결별을 고했다. 이때가 주후 90년경이었다.

　유대교와 기독교가 결별한 후 기독교인들과 유대인들 사이에서는 치열한 논쟁이 벌어졌다. 누가 과연 구약성경의 적자(嫡子)인가 하는 논쟁이었다. 회당예배에 참석하는 유대인들과 교회예배에 참석하는 기독교인들은 모두 구약성경을 자신들의 경전으로 삼았다. 그리고 자신들이야말로 구약의 정통성을 계승한 적자라고 주장했다.

유대인들은 이렇게 주장했다. "구약성경을 보라. 하나님께서는 유월절을 지키고 할례를 받고, 각종 규례를 준수하라고 하신다. 우리는 그 모든 것을 따른다. 하지만 너희 기독교인들은 그것들을 무시한다. 그러므로 우리가 구약의 적자다." 반면 기독교인들은 이렇게 주장했다. "구약은 메시아를 예언한 책이다. 그런데 바로 메시아가 세상에 오셨고 그분이 바로 예수님이시다. 우리는 그 메시아를 믿는다. 그러므로 우리가 구약의 적자들이다."

이것은 양보가 불가능한 싸움이었다. '미님' 들을 저주하는 가말리엘 2세의 유대교가 구약의 적자라면 기독교는 유대교에 흡수되어야 했고 그 반대도 마찬가지였다. 이런 역사적 상황 속에서 기록된 책이 바로 요한복음이다. 그러므로 요한복음에는 유대교에 대항하여 기독교를 변론하는 상징과 내용들이 많이 등장한다.

그 중 가장 대표적인 것이 요한복음에 등장하는 성령에 대한 묘사들이다. 위에서 설명한 역사적 배경을 염두에 두지 않고는 요한복음의 성령론을 이해하는 것이 대단히 곤란하다. 요한복음은 성령에 대해 매우 독특한 묘사를 하고 있고, 주석가들은 이를 해석하기 위해 골머리를 앓아 왔다. 요한복음에서만 찾아볼 수 있는 성령에 대한 독특한 구절들은 다음과 같다.

- "이는 그를 믿는 자의 받을 성령을 가리켜 말씀하신 것이라(예수께서 아직 영광을 받지 못하신 고로 성령이 아직 저희에게 계시지 아니하시더라)"(요 7:39).
- "보혜사 곧 아버지께서 내 이름으로 보내실 성령 그가 너희에게 모든 것을 가르치시고 내가 너희에게 말한 모든 것을 생각나게 하시리라"(요 14:26; 참고 요 14:16; 15:26; 16:7).
- "이 말씀을 하시고 저희를 향하사 숨을 내쉬며 가라사대 성령을 받으라"(요 20:22).

이 세 구절들은 모두 난해한 말씀들이다. 우선 첫 번째 말씀을 보자. 이 구절은 그 당시에는 성령이 아직 사람들과 함께 있지 않았다고 말한다. 그러나 성령은 구약 시대에도 사람들과 함께하시지 않았던가? 예수님이 세상에 계실 때도 성령의 역사는 계속 사람들과 함께했다. 그런데 성령이 아직 없었다니 이게 무슨 말인가? 이 딜레마를 어떻게 해결할 것인가?

그래서 많은 주석가들은(필자가 본 바로는 모든 주석가들은) 이 부분을 성령의 역사의 '정도' 차이로 해석한다. "구약 시대에도, 예수님 당시에도 성령은 있었다. 그러나 오순절 이후의 성령과는 그 정도에서 차이가 난다. 즉, 구약의 성령의 역사는 특정한 사람들에게 한정되어 있었다. 그러나 신약 시대의 역사는 모든 신자들에게 나타난다. 또 구약의 성령의 역사는 한시적이었지만, 신약 시대에는 성령이 떠나시지 않는다(요 14:16). 그리고 구약시대의 성령의 역사는 그렇게 강력하지 않았다. 그러나 신약 시대의 성령의 역사는 강력하다."

그러나 요한복음 7:39은 "성령의 역사가 아직은 미약했다"고 말하는 것이 아니라 "성령이 아직 저희에게 계시지 아니하시더라"고 말한다. 즉, '정도'의 문제가 아니라 '존재'의 문제라는 것이다.

보혜사에 대한 언급도 문젯거리다. 보혜사로 번역된 '파라클레토스'라는 단어는 요한복음과 요한일서에만 등장한다(요한일서에서는 한글성경에서 '대언자' [요일 2:1]로 번역되었다). 이 단어가 성경 이외의 헬라 세계에서는 '변호사'란 의미로 사용되었다. 왜 성령에 대해 유독 요한복음에서만 '변호사'라는 상징이 사용되었을까?

세 번째 본문도 우리를 혼란스럽게 한다. 예수께서는 부활하신 후 제자들을 만난 자리에서 숨을 내쉬시며 "성령을 받으라"고 말씀하신다. 하지만 우리가 알기로 제자들이 성령충만을 체험한 것은 이때가 아니라 오순절날이었다. 그래서 학자들은 이 구절과 사도행전 2장을 조화시키기 위해 노력을 한다. 성령은 언제 임하신 것인가? 예수님이 이 말씀을 하신 때인가, 아니면 오순절, 그것도 아니면 예수님이 이 말씀을 하신 순간 성령이 그들 가운데 임재하셨지만 본격적으로 눈에 띄게 역사하기 시작한 것은 오순절이 되어서인가?

1. 성령의 상징성

성령과 관련된 요한복음의 이 모든 상징들은 앞에서 언급했던 역사적 배경을 염두에 두고 보면 그 뜻이 분명해진다. 우선 보혜사라는 상징부터 생각해 보자. 성령의 능력은 다양해서 질병치료, 방언, 예언 등등 헤아릴 수 없을 정도다. 그러나 요한복음이 기록될 당시 기독교인들이 가장 필요로 했던 성령의 능력은 유대인들과의 논쟁에서 자신들의 신앙을 변론하는 것이었다. 그 논쟁에서 밀리면 기독교라는 종교의 존립 자체가 무너질 수밖에 없었기 때문이다. 이런 상황에서 성령님을 '변호사'라는 상징어로 부르는 것은무리가 아니다.

요한복음 7장 당시에는 성령이 아직 사람들 사이에 계시지 않았다는, 그리고 예수께서 숨을 내쉬시며 성령을 받으라고 하셨다는 나머지 두 구절들을 어떻게 이해해야 하는가? 이것 역시 당시의 역사적 상황을 염두에 두면 뜻이 명확해진다.

성령의 능력을 좇아 나타나는 기적들은 복음전파에 중요한 역할을 담당했다. 그것은 전도자들이 전하는 복음의 진정성을 하나님께서 확증하신다는 표증이었다. 사람들은 성령의 기적을 보면서 전도자들의 말을 받아들였다. "두 사도가 오래 있어 주를 힘입어 담대히 말하니 주께서 저희 손으로 표적과 기사를 행하게 하여 주사 자기 은혜의 말씀을 증거하시니"(행 14:3; 참조 행 4:16, 30; 5:12; 8:6, 13).

그런데 곤란한 문제가 있었다. 즉, 예수를 믿지 않는 유대인들 중에도 작은 규모긴 하지만 기적을 행하는 자들이 있었다는 것이다. "또 내가 바알세불을 힘입어 귀신을 쫓아내면 너희 아들들은 누구를 힘입어 쫓아내느냐 그러므로 저희가 너희 재판관이 되리라"(마 12:27). 이 말씀이 암시하는 것은 예수님 당시의 유대인들 중에서도 귀신을 쫓아내는 일을 행하는 자들이 있었다는 것이다. 불신 유대인들이 행하는 그런 초자연적 기적은 초대 교회 시대에도 존재했다.

그러므로 유대인들은 기독교인들을 향해 이렇게 말했을 것이다. "너희 기독교인들이 행하는 기적들은 참으로 놀랍다. 우리 유대인들이 행하는 기적들보다 그 규모나 난이도에서 너희의 기적들이 월등하다는 것을 인정하지 않을 수 없다. 그러나 어쨌든 하나님께 기도하여 나타나는 기적은 우리에게도 나타난다. 그 정도만 다를 뿐이다. 너희 기독교인들이 아무리 큰 기적을 행한다 해도 그것은 우리가 행하는 기적과 정도의 차이만 있을 뿐 본질은 같은 것이다. 즉, 같은 하나님의 영의 활동이다. 그런데 우리는 역사와 전통을 자랑하는 정통 유대교의 후예들이다. 그러므로 너희는 우리에게 흡수되어야 한다."

기독교인들은 이들에게 무엇이라고 말해야 했을까? 그들은 유대인들에게 나타나는 기적들과 기독교인에게 나타나는 성령의 기적은 그 '정도'에서 차이가 나는 것이 아니라 '본질' 자체에서 차이가 난다고 주장했어야 했다. 왜냐하면 그 차이가 단지 정도의 차이, 양적인 차이의 문제라면 신생종교인 기독교가 수천 년의 역사를 자랑하는 유대교에 당해낼 수가 없었기 때문이다.

그래서 요한복음 7장은 예수님의 십자가와 부활 이전에는 "성령이 계시지 않았다"고 말하는 것이다. 즉, 예수 그리스도의 십자가 사건으로 말미암지 않은 성령, 유대인들이 말하는 소위 그들의 성령은 성령이 '아니라는' 것이다. '정도'의 차이가 아니라 '본질' 자체의 차이다. 그러므로 예수를 통한 유일한 성령의 지지를 받는 기독교의 복음만이 참 진리라는 주장이다.

해석자들은 요한복음 20:22에서 성령이 임하신 날짜에 관심을 갖는다. 제자들에게 그 말씀을 하신 그날인가, 아니면 오순절날인가? 그러나 요한복음 20:22의 핵심은 그 날짜에 있는 것이 아니라 예수님께서 '숨을 내쉬시며' 성령을 받으라고 하셨다는 데 있다. 숨은 생명을 뜻한다. 구약에서 하나님이 인간을 창조하실 때 인간에게 생기를 불어넣으셨다(창 2:7). 한 인간이 살아 있느냐 죽었느냐를 결정하는 기준은 호흡이 있느냐 없느냐에 있다. 따라서 호흡이란 어떤 생명체의 핵심을 뜻한다.

그런데 예수께서는 성령을 받으라고 명령하시며 제자들에게 자신의 숨을 내쉬어 주셨다. 여기서 요한복음이 말하고자 하는 핵심은 '성령은 예수에게서 나온 것이다' 라는 것이다. 예수로 말미암지 않은 것은 성령이 아니다. 성령은 예수의 손짓에서 나오지 않았다. 그의 안수에서 나온 것도 아니다. 성령은 예수라는 인격체의 가장 근본적인 핵심, 즉 그의 호흡으로부터 나왔다. 그러므로 예수와 상관없이 기적을 펼치는 유대인들의 기적은 성령의 역사가 아닌 것이다.

2.성전의 상징성

이를테면 요한복음 2:19에서 예수께서는 "이 성전을 헐라"고 말씀하신다. 예루살렘 성전은 자타가 공인하는 유대교의 상징이다. 그런데 요한복음 기자는 예수께서 그것을 완전히 파괴시켜 버리라고 명령하신 것을 기록한다. 성전 청결사건은 나머지 세 복음서들에도 모두 기록되어 있다. 하지만 "이 성전을 헐라"는 이 유명한 '성전말씀'(temple saying)은 오직 요한복음에만 등장한다.

예수 그리스도를 통한 복음은 성전으로 대표되는 옛 유대교와 양립이 불가능한 것이다. 예수는 성전을 대체하기 위해 오셨다. 가말리엘 2세가 이끄는 유대교와 예수의 복음을 따르는 기독교 사이의 타협이란 존재할 수 없다. 성전은 무너지고 그 자리에 예수의 복음이 서는 것이다. 요한복음에서 성전이라는 상징은 이런 관점에서 해석되어야 한다.

또한 요한복음 3장에 등장하는 유대인의 관원 니고데모와 곧이어 4장에 등장하는 사마리아 여인 사이의 대조도 요한복음 저술 당시의 역사적 상황을 대변해 주는 하나의 상징으로 해석될 수 있다. 니고데모는 정통 유대인이었고, 그녀는 사마리아인이었다. 그는 율법에 정통했고, 그녀는 상대적으로 무식했다. 그는 도덕적이고 고상하였으나, 그녀는 율법적으로 죄인이었다. 그러나 유대인 엘리트인 니고데모는 실패했고 사마리아 여인은 성공했다.

이것은 바리새인들로 이루어진 요한복음 저작 당시의 유대교와 다수의 이방인들을 포함한 기독교회의 차이를 보여 주는 상징이다(예수님 당시의 유대교에는 사두개파, 바리새파, 엣센파, 열혈당이 있었으나 예루살렘 멸망 후 살아남은 분파는 오직 바리새파뿐이었다). 유대인들은 하나님 앞에서 실패하고 있고 이방인들이 성공하고 있다.

독자들은 2장에 등장하는 물로 포도주를 만드신 사건, 6장에 등장하는 생명의 떡 강화, 9장에서 소경이던 사람이 출교의 위협이 있음에도 예수님을 믿은 것 등 요한복음에 등장하는 수많은 사건과 상징들을 이런 역사적 배경에 비추어 해석해 볼 수 있을 것이다.

이방인 선교의 성공

요한복음의 상징들을 이해하기 위한 또 다른 틀은 요한복음이 이방인 선교가 절정에 이르렀을 당시 선교를 위해 쓰여진 책이라는 사실이다. 성경 한 권 한 권이 하나님 섭리의 산물이라는 것을 믿는 우리에게 요한복음은 매우 독특한 책이다. 그리고 그 독특성은 요한복음의 상징들을 해석하는 또 하나의 열쇠를 제공한다.

요한복음은 요한계시록과 더불어 신약의 책들 중 가장 마지막으로 쓰여진 책이다. 이것은 단순히 시기적인 문제 이상의 의미를 갖는다. 요한복음이 쓰여질 당시는 이방인 선교가 폭발적으로 진행되던 시점이었다. 바울의 선교 초기에 나타났던 이방인 선교의 정당성을 둘러싼 여러 갈등들은 이미 옛일이 되었다. 이제는 이방인 선교가 지극히 당연한 일로 굳어져 있었다.

폭발적으로 교세를 확장시켜 나가던 교회에게 하나님께서 새로 주신 책이 바로 요한복음이었다. 선교사들은 신·구약성경 전체를 가지고 다니며

복음을 전할 수도 없었고, 새롭게 복음을 받아들인 새신자들에게 신·구약 전체를 교육할 수도 없었다. 그들에게는 신·구약의 핵심을 포함하면서도 만민에게 통용될 수 있는 명확한 개념으로 쓰인 책이 필요했다.

신·구약의 핵심은 당연히 예수님이었다. 그러므로 제일 마지막에 쓰인, 그래서 신·구약의 최종 요약본이라고 할 수 있는 요한복음은 복음서의 형태를 띠게 되었다. 그리고 세상 그 어느 민족, 그 어느 언어를 통해 전해지더라도 사람들이 그 내용을 이해할 수 있도록 하기 위해 매우 보편적인 상징들이 사용되었다.

누구나 쉽게 알아들을 수 있도록 하기 위해서는 이원론을 사용하는 것이 가장 간편한 방법이다. 그래서 요한복음에는 빛과 어두움, 영생과 죽음 등의 매우 뚜렷한 이원론들이 등장한다. 그것들의 사상적 기원이 쿰란문헌이냐, 아니면 헬레니즘 세계냐를 따지는 것은 이차적인 문제다. 중요한 것은 요한복음이 그런 이원론을 채택한 목적이다. 그것은 선교였다.

요한복음은 선교사들의 책이었다. 요한복음을 설교하고, 요한복음을 가르치면 신·구약의 핵심을 아주 단순하고 쉽게 이해할 수 있었다. 어둠이 선이고 빛이 악이라고 믿는 종족은 이 세상 어디에도 없다. 우리나라에도 몇 십 년 전에는 갱지로 인쇄한 쪽복음서라는 것이 있었다. 신약성경마저 값이 비싸 제대로 사람들에게 나누어 주지 못하던 시절 성경의 일부만을 인쇄하여 전도용으로 사용한 책이었는데, 그 대부분이 요한복음이었던 것으로 기억한다.

그러므로 설교자가 요한복음에서 이원론적인 상징들을 해석할 때는 단순한 마음을 갖는 것이 중요하다. 왜냐하면 요한복음은 단순한 사람들이 읽고 이해할 수 있도록 의도된 책이기 때문이다. 물론 성경은 읽으면 읽을수록 깊이 있는 책이지만 동시에 가장 무식하고 단순한 사람들도 핵심적인 사항을 다 이해할 수 있는 책이기도 하다. 그러므로 요한복음에서 빛, 생명, 올라감, 영광 등의 단어들을 읽을 때 너무 복잡한 신학적 사고에 얽매여 그 단순하고 강력한 의미를 잃지 않도록 주의해야 한다.

6 요한복음 설교를 위한 참고서적들

요한복음을 설교하기 위해 필요한 문헌들을 소개한다. 먼저, 성경강해에는 참고문헌을 많이 읽는 것보다 성경본문 자체를 꼼꼼히, 묵상하며 읽고 분석하는 것이 더 중요하다. 이 점은 아무리 강조해도 지나치지 않다. 하지만 본문 읽기와 분석이 충분히 되었을 때 요한복음에 대한 개론서, 주석서, 강해서, 기타 참고도서를 읽는 것은 강해 설교에 큰 도움이 된다.

개론서

참고 문헌

D. Moody Smith, 「요한복음의 신학」(서울: 한들, 1999).

Robert Kysar, 「요한복음서연구」(서울: 성지출판사, 1996).

김득중, 「요한의 신학」(서울: 컨콜디아사, 1994)

Stephen S. Smalley, 「요한신학」(서울: 도서출판 풍만, 1987)

Barnabas Lindars, 「요한복음」(서울: 도서출판 이레, 2002)

김춘기, 「요한복음연구」(서울: 한들, 1998)

R. E. Brown, *Introduction to the Gospel of John* (Garden City, N.Y.: Doubleday, 2003).

R. Kysar, *The Fourth Evangelist and His Gospel: An Examination of Contemporary Scholarship* (Minneapolis: Augsburg Publishing House, 1975).

D. Moody Smith, *John* (Philadelphia: Fortress, 1986).

R. Alan Culpepper, *The Gospel and Letters of John* (Nashville: Abingdon, 1998).

David J. Hawkin, *The Johannine World* (NY: SUNY, 1996).

Klus Scholtissek, "Johannine Studies: A Survey of Recent Research with Special Reference to German Contributions", *Currents in Research* 6 (1998), pp. 227~259; idem, "Johannine Studies: A Survey of Recent Research with Special Reference to German Contributions II", *Currents in Research* 9 (2001), pp. 277~305.

평가

한글로 된 저서 중에는 D. Moody Smith의 책이 요한복음에 대한 가장 기초적인 지식을 제공한다. 김득중 교수의 저서는 20세기 후반 요한신학의 흐름을 요약적으로 잘 설명해 주고 있고, 복음주의적인 입장의 저서로는 Smalley와 Lindars를 추천한다. 요한복음 연구의 대가의 글로서 사후에 나온, 가장 최근의 요한복음 개론서는 Brown의 책을 들 수 있다. Sholtissek의 논문들은 최근의 요한신학의 흐름을 잘 분석하고 있다.

연구서

참고 문헌

R. E. Brown, 「요한공동체의 역사와 신학」(서울: 성광문화사, 1994).

E. Käsemann, 「예수의 증언」(서울: 대한기독교서회, 1982).

R. Bultmann, 「신약성서신학」(서울: 성광문화사, 1976).

M. Hengel, 「요한문서탐구」(서울: 대한기독교서회, 1998).

R. Alan Culpepper, 「요한복음해부」(서울: 요단, 2000).

J. L. Martyn, *History and Theology in the Fourth Gospel* (3rd ed.;
    Louisville: Westminster John Knox, 2003)

John Ashton, *The Interpretation of John* (London: Fortress, 1986)

C. H. Dodd, *The Interpretation of the Fourth Gospel* (Cambridge:
    CUP, 1953); idem, *Historical Tradition in the Fourth Gospel*
    (Cambridge: CUP, 1963)

W. A. Meeks, *The Prophet-King: Moses Traditions and Johannine
    Theology* (Leiden: Brill, 1967).

D. Rensberger, *Johannine Faith and Liberating Community*
    (Philadelphia, 1988).

Paul N. Anderson, *The Christology of the Fourth Gospel* (Valley
    Forge, PN: TPI, 1996).

Craig R. Koester, *Symbolism in the Fourth Gospel* (Minneapolis:
    Fortress, 1995).

평가

위 참고문헌은 요한문헌을 전문적으로 연구하기 위해 필요한 서적들이다. 운동선수가 자기 종목의 기술을 익히는 데 필요한 것이 주석서와 강해서라면, 전문 연구서적을 읽으면서 요한문헌에 대한 지식을 넓히는 것은 기초체력을 연마하는 것과 같다. 기초체력을 연마하고 기술을 익히는 것이 운동선수에게 꼭 필요한 것같이, 요한복음에 나오는 구체적인 구절에 대한 주석과 아울러 요한신학과 그 방법론에 대한 지식을 갖추는 것도 요한복음을 보다 깊게 이해하기 위해 필요하다.

주석서

참고문헌

*C. K. Barrett, 「요한복음」 2 vols. (서울: 한국신학연구소, 1984, 1985).

*John Beasley-Murray, 「요한복음」(서울: 솔로몬, 2001).

*R. Bultmann, 「요한복음서연구」(서울: 성광문화사, 1979).

이영헌, 「요한복음서」(왜관: 분도출판사, 1996).

A. Schlatter, 「요한복음강해」(서울: 종로서적, 1994).

F. F. Bruce, 「요한복음」(서울: 로고스, 1996).

Gerald S. Sloyan, 「요한복음」(서울: 한국장로교출판사, 2000).

Leon Morris, 「요한복음」(서울: 생명의 말씀사, 1979).

이상훈, 「요한복음」(서울: 대한기독교서회, 1993).

박수암, 「요한복음」(서울: 대한기독교서회, 2002).

*R. E. Brown, *The Gospel of John*, 2 vols.(AB 29 and 29A; Garden City, NY, 1966, 1970).

*R. Schnackenburg, *The Gospel According to St. John*, 3 vols.(NY: Burns and Oats, 1968~1982)

*E. Haenchen, *John* 2 vols.(Philadelphia: Fortress, 1984).

*D. A. Carson, *The Gospel according to John* (Grand Rapids, MI: Eerdmands, 1991).

*D. Moody Smith, *John* (Nashville: Abingdon, 1999).

B. Lindars, *The Gospel of John* (New Century Bible: London: Oliphants, 1972).

F.J.Molony, *The Gospel according to John* (Sacra Pagina; Collegeville, MN: Liturgical Press, 1988).

평가

수많은 주석서 중에서 몇 개를 선택해야 할 때는 먼저 *가 붙은 표준주석서를 추천한다. 표준주석서가 아닌 것은 아류인 경우가 많기 때문이다. 표준주석서 중에서도 Brown과 Schnackenburg의 주석서는 그 방대함, 정확성, 참신성 등에서 타 주석서의 추종을 불허한다. 이 두 주석서는 출판된 지 30년이 넘었지만 이것을 능가하는 주석서가 아직 나오지 않았다.

학문성에서 뒤떨어지지 않으면서도 복음주의적 관점으로 기술된 수작으로는 Beasley-Murray와 Carson과 Morris의 주석서를 들 수 있다. D. Moody Smith의 책은 다른 표준주석서와 같이 독특하고 새로운 관점을 많이 제공해 주지는 않지만, 균형 잡힌 견해와 설득력 있는 문체로 되어 있어 본문 이해에 큰 도움이 되어 주석서라는 이름에 걸맞은 책이다.

국내 요한문헌 전문 연구 학자의 수가 비교적 적은데, 국내 학자들에 의해 쓰여진 요한복음 주석 중에는 아직 표준주석으로 분류할 만한 저술이 없다는 것이 안타깝다.

맺음말

요한복음을 강해하기 위해 책을 읽는 논리적인 순서를 들자면, '성서본문 – 개론서 – 연구서 – 주석서 – 강해서'가 될 것이다. 물론 그 순서가 반드시 이렇게 되어야만 하는 것은 아니다. 하지만 강해서보다는 먼저 주석서를 많이 읽는 것이 강해설교를 위한 기초체력을 더 탄탄하게 할 수 있다.

하지만 목회자들이 설교를 준비할 때 복잡한 연구서나 주석서보다 강해서로 손이 쉽게 가는 것이 사실이다. 물론 강해(설교)집은 위의 모든 과정을 거친 최종 형태기 때문에 곧바로 설교에 이용할 수도 있다. 하지만 강해 설교집에는 저자의 경험과 특색과 예화가 많이 들어 있으므로 그것을 무비판적으로 그대로 이용해서는 오히려 설교에 도움이 되지 않는다.

강해 설교집은 같은 본문을 가지고 다른 사람들은 어떤 상황에서 어떻게 설교했는가를 이해하고 설교에 필요한 한두 가지 아이디어를 얻는 것으로 만족해야 한다.

Ⅱ. 본문연구

1 예수님을 소개합니다
요한복음 1장의 주해와 적용

요한복음 1장은 요한복음 전체의 서론 부분으로서 서시(1~18절)와 예수
에 대한 소개(19~51절) 부분으로 구성되어 있다. 예수는 세례 요한의 증언
(19~34절)과 예수 자신의 첫 제자를 부르는 사역을 통해서 소개된다(35~51
절).

세례 요한은 자신이 그리스도가 아님을 선포하고(19~28절), 예수를 어린
양이라고 소개함으로써 예수에 대한 증인의 사명을 다한다(29~34절). 예수
는 제자들에게서 메시아로 인식·고백되고(35~42절) 스스로를 하늘과 땅을
연결하는 하나님의 아들로서의 인자라고 소개한다(43~51절).

로고스 찬양 서시(1:1~18)

요한복음은 한 편의 아름다운 그리스도 찬양시인 서시로 시작한다
(1:1~18; 참조. 빌 2:6~11; 골 1:15~20; 딤전 3:16). 서시는 세 부분으로 나눌 수 있
는데 첫 번째 부분(1~8절)을 '세상을 향한 로고스' 라고 한다면, 마지막 부분
(14~18절)은 '교회를 향한 로고스' 라고 할 수 있다. 중간 부분은 교회론적 혹
은 구원론적 측면을 담고 있다(9~13절).

1. 세상의 창조자이신 로고스(1~8절)

마태복음과 마가복음이 책 제목으로 시작하고(마 1:1; 막 1:1) 누가복음이 책 서문으로 시작한다면(눅 1:1~4), 요한복음은 서시로 시작한다(요 1:1~18). 요한복음 서시는 "태초에 말씀이 있었고, 그 말씀은 하나님과 함께 있었고, 그 말씀이 바로 하나님이었다"는 말로 시작한다(1절).

그 다음 두 절은 이 구절에 대한 요약 내지 주해라고 할 수 있다. 여기서는 이 인격체가 처음부터 하나님과 함께 있던 분이라는 것이 다시 한 번 강조되고(2절), 이분이 바로 이 세상을 창조하신 분이라고 설명한다(3절). 만물이 이분을 통해서 창조되었고, 창조된 것 중에 그 어떤 것도 이분을 통하지 않고는 존재한 것이 없다는 것이다. 결국 여기서 요한은 하나님의 창조 사역에 동참하였으며 신성을 가진, 야훼와는 구분되지만 동질적인 또 다른 인격체를 소개한 것이다.

신약성경에서 예수를 로고스로 소개한 경우는 이곳이 유일하기 때문에 그 동안 어떻게 로고스를 기독론적 명칭으로 사용했는지에 대해서 그 종교사적 배경을 캐는 작업이 방대하게 이루어져 왔다. 우선 로고스에 대해 연구하면 다음과 같은 점을 발견할 수 있다.

첫째, 요한복음 서시에 인격적 개념으로 사용된 로고스는 필로가 스토아 철학과 플라톤적 개념을 결합시켜 이해한 신적 중재자 로고스 개념과 유사하다. 둘째, 인격화된 개념과 창조의 관여자라는 면에서 요한복음 서시의 로고스는 지혜문학에 나타난 인격으로서의 지혜의 기능 및 역할과 매우 비슷하다(참조. 잠 8:22~31). 셋째, 그 내용과 동일한 단어의 쓰임새로 볼 때 이것은 창세기 1:1과 깊게 관련되어 있다. 마지막으로, 구약의 고대 아람어 역본인 탈쿰 성서에서는 하나님의 인격을 하나님의 말씀(멤므라)이라는 말로 표현했다.

그 동안 학자들은 위의 배경 중에서 어느 것이 요한복음이 사용한 말씀과 가장 근접한지를 제안해 왔다. 하지만 요한복음 서시의 로고스 개념의 기원으로 위의 배경 중 어느 하나만을 고집하는 것은 적절치 않다. 왜냐하면 저자가 살던 시대는 헬라사상과 유대사상이 상호 긴밀하게 영향을 주고받던 시기로 양자를 완벽하게 구별해 내기가 쉽지 않기 때문이다. 오히려 로고스에 대한 종교사적 배경이 복합적인 것으로 보는 것이 타당하다. 요한복음 저자는 아마도 폭넓은 독자층을 고려하여 헬라적인 배경의 독자들과 유대적 배경의 독자 모두가 중요하게 생각하는 로고스라는 개념을 도입하여 기독론적 명칭으로 사용했을 것이다.

창조자시고, 신성을 가진 말씀이라는 인격체를 소개한 후 요한은 그 인격체의 본질과 성격을 생명과 빛이라는 메타포를 통해 구체화시킨다. "그분 속에 생명이 있었고, 그 생명은 인류에게는 빛이었다. 그 빛은 어둠 속을 비추었지만 어둠은 그것을 깨닫지 못했다"(4~5절).

생명(혹은 영생)은 요한복음의 주제로서 서시 이후의 본문에서 예수의 가르침 속에 자주 나타나는 용어다. 이후의 본문에서 생명이 주로 예수를 믿는 사람들이 하나님께 받는 그 무엇이라면, 여기서의 생명은 먼저 예수 안에 거하는 그 무엇이다. 이 생명은 예수가 소유한 것으로, 이것이야말로 인류의 소망이요 빛이다. 그런데 이 생명이 빛으로서 어둠 속을 비추었지만 어둠은 그것을 깨닫지(혹은 이기지) 못했다는 것은 그리스도의 성육신 사역에 대한 결과를 말한 것이다.

여기서 "카텔라벤"이라는 동사를 "깨달았다"로 번역하면 어둠에 거하는 사람들이 하나님이 보내신 자로서의 그리스도의 본질을 깨닫지 못했다는 말이 되고, "이겼다"로 번역하면 이것은 그리스도의 죽음과 부활을 나타내는 것으로, 어둠의 세력인 사탄이 그리스도를 이기지 못했다는 뜻이 된다. 요한이 이 단어를 사용한 것은 - 주 의미가 무엇이었든지간에 - 두 가지 의미를 다 포괄하려는 의도의 결과였을 것이다.

2. 로고스에 대한 반응과 결과(9~13절)

요한복음 서시의 처음 부분(1~8절)과 마지막 부분(14~18절)이 주로 기독론적인 내용을 담고 있다면 중간부분(9~13절)은 기독론적 내용과 함께 교회론적 혹은 구원론적 측면을 담고 있다. 이 부분은 사실 요한복음 전체 내용의 요약이라 할 수 있다. 유대인과 세상이 예수를 거절한 것(9~11절)과 하나님의 자녀가 예수를 영접한 것(12~13절)은 각각 복음서의 처음 부분(1~12장)과 두 번째 부분(13~21장)을 요약한 것이라 할 수 있다.

먼저, 요한은 앞에서 소개된 세례 요한과 대비하여(6~8절) 예수를 참빛으로 소개한다. 그는 참빛으로서 성육신해서 온 세상을 비춘다(9절). 그는 세상에 왔고 세상은 그를 통해서 창조되었지만 세상은 그를 알지 못했다(10절). 10절에서 강조점은 마지막 부분에 있다(10c절). 즉, 빛이 세상에 왔고, 세상이 그로부터 창조되므로 세상은 마땅히 그를 인식하고 그를 영접해야만 했다. 그러나(카이) 세상은 그를 알지 못했다. 여기서 "알다"라는 동사는 요한문헌에서 어떤 사물에 대한 단순한 지적인 인지를 의미하기보다는 관계적 혹은 경험적인 인식을 말할 때 주로 쓰인다(요 14:7; 17:25 참조). 그래서 요한적인 용법에서는 그리스도를 안다는 것은 그리스도를 믿는다는 것과 거의 동의어다.

그리스도에 대한 거부의 모티브는 다음 절에도 계속해서 이어진다. "자기 땅에 오매 자기 백성이 영접치 아니했다"(11절). 그래서 11절은 10절을 단순히 다른 말로 옮겨 적은 것이라고 생각할 수도 있다. 즉 "그가 자기의 소유지(세상)에 왔으나 세상은 그를 영접하지 않았다"는 것이다.

하지만 요한복음 4:44에서 "이디아"라는 단어가 예수와 이스라엘과의 특별한 관계를 표현하기 위해 선택된 것처럼, 11절의 "이디오스"라는 어근의 단어들도 이와 비슷한 뉘앙스를 띠고 있다. 양 구절 모두 거부의 모티브가 지배하고 있으며, 11절에서 이 단어는 예수의 집(땅)과 그의 백성으로서의 이스라엘을 의미한다. 한마디로 정리하면, 11절은 단순히 10절의 반복이 아니라 그리스도의 이스라엘에 대한 구속 사역을 말하는 것이다. 예수는 자기 소유의 땅에 도래했지만 자기 백성이 그를 영접하지 않은 것이다.

10~11절에서 세상과 이스라엘이 로고스를 거부했다는 모티브가 본문을 지배한다면, 12절에서는 주 모티브가 급격히 전환되고 있다. 여기에는

그리스도에 대한 긍정적인 반응과 그 결과가 기록되어 있다. 세상과 유대인의 불신앙과 예수를 영접한 신자들의 신앙이 분명하게 대조되어 나타난다. 개역성경에 번역되지 않은 불변화사 "데"가 12절에서 강력하게 '그러나'의 의미로 사용되었다는 것과, 11절과 12절에서 불신앙과 신앙을 나타내는 동사로 같은 어원의 동사를 사용한 것은 이러한 대조를 극명하게 보여 준 것이다.

이러한 문맥에서 "하나님의 자녀"라는 문구가 등장한다. 그의 백성이 예수를 거절한 것과는 대조적으로 일군의 사람들이 그리스도를 영접하는데, 그들이 바로 하나님의 자녀다(13절). 자기 백성이 하나님의 백성으로서의 이스라엘을 의미한다면 이와는 대조적으로 하나님의 자녀는 새 하나님의 백성을 의미하게 된다. 하나님의 자녀가 된다는 것은 하나님이 부여하신 특권으로 묘사되어 있다.

여기서 요한은 하나님의 자녀에 대해서 구약이나 고대 유대교와는 다르게, 심지어 바울과도 다르게 이해하고 있다는 것을 분명하게 보여 준다. 요한복음에서 하나님의 자녀 됨은 구약이나 고대 유대교에서처럼 선택된 소수의 사람들에게 주어진 것도 아니요, 바울처럼 하나님의 양자로서의 법률적 용어도 아니다(롬 8:16f. 참조).

요한복음에서 하나님의 자녀는 하나님께로부터 태어나야 한다. 요한은 하나님의 자녀가 어떤 인간적이거나 육체적인 기원을 갖고 있다는 사상에 대해 세 가지 부정 문구를 제시하여, 이 사실(하나님의 자녀는 하나님에게서 태어난다는 것)을 분명하게 밝힌다. "피들의 결합에 의한 것도, 육체의 정욕에 의한 것도 아니며 남편의 의지에 의한 것도 아니다." 이러한 부정은 그 다음에 나오는 하나님의 자녀의 신적인 기원을 말하는 것을 강화시키기 위해 사용된 것이다. "그러나 그들은 하나님께로부터 난 자들이다."

3. 교회를 위한 로고스(14~18절)
창조자로서의 로고스와 그의 구속 사역과 그에 대한 두 가지 반응 및 결과를 소개한 후 요한은 이제 마지막으로 로고스를 영접한 신앙 공동체에서의 로고스의 역할에 대해서 소개한다.

먼저, 요한은 창조주 로고스가 '육체'가 되었다고 선언한다(14a절). 앞에서 로고스가 태초부터 존재하시는 신성을 가지신 분이며 동시에 그 자신이 하나님이시고 이 세계를 창조한 분이라고 소개된 것을 감안하면, 말씀이 육체가 되었다는 선언은 상당히 충격적인 것이다. 물론 여기서 로고스가 육체가 되었다는 것은 단순히 몸이 되었다는 것이 아니라 사람이 되었다는 것을 말한다.

그런데 여기서 몸이나 영혼 혹은 사람이라는 단어를 쓸 수 있는데도 불구하고 요한이 굳이 '육체'라는 단어를 사용한 이유는 예수가 보통 사람과 같은 몸을 가지고 태어났다는 것을 나타내기 위한 것이다. 이 구절에는 요한복음이 기록될 당시 하나님은 영이시기 때문에 하급의 육체로 이 땅에 오실 수 없고, 따라서 이 땅에 육체로 나타난 예수님은 실체가 아니라는 가현설적 이단의 주장을 반박하려는 의도도 담겨져 있다.

다음으로, 요한은 성육하신 예수님이 우리 가운데 거한다고 기록한다(14b절). 여기서 거하다로 번역된 헬라어 동사 "에스케노센"은 본래 '텐트를 치다'라는 말로서 구약성경에 나오는 하나님이 이스라엘의 성막에 거하는 것을 연상하게 하는 용어다(출 25:8; 29:46). 즉, 이 구절은 신성을 가지신 예수께서 우리 가운데 텐트를 치시고 거하셨다는 말이다. 이 구절은 예수의 사랑과 겸비를 보여 준다. 우리가 하나님을 찾아가는 것이 아니라 신성을 가지신 예수께서 스스로의 결단과 사랑으로 인간 세계 안에 거처를 정하셨다는 것이다. 이런 의미에서 이 말씀은 빌립보서에서 바울이 그린 성육하신 그리스도상과 일치한다(빌 2:6~8).

그런데 이 구절에서 논란이 되는 것은 예수님이 거처를 정하신 '우리'가 누구를 가리키는가에 있다. 그 동안 이것은 '우리 인간들' 혹은 '우리 사도들'을 가리킨다고 흔히 주장되어 왔다. 하지만 본문에서 '우리'라는 단어가 바로 앞 구절에 나와 있는 '하나님의 자녀'(12절)를 가리킨다고 볼 때 여기서 '우리'는 '우리 신자들'을 말한다. 특히 뒤이어 14c절에 나오는 '우리'가 하나님의 영광을 보는 사람들이라고 할 때, 요한복음에서 불신자는 하나님의 영광을 볼 수 없기 때문에 '우리'가 '우리 신자들'을 가리키는 것은 분명하다. 성육신하신 예수는 그를 믿는 신자 공동체 안에 거하시는 것이다.

또 요한은 신자가 공동체 안에 거하시는 예수님의 영광을 볼 수 있다고 말한다(14c절). 구약 전통에서 영광은 하나님께 대하여 사용한 말임을 감안할 때(출 33:22; 신 5:22) 이 단어가 예수께 사용되었다는 것은 바로 예수께 이러한 신성이 있음을 의히한다. 요한복음에서 예수의 영광은 그의 표적을 통해서(2:11; 11:4, 40), 그리고 그의 십자가와 부활을 통해서(7:39; 12:16, 23; 13:31~32) 나타난다. 이러한 영광은 하나님의 유일하신 아들로서 받는 것이다(14d절).

또 구약과 다른 것은 이제 그 하나님의 영광을 신자 공동체 안에서 경험할 수 있다는 것이다. 하나님은 저 멀리에만 계시거나 모세 같이 위대한 지도자와만 대화하는 하나님이 아니라 예수를 그리스도로 영접하여 하나님의 자녀가 된 모든 사람들이 만날 수 있는 분이시다. 이제 신자들은 생명의 말씀을 멀리서만 바라보는 것이 아니라 듣고 보고 주목하고 손으로 만질 수 있다(요일 1:1~2). 그래서 이 예수를 체험한 공동체는 이분이 바로 "은혜와 진리"가 충만한 분(14e절)이라고 고백하는 것이다.

로고스의 성육신을 선포한 후 요한은 앞부분에서 했던 것처럼 세례 요한의 역할에 대한 기사를 그 내용상 괄호의 형태로 포함시킨다(15절). 여기서도 세례 요한의 역할은 성육하신 로고스를 증거하는 것이다. 앞 구절에 비해 이것이 특이한 점은 예수에 대해서 증거하는 세례 요한의 말을 직접 화법의 형식으로 포함시킨 것이다. "내가 전에 말하기를 내 뒤에 오시는 이가 나보다 앞선 것은 나보다 먼저 계심이니라 한 것이 이 사람을 가리킴이라." 누가복음 1~2장의 기록에 따르면 분명히 세례 요한은 예수보다 앞서 태어난 사람이다. 하지만 세례 요한은 인간적인 탄생의 시점이 아니라 본래의 존재의 시점에서 보았다. 로고스가 창조 이전부터 존재했던 분임을 볼 때 로고스가 자기보다 시간적으로 앞선 존재기 때문에 자기보다 뛰어나다고 증언하는 것이다.

로고스가 은혜와 진리가 충만한 분이라는 구절(14e절)과 관련되어 이제 신자는 그의 충만함으로부터 은혜와 진리를 받아서 "은혜 위에 은혜"가 넘치게 된다(16절). 여기서 "안티"라는 전치사가 '대신에'라는 뜻도 있고, 또 뒷 구절도 은혜와 율법을 대조시키는 것을 볼 때 이 단어가 이런 뜻으로 사용되지 않았을까 추측하게 한다. 하지만 뒷 구절에 서로 다른 은혜가 대조된 것이 아니라 은혜와 율법이 대조되어 있고, 로고스의 충만함으로부터 은혜를 받아 누리는 신자는 더욱 더 충만한 은혜가 넘친다는 것이 의미상 자연스러워 보인다. 그러므로 여기서는 '위에'라는 뜻으로 해석되는 것이 적절해 보인다.

그 다음 구절에서 요한은 은혜라는 단어를 설명하면서 율법과 은혜를 대조시킨다. 이 구절은 마치 복음과 율법을 대조시키는 바울 서신들의 용어와 신학을 내포하고 있는 것 같다. 하지만 요한복음 자체에서도 그리스도의 신성을 받아들이지 않는 유대인들의 태도를 율법으로 본다면 이 구절은 요한신학으로도 충분히 이해되는 구절이다. 또 비록 예견된 일이긴 하지만 여기에 이르러서야 비로소 로고스가 예수 그리스도로 확인된다.

요한복음 서시는 수미쌍관법(inclusio)으로 끝난다. 서시 첫 구절이 그리스도의 신성에 대해서 말하며, 마지막 절도 예수가 "독생하신 하나님"이라고 선언한다(18절). 첫 절에 비해 마지막 절에서 달라진 점은 첫 절이 선재하신 신성을 가지신 로고스를 언급했다면 마지막 구절은 이제 자신을 스스로 계시하시는 아버지 품속에 있는 성자 하나님을 보여 준다. 아무도 하나님을 스스로 알 수 없지만 성육하신 로고스 예수 그리스도가 직접 계시해 주셨다는 것이다.

예수 소개하기(1:19~51)

요한복음 서시 이후의 나머지 1장 부분은 2장에서부터 시작되는 표적을 통한 예수의 자기 계시에 앞서 세례 요한과 예수 자신에 의해서 예수가 소개되는 내용을 담고 있다.

1. 세례 요한의 증언 1: "나는 메시아가 아니다"(19~28절)

요한복음에서 서시 이후의 첫 기사는 세례 요한에 대한 것이다. 요한복음 저자는 세례 요한에 관한 내용의 첫 문장을 "그리고 이것이 요한의 증언이다"라는 말로 시작함으로써 앞으로 전개될 내용이 저자가 임의로 판단한 것이 아니라 세례 요한 자신의 증언에 의한 것임을 밝힌다(19a절). 세례 요한의 증언이 강조되어 있는 것은 이 문맥의 끝에서 이 내용이 다시 한 번 나오는 것을 통해서도 확인할 수 있다(34절).

세례 요한의 증언은 이런 것이었다. 예루살렘의 유대인들이 그들의 대표자들인 제사장들과 레위인들을 보내 세례 요한의 정체에 대해서 직접 질문을 한다. "네가 누구냐?"(19절). 이에 세례 요한은 주저하거나 애매모호하게 말하지 않고, 곧바로 명확하게 자신이 누구인지를 밝힌다. "나는 그리스도가 아니다"(21절). 예루살렘 대표자들이 불명확하게 질문한 것을 요한이 이렇게 구체적으로 대답한 것은 당시 요한을 그리스도로 생각했던 사람들이 많은 상황에서 제사장들과 레위인들의 질문이 무엇인지를 요한이 꿰뚫고 있었기 때문이다. 그리스도가 아니라는 요한의 답변 이후에 이들은 보다 구체적으로 요한의 정체에 대해서 질문하고 요한은 대답한다(21절).

구약성경에서 엘리야와 그 선지자는 모두 종말론적 인물이다. 말라기 4:5에서 엘리야는 메시아가 도래하기 전 그의 도래를 준비할 사자로 약속되고 있다(참조. 3:12). 여기서 "그 선지자"는 신명기 18:15~22에 나오는 하나님께서 종말에 일으키기로 약속하신 모세와 같은 선지자를 가리키는 것 같다. 요한복음에서 예수는 메시아일 뿐만 아니라 그 선지자기도 하기 때문에(6:14, 7:40) 요한이 자기가 그 선지자가 아니라고 하는 것은 이해하기 어렵지 않다.

그런데 공관복음에서는 세례 요한에게 엘리야로서의 역할이 있다는 것이 인정되는데 반해(막 1:21; 마 17:11~13) 요한복음에서 부정되는 것은 언뜻 이해되지 않는다. 하지만 요한복음에서는 구약의 종말론적 예언이 모두 예수의 인격과 사역 속에서 완성된다는 것을 감안하면 요한신학에서 이러한 내용이 그리 이상한 것은 아니다. 공관복음에서 세례 요한이 예수께 복종하는 인물이라는 내용이 나오지만(마 3:11; 막 1:7~8; 눅 3:16) 요한복음에서는 그것이 더 강조되어 있다. 요한복음 서시에서뿐만 아니라 그 이후의 모든 세례 요한 기사에서 요한은 예수와 독립적으로 어떤 종말론적 사역을 하는 인물이 아니라 예수에 대해서 증언하는 인물로 그려지고 있다. 요한복음에서 세례 요한의 사역은 예수에 대해서 증언하는 것으로 국한된다.

예루살렘에서 온 유대인 대표자들이 자기들이 가지고 온 모든 질문사항들을 소진하자 이제 요한에게 스스로 어떤 인물이라고 생각하는지를 묻는다. 자기들을 파송한 사람들에게 가지고 갈 말이 있어야 했던 것이다(22절). 이에 대해 세례 요한은 이사야 40:3을 인용하면서 "나는 선지자 이사야의 말과 같이 주의 길을 곧게 하라고 광야에서 외치는 자의 소리로라"(23절)고 대답한다. 본래 이 구절은 바벨론 포로에서 돌아오는 이스라엘 사람들을 위해서 천사가 할 역할에 대해서 묘사한 것이다. 세례 요한은 바로 이것이 자신의 역할이라고 말한다. 그의 할 일은 그리스도가 와서 복음을 전할 때 사람들이 이것을 잘 받아들일 수 있도록 마음 밭을 갈아 놓는 일이라는 것이다. 예수께서 말씀이시라면 자신은 그것을 전달하는 소리라는 것이다.

여기서 갑자기 요한복음 저자는 대표자들을 보낸 사람들이 바리새인이라는 것을 확인한다(24절). 여기서 저자가 이 내용을 왜 포함시켰는지는 명확하지 않다. 아마도 이것은 이후에 전개되는 예수와 바리새인과의 논쟁을 예고하는 것일 것이다.

대표자들은 이제 세례 요한의 본질에 관한 질문에서 그의 사역에 관한 질문으로 넘어간다. "네가 만일 그리스도도 아니요 엘리야도 아니요 그 선지자도 아닐진대 어찌하여 세례를 주느냐?"(25절). 물론 이 세 인물 중 어느 누구에게도 세례 사역이 기대되었던 것은 아니다. 하지만 요한이 세례를 주는 것을 그가 하나님으로부터 받은 소명으로 생각했기 때문에 질문자들은 그것에 관한 대답을 요구했던 것이다. 이에 대해서 요한은 그 질문 자체에 대답하기보다 자신의 세례 사역을 예수와의 연관성에서 설명함으로써 자신의 위치를 확인하는 것으로 대답을 대신한다. "나는 물로 세례를 주거니와 너희 가운데 너희가 알지 못하는 한 사람이 섰으니 곧 내 뒤에 오시는 그이라. 나는 그의 신들메 풀기도 감당치 못하겠노라"(26~27절).

요한은 노예의 역할을 자신의 역할로 받아들임으로써 자신은 예수의 사역을 준비하는 것뿐 중요하고 독립적인 존재가 아님을 명확히 한다. 마지막으로 저자는 이 모든 일이 일어난 곳이 "요단강 건너편 베다니에서 된 일"(28절)이라고 말함으로써 증언의 확실성에 대해서 말하고 있다.

2. 세례 요한의 증언 2: "보라! 하나님의 어린양이로다"(29~34절)

이제 예수의 본질에 대한 세례 요한의 직접 증언이 이어진다(34절). 예수가 자기에게 나오는 것을 보고 요한은 "보라 세상 죄를 지고 가는 하나님의 어린양이로다"(29절)라고 외친다. 이스라엘 사람들에게 양은 가장 중요한 재산이기도 했지만 종교적 희생 제사에 쓰이는 제물이기도 했다. 특히 유월절 어린양은 그 자체가 희생 제물로 사용되지는 않았지만 양을 희생시킨 피를 집 문설주에 발라 장자의 죽음을 면하는 데 사용되었다. 바울 서신과 공관복음은 공히 예수가 바로 이 유월절 어린양으로서 십자가를 진 것이라는 내용을 기록한다(고전 5:7; 롬 3:25; 막 14:22~25; 눅 22:14~23; 마 26:26~30). 요한복음 저자도 여기서 예수를 유월절 희생양이라고 말하고 있는 것 같다(참조. 요 19:14, 29).

이어서 세례 요한은 서시에서 이미 말한 것을 반복적으로 말하면서(15절) 예수를 자기보다 앞서 존재한 분으로, 자기보다 뛰어난 분이라고 소개한다

(30절). 예수가 세례 요한보다 뛰어난 이유는 기본적으로 예수의 선재에 있다는 것이다. 예수가 세례 요한보다 늦게 출생했지만 그의 선재를 인정하는 것은 결국 창조의 동참자로서의 신성을 가지신 예수를 인정한 것이 된다. 세례 요한은 본래부터 자기도 예수를 안 것은 아니라고 한다. 하지만 자기의 사명은 세례 주는 사역을 통해 예수를 이스라엘 사람들에게 소개하는 것이 분명하다고 한다(31절).

이어서 세례 요한은 자기가 어떻게 예수를 알게 되었는지 소개한다. 성령이 하늘에서 비둘기처럼 내려와 예수 위에 머물러 있는 것을 보고, 하나님의 계시에 의해 그가 바로 성령으로 세례 주는 분임을 알게 되었다는 것이다(32~33절). 세례 요한이 물로 세례를 준다면 예수는 성령으로 세례를 주시는 분이라는 내용은 사복음서에 모두 나오는 것이다. 요한복음 기사에서 성령으로 세례 준다는 것이 무엇을 의미하는지는 명확하지 않다. 다만 요한의 물세례는 본질이기보다는 예표라고 할 수 있고, 예수의 불세례에 대한 안내의 성격이 있다고 할 수 있다. 오직 예수만이 본질이고, 예수만이 이 세례를 줄 수 있는 분이라는 것이다.

마지막으로 세례 요한은 예수를 "하나님의 아들"이라고 힘 주어 증언한다(31절). 이것은 요한복음에 나오는 예수에 대한 대표적인 칭호로서 여기서 처음 나오는데, 이는 1:18에 나오는 하나님의 독자를 다르게 표현한 것일 것이다. 예수는 하나님의 특별한 아들인 것이다.

3. 첫 제자들의 고백: "우리가 메시아를 만났다"(35~42절)

세례 요한은 이제 자기 제자들에게 예수를 "하나님의 어린 양"으로 다시 한 번 소개하는데, 이것을 듣고 있던 세례 요한의 두 제자들이 예수의 제자가 되기 위해 예수를 따라 나선다(35~37절). 이것을 보고 예수는 자기를 따르는 사람들을 향해 제자도에 대한 근본적인 질문을 던진다. "무엇을 구하느냐?"(38절). 즉, 무엇을 얻으려고, 무슨 목적으로 자기의 제자가 되려는가 하고 물은 것이다. 이에 대해 두 제자는 "랍비여, 어디에 머물고 계십니까?"(38절) 하고 되묻는다. 이 질문 속에는 이미 예수의 질문에 대한 대답이 들어 있는 것 같다. 이들이 예수의 제자가 되려고 하는 것은 예수의 삶을 배우려고 하는 것이다. 이에 예수는 "와 보라"는 말로 이들을 초대하고 이들은 예수가 머물고 있는 곳을 방문하여 그곳에 유하며 결국 예수의 제자가 되었다(39절).

요한복음에서 예수의 제자가 된다는 것은 예수가 그리스도라는 사실을 인정하는 것이다. 그래서 세례 요한의 말을 듣고 예수의 제자가 되었던 사람 중의 하나인 안드레는 이것을 자신의 형제 베드로에게 알린다. "우리가 메시아를 만났다"(40~41절). 여기서 1인칭 단수 동사를 쓰지 않고 1인칭 복수 동사를 쓴 것은 아마도 익명의 다른 한 제자를 포함시킨 것 같다. 그리고 안드레가 베드로에게 아무 설명도 없이 메시아를 만났다고 말한 것은 당시 메시아를 고대하던 이스라엘 민족의 상황을 반영함과 아울러 이 두 사람도 평소 메시아에 대한 기대를 가지고 많은 대화를 한 것으로 생각된다. 그러므로 안드레의 이 한마디로 베드로를 곧 예수께 데려올 수 있었을 것이다.

베드로가 자기의 제자가 되기 위해 나아오는 모습을 보고 예수는 곧바로 그에게 "시몬"이라는 이름을 "게바"(헬, 베드로)로 개명해 준다. 개명하면서 공관복음에서처럼 어떤 특별한 사명을 주신 것은 아니지만 베드로가 예수의 수제자라는 것을 알고 있던 당시의 독자들은 이 부분을 읽고 요한복음에서도 베드로가 어떤 특별한 역할을 할 것을 기대했을 것이다.

4. 예수의 자기 계시: "나는 인자다"(43~51절)

이전에는 세례 요한의 소개와 제자들의 고백으로 예수가 소개되었다면 이제 예수는 스스로를 소개한다(51절). 처음 두 제자와 베드로가 예수를 찾아왔다면, 빌립의 경우는 예수가 그를 제자로 부르신다. 아무 설명도 없이 위엄 있게 "나를 따르라"고 하는 예수의 말에 빌립은 그의 제자가 된다(43절). 저자는 빌립이 벳세다 사람으로서 안드레, 베드로와 같은 도시 출신이라고 한다(44절).

안드레가 예수의 제자가 된 뒤 곧바로 그의 형제 베드로를 찾아가 메시아를 만났다고 했듯이, 빌립도 자신의 친구인 나다나엘을 찾아가 구약성경에 기록된 그이, 메시아를 만났다고 한다. 그이는 요셉의 아들 예수로서 나사렛 출신이라는 말도 덧붙인다(45절). 그러나 안드레를 곧바로 따라 나섰던 베드로와 달리 나다나엘은 "나사렛에서 무슨 선한 것이 날 수 있느냐?"고 반문한다. 나사렛은 구약성경에 나오는 신학적인 중요성이 있는 지명도 아니고, 시골의 외딴 마을이었던 것이다.

하지만 예수를 만났던 빌립은 예수가 처음 두 제자들에게 한 것처럼 "와 보라"는 말로 그를 초청한다(46절). 빌립의 말을 듣고 예수께 나아오는 나다나엘을 보고 예수는 "보라, 이는 참 이스라엘 사람이라 그 속에 간사한 것이 없도다"라고 말한다(47절). 구약에서 이스라엘이 된 야곱이 간사한 인물이었던 것에 착안하여(창 27:35), 나다나엘은 참 이스라엘 사람으로서 간사한 것이 없다고 말한 것이다. 칭찬의 말을 들은 나다나엘은 이러한 자신에 대한 칭찬이 어디에서 기원했는지를 알고 싶어했다. 그래서 다음과 같이 질문한다. "어떻게 나를 아시나이까?" 이에 예수는 "빌립이 너를 부르기 전에 네가 무화과나무 아래 있을 때에 보았노라"고 대답하여 자신이 나다나엘에 대해서 모든 것을 알고 있다는 것을 보여 주신다(48절).

요한복음의 예수는 사람을 만나기 전에 먼저 그 속마음을 알고 있는 것이다(요 2:24~25). 빌립과 나다나엘 모두 메시아를 고대하던 사람이었음을 보면 나다나엘은 무화과나무 아래에서 메시아의 도래를 고대하면서 기도했을지도 모른다. 이에 대해서 예수는 모든 것을 다 파악하고 있다고 말한 것이다. 이 한마디에 나다나엘은 "랍비여 당신은 하나님의 아들이시요 당신은 이스라엘의 임금이로소이다"(49절)라고 말함으로써 예수가 자신들이 고대하던 메시아임을 고백한다.

이렇게 자신을 메시아로 고백한 나다나엘에게 예수는 "내가 너를 무화과 나무 아래서 보았다 하므로 믿느냐 이보다 더 큰일을 보리라"(50절)고 말씀하신다. 여기서 더 큰일이란 예수가 앞으로 행할 표적을 말할 수도 있고 예수의 신적 본질에 대한 것일 수도 있다. 이것이 후자를 뜻한다면 다음 절에 있는 예수의 자기 계시가 더 큰일이 될 것이다. 이제 예수가 단순히 다른 사람의 마음을 아는 인물 차원을 넘어 제자들은 "하늘이 열리고 하나님의 사자들이 인자 위에 오르락내리락 하는 것을 보리라"(51절)는 것이다.

먼저, 여기서 예수는 나다나엘과 말하고 있지만 "보리라"는 동사는 2인칭 복수를 써 "너희가 보리라"고 한다. 이것은 이 말씀이 한 사람에게만 해당되는 것이 아니라, 2인칭 복수로 대별되는 신앙 공동체에 해당된다는 의미다. 또 예수는 여기서 자신을 인자(人子)라고 소개하는데, 문자적인 뜻은 사람의 아들이라는 말이지만 구약성경의 전통과 요한복음의 용례로 볼 때 여기서는 오히려 하나님이 보내신 자, 하나님의 아들이라는 뜻으로 보여진다(참조. 단 7:1~14; 시 8:5; 요 9:35).

그런데 천사가 인자인 예수를 기점으로 하늘과 땅을 오르락내리락 한다는 것은 무엇인가? 창세기에 보면 야곱이 벧엘에서 꿈을 꾸는데 하나님의 천사가 사다리를 오르락내리락 하는 것을 보는 장면이 기록되어 있다. 꿈을 꾼 다음 야곱은 그 계시의 장소를 하나님의 집이요 하늘의 문이라고 했다(창 28:17).

이제 야곱의 사다리는 예수로 대체된 것이다. 예수는 하늘과 땅을 연결하는 유일한 사다리요 중보자다. 오직 그를 통해서만 하나님을 만날 수 있다. 요한복음에서 예수가 새 포도주요, 새 성전이요, 새 이스라엘로 나타나듯이 그는 새 야곱의 사닥다리인 것이다.

교훈과 적용

1. 요한복음 1장은 기독교 교리의 보고다. 특히 서시에는 예수를 신적 인격인 로고스로 표현한 구절(1:1~3, 14), 예수의 성육신에 대해서 천명한 구

절(1:9~11, 14), 예수를 믿음으로 얻는 구원의 도리를 말하고 있는 구절(1:12~13), 삼위일체 교리를 말하고 있는 구절(1:1, 18) 등 기독교의 핵심 교리적 내용이 포함되어 있다.

또한 서시에 나오는 주요 주제와 개념들은 이하 본문에서 다루어질 것에 대한 길라잡이 역할을 한다. 요한복음 서시는 이어지는 복음서 본문이 어떻게 해석되어야 하는지에 대한 철학적 원리를 제공한다. 1장에서 서시 이후의 부분에도 세례 요한의 예수에 대한 증언과 첫 제자들의 형성, 예수의 인자로서의 자기 계시 등 예수 사역의 기초가 되는 내용들이 들어 있다.

2. 요한복음 전체가 그렇기도 하지만 특히 요한복음 1장의 주요 주제는 기독론, 즉 예수가 누구인가 하는 것이다. 예수를 소개하는 데 요한은 자신이 만들어 낸 용어인 '독자'(개역: 獨生子), '로고스'에서부터 '하나님의 어린 양', '메시아', '인자' 등과 같은 구약적 전통이 있는 용어와 '빛', '생명' 등과 같은 일반적인 메타포를 사용한다.

이 모든 것을 통해 요한복음 저자가 말하려고 했던 것은 이것이다. 즉 예수는 단순히 훌륭한 인간 사역자가 아니라 창조주로서 하나님과 동일 본질을 가지고 있는 신성을 가진 존재며, 사람들을 죄에서 구원하기 위해서 성육신하셨으며, 사람들과 하나님과의 유일무이한 중재자다.

3. 예수가 누구인가 하는 것 다음으로 요한복음 1장에서 중요하게 다루어진 주제는 사람들이 어떻게 이 예수와 올바른 관계를 가질 것인가 하는 문제이다. 사람들의 태도는 두 가지다. 하나는 창조주, 메시아로서의 예수를 거부하는 것이고(10~11절), 다른 하나는 그를 영접하고 믿는 것이다(12절). 이러한 주제는 요한복음에서 주요 모티브로 계속된다. 전반부(1~12장)에서 거부의 모티브가 주로 작동했다면 후반부(13~20장)에서는 영접 모티브가 주를 이룬다. 예수를 믿고 영접하는 사람들에게는 이 땅에서 하나님의 자녀가 되는 특권이 주어진다(13절). 요한복음에서는 특히 그 특권을 현재에 영

생을 소유함으로써 이 땅에서도 누릴 수 있다는 것이 신약성경의 그 어떤 문서에서보다 강조되어 있다(참조. 요 10:10; 17:3).

4. 여기서 다루어진 또 한 가지 중요한 문제는 기독교 공동체에 관한 것이다. 요한복음 1장 마지막 부분은 제자 무리 형성에 대해서 다룬다(35~51절). 제자들은 무리를 이루어 후에 신앙 공동체로 자리매김하게 된다. 그래서 예수는 인자로서 자기 계시를 할 때 나다나엘과 말하면서 그 배후에 있는 신자 공동체를 염두해 두고 "너희들"에게 말한 것이다(51절).

요한복음 1장에서 이러한 신자 공동체는 중요한 역할을 한다. 예수는 성육신하여 신자 공동체에 거하며, 오직 이 공동체만이 예수의 영광을 보며, 예수 그리스도의 충만함으로부터 공급받아 충만한 은혜를 더 풍성하게 경험하게 된다. 여기서 교회는 다름 아닌, 하나님으로부터 난 자들 곧 성령으로 거듭난 자들의 모임이며(13절), 예수를 따르는 제자들의 모임이 된다.

교회는 예수를 찾아가 그와 삶을 공유하며 그에게 배우는 공동체다(39절). 요한복음에서 신자 공동체 내에서의 신자 상호간의 사랑 등 신자들간의 관계가 전혀 무시된 것은 아니지만 그 주된 지향성은 예수와 신자 각자의 관계에 있다. 오늘의 교회가 신자들 상호간의 사랑이 없는 것도 물론 문제지만, 이것을 통해 우리는 신자 공동체의 근원적인 관계인 그리스도와 개별 신자와의 관계를 뒤돌아보게 된다.

5. 1장에서 중요한 모티브 중의 하나는 증인으로서의 세례 요한에 대한 것이다. 세례 요한은 자신의 사역이 최정점에 있을 때 자기가 메시아 혹은 종말론적 중요성이 있는 인물이 아니라 예수 사역의 증인이라고 선언한다. 그는 대중들의 인기가 있었고 예루살렘 당국자들로부터도 중요한 인물로 인식되었지만, 자신에 대한 사람들의 호불호(好不好)에 매이지 않고 자신의 본질을 하나님과의 관계 속에서 끝까지 알고 지킨 사람이다.

인간적으로 볼 때 자신의 사역이 정점의 시기에 이르렀음에도 이제 사역을 시작하는 예수께 대하여 "그는 흥하여야 하겠고 나는 쇠하여야 하리라"(요 3:29)고 선언한다. 물론 이러한 세례 요한에 대한 묘사는 요한복음 저자의 인물 설정에 대한 시각과 무관하지 않다. 세례 요한을 포함하여 예수 이외의 어떤 인물도 독립적으로 신학적 중요성이 있는 사람은 없다는 것이 요한복음 저자의 시각이다. 어떤 인간도 예수와의 관계 밖에서는 자신의 본질을 깨달을 수 없으며, 그를 통해서만 삶이 의미가 있게 된다는 것이다.

2 예수님 사역의 두 측면
요한복음 2장의 주해와 적용

고대 교회의 증언을 신빙성 있는 것으로 여긴다면 요한복음은 예수님께서 사랑하신 제자인 사도 요한이 기록하였다. 예수님의 열두 제자 중 가장 오랫동안 활동했던 요한은, 신앙 공동체 밖에서는 황제숭배를 강요하는 로마 제국의 박해 위협을 받고, 안으로는 예수 그리스도의 성육신을 반대하는 영지주의적 이단 사상과 맞서 싸우는 교회의 독자들을 위해 1세기 말경 요한복음을 기록했다.

요한복음의 특징

요한복음의 특징은 여러 별명으로 나타나는데, 첫째는 '독수리 복음서'다. 독수리가 해를 똑바로 쳐다보아도 그 눈이 멀지 않는 것처럼 요한복음은 예수님의 영광이 특별하게 계시되었을 뿐 아니라 예수님의 기원에 대해 사복음서 중 가장 높이 태초까지 거슬러 올라가 기술한 책이기 때문이다.

요한복음의 두 번째 별명은 '영적인 복음서'인데, 그것은 성령이 자주 언급될 뿐 아니라(3:5; 6:63; 7:39; 20:22 등) 요한복음이 신약성경에서 독특하게 성령을 '보혜사'(파라클레토스)로 이해하기 때문이다(14:16~17, 26; 15:26; 16:13~14).

셋째는 '신앙의 복음서'다. 요한복음은 복음서 중 가장 신앙을 동적으로 잘 표현하면서, 진리를 아는 것이 바로 예수님을 믿는 것이라고 말하기 때문이다.

마지막으로 요한복음은 '사랑의 복음서'다. 공관복음이 원수까지 포함하는 이웃 사랑을 강조한다면 요한복음은 서로간의 사랑을 구체적으로 실천하는 형제(또는 자매) 사랑을 강조하기 때문이다.

본문의 맥락

요한복음 2장을 요한복음의 전체 맥락에서 살펴보는 것이 본문 해석에 도움이 된다. 우선, 요한복음을 '세상 앞에 계시된 하나님의 아들 예수 그리스도'(1~12장)와 '아버지께로 돌아가는 아들 예수 그리스도'(13~21장)로 양분할 때, 2장은 요한복음의 전반부에 속해 있다. 예수님은 세상에 계시된 하나님의 영광이다.

본문의 맥락의 범위를 좁혀 보면, 2장은 예수님을 믿는 사람의 새로운 피조물 됨을 다루는 2장~4:42의 본문 단락(① 하나님나라의 포도주로써, 물로 씻는 옛 정결 의식 대체, ② 새 성전 되신 부활하신 주님 안에서 옛 성전의 대체, ③ 거듭남에 대한 해설, ④ 야곱의 우물물과 그리스도의 생수 대조, ⑤ 예루살렘의 예배와 영과 진리로 드리는 예배의 대조) 안에 들어 있다.

2장은 자체적으로도 완결된 본문 단락이다. 그러나 동시에 2장은 전후 본문과 잘 연결되는 단락이다. 2장의 전반부인 1~12절은 가나의 혼인 잔치에서 행해진 표적 기사며, 2장의 후반부인 13~22절은 성전 정화 기사다.

전반부는 "하늘이 열리고 하나님의 사자들이 인자 위에 오르락내리락하는 것을 보리라"는 예수님의 말씀(1:51)과 연결됨으로써 가나에서 행해진 혼인 잔치 이적이 예수님의 공적인 활동이 시작되는 공생애의 개시(開始) 사건임을 보여 준다.

후반부인 성전 정화 기사는 23~25절로서 예수님과 니고데모의 대화 기사(3:1~21)와 연결되어 있다. 이로써 요한은 단순하게 표적을 믿는 신앙이 아니라 표적 행위자인 예수 그리스도를 믿음으로 거듭남을 통해 영생에 이를 수 있음을 보여 주고 있다.

가나의 혼인 잔치에서 물로 포도주를 만드신 예수님의 표적을 믿고, 성전 안에서 희생 제사의 짐승을 파는 사람들과 돈 바꾸는 사람을 내쫓으신 사건을 이해하는 사람은 예수님의 삶과 활동, 죽으심과 다시 사심을 이해할 것이며, 예수님 안에 그리고 예수님의 몸이며 성전인 교회 안에 현존하고 있는 하나님나라의 구원을 알 수 있을 것이다. 이것이 예수님의 공적(公的)인 활동의 전반부인 '세상 앞에 계시된 하나님의 아들 예수 그리스도' 단락의 사실상의 첫 장인 2장을 기술한 요한의 의도다.

요한복음의 저자는 2장에서 예수님이 누구시며, 무엇을 하시기 위해 세상에 오신 분인가를 의도적으로 보여 준다. 이러한 요한복음 전체의 특성과 본문의 맥락을 이해할 때 비로소 본문을 해석할 수 있다.

예수께서 행하신 첫 번째 표적(2:1~12)

요한복음에 기록된 이적은 공관복음의 이적에 비해 몇 가지 특징을 지니고 있다. 이적이 표적으로 이해된다든지(2:11; 4:54), 이적의 정도가 더 강조된다든지(4:43~54; 5:1~18; 9:1~12; 11:1~44), 귀신 축출 기사나 나병환자 치유 기사가 나타나지 않는다든지, 이적이 단지 믿음에 이르는 수단으로 묘사된다든지(4:48; 6:27) 하는 것이 바로 그것이다.

무엇보다도 요한복음에서는 공관복음에서 찾아볼 수 없는 이적들이 눈에 띈다. 이것들은 가나의 혼인 잔치 이적(2:1~12), 베데스다 못가의 병자 치유 이적(5:1~18), 실로암 못가의 맹인 치유 이적(9:1~12) 기사처럼 모두 이적이 일어난 장소를 제시하는 표적 자료에서 유래되었다고 생각된다.

요한복음에서 예수께서 행하신 일곱 가지 표적은 모두 세상에 계시된 하나님의 아들 예수 그리스도를 보여 주는 전반부(1~12장)에 기록되어 있으며, 가나의 혼인 잔치에서 예수께서 물로 포도주를 만드신 표적은 예수님 안에 계시된 하나님의 영광을 보여 주는 그 첫 번째 표적이다.

1. 첫 번째 표적 기사의 배경(1~5절)

예수님께서 첫 번째 표적을 행하신 곳은 나사렛에서 북쪽으로 13㎞ 떨어진 갈릴리 지역의 한 마을인 '가나' 다. 이곳의 한 혼인 잔치에서 예수께서 '사흘 되던 날' 에 표적을 행하셨다. 제3일은 예수님의 부활이 십자가에 죽으신 후 사흘째 되던 날에 일어난 것처럼 하나님께서 도우시는 날이다. '가나' 라는 구체적인 장소 제시어와 '사흘 되던 날' 이라는 시간 제시어가 본문의 전승 단계에서 이 단락에 처음부터 있었다는 것을 인정한다면 예수님께서 물로 포도주를 만드신 사건은 결코 비유적이거나 비역사적인 문학적 구성이 아니라 역사적인 사건이요 표적으로 해석된 이적 사건이다.

혼인 잔치에 예수님의 어머니와 제자들이 초대를 받았는데, 혼인 잔치 용품 중 가장 중요한 포도주가 떨어졌다. 그 사정을 알고 예수님의 모친이 아들에게 간접적으로 문제 해결을 요청한다. 이때 예수님은 마리아에게 '어머니' 라고 부르는 대신 비일상적인 호칭을 사용하여 '여자' 라고 부르며, "여자여, 나와 무슨 상관이 있나이까?" 라고 응답하신다. 헬라어 원문을 직역해 보면, "여자여, 나와 당신에게 무엇이 있습니까?" 다.

이는 예수님과 모친 사이의 본질적인 인격적인 차이를 암시하는 것이 아니라 오히려 오직 아버지의 뜻에만 순종하고자 하는 아들의 자세를 보여 준다. 그렇게 해석하는 것이 "내 때가 아직 아르지 아니 하였나이다" 라는 이어지는 예수님의 말과 어울린다.

이 '내 때' 는 예수님께서 죽으시는 때(7:30; 8:20; 12:27; 13:1)며, 동시에 영화롭게 되는 때(12:23; 13:31~32; 17:1, 5)고, 영생이 세상에 열리는 때(7:37~39; 12:31~32; 17:1~3)다. 그것은 자신 안에 하나님의 영광을 계시하는 때와 깊이 관련되어 있다. 그 계시는 십자가 사건에서 정점(頂點)에 이를 것이지만, 다음 단락에서 예수님은 어머니의 요청을 받아들임으로써 세상 앞에 자신 안에 나타나는 하나님의 영광을 계시하고자 하신다. 예수님의 어머니는 이를 받아들이고 하인들에게 예수께서 무슨 말씀을 하시든지 그대로 순종하라고 말한다.

2. 첫 번째 표적을 행하심(6~10절)

예수님은 하인들에게 유대인의 정결 예식을 위해 두세 통(한 통은 약 40ℓ) 드는 돌항아리 여섯에 물을 채우라고 말씀으로 명하신 후 떠서 연회장에게 갖다 주라고 하신다. 물은 포도주로 변하였다. 물이 포도주로 변했다는 것은 예수님 안에서 새로운 시대의 구원이 시작되었음을 보여 준다.

예수님은 그 이전 구약의 선지자들처럼 단순하게 하나님의 나라를 전하는 선포자가 아니라, 자신 안에 하나님나라를 가지고 있는 담지자(擔持者)시며 자신을 믿고 그 안에 계시된 하나님의 영광을 보는 자에게 그것을 전해 주는 전달자시다.

연회장은 물로 된 포도주를 맛보고 어디서 났는지 알지 못하였다. 그러나 하인들은 그것을 알았다. 연회장이 포도주의 출처를 알지 못함과 하인들이 그것을 아는 것은 대조적이다. 선물(은혜)의 출처는 그 선물을 주시는 분의 출처처럼 감추어져 있다(4:10; 19:9 참조). 그것은 오직 믿음으로만 알 수 있는 것이다.

3. 해설(11~12절)

이 이적은 '처음 표적'이었다. 해설자에 의하면 이 이적은 공관복음서처럼 '능력'(뒤나이스)이나 '놀라운 일'(타우마)로 표현되지 않고 '표적'(세메이온)이다. 그러니까 예수께서 행하시는 이적은 하나님나라의 약속이 자신 안에서, 또 자신을 통하여 실현되는 표적이다. 다시 말하면, 예수님의 이적은 자신 안에 나타난 하나님의 영광을 드러낼 뿐 아니라 자신 안에서 이루어지는 하나님나라를 보여 주는 표적의 기능을 한다는 것이다.

예수님의 이적 속에 단지 믿음으로만 볼 수 있는 하나님의 영광이 계시되었다. 그것은 시간과 세상 밖에 있는 미래적인 것이 아니라 예수님 안에서 현존하는 하나님의 영광이라는 현재적인 것이다. 출애굽 때 하나님께서 자신의 영광을 권세 있는 행위로 자신의 백성에게 알리신 것처럼, 예수님의 영광은 역사적으로 경험될 수 있는 하나님의 영광이다.

중요한 것은 예수님과 하나님의 하나 되심을 믿음으로 받아들이는 것이다. 그러므로 이 단락에서는 떨어진 포도주와 유대인의 정결용 돌항아리에 채워진 포도주의 충만함이 대조적인 것에 시선을 고정시켜야 한다. 곧 예수님에 의해 열리는 새로운 구원의 질서는 지금까지의 것을 능가한다(1:17 참조). 이 일 후에 예수님은 그 어머니와 제자들과 함께 가버나움으로 가셨다.

예수님께서 성전을 깨끗케 하심(2:13~22)

예수님이 성전을 청결하게 하신 사건을 보도하는 기사는 공관복음이 전해 주는 기사와 일치한다(마 21:12~13; 막 11:15~17; 눅 19:45~46). 그러나 요한복음의 경우 공관복음과 달리 이 기사는 예수님의 공적인 활동 기사의 초두(初頭)에 놓여 있다. 그것은 요한복음의 저자가 이 본문 단락을 통해 예수님이 무엇을 하기 위해 세상에 오신 분인가를 알게 하려는 의도와 밀접하게 관련되어 있다. 이 단락을 세부적으로 구분하면, 성전을 깨끗케 하심(13~16절), 첫 번째 제자들의 회상(17절), 예수님과 유대인의 논쟁 대화(18~21절), 두 번째 제자들의 회상(22절)으로 구분된다. 여기서 예수님 당시와 예수님의 부활 이후 제자들의 활동 시대의 구분이 나타난다.

1. 성전을 깨끗케 하심(13~16절)

며칠 뒤면 "유대인의 유월절"이다. 이 명칭에 유대인들과 기독교인들 사이에 벌어진 거리가 암시되어 있다. 이 유월절은 요한복음에 나타나는 서로 다른 세 번의 유월절(2:13; 6:4; 11:55) 중 첫 번째로 언급된 유월절이다. 예수님은 유월절에 관습대로 이스라엘의 신앙 중심지인 예루살렘으로 가셨다. 성전으로 들어가신 예수님은 노끈으로 채찍을 만들어 성전 제사에 쓰이는 소와 양, 비둘기를 파는 사람을 내쫓으시고 성전세를 지불하는 용도로 가이사가 새겨진 로마의 화폐 대신 고대 수리아에서 사용된 화폐로 바꾸는 사람들의 돈을 쏟으시고 상을 엎으시며 "내 아버지의 집으로 장사하는 집을 만들지 말라"고 꾸짖으신다.

예수께서 성전 자체를 부인하신 것은 아니다. 예수께서 비난하신 것은 성전 자체가 아니라 성전 내 이방인의 뜰에서 행해지는 상거래 행위였다. 이때 예수님이 비난하신 대상은 성전 제물을 사는 사람이나 성전세를 지불하기 위해 환전하는 순례자가 아니라 성전을 거래소로 변질시키는 제물 판매상과 환전상이다.

이러한 예수님의 꾸짖음은 스가랴 14:21, "그날에 만군의 여호와의 전에 가나안(히브리어로는 '장사꾼'이란 뜻도 있음)이 다시는 있지 아니하리라"를 기억나게 한다. 성전을 깨끗하게 하는 행위는 제사 의식(儀式)의 개선이나 개혁을 목표로 삼는다. 그러나 요한이 이 복음서를 기록할 때 성전은 더 이상 제사 장소가 아니었다.

2. 첫 번째 제자들의 회상(17절)

예수님의 부활 이후 교회의 회상과 관련되어 있는 제자들의 회상은 이 성전 정화 사건을 해석하기 위해 시편 69:9("주의 집을 위하는 열성이 나를 삼키고 주를 비방하는 비방이 내게 미쳤나이다")을 사용한다. 요한의 경우 성경(당시에는 구약) 말씀이 강조된다(2:22; 5:39; 7:38, 42; 10:35; 13:18; 17:12; 19:24, 28, 36, 37; 20:9 참조). 하나님의 전에 대한 유대인의 잘못된 종교적 열성이 예수님을 죽게 할 것이다.

3. 예수님과 유대인의 논쟁 대화(18~21절)

예수님의 대표적인 적대자로 등장한 유대인들은 성전을 깨끗하게 하시는 예수님께 표적을 요구하며 권세에 대한 질문을 제기한다(막 11:27 이하 참조). 예수님은 그 유대인들에게 이방인 헤롯이 유대인의 환심을 사기 위해 주전 20년(또는 19년)에 재건축을 시작한 이래로 46년간이나 짓고 있는 성전을 헐면 사흘 만에 세우겠다는 이루어질 수 없는 표적을 제안한다.

이런 풍자적인 명령은 구약의 예언서를 생각나게 한다(암 4:4; 사 7:10~14; 8:9~10). 성전을 허는 것은 유대인에게 심판을 의미한다. 그러나 구약의 묵시에서 기다려진 새 성전은 지상에 재건되는 화려한 성전이 아니라 목숨의 위협과 죽음 너머에 존재하는 종말론적인 새 성전이다.

예수님이 말씀하시는 성전은 바로 성전인 자신의 몸이었다. 그것은 예수님의 부활로 말미암아 성령의 능력 안에 있는 새로운 성전이며, 하나님을 만나는 종말론적인 장소다. 바로 그것을 이 땅 위에 마련하는 것이 예수님의 공생애가 지닌 의미요 과제다(1:51; 4:21~24; 7:37~39; 15:4~8).

그러나 예수님을 믿지 않는 유대인은 이것을 이해하지 못한다. 이로써 성전에 대한 유대인의 첫 번째 오해는 불신(不信)으로 표현된다. 유대인의 생각은 가시적인 성전에 사로잡혀 있다. 그들은 46년이나 걸렸으며 아직도 건축 중인 이 성전이 예수님의 죽음과 부활로써 허물어질 것이라는 예수님 말씀의 본래적인 의미를 이해할 수 없었다.

4. 두 번째 제자들의 회상(22절)

제자들은 예수께서 죽은 자 가운데서 살아나신 후에야 이 말씀을 기억하고 성경과 예수께서 하신 말씀을 믿었다. 예수님께서 말씀하신 것을 제자들은 예수님의 부활 이후에 비로소 온전하게 알게 되었다. 그러므로 성전 정화 사건을 온전하게 이해하는 해석학적 열쇠는 말씀 곧 구약성경(17절)과 예수님의 말씀(19절)이다.

요한복음의 저자가 성전 정화 기사를 자신의 복음서 서두에 둔 이유는 이 성전 정화 기사를 가나의 혼인 잔치 표적 기사와 함께 예수님의 사역을 요약적으로 스케치하는 것으로 여겼기 때문이다. 예수님의 사역은 두 측면을 가지고 있다. 곧 영광의 계시와 투쟁, 구원과 심판이다. 이는 예수님을 받아들이는 믿음과 거절, 아는 것과 오해함을 불러일으킨다.

표적 믿음에 대한 해설(2:23~25)

유월절에 예수께서 예루살렘에 계실 때 많은 사람들이 그의 행하시는 표적을 보고 그의 이름을 믿었다. 그러나 예수님은 단순히 표적을 보고 믿는 그들에게 자신의 몸을 맡기지 않으셨다. 그것은 예수님이 스스로 모든 사람을 아시고 사람의 속에 있는 것을 아시므로 누구의 증언도 받으실 필요가 없었기 때문이다.

이 말씀에서 예수께서 예루살렘에서 행하신 표적을 인정하는가 하는 표적 인정 여부에 따른 믿음이 다루어진다. 단지 예수께서 행하신 표적 자체에 대한 믿음으로는 영생을 얻을 수 없다. 믿음으로 영생을 얻는 것은 인간의 능력이나 영역 밖에 있다. 그것은 다음 단락인 3:1~21에 묘사된 예수님과 니고데모의 대화에서 잘 전개된다. 사람이 거듭나지 않으면 결코 하나님 나라에 들어갈 수 없다.

23~25절 단락은 이처럼 영생을 위하여, 표적이 아니라 표적을 행하시는 표적 행위자인 하나님의 아들 예수 그리스도에 대한 믿음이 요구된다는 메시지를 미리 준비하고 있다. 단순히 표적에만 의지하는 믿음은 예수님을 온전하게 믿는 믿음이 아니다. 예수님은 인간의 마음을 감찰하신다. 그러므로 표적을 행하시는 예수님께 믿음의 초점을 맞추어야 한다.

본문의 적용을 위한 제언

성경에서 현실로 눈을 돌려보자. 오늘날 한국 교회는 마치 이 나라의 경제가 표류하는 것처럼 교회 성장의 침체 위기에 놓여 있다. 이러한 교회 성장 침체의 원인은 필자가 생각하건대 교회론에 있다.

교회는 무엇이며 무엇을 위해 존재하는가? 한국 교회는 교회의 본질과 과제를 성경적이고 복음적으로 이해하고 실행하고 있는가? 교회는 스스로 교회다움을 유지하고 있는가? 오히려 교회가 교회다움을 잃어버리고 세상의 비난을 받으며 교회다움의 회복을 요청받고 있지는 않는가? 교회가 세상에 대하여 '빛과 소금'으로서의 역할을 하나님께서 원하시는 대로 감당하고 있는가? 오늘날 한국 교회는 이러한 질문들에 대해 애써 외면하고 침묵하고 있지는 않는가?

실로 교회에 대한 우려의 목소리가 여기저기서 들린다. 다시금 본문이 전하고 있는 하나님 말씀에 귀를 기울여야 한다. 본문에서 오늘날 한국 교회로 옮겨야 할 본문의 신학적 메시지는 다음과 같다.

첫째, 예수님은 하나님의 아들이시며 그리스도시다(1~12절). 물을 포도주로 만드신 표적을 기록한 것은 "예수께서 하나님의 아들 그리스도이심을 믿게 하려 함이요 또 너희로 믿고 그 이름을 힘입어 생명을 얻게 하려 함"(20:31)이다.

둘째, 물로 포도주를 만드신 예수님의 이적을 통해서 믿음으로만 볼 수 있는 하나님의 영광이 계시되었다(1~12절). 예수님 안에 현존하는 하나님의 영광은 영생의 시발점이 예수님을 믿는 순간임을 보여 준다. 미래적인 구원이 아니라 현재에 시작되는 구원을 얻게 하는 것이 예수님께서 세상에 오신 이유요 목적이다.

셋째, 성전을 깨끗케 하시는 예수님의 권세 있는 행위는 하나님의 아들 예수 그리스도께서 종말론적인 새 성전이 되심을 보여 준다(13~21절). 예수께서 하나님의 아들 그리스도 되심을 부인하며 예수님을 불신하는 유대인들이 섬기는 지상의 성전은 더 이상 성전이 아니다. 그것은 구약의 말씀과 예수님의 말씀이 입증한다.

넷째, 2장에 기록된 두 사건은 예수님의 사역이 지닌 두 가지 측면 곧 영광의 계시와 논쟁, 구원과 심판을 가지고 온다(1~21절). 그러므로 2장은 세상 앞에 계시되는 하나님의 영광으로서 예수 그리스도(2~12장)를 보여 주는 예수님의 공적 활동을 요약하는 밑그림이다. 예수님이야말로 하나님의 영광이 가득 찬 새 성전이시며, 그분이 하신 일은 물을 포도주로 변하게 하는 것처럼 그를 믿는 자를 새로운 피조물 되게 하시는 생명 사역이다. 우리는 여기서 그리스도의 몸인 교회의 본질과 생명 살리기에 전념해야 할 교회의 과제를 찾을 수 있다.

마지막으로, 예수님께서 행하신 표적 자체에 끌린 신앙은 온전한 믿음이 아니다(22~25절). 예수께서 죽은 자 가운데 살아나신 후에야 제자들이 구약성경과 예수님의 말씀을 믿을 수 있었던 것처럼 예수 그리스도의 십자가와 부활에 대한 신앙이 아니고는 온전한 믿음이 아니다.

요약하면, 요한복음 2장은 요한복음 전체의 청사진을 보여 주는 '밑그림'이며, 올바른 믿음의 방향을 제시하는 '등대'다. 그러므로 지금 어려움을 겪고 있는 한국 교회가 위기를 극복하고자 한다면 다시금 요한복음 2장을 통해 들려 주시는 하나님의 음성에 귀를 기울여야 한다.

3 하나님나라와 영생을 주시는 예수 그리스도

요한복음 3장의 주해와 적용

요한복음 2:23~25은 형식상 앞의 사건 곧 예루살렘에서의 성전 청결 사건 단락(요 2:13~22)과 연관되어 있지만, 내용상으로는 요한복음 3장 첫 부분의 대화 단락(1~12절)과 밀접하게 연관되어 있다. 이 단락은 뒤이어 제시되는 대화의 정황을 설정해 줄 뿐 아니라, 그 대화의 내용을 이해하는 데도 지침을 제공해 주기 때문이다.[1] 요한복음 3장은 예수와 니고데모 사이의 하나님나라에 관한 대화로 시작되는데, 이 대화는 12절에서 마감된다.[2]

요한복음 3장의 두 번째 단락인 13~21절에서는 하나님의 아들이신 인자를 통해 주어지는 영생에 관한 독백식 가르침이 전개된다. 13절은 인자의 높으신 지위에 대해서, 14~15절은 인자의 죽으심과 부활에 대해서, 16절은 하나님의 아들의 선교 목적에 대해, 그리고 17~21절은 그 계시된 구원의 복음을 거절하는 자들에게 임할 심판에 대해서 연속적으로 진술해 나간다.

요한복음 3장의 세 번째 단락인 22~36절은 예수 그리스도에 대한 요한의 두 번째 증언(참조. 요 1:19~34)을 소개해 준다. 22~24절은 뒤이어 전개되는 대화의 정황을 묘사해 주고, 25~30절은 세례 요한과 그의 제자들 사이의 대화를 기술해 주며, 31~36절은 위로부터 오신 아들에 관한 독백식 가르침을 기술해 준다. 흥미롭게도, 요한복음 3:22~36의 이 세 단계 전개는 요한복음 2:23~3:21의 세 단계 전개와 매우 유사하다. 즉 1)2:23~25과

3:22~24 - 대화의 정황 묘사, 2)3:1~12과 3:25~30 - 대화, 3) 3:13~21과 3:31~36 - 대화와 관련된 독백식 가르침이 그렇다.

예수와 니고데모 사이의 대화(3:1~12)

본 단락에서 니고데모는 예수보다 앞서 나타나지만, 대화가 진행되는 가운데 정작 자신의 방문 목적조차도 밝히지 못한 채 점차 장면 뒤로 사라지게 되며, 예수께서 장면의 핵심에 자리잡게 된다.

바리새인이자 유대인의 관원(곧, 산헤드린 회원)인 니고데모가 예수를 '밤에'(누크토스) 찾아 왔다(2a절). 요한은 니고데모가 왜 '밤에' 예수를 찾아왔는지 분명히 설명하지 않았다. 다른 사람의 눈에 띄지 않기 위해서일지도 모르고, 어쩌면 예수와의 대화에서 다른 사람의 방해를 받지 않기 위해 그랬을지도 모른다. 그런데 요한복음에서 자주 그렇듯이(참조. 요 9:4; 11:10; 13:30), '밤' 이 만일 상징적인 의미를 갖는다면 이러한 상황 묘사는 니고데모가 현재 처해 있는 영적 어두움의 상태를 시사해 주는 것으로 이해될 수 있다.[3]

니고데모는 예수께 '내가 안다' 라는 표현 대신 '우리가 안다' (오이다멘)라는 표현을 써서 말을 시작한다. "랍비여 우리가 당신은 하나님께로서 오신 선생인 줄 아나이다 하나님이 함께 하시지 아니하시면 당신의 행하시는 이 표적을 아무라도 할 수 없음이니이다"(2b절). 그가 '우리' 라는 표현을 사용한 이유에 대해 학자들은 다양한 의견을 제시해 왔다. 어떤 이들은 니고데모가 요한복음 2:23~25에서 언급된 믿음이 부족한 이들의 대변자 역할을 하고 있다고 제안한다. 어떤 이들은 니고데모가 그때 당시 풍습에 따라 자신의 제자들을 동행하였고, 따라서 여기서의 우리는 그의 제자들을 포함한다고 주장한다.[4] 또 다른 이들은 니고데모가 자신과 의견을 같이 하던 일단의 바리새인들 또는 산헤드린 회원들 중 일부 인사들을 대신해서 말하는 것이라고 제안한다.[5] 이들 중 어느 입장을 취하든지간에 니고데모가 자신의 입장에 대한 스스로의 책임을 최소화하고자 하는 의도를 저변에 깔고 있었던 것은 분명해 보인다.

한편 바레트(C. K. Barrett)는 니고데모뿐 아니라 예수도 대화 가운데 자주 복수형을 사용하고 있는 점에 주목하여, 본 대화가 두 사람 사이의 대화라기보다는 유대교 회당과 교회 사이의 토론을 대변하는 것이라고 제안한다.[6] 만일 그의 이러한 제안이 두 사람 사이의 대화의 역사적 가능성을 부인하는 것이 아니라면, 그것은 아주 흥미로운 제안으로 보인다.

니고데모의 이러한 서론적 언급에 뒤이어 우리는 그의 질문을 기대하게 된다. 하지만 정작 뒤이어 나오는 것은 예수의 답변이다. "진실로 진실로 네게 이르노니 사람이 거듭나지 아니하면 하나님나라를 볼 수 없느니라"(3절). 어쩌면 니고데모는 마가복음 10:17의 부자 청년과 유사한 질문을 던지려 했는지 모른다. "내가 무엇을 하여야 영생을 얻으리이까." 예수께서는 아마도 이런 질문이 던져지기에 앞서, 마치 니고데모의 의중을 아신 듯이 그의 서론적 언급에 대해 바로 반응하신다.

한글개역에서 '거듭'이라고 번역된 '아노텐'이라는 단어는 크게 다음 두 가지 의미를 갖는다. 즉 1) 위로부터(공간적 의미); 2) 새롭게, 처음부터(시간적 의미)이다. 따라서 '겐네테 아노텐'은 두 가지로 번역될 수 있다. 첫째, '위로부터 태어나다'(NRSV 본문, 한글개역 난외주), 둘째, '새롭게 태어나다'(한글개역 본문, NRSV 난외주).

본 문맥에서 이 두 번역 중 어떤 것이 적절한지 결정하기란 쉽지 않다. 4절에서 니고데모의 반응에 나타나는 이해는 분명 두 번째 의미를 지지해 준다. 하지만 뒤이어 진행되는 논점은 니고데모의 그러한 이해가 올바른 것이 아님을 지적해 주며(참조. 5~13절), 요한복음 3:31과 19:11, 23절에서 '아노텐'이 모두 첫 번째 의미로 사용되었다는 사실은 여기서도 그 기본적인 의미가 첫 번째 의미였으리라는 추측을 지지해 준다. 그런데 첫 번째 의미를 기본적으로 취할지라도, 그 이면에 두 번째 의미를 내포할 수 있다는 가능성을 고려해 볼 때, 어쩌면 저자는 여기에서 이중적인 의미를 의도적으로 활용하고 있는지도 모른다(참조. 1:5).[7]

한편, 니고데모와 같은 배경을 가진 유대인에게 '하나님나라를 본다'는 말은 마지막 때 왕국에 동참하는 것(참조. 5절), 또는 영원한 부활의 생명 곧 구원을 얻는 것(참조. 15~17절)으로 이해되었을 것이다. 하나님나라, 영생, 구원 사이의 이러한 긴밀한 연관성은 공관복음에서도 발견된다.

예를 들어, 마태복음 19:16~29에서는 '영생을 얻는 것'(16, 29절)이 '하나님나라에 들어가는 것'(23~24절), '구원을 얻는 것'(25절)과 동일시되고 있으며, 마가복음 9:43~47에서는 '영생에 들어가는 것'(43, 45절)이 '하나님나라에 들어가는 것'(47절)과 동일시되고 있다.[8] 요한에 의하면, 오랫동안 기다려져 왔던 하나님의 구속적 통치(곧, 하나님나라)와 그로 말미암은 영생과 구원이 그리스도의 구속적 사역으로 말미암아(참조. 14~17절) 위로부터/새롭게 태어난 자들에게 지금 주어지고 있다.

하지만 예수의 이 심오한 말씀에 대한 니고데모의 이해는 지극히 제한되어 있었고, 그 사실이 그의 질문 가운데 잘 표현되어 있다(4절). "사람이 늙으면 어떻게 날 수 있삽나이까 두 번째 모태에 들어갔다가 날 수 있삽나이까." 이 질문에 대한 예수의 대답은 3절의 자신의 언급을 다소 풀어서 설명해 준다. "사람이 물과 성령으로 나지 아니하면 하나님나라에 들어갈 수 없느니라"(5절). 예수께서는 곧 뒤이어 6~8절에서 이에 대한 보다 상세한 설명을 첨가하실 것이다. 하지만 예수께서는 이 두 번째 언급에서 우선 '아노텐'의 의미를 "물과 성령으로"(엑스 휘다토스 카이 프뉴마토스)라는 어구로 풀어서 설명하신다.

그러나 문제는 여전히 남는다. "물로 태어남"과 "성령으로 태어남"의 의미, 그리고 그 둘 사이의 관계가 명확히 드러나 있지 않기 때문이다. 이 구절들에 대한 해석은 다양하게 제시되어 왔는데, 그 중 다음 두 가지가 주목할 만하다.[9]

첫째, 6절에서 두 가지의 출생(즉, 육체로부터의 출생과 영으로부터의 출생)이 언급되고 있다는 점과 연관해서, 통상적으로 물로 태어남은 육으로부터의 출생을, 영으로 태어남은 영으로부터의 출생을 각각 의미한다고 이해되어 왔다. 곧, 하나님나라에 들어가기 위해서는 육체적 출생만으로는 불충분하며, 영적 재출생이 필요하다는 의미로 이해한다. 하지만 고대 문헌에서 육체적 출생을 물로부터 태어난 것으로 묘사하는 경우를 찾아보기 어려울 뿐 아니라, 헬라어 구문상 5절이 두 가지의 출생을 의미한다기보다 하나의 출생(곧, 위로부터의 출생)을 의미하는 것으로 보는 것이 더 자연스럽다는 점은 이러한 이해의 약점으로 남는다.

둘째, 많은 학자들은 '물'이 그리스도인의 세례를 상징한다고 주장한다.[10] 이러한 입장을 따를 경우, 많은 사람들은 영이 물세례를 통해 새 생명을 가져오는 모습으로 본 구절을 이해한다. 하지만 만일 물세례가 하나님나라에 들어가는 조건이 될 만큼 중요한 것이라면, 차후 본 대화(6~12절)와 독백식 가르침(13~21절)에서 물세례에 관한 언급이 전혀 다시 논의되고 있지 않다는 점은 이상한 일이 아닐 수 없다.

또한 성령의 사역이 특징적으로 그려지고 있는 14~16장에서 물세례에 대해서는 전혀 암시조차 없다는 사실도 설명하기 어렵다. 더욱이 1:33에서 물세례와 성령세례가 유사한 것으로 제시되기보다 대조적으로 제시되고 있다는 사실 역시 이 견해의 약점으로 지적된다. 그렇다면 이 견해는 있는 그대로 받아들여지기 어렵다.

이처럼 위의 두 가지 제안 모두 만족할 만한 제안이 아니다. 여기서 우리는 보다 적절한 해석을 이끌어 내기 위해, 먼저 다음 몇 가지 기본적인 사실들을 확인할 필요가 있다. 먼저 '물과 성령으로' 구절은 3절의 '위로부터'(아노텐)와 평행을 이루고 있다. 그리고 '물'과 '성령'은 공히 전치사 '엑스'('…로부터')의 지배를 받는데, 이는 두 개념의 통일성을 지시해 주는 것으로 보인다. 그럴 경우 이 출생은 물-성령에 근원을 두고 있는 단일한 출생을 지칭한다.

한편, 예수는 니고데모가 유대인의 선생으로서 그의 가르침을 깨닫지 못하는 것을 의아하게 생각하시는데(10절), 이는 그의 가르침이 유대인들의 배움의 근본인 구약성경을 통해 잘 이해될 수 있음을 시사해 준다.

그렇다면 구약성경은 물 – 성령으로부터의 출생에 대해 과연 어떻게 예시해 주는가? 물론 구약성경에 '물과 성령으로 태어남'이라는 표현 자체는 나타나지 않는다. 하지만 그 배경적 사상은 잘 드러나 있다. 여러 관련 구절들 중 가장 두드러진 구절이 에스겔 36:25~27이다. 여기서는 물과 영이 사람의 새로워짐과 너무도 긴밀하게 연관되어 나타난다. 물은 부정한 것으로부터 정결케 해 주시는(곧, 과거의 죄로부터 단절시키시는) 하나님의 활동을 상징하며, 영은 하나님을 전적으로 따르게 해 주는 마음의 변혁을 일으키도록 주어진 원동력이다.

이렇게 볼 때, 여기서 예수께서 니고데모에게 하신 말씀은 다음과 같이 이해될 수 있다. 곧, '물과 성령으로 태어남'은 구약성경에서 죄의 씻음과 마음의 새롭게 됨으로 약속된 종말론적 사건을 지칭하며, 그 약속된 사건이 예수의 구속적 사역을 통해 성취되었고, 따라서 지금 그 사건의 체험이 가능해졌다. 그럴 경우, 물과 성령으로 태어남은 두 개의 별개 사건이 아니라 한 사건의 두 측면을 지칭한다고 결론 내릴 수 있다(참조. 딛 3:5).

한편, 우리가 물로 태어남을 이처럼 구약성경의 종말론적 씻음(곧, 과거 죄의 속박으로부터의 단절) 약속에 비추어 이해할 때, 그것이 세례와 간접적으로 관련되어 이해될 수 있음을 부인할 수 없다. 이제 위로부터 태어남의 의미심장한 성격이 6절의 육체와 영의 비교에 의해 강조된다. "육으로 난 것은 육이요 성령으로 난 것은 영이니." 여기서 육체적 출생의 결과인 '육'(사륵스)이란 지상에 속한 실체로서 인간의 연약한 본성을 지칭하고, 영적 출생의 결과인 '영'(프뉴마)이란 하나님께 속한 실체로서 위로부터 태어난 자를 새롭게 하는 내재적 실체를 지칭하는 것으로 보인다.

8절에서 특징적으로 사용된 헬라어 단어 '프뉴마'는, 히브리어 단어 '루-아흐'와 마찬가지로, '영'이나 '바람' 그 어떤 의미로도 사용된다. 예수께서는 언어유희를 통해 '바람'과 '영' 사이의 유사성을 드러내 보이심으로써, 성령의 활동의 특징을 적절히 설명해 나가신다. "바람이 임의로 불매 네가 그 소리를 들어도 어디서 오며 어디로 가는지 알지 못하나니 성령으로 난 사람은 다 이러하니라." 바람은 인간에 의해 통제될 수도, 그 움직임이 파악될 수도 없다. 그러나 그렇다고 해서 우리가 바람의 영향력들을 감지하지 못하는 것은 아니다. 우리는 바람 부는 소리와 바람이 불어 나뭇잎이 흔들리는 모습은 볼 수 있다. 성령도 마찬가지다. 우리가 성령을 통제하거나 이해할 수는 없지만, 그렇다고 해서 우리가 성령의 영향력들을 체험할 수 없는 것은 아니다. 성령께서 활동하시는 곳에는 의심할 여지없이 그 영향력들이 나타나기 때문이다. 이것이 성령으로 태어남 곧 위로부터 태어남의 모습이다.

예수의 설명에 대한 니고데모의 반응은 의아함 그 자체다. "어찌 이러한 일이 있을 수 있나이까"(9절). 이와 같은 니고데모의 의아한 반응에 대해 예수의 답변은 풍자적이다. "너는 이스라엘의 선생으로서 이러한 일을 알지 못하느냐"(10절). 예수께서는 니고데모가 이스라엘의 '선생'(호 디다스칼로스)임을 환기시키신다. 니고데모는 하나님의 백성 이스라엘의 지도자로서 성령의 의미와 위로부터 태어남의 비밀을 알았어야 했다. 왜냐하면, 앞서 지적했듯이, 그의 민족의 경전인 구약성경이 이러한 주제들에 대해 이미 잘 증언해 주고 있기 때문이다. 그런데도 그의 지위에 걸맞지 않게 그는 너무도 당연히 기대되는 영적 이해력을 갖추지 못하였으며, 따라서 이는 예수의 공격의 표적이 될 수밖에 없는 것이다.

예수께서는 계속되는 자신의 말씀 가운데서 갑자기 1인칭 복수인 '우리가 안다'(오이다멘)라는 표현을 사용하신다. 예수께서는 아마도 2절에서 니고데모가 사용한 동일한 표현을 염두에 두시고, 의도적인 대조로 이를 사용하신 것으로 보인다. 계시자 예수는, 니고데모가 안다고 생각했으면서도 실상은 무지한 영적인 문제들에 대해 실제 증인으로서 진정으로 아시는 바를 말씀하시고 증언하신다.

12절에서 예수께서는 자신의 가르침의 내용을 "땅의 일"(타 에피게이아)과

"하늘의 일"(타 에푸라니아)로 구분하여 말씀하신다. "땅의 일"과 "하늘의 일"
이 각각 무엇을 의미하는지에 대해 학자들의 의견은 분분하다. 어떤 이들
은 "땅의 일"은 육체적 출생이나 바람과 같은 지상적인 사건들을, "하늘의
일"은 위로부터의 출생과 같은 천상적인 사건들을 지칭한다고 주장한다.[11]
하지만 이러한 견해의 결정적인 약점은 그 누구도 육체적 출생이나 바람의
현상을 믿지 못하지는 않는다는 데 있다.

그렇다면 "땅의 일"은 이 지상에서 발생하는 육체적 출생뿐 아니라 3~8
절에서 언급된 위로부터의 출생까지를 지칭하며, "하늘의 일"은 아버지께
서 아들을 세상에 보내시는 사건과 같은 하늘에서 이루어지는 일들을 지칭
하는 것으로 보인다.[12] 특히, 위로부터의 출생이 땅의 일로 간주될 수 있는
이유는 그것이 땅 위에서 경험되기 때문이다.

이 입장은 문맥의 흐름에 잘 들어맞는다. 예수께서 땅의 일에 대해 지금
까지 말씀하셨지만 니고데모는 이를 믿지 못하였다. 그럼에도 불구하고 예
수께서는 이제 13절부터 하늘의 일에 대해 말씀하려 하시며(13~21, 31~36
절), 따라서 이 대조는 뒤이어 제시될 하늘의 일에 대한 가르침의 도입구로
서의 역할을 한다.

계시자와 영생, 그리고 심판(3:13~21)

이러한 하늘의 일은 하늘에 올라가 본 적이 있는 자만이 증언할 수 있다.
하지만 이 세상의 역사상 예수 당시까지 '하늘에 올라간 자가 없다'(13절).
예수의 이러한 언급은, 아마도 그때 당시 하늘에 올라가 본 적이 있다고 주
장하던 묵시문학가들, 또는 전통적으로 하늘에 올라갔다고 믿어져 왔던 모
세와 같은 이들, 그 누구도 실은 하늘에 올라가 본 적이 없음을 분명히 못
박으시는 진술이다.

그런데 이 일에 유일한 예외가 있는데(εἰ μή), 그는 하늘에 올라가 본 적

이 있는 분이 아니라, 하늘에 원래 계시던 분으로서 이 땅에 내려와 계시는 "인자" 자신이시다. 그는 어느 누구도 올라가 본 적이 없는 하늘에 계셨기 때문에, 그 하늘의 일(곧, 인자의 죽으심을 통한 하나님의 구원의 계획; 참조. 14절 이하)을 친히 그리고 유일하게 증언하실 수 있는 것이다.

14절의 선포 형식의 가르침은 공관복음의 수난에 대한 예언(참조. 마 16:21; 막 8:31; 눅 9:22 등)과 유사한 역할을 한다. "모세가 광야에서 뱀을 든 것 같이 인자도 들려야 하리니." 본 절에서는 이 수난 예언이 모세가 광야에서 놋 뱀을 든 사건(민 21:4~9)에 비유되어 제시된다. "들린다"(휩소테나이)라는 표현은 직접적으로는 예수의 십자가 사건을 의미하지만(요 8:28; 12:32), 간접적으로는 그의 영광받으심과도 연관되는 것으로 보인다(참조. 요 12:23; 13:31~32). 이 두 개념의 연결은 어쩌면 이사야 52:13의 종의 노래를 반영하는 것인지도 모른다. "보라 내 종이 형통하리니, 받들어 높이 들려서 지극히 존귀하게 되리라." 그렇다면 요한은 여기서 이 "들린다"라는 표현을 빌려 그리스도의 십자가에 달리심과 부활을 함께 묶어 이야기하는 듯하다.

그리스도의 죽음과 부활 그리고 그로 말미암아 믿는 자들에게 주어지는 영생에 대한 언급(15절)에 뒤이어, 16절에서는 구원의 보편 원리가 제시된다. "하나님이 세상을 이처럼 사랑하사 독생자를 주셨으니 이는 저를 믿는 자마다 멸망치 않고 영생을 얻게 하려 하심이니라." 여기서 '그가 독생자를 주셨다'라는 표현은 하나님의 독생자의 성육신과 대속적 죽음을 공히 언급하는 것으로 보인다. 아마도 이 표현은 예수의 지상 사역 전체를 지칭하는 듯하다.

많은 주석가들은 이 표현 가운데서 아브라함이 그의 사랑하는 독생자 이삭을 하나님께 드리는 사건(창 22장)과의 유사성에 주목하곤 한다. 특히 요한이 이와 유사한 문맥에서 주로 "보내다"라는 동사를 사용하는데, 유독 여기서는 "주다"라는 동사를 사용한 것은 이러한 유사성을 염두에 두었을 가능성을 높여 준다.

그런데 이러한 성육신의 동기가 (불순종하는) 세상에 대한 하나님의 사랑이라는 사실은 요한복음의 다른 곳에서는 명백히 찾아 볼 수 없는 독특한 사상을 보여 준다. 요한복음의 다른 곳에서는 하나님께서 제자들을 사랑하시지만 세상이 악해서 그의 사랑의 대상이 아닌 것 같은 인상을 준다. 하지만 이러한 인상은 본 절에 표현된 하나님의 보편적 사랑의 본질을 부정하려는 요인이 되어서는 안 된다. 본 절은 복음서 전체의 주제 선언과도 같이 핵심적인 구절이기 때문에, 오히려 복음서 전체를 이와 같은 하나님의 폭넓은 사랑의 사상에 비추어 이해하는 것이 더 적절한 접근이다. 사실 하나님의 이와 같은 폭넓은 관심은 요한복음 1:7, 9절과 12:32 등에서도 반영되고 있음을 주목해야 한다. 그렇다면 본 구절은 교회의 그릇된 고립주의, 또는 배타주의에 대한 적절한 경고가 되어야 할 것이다.[13]

아들의 선교 목적이 사람들로 하여금 '심판'을 당하게 하는 것이 아니라 '구원'을 얻도록 하려는 것이라는 17절의 언급은 사람들 가운데 두 가지 운명의 가능성이 있음을 내다보도록 해 준다. 18~21절은 이러한 두 가지 운명의 가능성을 이야기해 나가는 가운데, 자연스럽게 그 초점을 '심판을 받은'(케크리타이-완료시제) 사람들이 왜 그러한 운명에 처할 수밖에 없는지를 설명해 나간다. 18절은 구원을 위한 아들의 오심이 그 이면에 심판의 결과도 함께 초래할 수 있음을 드러내 보여 준다. 그리고 복음을 들은 모든 자들이 이러한 열린 가능성에 직면해 있음을 밝혀 준다. 19~21절에서는 이러한 심판의 과정이 이미 앞에서 언급되었던 빛에 관한 가르침(요 1:4~5; 9:39~41)에 비추어 좀 더 자세하게 묘사되고 있다.

그런데 여기서 묘사되는 심판의 모습은 마태복음 25:31~33에서 양과 염소가 분리되는 상황 묘사와 상당히 구별된다. 마태복음에서와는 달리, 여기서는 분리가 심판받는 자들의 자의적인 선택으로 이루어지며, 그 심판이 일어나는 시점도 미래가 아니라 현재다.[14] 그러나 양자의 경우 모두에 공통점이 있는데, 그것은 그 심판의 결과가 하나님으로부터의 분리와 정죄(定罪)라는 점이다.

요한의 증언(3:22~36)

3장의 세 번째 단락인 3:22~36은 예수 그리스도에 대한 요한의 두 번째 증언을 소개해 준다. 이 두 번째 증언은 요한의 첫 번째 증언(1:19~34)을 회상시켜 준다.

먼저 22~24절은 뒤이어 전개되는 세례 요한과 그의 제자들 사이의 대화 정황을 묘사해 준다. 22a절의 "이 후에 예수께서 제자들과 유대 땅으로 가서"라는 구절을 이해하는 데는 약간의 주의가 필요하다. 통상적으로 이 기술은 예수께서 갈릴리에서 유대 땅으로 들어가신 것으로 이해될 수 있지만, 이는 문맥상 불가능하다. "이 후에"(메타 타우타)는 요한복음 2:13~3:21에 언급된 사건들을 지칭하는 것으로 보는 것이 자연스러운데, 그렇다면 이 사건들은 예루살렘에서 일어났던 것이 분명하다(요 2:13). 이렇게 볼 때, 본 구절은 예수께서 예루살렘에서 나오셔서 예루살렘 주변 유대 지방으로 나가셨음을 기술하는 것으로 이해되어야 할 것이다.[15]

예수께서는 유대 땅에 제자들과 "함께 유하시며 세례를 주셨다"(22b절). 이것은 본 단락에 뒤 이은 요한의 기술(요 4:1~2)과 더불어 요한복음 전체 가운데 (그리고 모든 복음서들을 통틀어) 유일하게 예수와 그의 제자들이 세례를 베푸셨음을 언급해 준다. 그런데 예수께서 세례를 베푸신 숫자가 세례 요한이 세례를 준 숫자보다 더 많았다는 사실은(참조. 요 4:1) 예수께서 자신의 지상 사역 기간 중에 통상적으로도 세례를 베푸셨음을 시사해 준다.

아마도 예수의 세례는 요한의 세례와 연속적인 측면을 가지고 있겠지만, 둘 사이에는 명확히 구분되는 요소도 있었을 것이다. 무엇보다 요한의 세례가 하나님 나라에로의 준비를 의미하는 것이었다면, 예수의 세례는 하나님 나라로 들어감을 의미했을 것이다(참조. 요 3:3, 5). 예수의 이러한 세례는 오순절 이후 사도들의 세례의 모태가 되었을 것이다.

예수께서 세례를 베푸시는데도 요한은 세례 주는 것을 멈추지 않는다. "요한도 살렘 가까운 애논에서 세례를 주니"(23절). 이는 예수께서 그리스도로서의 사역을 시작하는 과정 속에서, 준비의 시대에서 성취 시대로의 전환기를 맞이하며 발생한 구속사에서, 짧은 중복 기간으로 보인다. 그렇다면 요한의 이러한 행동을 예수의 경쟁자로서의 의도적 활동으로 이해해서는 안 될 것이다. 26절 이하의 대화는 요한의 계속적인 세례 활동이 경쟁심에서 비롯된 것이 아니었음을 명확히 한다.

물론 요한의 제자들의 상황 인식은 사뭇 달랐던 것으로 보인다. "랍비여 선생님과 함께 요단강 저편에 있던 자 곧 선생님이 증거하시던 자가 세례를 주매 사람이 다 그에게로 가더이다"(26절). 이 질문은 요한의 제자들이 예수를 요한의 경쟁자로 인식하고 있었음을 보여 주는 것 같다. 하지만 이 질문에 대한 세례 요한의 답변은 예수의 사역이 하나님의 선물로 하늘로부터 주어진 그리스도로서의 사역임을 명확히 밝혀 준다(27절).

그러면서 요한은 예수를 '신랑'에, 자기 자신은 그 신랑의 '친구'에, 그리고 백성은 '신부'에 비유한다.[16] 신랑이 도래하여 신부를 취하는 상황에 직면한 신랑의 친구는 경쟁심이나 상실감이 아니라 기쁨으로 가득차는 것이 마땅한 것처럼, 요한은 예수의 이러한 사역 결과를 보고 경쟁심이 아니라 기쁨으로 충만하다고 고백한다(29절). 이는 요한이 하나님의 목적을 이루는 자신의 역할 수행에 얼마나 진실하고 충실하였는가를 잘 보여 준다.

요한의 결론은 그의 이러한 자세를 결정적으로 표현해 준다. "그는 흥하여야 하겠고 나는 쇠하여야 하리라"(30절). 요한은 예수께서 흥하시고 자신이 쇠하는 것이 하나님의 뜻을 이루기 위해 일어나야 할 필수적인 결과라고 이해했던 것으로 보인다(데이; '… 해야 한다').[17] 준비의 시대는 끝나고 성취의 시대가 도래하는 상황 가운데, 예비자로 온 요한 자신은 쇠하여야 하고, 성취자로 오신 그리스도 예수는 흥하여야 하는 것이다. 그렇다면 요한의 이러한 태도는 단순한 인간적인 겸양의 문제가 아니라, 하나님의 뜻에 순종하는 믿음의 문제로 이해되어야 할 것이다.

22~30절에서 전개되어 온 예수와 요한의 비교는 31절에 이르러 절정에 달한다. 곧, 예수는 "위로부터 오시는 이"로, 요한은 "땅에서 난 이"로 대조

되고 있다. 하지만 예수와 요한 사이의 대조는 여기서 마무리된다. 31절에서 시작하여 36절까지 진행되는 독백식 가르침은 자연스럽게 "위로부터 오신" 예수께 그 관심이 집중된다. 곧, "위로부터 오시는 분"이신 예수의 증언과 그에 대한 사람들의 반응, 그리고 그 반응 결과에 따른 사람들의 운명 등이 이 독백 형식 단락에서 다루어진다.

위로부터 오시는 분의 증언은 "그 보고 들은 것"에서 나온 것이다(32a절). 이는 우선적으로 아들의 성육신 이전의 경험을 지칭하는 것으로 보이지만, 동시에 아버지와 아들 사이의 지속적인 교제도 포함하는 것으로 보인다(참조. 요 5:19~20).[18] 한편, "그의 증거를 받는 이가 (아무도) 없도다"(32b절)라는 진술은 26절의 묘사("다 그에게로 가더이다")와 긴장 관계에 있는 것이 분명하다. 물론 "아무도"(우데이스; 한글 개역에서는 생략)는 26절의 "다"(판테스)와 마찬가지로 문자적이 아닌 과장법적 의미로 이해되어야 한다(참조. 요 1:11).[19]

이러한 과장법적 표현들의 사용으로 지극히 고조된 두 진술 사이의 긴장은 예수의 사역에 대한 사람들의 반응 현실을 잘 반영해 준다. 예수의 증언과 사역이 한편으로는 적극적으로 받아들여지지만, 다른 한편으로는 철저하게 거절당하는 이러한 긴장 상황은 예수의 지상 사역 기간 내내 드러났던 현상이다. 뿐만 아니라 이러한 긴장은 사도 시대 이후 교회의 긴 역사 가운데서도 계속 반복되는 현상이다(참조. 마 13:1~23).

아들의 증언을 받아들이는 자에게는 하나님께서 참되시다는 것을 "인쳤다"(33절). 여기서 "인쳤다"(에스프라기센)라는 동사는 '확증하였다' 또는 '인증하였다'라는 의미로 이해될 수 있다. 신자는 자신의 진리를 스스로 세우지 않는다. 그는 하나님의 진리를 인증할 뿐이다(참조. 고후 1:20).[20] 신자가 이처럼 하나님의 진리를 인증할 수 있는 것은 예수께서 그들에게 하나님의 말씀을 증언해 주시기 때문이다. 그런데 예수께서 이처럼 증언할 수 있는 것은 하나님께서 그에게 성령을 한량없이 주셨기 때문이다(34절).

하나님께서 예수께 주신 것은 성령뿐이 아니다. 아버지께서는 "모든 것"(판타)[21]을 그의 손에 주셨다(35b절). 여기서 "모든 것"은 단순히 어떤 눈에 보이는 대상들뿐 아니라, 하나님께서 예수께 부여하신 일체의 권위와 능력도 포함한다. 요한은 하나님께서 예수의 손에 맡기신 것들 중 다음 몇 가지를 그의 복음서에서 언급한다. 심판(5:22, 27), 생명(5:26), 추종자들(6:37; 17:6), 말씀(12:49; 17:8), 모든 육체를 다스리는 권세(17:2), 하나님의 이름(17:11~12), 영광(17:22) 등이다.

독백식 가르침은 앞서 17~21절에서 자세하게 설명된 두 가지 운명의 가능성을 한 마디로 요약함으로써 그 끝을 맺는다. "아들을 믿는 자는 영생이 있고, 아들을 순종치 아니하는 자는 영생을 보지 못하고 도리어 하나님의 진노가 그 위에 머물러 있느니라"(36절). 영생을 소유하고, 하지 못하고의 운명의 결정은 "아들"에 대한 반응에 달려 있다. 아들을 믿는 자에게 영생이 주어진다는 원리는 이미 15~16절에서 확고하게 선언되었다. 하지만 아들에게 순종하지 않는 자는 영생을 소유하지 못할 뿐 아니라 하나님의 진노가 그 위에 머물러 있다.

여기서 "순종하지 않는다"(아페이테인)로 번역된 동사는 '불순종하다'라는 일반적인 의미를 갖지만, 본 문맥에서는 '믿지 않는다'라는 의미도 내포한 것으로 보인다. 어쩌면 요한은 이 동사를 통해 18절의 "믿지 않는 자"와 20절의 "악을 행하는 자"를 함께 언급하려는 의도를 가지고 있었는지도 모른다.[22] 이 마지막 언급은 16절에서 언급된 '세상에 대한 하나님의 사랑'이 무조건적으로 모든 사람들에게 주어지는 것이 아님을 명확히 해 준다. 하나님의 사랑은 온 세상을 향한 것이지만, 그러나 그 사랑의 결과 영생을 얻을 수 있는 기회는 아들을 믿는 자들에게만 주어질 뿐이고, 아들을 믿지 않고 순종하지 않는 자에게는 오히려 하나님의 진노가 임하게 되는 것이다.[23]

지금까지의 논의를 종합해 볼 때, 요한복음 3장은 전체적으로 다음과 같은 복음의 기본 원리를 확고히 선포한다. 하나님께서는 예수 그리스도를 통해 하나님나라와 영생을 제공해 주고자 하신다. 그런데 그 영생을 소유하기 위해서는 위로부터 태어나야 하고, 그러기 위해서는 예수 그리스도를 믿어야 한다. 만일 그리스도를 믿지 않고 순종하지 않으면, 그에게는 하나님나라가 아니라 하나님의 진노가 임하게 된다.

　오늘날 교회 가운데 구원의 기준을 애매하게 제시하며, 구원의 다양한 가능성들을 용인하려는 경향이 없지 않다. 그러나 참된 교회는 요한복음 3장에 제시된 구원의 확고한 기준에 귀를 기울여야 한다. 참된 교회는 영생이 아니라 진노의 대상이 될 수 있는 자들에게 거짓된 구원의 가능성을 애매하게 제시함으로써, 그들을 진노의 구렁텅이에 더욱 깊이 빠져 들어가도록 유도해서는 안 된다. 오히려 그러한 자들에게일수록 영생의 유일한 길인 그리스도의 복음을 명확히 제시함으로써, 그들로 하여금 구원의 길로 나아가도록 도전해야 할 것이다. 그것이 그들에 대한 하나님의 사랑을 진정으로 전하는 것이기 때문이다.

4 사마리아 여인 그리고 예수의 양식
요한복음 4장의 주해와 적용

　요한복음에 기록된 예수의 사역은 유대와 갈릴리를 오고 가면서 이루어진다. 요한복음 4장은 유대의 예루살렘에 계시던 예수께서 다시 갈릴리로 돌아가는 여정에서 발생한 사건들을 다룬다.

　유대에서 갈릴리로 돌아가는 통로에 위치한 사마리아에서 이루어진 한 여인과의 조우(遭遇)가 이 장의 중심 사건이다. 앞 장(3장)의 조연(助演)이 유대의 고위층 지식인 남성 니고데모였다면 이 장의 조연은 그와 대조적 위치에 서 있는 사마리아의 소외 계층에 속한 익명의 한 여인이었다. 이 여인은 이름조차 없어 '사마리아 여인'이라는 다소 막연한 별칭으로 지난 2000년 동안 기독 신자들의 신앙 세계 속에 기억되어 왔다.

　고위층의 유대 남성이 예수를 아는 데 빈약하면서 다소 비겁하게 은밀했던 반면 은자(隱者)처럼 살던 익명의 사마리아 여인은 예수를 아는 데 분명했고 그 사실의 천명에 공개적으로 용감하여 요한복음 신자들의 귀감이 된다.

사마리아를 지나게 된 이유(4:1~4)

예수께서 유대를 떠난 것은 세력 확장으로 인식될 수 있는 수세자(受洗者)

들의 증가가 초래할 불필요한 긴장관계를 피하기 위함이었던 것으로 보인다. 종교·문화적 지배자들과의 종국적 충돌은 불가피한 것이었지만 아직은 그때가 아니라고 생각했다. 중심 없이 사람들의 눈치만 보는 것은 구도자의 올바른 자세가 아니다. 하지만 지혜로운 사람은 감정에 휩쓸려 쓸데 없는 긴장관계를 자청하지도 않는다.

갈릴리로 돌아가면서 예수의 일행은 사마리아를 통과하게 되었다. 1세기 유대 사가(史家) 요세푸스는 이렇게 기록하고 있다. "지금 사마리아는 로마의 지배 하에 있었고 황급한 여행을 위해서는 그 사마리아의 길이 절대적으로 필요한 길이었기 때문이었다. 이러한 편의로 인하여 갈릴리로부터 3일 만에 예루살렘에 도착할 수 있었다."[1] 예수의 일행도 그 지름길을 택했다. 그러나 꼭 갈 길이 급했기 때문은 아니었다. 예수는 사마리아 사람들의 간청에 따라 그곳에서 이틀씩이나 머물다 떠나셨기 때문이다(4:40).

예수와 여인의 재미있는 대화(4:5~26, 39~42)

예수와 사마리아 여인의 만남은 어느 모로 보나 어색하고 불편한 부딪힘이었다. 사건 속의 예수는 이 조우(遭遇)를 기회로 활용하고 있기 때문에 거리낌을 보이지 않는다. 그러나 여인 쪽에서는 자신의 의도와 일상적 기대가 깨지는 파격이었다.

1. 사람이 두려웠던 여인(6~7절)

여인은 햇볕이 따가운 정오에 혼자서 물을 길러 왔다.[2] 일반적으로 물을 긷는 여인들은 선선한 때 그룹을 지어서 우물에 온다.[3] 그런데 이 사마리아 여인은 홀로 왔다. 그것도 일반적으로 물 긷는 시간이 아닌 정오에 나타났다. 물 길르러 올 다른 여인들을 피했던 것으로 보이며 우물가에서 사람을 만나기도 원치 않았던 것으로 짐작할 수 있다.

그녀는 소외된 삶을 사는 여인이었다. 더구나 그녀의 행위는 타의에 의한 배제를 넘어 스스로를 격리시키는 차원에 이른 소외임을 짐작케 한다. 이 여인의 유일한 희망은 아마 현재 동거하는 그 어떤 남편 아닌 남자의 품이 아니었을까(16~18절). 그나마 이것이 꼭 자발적인 것이었으리라 단정할 수도 없다. 사람을 피하던 여인에게 우물가에서 만난 예수는 당혹이었다.

2. 사마리아 여인과 유대 남자(8~9절)

더구나 그다지 반갑지 않은 이 사람은 유대 남자였다. 유대인들과 사마리아 사람들은 서로 상종을 하지 않았다고 했다(9절). 예루살렘을 성도(聖都)로 삼고 있는 유대와, 북왕국의 중심지였다가 주전 722년 앗시리아에 의해 멸망당한 후 혈통, 종교, 문화적으로 유대인으로서의 순수성을 훼손당한 사람들이 살고 있던 사마리아 사이에는 경원과 반목이 지배했었다(왕하 17:24~33; 마 10:5). 신약 시대에 읽히던 유대 문헌인 벤 시라는 이렇게 쓰고 있다. "내가 전적으로 혐오하는 두 민족이 있는데, 세 번째는 민족이라 할 수도 없다. 그들은 세일과 블레셋에 사는 자들, 그리고 세겜에 거하는 멍청한 족속들이다"(Ben Sira 50:25~26, 필자 역). 여기서 벤 시라가 세 번째 민족이라고 한 세겜인들은 사마리아인을 지칭한다.[4]

요세푸스는 사마리아인들을 "환경에 따라 자기들의 태도를 바꾸는"(「유대고대사」 9.291) 믿을 수 없는 부류로 규정하고 "비열한 속성"을 지닌 사람들(「유대고대사」 12.257)이라 비난하면서 반 사마리아 지역감정을 자신의 글에서 여과 없이 빈번하게 표출했다. 이런 현상은 후대에 편집된 랍비들의 미쉬나에서도 마찬가지였다.

물론 이러한 불화의 감정은 사마리아인들이 유대인들을 향해 가졌던 반감과 대칭을 이루며 악화되어 있었다. 명절을 지키기 위해 예루살렘으로 가던 한 갈릴리인이 사마리아 지역에서 살해당하면서 그 복수로 사마리아인에 대한 대 학살이 발생하기도 했다(「유대전쟁사」 2.235). 이런 상황이었으니 양자간에 서로 상종함이 없었다는 9절의 언급은 무리가 아니다. 그런데 한 유대 남자가 사마리아 여인에게 물을 달라고 하니 의아한 일이었다.

3. 생수 공급자 예수의 정체(10~15절)

여인은 '유대인 남자'로서의 예수의 행동에 의문을 표했다. 그러나 예수는 답변에서 자신을 '유대인 남자'로 정의하기를 거부한다. "네가 만일 하나님의 선물과 또 네게 물 좀 달라 하는 이가 누구인 줄 알았더면 네가 (오히려) 그에게 구하였을 것이요 그가 생수를 네게 주었으리라"(10절). 예수는 '유대인 남자'라는 문화적, 역사적 한계를 초월하는 존재임을 암시한다.

예수는 유대가 아니라 하나님께 속한 분이시다. "너희는 아래서 났고 나는 위에서 났으며 너희는 이 세상에 속하였고 나는 이 세상에 속하지 아니하였느니라"(8:23). 그래서 유대인과 사마리아인의 조상인 아브라함이 있기 전에 예수는 이미 존재하셨다(8:58).

그리고 물을 달라고 한 예수의 말 건넴은 기실 이 여인에게 '다른 차원의 물'을 주려는 대화의 물꼬를 트기 위함이었다. 이러한 아리송한 답변은 애초의 어색함을 잊게 할 만한 호기심을 불러일으키기에 충분했다. 이제는 이 이상한 남자와 얘기를 하는 것이 재미있게 느껴진 것 같다. 물론 이 여인은 예수의 말씀의 진의를 파악하지 못했다. 예수의 '생수'(生水)를 고인 물이 아닌 '흐르는 물' 또는 '샘솟는 물'에 대한 언급으로 오해하면서 그 우물을 판 것으로 알려진 야곱과 예수를 비교하는 질문을 던지기까지 한다(12절).[5] 그녀의 질문은 핵심을 비껴간 것이었지만 예수의 정체를 암시하는 복선 기능을 한다.

실로 예수는 그들의 조상 야곱보다 크며 그 조상 아브라함보다 먼저 있었다. 영원한 생명을 생수에 은유한 예수의 추가적 설명은 여전히 여인에게 이해되지 않았다. 여인은 '한 번 마시면 목마르지 않는 그런 물이 있으면 자기에게도 달라'는 사오정 같은 요청을 한다. 그러면 이렇게 남의 눈을 피해 힘들게 물을 길러 올 필요도 없다고 생각했다. 그러나 몰이해에서 나온 그녀의 이 엉뚱한 답변은 사실상 그녀의 영적인 필요와 욕구를 대변하고 있었다.

그런 의미에서 사마리아 여인은 모든 인간을 대표한다. 갈증으로 자기만의 물 긷기를 반복하면서 그 욕구를 충족치 못하고 공허감과 소외감으로 반복되는 일상을 되풀이하며 또 다른 욕구 충족의 길을 떠나는 인간 실존의 곤경이다.

4. 여인의 삶의 실상(16~18절)

"주여 이런 물을 내게 주사 목마르지도 않고 또 여기 물 길러 오지도 않게 하옵소서"(15절). 사마리아 여인은 외롭고 고달프며 목이 말랐다. 그녀 영혼의 갈증은 남자를 향한 애정으로 표출되었고 사연이 어찌되었든간에 현재 여섯 번째 남자와 동거하고 있게 한 별난 개인사를 만들었다. 정오의 시간에 홀로 물을 길러 오는 일은 그녀의 수치며 죄의식이며 공허한 노동의 반복을 뜻했다. 그녀는 그러한 쳇바퀴 돌리기에서 자유로워지기 원했다. 그래서 예수는 그녀의 이러한 욕구 불만의 정곡을 찌르신다. 갑작스럽고 난데없는 요구를 하신다. "가서 네 남편을 불러 오라"(16절).

낯선 남자가 하는 이런 요구를 여인이 따르리라고 기대했을 리가 만무하다. 그러나 이 요구야말로 소외된 삶을 살던 여인의 참담한 현실의 핵심을 건드린 것이다. 그녀는 남편이 없다고 대답한다(17절). 그렇게 말할 수밖에 없었다. 그 대답은 한편 사실이지만 또 한편 진실의 전부가 아니었다. 예수의 진실 투시는 아프게 그 실체를 끄집어낸다. 그녀의 아픔이며 문제며 죄책감이었다. 그녀는 다섯 남자를 거쳐 현재 여섯 번째 남자와 동거하고 있었다. 그런데 우물가에 나타나 다소 신비스러운 문장들을 나열하는 이 낯선 유대인 남자가 이 아픔의 진실을 족집게처럼 집어내는 것이다.

신비의 경이를 감지한 여인은 예수가 인간과 사물을 꿰뚫어보는 선지자라 생각하여 종교의 이슈로 화제를 돌린다. 사실 모든 인간의 문제는 근원적으로 종교의 이슈다. 우리의 서울 시장은 시에 대한 책임감을 '봉헌'이라는 신앙적 용어로 표현했다가 된서리를 맞았다. 그러나 실상 모든 '세속'은

다 성(聖)에 뿌리를 두고 있다. 여인의 삶의 가슴 아픈 현실은 하나님과의 올바른 관계 정립을 기초로 교정될 성스러운 세속이었다. 자신의 세속 현실을 꿰뚫어보는 신성(神性)의 현현(顯顯)은 그녀로 하여금 논란이 되는 예배(제사)의 이슈를 끄집어내게 만들었다. 요한복음의 예수는 탁월한 상담가였다.

5. 성령과 진리 안에 있는 참 예배(19~24절)

여인은 제사의 장소로서 성전의 위치에 대한 사마리아와 유대의 이견을 끄집어냈다. 유대의 전통은 신명기 12:1~14에 입각하여 예루살렘만이 성전이 있을 수 있는 장소고 성전 이외의 다른 장소에서는 절대로 제사를 드릴 수 없도록 규정했다.[6] 안티오쿠스 4세의 핍박 때 오니아스 4세가 이집트의 레온토폴리스에 성전을 건축한 적이 있었으나 본토 유대인들에게는 인정받지 못했다. 사마리아 오경의 신명기 27:3에는 마쏘라 본문과 달리 그리심산이 제단을 쌓을 장소로 지정되어 있다. 뒤이어지는 역사를 모두 기록하고 있는 히브리 정경에 따르면 신명기 12:5에서 언급하는 바 여호와께서 이름을 두시기로 한 장소는 명백하게 예루살렘이 된다.

하지만 오경의 권위만을 인정하는 사마리아 사람들은 그 점을 받아들일 수 없었다. 솔로몬 이후 왕국이 분열되고 나서 여로보암은 북이스라엘 사람들이 절기를 지키기 위해 예루살렘에 가는 것을 막고자 벧엘과 단에 금송아지를 만들어놓고 산당들을 지었던 적이 있었다(왕상 12:25~33). 같은 맥락에서 사마리아는 페르시아 시대 때 그리심산에 성전을 세워 예루살렘 성전에 대항했으나 후에 하스몬 왕조의 히르카누스가 주전 128년 사마리아를 정복하면서 이것을 파괴해 버렸다. 그러나 사마리아 사람들은 계속해서 이 장소에서 제사를 드렸다.

사마리아와 유대의 이 신학적 갈등은 어떤 제사가 하나님께서 받으시는 '진정'한 예배인지를 묻고 있었다. 예수께서는 그러한 장소 중심의 질문 자체가 잘못되었음을 밝히신다. 예루살렘이나 그리심산이 아니다. 문제는 장소가 아니다. 중요한 것은 예배의 내용 자체며, 예배자와 하나님의 올바른 관계 양식이다.

한글개역성경의 "신령과 진정"은 헬라어의 "엔 프뉴마티 카이 알레쎄이아"에 대한 번역인데, 직역하면 "성령과 진리 안에서"가 된다. 하나님께서는 예배자가 어느 장소에 있는지에 관심을 두지 않으신다(21절). 예루살렘에서 드린다고 받으시는 것도 아니고 그리심산에서 드린다고 거절하시는 것도 아니다. 하나님께서 찾으시는 예배자는 '성령과 진리 안에서' 예배를 드리는 사람이다(23b절).

이처럼 예배에서 관건이 되는 것은 장소가 아니고 '성령'과 '진리'다. 요한복음에서의 진리는 예수 자신이며(14:6) 또한 그의 십자가에 달리심이다(8:32; 16:13). 그래서 예수께서 가리키시는 바 '성령과 진리 안에 있음'은 말할 것도 없이 그리스도교의 십자가 복음이다. 하나님께서는 예수 그리스도로 열리는 새 시대에 '복음'을 통해 예배를 받으신다. 이는 민족이 문제가 아니며 장소도 이슈가 아니다. 어떤 민족의 누구라도 어떤 장소에서든지 복음 안에 있으면 하나님께로 나아가 예배를 드리며 하나님은 그 예배와 예배자를 받으신다.

6. 제자가 된 여인(39~42절)

대화가 여기까지 이르자 여인에게 깨달음이 왔다. 물 이야기에서는 겉돌았으나 남편 이야기에서 자신을 발견했고, 예배 이야기에 넘어가서는 핵심을 이해한 것이다. 그리고 이 핵심의 실현을 위해 메시아(=그리스도)를 기다린다는 고백을 한다(25절).

그런데 바로 이 시점에서 예수는 놀랍게도 직접적으로 자신의 정체를 계시하신다. 우회적이거나 암묵적이지 않고 자신의 입으로 직설적으로 자신이 그리스도임을 노출한 경우는 전 복음서를 통틀어 이 곳이 유일하다. 가장 분명한 직설적 정체 계시는 앞 장의 니고데모와 같은 남성 유대 선생이 아니라 불투명한 삶으로 문제 많은 익명의 사마리아 여인에게 주어졌다. 이는 앞으로 예수의 복음이 어떤 이들에 의해 수용될 것인지를 암시한다.

이어지는 여인의 행동은 뚜렷한 변화를 시사한다. 그녀는 우물가에 왔던 자신의 '세속적' 목적 자체를 일순간 잊고 말았다. 마셔도 다시 목마를 물을 반복적으로 긷던 '물동이'를 팽개쳐 놓고 자신에게 발생한 만남과 그 만남에서 얻은 계시를 전하고 싶은 열망에 사로잡혀 숨어 살던 동네로 들어간다(28절).

그리고 어둠 속에 있던 여인은 이제 대낮의 사람들에게 외친다. "나의 행한 모든 일을 내게 말한 사람을 와 보라 이는 그리스도가 아니냐"(29절). 자신이 숨기고 싶던 모든 일들이 노출되는 것은 이제 걱정도 아니다. 그녀에게 가장 중요한 일은 오신 그리스도를 알리는 것이 되었다. 자아 속으로 움츠러들던 시각은 하늘로부터 온 메시아의 존재에게로 전향되었다. 그리스도를 보게 되니 자신의 어두운 내면에 조여 오던 자의식은 더 이상 그녀를 은둔자로 붙잡아둘 수 없었다.

그녀의 말을 들은 동네 사람들은 기다리던 메시아를 보러 나왔다. 그리고 "많은 사마리아인이 예수를 믿는지라"(39절). 그들은 예수를 이틀간 붙잡아두고 말씀을 들었고, 그러면서 예수가 "세상의 구주신 줄" 알아 그렇게 고백하게 되었다(42절). 이 익명의 사마리아 여인을 통해 그 마을 전체가 예수를 구주로 고백하는 부흥의 대 역사가 일어난 것이다.

이렇게 사마리아 여인은 요한복음의 공동체가 따라야 할 모범적인 제자로 제시된다. 그리고 이러한 대 성공의 장소는 성전이 있는 성도(聖都) 예루살렘도 아니었고, 예수의 고향이라 하는 갈릴리도 아니었다. 그네들 유대인들이 징그러운 이방인 취급을 하는 사마리아의 수가라는 작은 동네였다.

갈릴리에서의 두 번째 표적: 사마리아 사건의 부록(4:43~54)

갈릴리에서도 결실은 있었다. 병에 걸려 누워 있던 왕의 신하의 아들이 예수의 말씀 한마디에 고침을 받았고, 그로 말미암아 그 신하와 집 사람들이 모두 예수를 믿게 되었다(53절).

그러나 이 사건에 대한 예수의 평가는 그렇게 적극적이지 않았다. 치유의 요청이 있었을 때 예수의 반응은 오히려 시큰둥했다. "너희는 표적과 기사를 보지 못하면 도무지 믿지 아니하리라"(48절). 갈릴리 사람들의 일부만이 믿음을 가졌는데, 그것도 표적을 보고 난 뒤의 반응이었다. 예수께서는 이런 방식의 믿음에 그다지 기뻐하시지 않는 것으로 나타난다. 그래서 애초에 사마리아의 열광적 반응을 뒤로하고 고향인 갈릴리로 들어가면서도 "선지자가 고향에서는 높임을 받지 못한다"고 미리 운을 떼었다(44절).[7]

예수께서 사마리아에서 어떤 표적을 행하셨다는 암시는 없다. 그저 말씀이 있었다(41절). 그리고 말씀이 부흥을 가져왔다. 그러나 갈릴리에서는 표적을 행한 식구들만이 믿었을 뿐이다(53절). 그리고 그러한 믿음에 대해 예수께서는 크게 칭찬하지 않으셨다(48절).

그러므로 요한복음 4장의 가버나움에서 있었던 두 번째 표적의 기사는 사마리아 사건의 부록으로 읽고 싶다. 표적은 행하셨으나 그다지 흔쾌한 분위기는 아니다. 사마리아는 말씀을 들어 믿었고 예수를 이틀씩이나 붙잡아둘 만큼 말씀 듣기에 열정적이었다. 갈릴리는 예루살렘보다 나았지만 여전히 표적을 보고 믿는 수준이었다. 이 두 사건의 대조는 뒤에 부활 후 도마의 의심을 두고 하실 말씀을 예기(豫期)한다. "예수께서 가라사대 너는 나를 본 고로 믿느냐 보지 못하고 믿는 자들은 복되도다 하시니라"(20:29).

예수의 양식, 우리의 밥(4:31~38)

사마리아에서의 성공으로 인한 예수의 흡족함을 담고 있는 이 단락을 뒤로 빼 낸 것은 이 부분의 말씀이 요한복음 4장의 주해를 마무리하면서 사역자로서의 자세를 묵상하는 데 적합하기 때문이다.

제자들이 예수께 점심식사를 가져왔다. 그런데 엉뚱한 말씀을 하신다. "나는 너희들이 모르는 밥이 있어." 이게 무슨 소리? 누가 또 잽싸게 음식을 갖다 드렸나? 의아해하는 제자들에게 예수는 또다시 주어와 술어가 별로 예쁘게 조화되지 않는 답변을 주신다. "나의 양식은 나를 보내신 이의 뜻을 행하며 그의 일을 온전히 이루는 이것이니라"(34절).

예수께서 사마리아 여인을 전도하고 나서의 일이었다. 여인은 예수를 그리스도라 고백하고 자기 마을에 가서 전하는 제자로 변했다. 아마 예수의 마음이 흐뭇하셨을 것이다. 이렇게 보람 있는 일을 하고 나면 먹지 않아도 배가 고프지 않다. 그러니 이런 일을 하는 것이 예수에게는 양식이다.

양식이 무엇인가? 인간이 살기 위해, 즉 생존하기 위해 없어서는 안 되는 필수적인 수단을 가리킨다. 밥을 먹지 않으면 죽는다. 여기서 '양식'은 삶의 필수조건을 상징한다. 많은 이들에게 삶의 필수조건은 '양식'이다. 밥이며 빵이다. 이 생존의 필수조건을 획득하기 위해 사람들은 거꾸로 생명의 위협과 소진을 감수하기까지 한다. 그렇다면 예수의 양식, 즉 생존의 필수조건은? 밥과 빵이 아니라 하나님의 뜻을 행하며 주어진 사명을 완수하는 것이란다. 예수께는 하나님의 뜻을 실현하는 것과 사명의 완수가 삶의 필수조건이다. 주를 따라 제자가 되었다는 당신과 나의 양식은 무엇인가?

그리고 우리의 양식인 복음 사역은 나 혼자 하는 것이 아니다. 나 혼자 처음부터 뿌리고 가꾸고 마지막에 거두는 것이 아니다. 예수께서는 세례자 요한을 비롯하여 선구자들을 통해 하나님께서 일구시고 뿌리시고 가꾸어 오신 것을 이제 제자들과 함께 거두기만 하면 된다. "눈을 들어 밭을 보라. 희어져 추수하게 되었도다"(35절). 하나님께서 다 해 놓으신 것을 거둘 뿐이다(38절). 이것이 우리의 양식이다. 여기에 생명을 걸어야 할 것이다.

5 아버지와 아들, 영생과 심판
요한복음 5장의 주해와 적용

요한복음 5장은 세 번째 표적과 그에 이은 강화를 담고 있다. 곧 베데스다 연못가의 38년 된 병자를 고친 사건(1~9절)과, 이것을 계기로 예수님과 유대인 사이에 벌어진 안식일 논쟁(10~18절), 그리고 이와 관련된 예수님의 강화(19~47절)가 수록되어 있다. 이 강화 부분은 다시 아들과 심판(19~29절), 예수님에 대한 증거 부분(30~47절)으로 나누어서 생각할 수 있다.

38년 된 병자를 고침(5:1~9)

요한복음 5장은 먼저 베데스다 연못가에서 일어난 사건에서부터 시작된 있다. 그곳에 있던 38년 된 병자를 예수님이 고치신 사건(1~9절)이 5장 전체를 끌고 가는 견인차 역할을 한다.

먼저 1절은 예수께서 '유대인의 명절'에 예루살렘에 올라가셨다고 말한다. 이 '명절'이 어느 명절이냐에 대해서는 논란이 있다. 어떤 사람은 '유월절'을, 어떤 사람은 '부림절'을, 또 다른 사람은 '오순절', '장막절' 등을 선호하지만 그 어느 것도 확실하지 않다.[1] 어느 것이든 그것은 본문 이해에 중요하지 않다. 만일 중요했다면 요한이 그것을 분명하게 밝혔을 것이다.

그런데 거기 예루살렘의 양문(羊門) 곁에 '베데스다'라고 하는 연못이 있었다고 한다(2절). 여기에 사본상의 문제가 있다. 어떤 극소수의 사본들에는 '벳자싸' (Βηθζαθά) 또는 '벳사이다' (Βηθσαιδα)로 기록되어 있으나, 대다수의 대문자 사본들과 소문자 사본들은 우리나라의 개역판 성경과 같이 '베데스다' (Βηθεσδά 베쎄스다)로 되어 있다. 그럼에도 불구하고 NA 27판과 UBS 4판 편집자들이 거의 '시내산 사본' 하나 정도밖에 지지를 받지 못하고 있는 '벳자다' 를 본문에 채택한 것은 심히 유감스러운 일이다. 어쨌든 거기에 다섯 개의 행각(行閣)이 있었고, 그 안에 많은 병자들과 시각장애인들, 지체장애인들과 혈기 마른 자들이 누워 있었다(3절).

그런데 이 구절 다음에 또다시 중요한 사본상의 문제가 있다. 우선 3절 끝에 "물의 동(動)함을 기다리며"가 덧붙어 있는 사본들이 많다. 그러나 이 사본들은 대개 후대의 것들이며 4, 5세기 경의 희랍어 사본들에는 잘 나타나지 않는다는 문제점이 있다. 나아가서 4절 전체가 고대 희랍어 사본들에는 나타나지 않는다. 그 내용은 곧 "이는 천사가 가끔 못에 내려와 물을 동하게 하는데 동한 후에 먼저 들어가는 자는 어떤 병에 걸렸든지 낫게 됨이러라"는 것이다. 그러면 이 구절은 왜 고대 희랍어 사본들에는 잘 나타나지 않는 것일까?

오늘날 우리로서는 그 이유를 알 수 없다. 사본상으로 그 구절이 원본에 포함되었을 가능성은 적어 보인다. 그래서 개역한글판은 그 부분을 괄호 안에 넣어서 처리하고 있다. 어쨌든 이 부분은 7절에 나오는 바 "물이 동할 때에 나를 못에 넣어 줄 사람이 없다"는 말을 설명해 주는 역할을 한다.

따라서 4절의 내용은 당시 베데스다 연못가의 병자들이 가지고 있던 믿음을 말해 준다. 그 믿음은 곧 일부 병자들의 치유 현상에 대한 미신[2]이라고 생각된다. 그 연못에는 간헐천 온천의 물이 유입되었을 수 있는데, 그것이 때때로 물의 진동을 일으켰을 것이다. 고대인들의 증거에 의하면 그 물은 붉은 색이었다고 하는데 아마도 철분을 함유하고 있었을 가능성이 있다.[3] 이러한 물이 가끔 치료의 효능을 발휘하였는데, 당시 사람들은 이것을 천사들이 내려와서 물을 진동시키는 것으로 생각하였을 것이다.

그런데 거기 연못가에 38년 된 병자가 누워 있었다. 예수님은 그 병이 오래된 것을 아시고 먼저 그에게 물으셨다. "네가 낫고자 하느냐"(6절). 왜냐하면 낫고자 하는 의지가 무엇보다 중요하기 때문이다. 이 병자는 너무나 오랫동안 병마에 시달려서 이제 낫고자 하는 의지도 상실한 채 그냥 누워서 지내고 있었는지도 모를 일이었다. 물론 예수님이 모르셨을 리는 없지만 이 질문을 통해 그에게 다시 한 번 치유의 의지를 확인시키신 것이다.

그러자 병자가 대답했다. "주여, 물이 동할 때에 나를 못에 넣어 줄 사람이 없어 내가 가는 동안에 다른 사람이 먼저 내려가나이다"(7절). 이것은 그 병자가 얼마나 항간의 미신을 신뢰하고 있었는지를 보여 준다. 그는 자기의 병이 낫지 못하고 있는 이유가 물이 진동할 때 먼저 뛰어 내려가지 못해서라고 생각하고 있었다. 38년 된 병자가 일어나서 먼저 못에 들어갈 가능성은 거의 없었다. 그럼에도 불구하고 이 병자는 실낱 같은 희망을 붙들고 누워있었다. 천사가 내려와서 물을 움직인다는 항간의 미신을 믿으면서 기약 없는 세월을 보내고 있었던 것이다.

이처럼 소망 없는 것을 붙들고 있는 병자에게 예수님은 "일어나 네 자리를 들고 걸어가라"고 말씀하셨다(8절). 그러자 그 병자가 곧 나아서 자리를 들고 걸어갔다(9절). 이것은 이 병자가 하나님의 능력으로 나은 것을 보여 준다. 미신이 아닌 예수께서 이 병자를 치유해 주신 것이다. 이처럼 우리는 헛된 미신이나 가망 없는 요행을 바라지 말고 살아 계신 하나님의 아들 예수님께 나와야 한다. 그리할 때 우리의 문제가, 오래된 고질적인 문제도 즉시 해결된다는 것을 본문은 말한다.

안식일 논쟁(5:10~18)

그런데 이 날은 안식일이었다. 유대인들은 이것을 시비 걸었다. 여기서 말하는 '유대인들'은 예수님에 대해 적대적인 유대인들, 주로 바리새인들을 말한다. 이들의 주장은 이 날은 "안식일인데 네가 자리를 들고 가는 것이 옳지 않다"는 것이었다(10절). 이것은 지독한 율법주의적 태도를 보여 주는 것이다. 인간에 대한 긍휼과 사랑은 없이 오로지 자기들이 만든 규정에 따라 안식일에 무엇은 할 수 있고 무엇은 할 수 없다는 것만 따졌다. 38년 동안 누워 있던 병자가 참으로 오랜만에 일어났는데 기뻐하고 축하하기는커녕, 왜 안식일에 자리를 들고 가느냐 하는 것, 즉 왜 안식일에 물건 운송을 하느냐를 가지고 시비 걸었다.

그러자 그 병 나은 사람이 "나를 낫게 한 그가 자리를 들고 걸어가라고 하더라"(11절)고 대답한다. 이로써 안식일 논쟁은 곧장 예수님에 대한 논쟁으로 비화될 처지에 있었다. 그러나 이 병 나은 사람은 그 고쳐 주신 분이 예수신 줄을 아직 알지 못하였다. 후에 예수께서 성전에서 그를 만나 말씀하셨다. "보라 네가 나았으니 더 심한 것이 생기지 않게 다시는 죄를 범치 말라"(14절).

여기서 우리는 '죄'와 '병' 사이의 일반적 관계를 볼 수 있다. 곧 죄를 지으면 전보다 더 심한 병이 생길 수도 있다는 것이다. 이것은 미래에 대한 경계요 당부다. 그러나 우리는 이것을 과거에 적용하면 안 된다. 곧 이 사람이 병든 것이 무엇 때문이었는가? 누구 때문이었는가를 따지는 것을 예수님은 금하신다(요 9:3).

왜냐하면 그것은 과거지향적이며 아무 유익이 없기 때문이다. 우리는 어떤 사람의 구체적인 병과 죄 사이에 단정적인 관계를 지을 수 없다. 왜냐하면 그 둘 사이의 관계는 아주 복잡하며 다른 요인들이 개입될 수 있기 때문이다. 그렇지만 죄와 병 사이에 일반적인 관계 곧 원리적인 관계가 존재하는 것은 분명하다. 이 세상에 병이 생기고 죽음이 있게 된 것은 인류의 조상 아담과 하와가 범죄했기 때문이다. 만일 죄가 없었다면 병도 없고 죽음도 없을 것이다.

이런 일반적이고 원리적인 관계를 예수님은 미래에 대해 적용하신다. 곧 앞으로 더 심한 것이 생기지 않도록 더 이상 범죄하지 말라는 것이다.

참고로 여기서 '범죄하다'(하마르타노)는 동사의 시상은 현재다. 이것은 어떤 구체적인 동작을 말하는 것이 아니라 원리적인 동작, 일반적인 동작을 말한다. 따라서 이 또한 예수님의 이 말씀은 일반적이고 원리적인 교훈임을 증거해 준다.

그 병 나은 자가 유대인들에게 가서 자기를 고친 이는 예수임을 말하였다. 그리하여 유대인들의 비난은 자연히 예수께로 향하게 되었다. 그러자 예수님은 그들에게 "내 아버지께서 일하시니 나도 일한다"고 말씀하셨다 (17절). 이 말씀은 "일하시는 하나님"의 모습을 보여 준다.

하나님은 가만히 계시지 않고 일하시는 분이시다. '안식' 이란 것도 절대적인 무노동, 무동작이 아니라 다른 사람에게 안식을 주기 위해 선한 일을 행하는 것으로 예수님은 이해하셨다(막 3:4). 예수님은 이 땅에 일하러 오셨으며 우리에게 안식을 주시기 위해 오셨다. 그런데도 바리새인들은 이것을 이해하지 못하고 자기들이 만든 규정으로 하나님의 아들을 비판하고 심지어 죽이려 했으니 이 얼마나 큰 죄며 패역인가?

유대인들이 예수님을 죽이려고 한 이유는 두 가지였다(18절). 첫째, 그가 안식일을 범한다는 것이었다. 예수님은 실제로 안식일을 범하지 않으셨다. 안식일의 의미를 '바로' 이해하시고 안식일을 '참되게' 지키셨다. 단지 바리새인들이 볼 때 그들이 임의로 만든 안식일 규정에 맞지 않는다는 것이었다. 그러나 그들이 만든 안식일 규정은 '하나님의 말씀' 이 아니라 '인간의 계명' 이었으며, 그들의 안식일 이해는 잘못된 이해였다. 따라서 우리는 인간이 만든 규정이나 결정사항을 가지고 예수님을 대적하는 잘못을 범치 않도록 주의해야 한다.

유대인들이 예수님을 죽이려 한 두 번째 이유는, 예수님이 "하나님을 자기의 친아버지라 하여 자기를 하나님과 동등으로 삼는다"는 것이었다. 곧 신성모독죄를 범했다는 것이다. 하나님을 일반적인 의미에서 '아버지' 라고 부르는 것은 유대인들에게도 허용될 수 있는 문제였다. 왜냐하면 구약성경이 그렇게 말하고 있기 때문이다(신 32:6; 사 63:16, 64:8).

그러나 예수님은 하나님을 늘 '내 아버지'라고 불렀으며, 또한 자기를 그의 '아들'이라고 부름으로써 정당한 한도를 벗어나서 신성모독죄를 범하였다고 본 것이다. 왜냐하면 그렇게 함으로써 예수님이 자기 자신을 하나님과 동등한 위치에 올려놓았다고 보았기 때문이다. 유대인들은 인간이 하나님과 동등하다고 말하는 것은 도저히 불가능하며 신성모독이라고 생각하였다. 이러한 사고 체계 안에는 '하나님의 아들'이나 '성육신'이 존재할 자리가 없다. 이러한 유대교 체제 안에서는 이 땅에 오신 하나님의 아들이 설 자리가 없었으며, 유대인들과의 충돌은 불가피하였다.

아들과 심판(5:19~29)

19~47절까지는 예수님의 세 번째 강화다. 이 부분은 안식일 문제와 관련하여 유대인들이 예수님을 비난하고 죽이려고 한 데 대한 대답의 성격을 띠고 있다.[4] 그래서 크게 보면 심판(19~29절)과 예수님에 대한 증거(30~47절)에 대해 말하고 있다. 곧 예수님 자신에게 사람들을 심판하는 권세가 있다는 것과 또 자신의 증거가 참된 이유를 설명하신다.

먼저 심판에 대해 말씀하시는 부분을 살펴보자. 19~23절에서는 아들과 아버지의 관계에 대해 주로 말씀하신다. 그 이유는 유대인들이 예수님의 아들 됨을 문제 삼았기 때문이다. 곧 자기를 하나님과 동등으로 삼는 것에 대해 크게 당황하고 분노하여 그를 죽이려 했기 때문이다(18절).

이런 맥락에서 예수님은 "아들이 아버지의 하시는 일을 보지 않고는 아무것도 스스로 할 수 없다"고 말씀하신다(19절). 여기서 '할 수 없다'는 것은 무능력을 말하는 것이 아니라 '하지 않음'을 강하게 표현한 것으로 이해해야 한다.[5] 그리고 이것은 이 부분만 따로 떼어서 이해할 것이 아니라 '… 않고는'과 연결시켜 이해해야 한다. 곧 예수님은 모든 일에서 아버지께서 하시는 일을 다 보시고서 행하신다는 것이다. 그리고 이어서 "아버지가 행하시는 그것을 아들도 똑같이(호모이오스) 행하신다"고 말씀하신다(19b절). 이로써 예수님은 자기와 아버지 사이의 동등성을 분명하게 말씀하셨다.

이어서 예수님은 "아버지께서 아들을 사랑하사 자기의 행하시는 것을 다 아들에게 보이신다"고 말씀하신다(20a절). 여기서는 아버지와 아들 사이의 관계가 '사랑'의 관계임을 말한다. 사랑이 모든 것을 보이시고 행하게 하시는 근본 동인이다. 그리고 여기에 사용된 단어는 '아가파오'가 아니라 '필레오'다. 이 둘은 물론 요한복음에서 동의어로 사용되고 있으며(참조. 요 3:35), 따라서 그 둘 사이의 의미상의 차이를 발견하기 어렵다. 그럼에도 불구하고 '필레오'는 아버지와 아들 사이의 친밀한 관계를 좀 더 잘 나타내고 있다고 생각된다.[6] 아버지와 아들 사이의 동등한 관계, 친밀한 관계를 말하고 있는 이 문맥에서 '필레오' 동사는 적절하다고 생각된다.

그리고 예수님은 이어서 "그보다 더 큰 일을 보이사 너희로 기이히 여기게 하시리라"고 말씀하신다(20b절). 예수님의 사역은 점점 더 커지고 놀라워진다. 그 정점은 십자가의 죽음과 부활이다. 나아가서 마지막 날의 심판이 기다리고 있다.

그래서 21절은 '더 큰 일들' 중의 하나로 '부활'을 말한다. "아버지께서 죽은 자들을 일으켜 살리심같이 아들도 자기의 원하는 자들을 살리느니라." 여기서는 예수님 자신의 부활이 아니라 마지막 날에 죽은 자들을 살리시는 부활 사역에 대해 말씀하신다. 그리고 22절에서는 아들의 심판 사역에 대해 말씀하신다. "아버지께서 아무도 심판하지 아니하시고 심판을 다 아들에게 맡기셨다." 하나님 아버지는 물론 심판자로서 심판을 행하시지만(계 20:11; 롬 14:10~12), 아들을 통해 심판하신다(행 17:31; 마 13:41; 25:31~33). 심판에서 성부와 성자의 역할 관계는 정확하게 규정할 수는 없지만, 심판의 주관은 성부가 하시고 심판의 시행은 성자가 행하신다고 생각할 수 있다.

23절에서는 이렇게 아들에게 심판을 맡기신 목적을 다음과 같이 언급한다. "모든 사람으로 아버지를 공경하는 것같이 아들을 공경하게 하려 하심이라." 곧 공경(恭敬)에서도 아버지와 아들은 동등함을 말한다. 그리고 이어서 "아들을 공경치 아니하는 자는 그를 보내신 아버지를 공경치 아니하느니라"고 말씀하신다(23b절). 유대인들은 하나님을 공경한다고 생각하고 있었지만, 하나님의 아들 된 예수님을 공경치 아니하면 하나님 아버지도 공경치 아니하는 것임을 나타낸다. 왜냐하면 하나님은 자기 아들을 이 땅에 보내시고 사람들로 하여금 그를 공경하도록 하셨기 때문이다.

이어서 예수님은 심판에 대해 분명하게, 직접적으로 말씀하신다(24~29절). 먼저 아들을 믿는 자는 심판에 이르지 아니한다. "내가 진실로 진실로 너희에게 이르노니 내 말을 듣고 또 나 보내신 이를 믿는 자는 영생을 얻었고 심판에 이르지 아니하나니 사망에서 생명으로 옮겼느니라"(24절). 이 구절은 잘 알려져 있으며 특히 '영생'에 대한 요절로 즐겨 암송되고 있다.

그런데 문맥에서 보면 이 구절은 '심판'에 초점을 두고 하신 말씀이다. 곧 '심판에 이르지 아니한다'는 말씀에 초점이 있으며, 그 다른 측면이 곧 '영생을 가지는 것'이다. 먼저 '영생을 얻었고'의 원문을 직역하면 '영생을 가지고 있고'가 된다. 즉, 시상을 따지면 과거가 아니라 현재다. 따라서 예수님을 믿는 자는 '현재' 이미 '영생'을 가지고 있다. 이것을 우리는 '현재적 영생'이라 부르는데 요한복음에서 많이 말하고 있다(요 3:36; 6:47, 54; 3:15, 16; 6:40 등). 현재적 의미의 영생은 하나님 아버지와 그의 아들 예수 그리스도를 '아는 것' 곧 인격적 관계 가운데 살아가는 것이라고 할 수 있다(요 17:3). 다시 말하자면 하나님과 교통하는 것, 그래서 그의 말씀에 응답하고 그의 주시는 은혜와 복을 받아 누리는 것이 영생의 모습이다.

영생에는 또한 '미래적 영생'도 있다. 그것은 곧 우리가 죽어서 천국(낙원)에 들어가서 취하게 될 종국적인 영생을 가리킨다(딤전 6:12, 19; 마 25:46; 롬 2:7 등).

다음으로 '심판에 이르지 아니한다'는 것은 미래적 의미로 볼 수 있다. 예수님을 믿는 자는 미래에 있을 최후 심판을 받지 않을 것이다(또는 심판을 받더라도 무죄 선언을 받고 영생으로 판결날 것이다). '심판에 이르지 아니한다'는 것은 또한 현재적 의미로 볼 수도 있다.

예수님을 믿는 자는 현재에도 심판에 이르지 아니한다(요 3:18). 하나님의 심판과 진노 밖에 거하며 하나님의 의와 사랑 가운데 살아가고 있다. 그리고 마지막으로 "사망에서 생명으로 옮겼느니라"고 말한다. 이것은 완료 시상이다. 이것은 과거의 어느 시점에 사망에서 생명으로 옮겨진 사건이 발생하였으며, 그 결과 '지금 현재' 생명으로 옮겨진 상태에 있음을 말한다. 즉, 예수님을 믿는 자는 그 믿은 결과로 현재 생명의 영역 안에 거하고 있음을 말한다(골 1:13; 롬 8:2).[7]

25~26절에서는 '생명'에 대해 말씀하신다. 먼저 25절에서는 "죽은 자들이 하나님의 아들의 음성을 들을 때가 오나니 곧 이때라 듣는 자는 살아나리라"고 말씀하신다. "… 오나니 곧 이때라"는 것은 구속사의 진전이 있음을 말하며 예수님이 활동하고 계시는 이때가 바로 그때라는 것이다(요 4:23 참조).

여기서 '죽은 자들'은 영적으로 죽은 자들 곧 하나님의 생명 밖에 있는 자들을 말한다. "듣는 자는 살리라"에서 '살리라'는 미래 시상으로 되어 있지만 그 내용은 현재에 일어나는 일들을 말한다. 왜냐하면 이 문장에는 조건적 의미가 들어 있기 때문이다. 즉, 만일 하나님의 아들의 음성을 듣고 믿으면 그들은 살아나리라는 의미다. 따라서 '살리라'는 것은 조건 성취의 결과로 따르는 귀결적 의미에서의 미래며, 그러한 일들은 현재에 일어나고 있는 중이다.

26절은 25절에 대한 '이유'를 설명한다(가르). 엄밀한 의미에서의 이유라기보다 앞 구절에 대한 '보충 설명' 또는 '계속적인 진행'이라고 보면 된다. "아버지께서 자기 속에 생명이 있음같이 아들에게도 생명을 주어 그 속에 있게 하셨다." 아버지와 아들은 '생명'을 함께 가지고 계신다는 의미다. 이어서 "또 인자 됨을 인하여 심판하는 권세를 주셨느니라"고 말씀하신다(27절). 하나님이 그의 아들 예수님에게 '심판하는 권세'를 주셨는데, 그 이유는 예수님이 '인자'시기 때문이다. 여기서 '인자'(휘오스 안트로푸)는 물론 예수님을 가리킨다.

그런데 특이한 것은 관사가 붙어 있지 않다는 것이다(히 2:6에도 관사가 없다). 관사가 사용되지 않은 이유는 이것이 술어로 사용되었기 때문으로 생각된다.[8] 따라서 관사가 있고 없음에 따라 '인자론'을 전개하는 것은 무리가 있음을 알 수 있다.[9] 뿐만 아니라 여기의 '인자'의 의미에 대해 '하나님의 아들'이라고 보는 것도 곤란하다.

물론 복음서에서 '인자'는 예수님을 가리키고 예수님은 하나님의 아들이기 때문에 인자는 하나님의 아들이라고 말할 수 있지만(이런 맥락에서는 인자는 또한 구주, 생명, 빛이라고 말할 수 있다) '인자'라는 표현의 '의미'가 곧 '하나님의 아들'이라고 하는 것은 난센스다. 복음서에서 '인자'는 사람 되신 예수님, 하늘의 영광을 버리고 이 땅에 오셔서 낮아지신 예수님, 우리 인간과 같이 되시고 비천해지신 예수님을 가리킬 때 사용되는 표현인데, 예수님이 자기 자신에 대해 사용하셨다. 따라서 '하나님의 아들'이라는 표현이 예수님의 신성적 측면을 나타내는 것이라면, '인자'라는 표현은 예수님의 인성적 측면을 나타내는 것이라고 할 수 있다.[10]

그러면 여기 27절에서 "인자 됨을 인하여 심판하는 권세를 주셨다"는 것은 어떤 의미일까? 그것은 예수님께서 이 땅에 오셔서 많은 고생을 하시고 마침내 십자가에서 죽기까지 복종하신 그 '낮아짐'을 인하여 하나님께서 그를 지극히 높이시고 그에게 심판하는 권세를 주셨다는 의미다(빌 2:6~11; 참조. 히 5:7~10). 예수님이 이 땅에 오셔서 사람들과 같이 되셨고 사람들 가운데서 비천하게 사셨지만 하나님의 율법을 다 지키시고 전적으로 순종하셨기 때문에 하나님은 그에게 사람들을 심판하는 권세를 주신 것이다(행 17:31).

그리고 나서 예수님은 마지막 날 심판에 대해 분명하게 말씀하신다. "이를 기이히 여기지 말라 무덤 속에 있는 자는 다 그의 음성을 들을 때가 오나니"(28절). 이것은 마지막 심판 때를 가리킨다. 이 날은 장차 올 것이며 아직 온 것은 아니다. 따라서 "곧 이때라"는 말이 여기에는 없다. 무덤 속에 있는 자들이 인자의 음성을 듣는 것은 심판의 음성이다. 구원의 때는 지나가고 마지막 심판이 그들을 기다리고 있다. "선한 일을 행한 자는 생명의 부활로, 악한 일을 행한 자는 심판의 부활로 나오리라"(29절). 여기에는 두 종류의 부활이 분명하게 말씀되어 있다. 대개는 '생명의 부활'만 이야기하지만 '심판의 부활'도 있다. 사도 바울도 이에 대해 '의인과 악인의 부활'이라고 말한 적이 있다(행 24:25; 단 12:2 참조).

먼저 '선한 일을 행한 자'는 '생명의 부활'로 나온다고 했다. '선한 일을 행한 자'[11]는 곧 바울이 말한 바 '의인'에 해당하는 표현이며, 이는 예수님을 믿는 자를 가리킨다. '선한 일을 행한 자'라고 하니 마치 사람이 행한 바 '선행'으로 말미암아 구원을 얻는 것처럼 보이지만, 그렇지 않다. 이 표현은 '의인' 또는 '성도'를 가리키는 또 다른 표현이다. 이는 곧 성도들의 삶은 전체적으로 불신자들의 삶과 비교하여 볼 때 '선한 일을 행하는 것'으로 특징 지워진다는 것을 의미한다. 이해 비해 하나님을 믿지 않는 세상 사람들의 삶은 '악한 일을 행하는 것'으로 특징 지워진다.

이와 같은 맥락에서 로마서 2:7에서는 "참고 선을 행하여 영광과 존귀와 썩지 아니함을 구하는 자에게는 영생으로 하시고"라고 말하며, 8절에서는 "오직 당을 지어 진리를 좇지 아니하고 불의를 좇는 자에게는 노와 분으로 하시리라"고 말한다. 이와 같은 의미에서 하나님을 믿는 성도 곧 그리스도 안에 거하는 자는 '범죄하지 아니한다'(우크 하마르타네이)고 말할 수 있다(요일 3:6, 9).[12]

생명의 부활과 심판의 부활 중에서 생명의 부활이야말로 의미 있는 부활이다. 그래서 보통 부활이라고 할 때는 생명의 부활을 의미한다. 곧 불신자들의 육체도 다 살아나지만 그것은 별 의미가 없다. 그것은 심판받기 위한 부활에 불과하다.

하지만 마지막 날에 예수님이 재림하실 때에는 의인과 악인의 부활이 있음은 분명하다. 이때의 부활은 죽었던 '육체'의 부활을 의미한다. 육체가 썩어 없어져도 하나님은 그 육체에 대한 정보를 다 가지고 계시니 아무 문제가 없다. 하나님은 티끌 가운데서도 일으키실 수 있고, 아무것도 없는 데서도 부활하게 하실 수 있다.

그러면 그 죽은 자들의 영혼은 어디서 오는가 하는 의문을 제기할 수 있다. 먼저 죽은 성도들의 영혼은 예수님 재림하실 때 천국(낙원, 천당)에서 예수님과 함께 온다(살전 4:14; 3:13).[13] 그러면 죽은 불신자들의 영혼은 어디서 오는가? 그것은 음부(지옥)에서 온다고 보아야 할 것이다(계 20:13). 그래서 각각 천국과 지옥에서 온 영혼들이 땅 위에서 다시 살아난 육체들과 결합하는 것이 부활이다. 그리하여 성도들은 육체와 함께 새 하늘과 새 땅에서 영원히 복락을 누리며 살고, 악인들은 육체와 함께 지옥(불못)에서 영원히 고통받을 것이다.

그러므로 부활은 죄로 말미암아 오랫동안 떨어져 있던 영혼과 육체의 재결합이며, 다시는 떨어지지 않고 헤어지지 않을 영원한 결합이다. 우리 성도들은 예수님이 다시 오실 때 이루어질 이런 '극적 재결합'(dramatic reunion)을 바라보며 소망 가운데 살아가는 존재들이다.

아들에 대한 증거(30~47절)

30~47절까지는 예수님의 증거가 참됨을 여러 모로 논증하신다. 우리는 이것을 몇 부분으로 나누어서 이해할 수 있다.

1. 예수님의 심판의 의로움(30~32절)

예수님은 먼저 30절에서 자기의 심판이 의롭다는 것을 말씀하신다. 예수님은 자신의 뜻을 구하지 않고 하나님 아버지의 뜻을 구하므로 그의 심판은 의롭다고 하신다. 누구든지 하나님의 뜻을 구하지 아니하고 자기 자신의 뜻을 구하면 그것은 잘못된 것이다. 왜냐하면 우리를 지으신 하나님의 뜻을 거스르고 자기 마음대로 하는 것이 바로 죄기 때문이다. 그러나 예수님은 철저히 하나님 아버지의 뜻에 순종하시므로 그의 판단과 행위는 의로운 것이다.

2. 예수님에 대한 증거(33~40절)

이어서 예수님은 자기에 대한 증거가 참임을 말씀하신다(31~32절). 만일
어느 누가 자기 스스로 자기에 대해 증거한다면 그 증거는 믿을 수 없다.
따라서 증거는 반드시 두세 사람의 증인이 있어야 성립하는 것이다(신
19:15). 이와 마찬가지로 예수님에 대해서도 증거하는 이가 따로 있다. 바로
세례 요한이다. 유대인들이 그에게 사람을 보내어 예수님에 대해 질문했을
때, 그는 '진리'에 대해 곧 예수님에 대해 증거하였다(33절; 1:19~28).

예수님이 '세상 죄를 지고 가는 어린양'이며 '성령으로 세례 주는 자'며
'하나님의 아들'이심을 증거하였다(요 1:29,33, 34). 하지만 예수님은 사람으
로부터 증거를 취하지 않으신다고 말씀하신다(34절). 왜냐하면 예수님은 자
기 안에 증거를 가지고 계시며, 또한 그를 보내신 하나님께서 증거하시기
때문이다. 그러므로 예수님은 다른 누구로부터 증거를 받으실 필요가 없다
(요 2:24~25). 하지만 예수님께서 요한의 증거에 대해 말씀하시는 이유는 듣
는 자들이 구원을 얻게 하기 위함이었다(34절).

세례 요한을 '켜서 비취는 등불'이라고 말씀하신다(35절). 예수님은 세상
을 비추는 '빛'(포스)이지만, 세례 요한은 타서 비취는 '등불'(루크노스)이다.
여기서 '탄다'(카이오메노스)는 말의 이면에는 얼마 있으면 다 타서 꺼진다는
의미가 내포되어 있다. 예수님은 영원히 비취는 빛이지만,[14] 세례 요한은 잠
시 타다가 꺼지는 일시적인 등불이었다(요 3:30).[15] 그래서 유대인들은 '일
시' 그 빛에 즐거이 있기를 원하였다고 한다.

그런데 예수님에게는 요한의 증거보다 더 큰 증거가 있다. 그것은 곧 예
수님의 행하시는 사역이다. "아버지께서 내게 주사 이루게 하시는 역사 곧
나의 하는 그 역사가 아버지께서 나를 보내신 것을 나를 위하여 증거하는
것이요"(36절; 3:25; 14:11). 뿐만 아니라 예수님을 보내신 아버지께서 친히 예
수님을 위해 증거하신다(37절). 예수님이 세례받으실 때 하나님은 "이는 내

사랑하는 아들이요 내 기뻐하는 자"라고 증거하셨다(마 3:17). 변화산에서도 동일한 증거가 있었다(마 17:5; 벧후 1:17).

뿐만 아니라 하나님의 말씀인 성경이 예수님에 대해 증거한다. 하지만 유대인들은 예수님을 믿지 않으므로 하나님의 말씀이 그들 안에 거하지 아니하였다(38절). 유대인들은 성경에서 영생을 얻을 줄로 생각하고 성경을 자세히 살폈다(39a절). 어려서부터 성경을 듣고 배우며 암송하였으며, 특히 랍비들은 한 구절 한 구절, 한 단어 한 단어 자세히 연구하였다. 그런데 이 성경이 바로 예수님에 대해 증거하는 것이었지만 그들은 예수님께 나아오지 않았다. 그들이 예수님을 발견하지 못했다기보다 예수님께 오기를 '원치' 않았다(40절). 즉, 그들이 예수님을 믿지 않은 근본 원인은 그들의 무지(無知)가 아닌 무의지(無意志)에 있었던 것이다.

3. 서로 영광을 취함(41~44절)

이어서 예수님은 왜 유대인들이 자기를 믿지 않는지에 대해 말씀하신다. 그 근본 원인은 그들이 하나님의 영광을 구하지 아니하고 자기의 영광을 구한다는 것이다. 근본적으로 그들 속에는 하나님을 사랑하는 것이 없었다(42절). 사람으로부터 존경받기 위해 가식적으로 행하는 종교의식과 인간적인 계명들만 있을 뿐 하나님에 대한 사랑은 없었다. 하나님을 사랑하지 않으니 하나님의 보내신 자를 환영할 리가 없었던 것이다(43절).

그래서 예수님은 그들을 책망하셨다. "너희가 서로 영광을 취하고 유일하신 하나님께로부터 오는 영광은 구하지 아니하니 어찌 나를 믿을 수 있느냐"(44절). 그들은 서로 영광을 취하였다. '위대한 랍비'라고 존경하고 '경건한 바리새인'이라고 칭찬하고, 자기들끼리 서로 영광을 주고받았다.

그러나 그들은 하나님께로부터 오는 영광은 구하지 아니하였다. 예를 들면, 그들은 '고르반'이라는 제도를 만들어서 마땅히 부모에게 드려야 할 수확물을 가로채는 일을 하였다. 그렇지만 랍비들은 그들을 가리켜 신앙이 좋다고 칭찬하고 그들은 그런 랍비들을 존경하고 따랐다(마 15:1~9). "네 부모를 공경하라"는 하나님의 계명은 내팽개쳐 버린 채 자기들끼리 서로 영광을 주고받았던 것이다. 그러니 그러한 잘못을 책망하고 진실하게 하나님을 경외할 것을 요구하는 예수님을 어떻게 믿을 수 있었겠는가?

오늘날 하나님 없는 자유주의 신학자들이 하고 있는 일들이 바로 이와 같다. 그들은 성경을 파괴하는 연구를 하면서 온갖 인간적인 이론들을 만들어 낸다. 그래서 그런 일을 잘 하는 사람은 위대한 신학자라고 존경받으며 가는 곳마다 인사를 받는다. 또한 성경을 파괴하는 일에 뛰어난 학생들에게 박사학위를 주면서 우수한 연구라고 칭찬한다. 그러나 그러한 연구가 하나님께 무슨 의미가 있으며 하나님의 영광과 무슨 상관이 있단 말인가? 그저 자기들끼리 서로 영광을 주고받는 것 외에 또 무엇이란 말인가?

4. 모세의 증거(45~47절)

그러고 나서 예수님은 자기가 그들을 아버지께 고소할까 생각지 말라고 하신다. 그들을 고소하는 이가 따로 있으니 곧 그들이 바라던 모세라고 말씀하신다(45절). 모세의 율법은 우리가 하나님 앞에 올바르게 살 것을 요구하며, 그렇게 되지 못할 때는 하나님의 저주가 있을 것이라고 말한다(신 27:26). 따라서 율법의 말씀을 제대로 지키지도 않으면서 겉으로만 종교의식을 행하던 그들에게는 모세의 율법이 바로 그들을 정죄하는 것이 된다.

만일 그들이 모세를 믿었더라면, 곧 모세의 말을 다 듣고 지켰더라면 또한 예수님을 믿었을 것이다. 곧 예수님을 신뢰하고 그의 말을 따랐을 것이다. 왜냐하면 모세는 예수님에 대해 기록했기 때문이다(46절). 모세의 율법 전체가 예수 그리스도로 나아가야만 구원을 얻고 살 수 있다는 것을 말해 주기 때문이다(갈 3:22~24; 롬 3:19~22).

그러나 유대인들은 사실 모세의 글도 믿지 않았다. 그들이 믿고 따른 것은 랍비들의 가르침이었다. 열심히 손을 씻고 안식일과 절기를 지키고 십일조를 철저히 내는 것 등에 불과했다. 그들이 지킨 것은 하나님의 계명이 아니라 사람의 계명이었다(마 15:9). 자신들이 좋아하는 모세의 글도 믿지 않앉으니 어찌 예수님의 말을 믿겠느냐는 것이다(47절). 모세의 글을 제대로 믿었더라면 예수님의 말씀도 믿었을 것이다. 율법과 예수님의 말씀 사이에 대립이 있는 것이 아니다. 둘 다 하나님의 말씀이요 하나님의 뜻을 전달한 것이다.

따라서 율법을 잘 이해하면 예수님을 잘 이해하는 것이요, 율법을 듣지 않으면 예수님의 말씀도 듣지 않는 것이다. 대립이 있다면 하나님의 말씀과 인간의 가르침 사이에 있다. 바리새인들은 겉으로는 하나님을 잘 믿는 것처럼 보였지만 사실은 인간의 가르침을 따랐다. 그들이 믿고 따랐던 것은 인본주의적인 바리새 종교였으며 살아계신 하나님을 믿는 참 신앙이 아니었다. 예수님이 이 땅에 오셔서 전파하신 것은 바로 은밀한 중에 보시는 살아 계신 참 하나님이었다.

6 하늘에서 내려온 생명의 빵
요한복음 6장의 주해와 적용

요한복음 6장은 예수의 공생애에 매우 중요한 의미를 지닌 사건과 교훈들을 보도한다. 여기서 예수의 정체성은 그 이전 어느 때보다도 뚜렷하게 드러나고, 그와 동시에 제자들의 무리 가운데서는 커다란 이탈과 분리가 일어나며, 이에 따라서 예수의 사역은 새로운 전환점을 맞게 된다.

5장의 무대는 예루살렘이었으나 6장에서는 다시 "갈릴리"(1절; 4:43~54)로 바뀐다. 때는 "유월절이 가까운"(4절) 봄철이다.[1] 6장도 5장과 마찬가지로 기적적인 사건들을 보도한 후(1~21절, 5,000명을 먹임, 바다 위를 걸어옴, 순식간의 항해) 하나의 긴 강화(discourse)를 덧붙이고 있다(22~59절). 6장의 내용은 다음과 같이 크게 네 단락으로 나눌 수 있다.

1. 오천 명을 먹이심 (1~15절)
2. 바다 위로 걸어오심 (16~21절)
3. 하늘로부터 내려온 생명의 빵 (22~59절)
4. 많은 제자들이 떠나감 (60~71절)

이 모든 사건과 강화의 내용을 자세히 살펴보면 우리는 결국 6장 전체를 관통하는 하나의 근본적인 질문 – 예수는 과연 누구인가? – 에 맞닥뜨리게 된다. 요한은 그의 복음서 각 장마다 20:31에서 밝힌 그 책의 기록 목적에

변함없이 충실하다. 6장 전체의 주제는 "생명의 빵"이신 예수 그리스도다.

오천 명을 먹이심(6:1~15)[2]

'큰 무리'의 사람들이 예수를 따라온 이유는 그가 '병자들'을 기적적으로 치유했기 때문이다(2절; 참조. 막 1:29~34; 3:1~12). 예수는 '목자 없는 양 같은' 그들을 '불쌍히 여겨 가르친' 후 '날이 저물어가는 빈 들'에서(막 6:34~35) 그들에게 음식을 직접 공급하기로 작정하였다(5a절). 그는 이 기적을 통해 제자들의 믿음을 '시험하는'(5b~7절) 동시에 자신의 정체성을 밝히 드러내려고 하였다(26~40, 44~58절).

모든 군중을 먹이자면 보통 일꾼의 '여덟 달 치 품삯'(NIV, 7절)도 턱없이 부족할 것이라는 빌립의 계산은 그가 예수의 초자연적 능력을 미처 기대하지 못했음을 보여 준다(7절). 이때 '베드로의 형제 안드레'(1:40)는 한 '젊은 이/종'(파이다리온)의 휴대 양식이었던 '보리빵 5개'와 소금에 절여 말린 '물고기 2마리'를 주님 앞에 가져옴으로써 기적의 실마리를 제공했다. 비록 안드레가 덧붙인 질문("그러나 그것이 이렇게 많은 사람에게 무슨 소용이 되겠습니까", 9b절)은 빌립의 현실적 계산과 크게 다르지 않았지만, 그는 자신의 수중에 있던 보잘것없는 자원을 주님의 손에 넘기면서 막연하게나마 어떤 기대를 걸었음에 틀림없다.

예수는 5,000명 가량 되는 사람들을 '잔디' 위에 앉게 하고, 빵과 물고기를 차례로 들어 하나님께 '감사기도'를 드린 후 모든 사람들에게 '그들이 원하는 만큼' 충분히 나누어 주었다(10~11절). 그들 모두가 '보리빵 다섯 덩이'로 '배불리' 먹었고, 남은 빵을 버리지 않기 위해 12사도들이 거두니 모든 광주리마다 가득 찼다(12~13절). 군중들은 이 '표적'을 보고 나서 예수를 메시아로 인정한다. "이분이야말로 세상에 오시기로 된 바로 '그 선지자'다!"(14b절). 이 고백은 분명히 신명기 18:15~19의 예언을 암시한다. 그 구절에서 모세는 장차 '나와 같은 선지자 한 사람'이 오리라고 약속했고, '그 선지자'는 유대교 전통에서 메시아와 동일시되어 왔다(7:40; 9:17).

공관복음에서는 오병이어 기사가 이상하리만치 갑자기 끝난다. 마가복음 6:45~46에 따르면, "예수는 곧 제자들을 재촉하여 배를 태워 자기보다 먼저 건너편 벳새다로 가게 하셨고 그 동안에 무리를 헤쳐 보내셨다. 그들과 헤어지신 뒤에, 예수는 기도하려고 산에 올라가셨다." 요한은 이 황급한 결말의 배경을 본문 15절에서 밝혀 준다. "예수는 사람들이 와서 억지로 자기를 데려다가(하르파제인) 왕으로 삼으려 한다는 것을 아시고 혼자서 다시 산으로 물러가셨다."

군중들이 예수에게 기대했던 메시아의 역할은 헤롯당(Herodians)이나 로마의 세력을 물리치고 이스라엘에게 자주독립과 번영을 가져다 줄 왕이 되는 것이었다(참조. 요 12:13; 19:12; 눅 19:11; 24:21; 행 1:6). 그러나 예수는 십자가에서 대속의 죽음을 완수함으로써 인류를 죄와 마귀와 사망의 권세에서 건져내는 것을 자신의 사명으로 여겼다(마 1:21; 20:28; 26:28; 요 3:14~17; 19:30). 그것이 바로 그를 '보내신 분' 곧 '아버지'의 뜻이었다(38~40절).

바다 위로 걸어오심(6:16~21)(비교. 마 14:22~33; 막 6:45~52)

예수가 갈릴리 북부의 산에 남아 기도하는 동안 제자들은 북동쪽 해안(가버나움)을 향해 이미 어두워진 바다를 건너가고 있었다(16~17절). 그런데 갑자기 "큰 바람이 불고 물결이 사나워졌다"(18절; 또 다른 풍랑 기사: 막 4:35~41 par.). 길이가 21km, 폭이 13km에 달하는 갈릴리 바다(탈라싸=호수)는 해수면보다 210m가 낮은 내륙 분지에 자리잡고 있어서 언덕과 산들로 둘러싸였으며 서편 해안은 600m, 동편 해안은 1,200m 이상으로 높다. 갈릴리 바다에는 오후마다 동서 계곡을 따라 서쪽에서 유입되는 지중해의 시원한 공기가 분지에서 뜨거워진 광야의 공기와 충돌하면서 자주 강한 바람과 폭우가 일게 된다.

파도와 싸우며 약 4~5km를 노 저어가던 제자들은 "예수가 바다 위를 걸어서 배로 가까이 오는 것을 보고 무서워하였다"(19절). 아무 말 없이 밤 바다 위를 걸어오는 그를 '유령'으로 착각했기 때문이다(마 14:25~26; 막 6:48~49). 이때 그들은 "나다, 두려워하지 말아라!"라는 예수의 말씀을 들었다(20절; 마 14:27; 막 7:50).

여기서 '나다(에고 에이미)'라는 말씀은 두 가지 의미 – 즉, 인식을 촉구하는 의미('나는 너희가 알고 있는 예수다')와 신적 계시의 의미(출 3:14, "나는 스스로 있는 자다"[에고 에이미])[3] – 를 동시에 내포한다. 두 번째 의미는 "두려워하지 말아라!"라는 잇따른 명령과도 잘 연결된다. 이 명령은 구약성경에서 하나님이 그의 백성들과 함께하실 것을 다짐하면서 주시는 특징적인 말씀이다(창 15:1; 26:24; 민 21:34; 수 8:1; 사 41:10, 13~14; 43:1, 5; 44:2; 렘 1:8, 17 등). 예수는 하나님의 이 특징적인 명령을 다른 곳에서도 자주 사용했다(마 17:7; 24:6; 막 6:50; 13:7; 눅 21:9; 요 12:15).

제자들이 예수를 배에 맞아들이자(21a절; 비교. 마 14:28~32; 막 6:51) "배는 곧(유테오스, immediately) 그들이 가려던 땅에 이르렀다"(21b절). 여기서 요한은 마태와 마가가 언급하지 않은 또 하나의 기적을 암시하는 듯하다. 그 배가 아직 목적지까지 남겨 두었던 나머지 절반의 바닷길을 예수의 승선과 함께 '즉시' 건너간 것으로 해석되기 때문이다.[4] 그에 관한 세부사항에 대해서는 요한도 침묵한다.

공관복음에 의하면, 예수는 배에 오름과 동시에 먼저 풍랑을 잔잔케 했다(마 14:32; 막 6:51). 이 바다 위의 사건은 특별히 구약의 시편 107:25~30에 기록된 감사의 노래 내용과 너무도 정확히 일치한다. 아마도 요한은(그가 잘 알고 있었을) 이 감사의 시편에서 칭송하는 하나님의 구원 행위가 그날 밤 갈릴리 바다 위에서 예수에 의해 성취되었다고 믿었을 것이고 그 관점에서 본문의 사건을 기술했을 것이다.

하늘에서 내려온 생명의 빵(6:22~59)

22~25절은 59절까지 이르는 긴 강화의 도입부로서 광야에서 빵을 먹었던 사람들이 어떻게 예수를 가버나움에서 다시 찾았는지 설명해 준다. 그들은 예수가 바다 위를 걸어 제자들에게 갔던 그 밤에도 빵을 먹었던 장소에 계속 머물러 있었다(22a절, 개역: "바다 건너편에 서 있던[=남아있던] 무리").

그 '이튿날', 즉 빵을 먹은 다음 날 그들이 확인하게 된 사실은 1)그 쪽 해변에는 원래 예수가 제자들과 타고 왔던 "배 한 척 외에는 다른 배가 없었다"(22b절)는 것과,[5] 2)그 전날 제자들이 그 배를 타고 떠날 때 예수가 거기 없었다는 것(22c절)이다.[6] 그들은 '디베랴에서 왔던' 다른 '배들'(23절)을 타고 '예수를 찾으러' 그의 갈릴리 활동 근거지였던 '가버나움으로' 갔으며 (24절; 비교. 2:12; 6:17), 거기서 예수를 만났다(25절).

26~58절의 강화는 '예수가 가버나움 회당에서 가르칠 때' 하신 것이다 (59절). 그는 군중이 자신을 찾아온 이유가 단순히 '빵을 먹고 배가 불렀기 때문'이라는 것을 알았다(26d절). 그들은 예수의 기적을 보고 나서 더 이상 굶주림이 없는 메시아의 왕국을 꿈꿨다. 그러나 예수가 행한 모든 기적은 '표적'(세메이온, sign)으로서 그의 인격과 능력을 가르쳐 보여 주는 데 그 목적이 있었다(26d절).

사람들에게 '영생에 이르는 양식'(= '성령 안에 있는 영원한 생명', 1:34~36; 4:14; 7:37~39)을 주는 예수는 '하나님 아버지께서' 성령을 통해 '아들'로 '인치신 자'였다(27절; 1:32~34). 28~29절의 질문과 대답은 신약성경이 가르치는 구원의 요건을 지극히 간결하게 압축하고 있다. 사람들은 '영생에 이르는 양식'(27절)을 얻기 위해서 '하나님의 (기뻐하시는 여러 가지) 일들(타 에르가)'을 '행해야'(에르가조메타) 한다고 생각했지만(28절), 예수는 사람들에게 요구되는 '하나님의 (오직 한 가지) 일(토 에르곤)'은 자기 자신을 '하나님께서 보내신 자'로 '믿는 것' 뿐이라고 제시한다(29절; 행 16:30~31; 롬 1~3장; 갈 2:16).

군중은 예수를 '믿기 위해' 또 다른 '표적'과 또 다른 '일'을 요구했다(30

절: 고전 1:22).[7] 그들이 31절에서 '만나' 사건에 관한 구약성경 구절(시 78:24와 출 16:4를 결합한 형태)을 인용한 것을 보면, 그들은 예수가 메시아(= '두 번째 모세', 신 18:15)라면, 5병2어의 기적보다 한층 더 놀라운 '만나'와 같은 기적을 행해야 한다고 기대한 것 같다. 그러나 예수는 '모세'가 만나를 내리지도 않았고, 그 만나도 '세상에 생명을 주는,' '하늘로부터 (오는) 참된,' '하나님의 빵'과는 본질적으로 다른 것이라고 대답한다(32~33절). 이에 대한 유대인들의 응답(34절, "주여,[8] 그 빵을 항상 우리에게 주소서!")은 야곱의 우물가에서 만난 사마리아 여인의 응답(4:15)과 매우 비슷하다.

"나는 생명의 빵이다"(에고 에이미 호 아르토스 테스 조에스, 35a절)라는 예수의 선언은[9] 6장의 5병2어 기적과 그에 따른 전체 강화의 핵심인 동시에 절정을 이룬다. 그 이후의 내용은 사실상 이 선언의 의미를 펼쳐 보이는 것이라 할 수 있다(참조. 48, 51, 57~58절). 즉 예수께 '나아와 그를 믿는 자들'은 약속된 하나님의 구원을 얻어 "영원히 주리거나 목마르지 않을 것이다"(비교. 사 49:10; 계 7:16). 그러나 군중은 예수의 인격과 능력을 증명하는 그의 표적들을 '보고도' 그를 "믿지 않았다"(36절; 참조. 5:36; 10:38).

37~40절에서 예수는 자신이 아버지의 뜻을 따라 세상의 구원자로서 보내심을 받았으며 그의 사역과 사명이 확실히 성취될 것을 천명한다. 그의 사명은 아버지의 뜻에 자신의 삶을 맞추는 것이었다(38~39a절). 그를 '보내시고' 사람들을 그에게 '오도록' 주권적으로 부르시는 분은 하나님 '아버지'시다(37, 39, 44절).

37a절("아버지께서 내게 주시는 자는 다 내게로 올 것이요")과 44a~b절("나를 보내신 아버지께서 이끌지 아니하시면 아무도 내게 올 수 없느니라")에서 요한은 하나님의 주권을 강조한다(비교. 17:2, 4, 6, 9). 37b절의 진술("내게 오는 자는 내가 결코 내쫓지 아니하리라")도 예수가 그에게 나오는 모든 사람을 영접하겠다는 약속의 의미로 해석해서는 안 된다. 여기서 사용된 '내쫓다'(에크발로)라는 동사는 통상적으로 이미 '안에' 있는 것과 관련하여 쓰인다(참조. 2:15; 9:35; 12:31). 따라서 37b절은 예수 자신이 사람들을 영접하겠다는 의미가 아니라 아버지

께서 이미 그에게 주신 사람들을 그가 '보전하고 지킬'(17:12) 것이라는 의미로 파악해야 한다(38~39절).

그러나 요한은 40절에서(3:15~21; 5:24, 39~47 등에서와 마찬가지로) 인간의 책임도 명확하게 제시한다. "내 아버지의 뜻은 아들을 보고 그를 믿는 사람이면 누구나 영원한 생명을 얻게 하시는 것이다." 44a절에서 말하는 하나님의 '이끄심'(헬퀴에인)은 결코 사람의 자발적이고 책임성 있는 결단을 배제하지 않는다. 왜냐하면 누구나 예수께로 '오기' 위해서는 먼저 '듣고 배우는' 과정을 거쳐야 하며(45절), 이 과정은 반드시 인간 자신의 의도와 결심을 전제로 하기 때문이다. 예수께 올 것인가 말 것인가는 분명히 각 사람의 결정에 달려 있다. 그러나 하나님의 뜻은 인간의 이런 자유로운 결정을 통해 신비로운 방법으로 성취된다. 예수는 그를 믿는 자들을 "마지막 날에 다시 살릴 것이다"(40c, 44, 54절).

가버나움 회당에 모였던 '유대인들,' 특별히 바리새파 서기관들은 자신이 '하늘에서 내려온 빵'이라는 예수의 말을 듣고 불만에 차서 '투덜거리기'(공귀제인) 시작했다(41, 43절; 7:12, 32).[10] 예수를 육신적으로만 알고 있던 그들은 그의 신성을 받아들일 수가 없었다(42절). 오늘날도 그리스도의 복음을 듣는 사람들은 바로 여기서 나눠진다.

44~51절의 내용은 '생명의 빵' 주제로 되돌아간다. 앞에서 언급된 많은 것들이 다시금 반복되며 심화된다. 44절은 37+40절과, 48절은 35절과, 49~50절은 31~33절과 각각 짝을 이룬다. 45a절에서 인용된 메시아 시대에 관한 예언(사 54:13)은 이제 사람들이 하나님의 아들 예수의 '가르침'을 "듣고 배움"으로써 성취되기 시작했다(45~46절). 이 세상 어느 누구도 하나님을 직접 '본' 적이 없기 때문에, 모든 하나님의 지식은 오로지 '하나님에게서 온' 예수께 귀속된다(46절; 14:6, 9).

그렇다면 모든 것은 결국 사람들이 예수를 믿느냐의 여부에 달려 있다(47b절, "믿는 자는 영생을 가졌다"). 49~50절은 '조상들'이 먹던 '광야의 만나'와 예수가 줄 '생명의 빵'을 대조시킨다. '만나'는 사람이 '먹어도 죽었으나 '하늘에서 내려온 빵'은 먹는 사람에게 '영생'을 준다(49~50절). '하늘에서 내려온 살아 있는 빵'은 바로 예수 자신이며, 그가 '세상의 생명을 위하여' 내어 줄 그의 '살' (사륵스, flesh)이었다(51c절).

가버나움 회당에서의 강화 중 마지막 단락(52~58절)은 예수가 "어떻게 그의 살을 우리에게 먹도록 줄 수 있겠는가"(52, 51c절)라는 문제에 관한 것이다. 유대인들은 이 문제를 놓고 의견이 엇갈려 "서로 논쟁하였다"(에마콘토 프로스 알레루스, 52a절). 예수의 답변(53~58절) 속에서 반복적으로 등장하는 주요 단어는 '살'과 '피', '먹다', '마시다', '생명/살다' 등이다. 이 구절은 공관복음의 성만찬 언약에 해당하는 내용을 암시하고 있다 (비교. 마 26:26~28; 막 14:22~24; 눅 22:19~20).

여기서 '살'과 '피'는 예수께서 곧 십자가의 대속적 죽음을 통해 찢기고 흘리게 될 그 자신의 '몸'과 '피'를 가리키며, "먹고 마신다"는 표현은 사람들이 그의 희생을 '믿음'을 통해 개인적으로 받아들여 '영생'의 효력을 얻는 사실을 생생하게 묘사한 것이다. 예수의 대속적 죽음을 믿음으로 받아들인 사람들은 그와 긴밀하게 하나가 되어 함께 살게 된다(56절). 이 신비한 연합은 예수가 성령을 통해 신자들 안에 거주함으로써 가능케 된다 (14:16~20).

많은 제자들이 떠나감(6:60~71)

요한은 예수를 따르던 제자들 중에서 '많은' 사람들이 결국 그를 이해하지 못하고 떠난 사실을 가차 없이 보도한다(60, 66절). 제자들이 그의 말씀(53~58절)을 '듣기 어려워' 했던 이유는 무엇인가? 의사소통이나 교육학적 기법의 문제가 아니었다(비교. 막 4:33). 사람들이 예수의 말씀을 듣고도 믿음으로 받아들이지 못하는 이유는 그들이 원치 않기 때문이다(8:43~47). 믿지 않으려는 사람들에게는 그의 말이 '걸려 넘어지게'(스칸달리제인) 만드는 것일 뿐이다(61절).

'인자' 라는 예수의 자칭호(62절; 1:51; 3:13~14; 5:27; 6:27, 53)는 다니엘 7:13에 배경을 두고 있으며 "인자"가 하늘로 "올라가는"것에 대해서는 이미 3:13에서 언급했다. 만일 제자들이 하늘에서 내려온 예수의 '죽음'에 관한 말씀에 걸려 넘어진다면, 그 뒤에 이어질 그의 '승천'을 본다 해도 과연 믿을 수 있을까(62절)?

63절에서 예수는 인간에 대한 두 가지 지배원리로서 '성령'(프뉴마)과 '육신'(사륵스, 인간의 피조성과 타락 후의 연약성)을 예리하게 대비시키면서(비교. 3:5~7; 창 6:3; 롬 8:4~9; 갈 5:16~24) 영원한 '생명'을 '성령'과 결부시키고, 더 나아가 자신의 '말씀'을 '성령'과 (따라서 또한 '생명'과) 결부시킨다. 그의 살을 먹고 피를 마셔야 한다는 말씀은 물리적 의미가 아니라 영적 자세와 행동을 가리키는 뜻으로 이해해야 하며 그렇게 받아들이는 사람에게 그 말씀은 '생명'을 준다.

그러나 예수는 제자들 가운데 "믿지 않는 사람들이 있다"고 선언한다(64a절). 그는 신적 통찰력으로 "사람들의 마음 속에 있는 바"를 꿰뚫어 알 수 있었고(2:25), 그래서 "믿지 않는 사람들이 누구며 자신을 팔 사람이 누구인지 처음부터 알았다"(64b절). 여기서 '처음' 이란 그들이 예수를 따르기 시작한 때를 가리키는 듯하다(15:27; 16:4).

그러므로 예수는 사람들이 자기를 불신하고 배척할 때 결코 놀라거나 낙심하지 않았다(5:38, 42; 6:36). 그는 "아버지"께서 자기에게 전체 백성이 아니라 그 일부만을 제자로 허락하시리라는 사실을 알았고 앞서 언급하기도 했다(65, 37, 44절). 그러나 64~65절 진술의 의도는 제자들에게 불신앙에 대한 책임을 면제해 주기보다 오히려 신앙을 가져야 할 책임성과 결단을 촉구하려는 데 있었다.

그럼에도 불구하고 "그 일 이후부터 그의 제자들 가운데 많은 사람이 떠나갔고, 다시는 그와 함께 다니지 않았다"(66절). 26~58절과 60~65절에 기록된 예수의 말씀은 결국 그를 줄곧 따라다녔던 많은 제자들까지도 이반하게 만들었다. 이 비관적인 결과는 그의 지상생애가 끝날 때까지 회복되지 못했다.

많은 제자들의 변심과 이탈은 12사도들에게도 영향을 줄 수 있었다. 어느 날 호젓한 시간에(비교. 눅 9:18~20; 마 16:13~20) 예수는 그들에게 "너희도 떠나가려느냐"라고 물었다(67절). 이 질문 서두에 놓인 불변화사 '메'는 그가 "아닙니다"라는 부정적 대답을 기대했음을 보여 준다.

그러나 예수는 믿음의 문제에서 제자들에게 전적으로 자유로운 의사결정의 기회를 부여했다(67절의 동사 '텔레테'를 보라). 베드로가 12사도의 대변자로서('우리') 엄숙하고 단호하게 예수를 메시아('하나님의 거룩한 분,' 비교. 10:36)로 고백한다(68~69절). 베드로는 많은 사람들을 실망케 하고 떠나게 만든 예수의 바로 그 말씀이 '영생'을 주는 것이며, 그런 구원의 말씀은 예수 외의 아무에게서도 찾을 수 없다고 대답한다. 사도들은 예수가 메시아심을 "믿고 알았다"(69절). 기독교의 '지식은 믿음의 열매'로 얻어지는 것이다(어거스틴, 토마스 아퀴나스, 벵겔).

요한은 베드로의 신앙고백에 대한 예수의 기쁜 반응과 약속을 보도하는 대신(비교. 마 16:17~19) 가룟 유다의 배신을 예고한다(70~71절). 이로써 51절에 이어 또다시 예수의 수난이 암시된다. 제자가 선생을 선택했던 유대 랍비 문하생들의 경우와 반대로 예수의 사도들은 선생에 의하여 선택받았다(13:18; 15:16, 19).

그러나 선택받았던 그들 가운데 "한 사람은 마귀"였다(70절). 예수는 이전에 베드로를 가리켜 '사탄'이라고 부른 적이 있었다(마 16:23; 막 8:33). 이 말은 그 사람이 마귀/사탄의 뜻을 따르는 도구가 되었다는 의미다(13:2, 27). 예수는 마귀에게 마음을 내 주기 시작한 가룟 유다를 깨우쳐 돌이키기 위하여 이런 충격적인 표현을 사용했을 것이다. 그는 마지막 만찬석상에서도 유다에게 여러 차례 회개의 기회를 주었다(13:2, 4~11, 18~19, 21~30).

본문의 메시지와 적용

1. 기적(=표적, sign)의 의미와 목적

요한은 그의 복음서에 7개의 기적만을 선별하여 기록하면서(2:1~11, 물로 포도주를 만듦; 4:46~54, 왕의 신하의 아들을 고침; 5:1~9, 38년 된 병자를 고침; 6:1~13, 5천 명을 먹임; 6:16~21, 물 위로 걸어옴; 9:1~7, 날 때부터 맹인 된 사람을 고침; 11:33~44, 나사로를 살림) 이 기적들을 '표적'(세메이온, sign)이라고 부른다. '표적'이란 용어는 예수의 기적이 그 자체에 의미와 목적이 있지 않고 어떤 다른 실체를 가리키는 데 있음을 암시한다.

6장은 가장 많은 표적을 보도하고 있다(21절의 항해를 '기적적'인 것으로 해석하면 3가지 표적). 이 표적들의 의미는 무엇인가? 한마디로, 하나님의 아들이신 예수 자신의 인격과 권능을 보여 주고 증명하는 것이다(26절; 21:30~31). 6장의 시간적 배경(4절, '마침 유월절이 가까운 때')과 일치하게 여기서 예수가 행한 가지 표적은 모두 (첫 유월절로 시작된) 구약의 출애굽 사건과 직접 연관된다. 광야에 모인 수많은 무리를 기적적으로 먹인 것이나(5~13절), 바다를 육지와 같이 걸어서 지나간 것(16~20절), 그리고 바람과 파도를 다스려 안전하게 목적지에 도달한 것(21절) 등은 출애굽 사건을 통해 하나님이 베푸신 놀라운 기적들과 공통점이 있다(비교. 출 13~15장; 시 77:16, 19~20).[11]

예수는 6장의 표적들을 통해 하나님의 역할을 수행하고 있다. 자신의 백성들이 처한 궁핍한 상황에서 그들을 먹이고, 자연적 재난과 위기에서 그들을 구하고, 보호하며 인도해 낸다. 구약성경에 의하면, '바다 위로 걷는' 것은 오직 하나님만이 하실 수 있는 일이다(욥 9:8; 사 43:16). 예수는 바다 위를 걸어 제자들에게 옴으로써 그가 하나님의 성품과 능력을 지녔음을 입증하였고, 제자들은 그를 당연히 '하나님의 아들'로 고백했다(비교. 마 14:33). 16~21절의 묘사가 시편 107:25~30을 반영하고 있다면,[12] 요한은 예수가 바로 시편 107편에서 찬양하는 '주님'이심을 증언하고 있는 것이다.

그러므로 요한복음의 기적/표적 기사를 읽는 사람마다 사도가 그것들을 기록한 목적을 상기해야 한다. "예수께서는 이 책에 기록되지 아니한 다른 많은 표적들도 제자들 앞에서 행하셨다. 그러나 이것들을 (선별하여) 기록한 목적은 너희로 하여금 예수가 그리스도요 하나님의 아들이심을 믿게 하고, 또 그렇게 믿어서 그의 이름으로 생명을 얻게 하려는 것이다"(20:30~31).

2. 인간의 '빵' 문제와 하나님의 해결책

예수 앞에 모여든 갈릴리의 유대 군중은 시대를 초월한 온 인류의 절실한 소요(needs)의 문제를 대변하고 있다. 인간에게 '빵 문제'는 생존을 위한 기본 요건임에도 불구하고 타락 이후의 자연환경은 더 이상 그 요건을 보장해 주지 않는다.

따라서 인간은 이 문제를 해결하기 위하여 씨족과 부족사회를 이루고 나라를 만들었다. 그리고 '배부르고 등 따뜻하게' 해 줄 인물을 그들의 지도자와 왕으로 세웠다. 그러므로 오병이어의 기적을 현장에서 목격한 유대 군중이 예수를 '억지로 붙들어 왕 삼으려' 했던(15절) 처사는 인간적으로 볼 때 지극히 당연하다. 그들은 그 기적에서 보인 예수의 능력이라면 능히 외세인 로마를 몰아내고 되찾은 땅에 하나님의 나라를 세우고 이스라엘이 태평성대를 누리게 할 수 있다고 확신했을 것이다. 보리빵과 말린 생선을 배불리 얻어먹은 그들은 예수에게 찾아와 모세의 '만나' 같은 또 다른 기적을 요구했다(30~31절).

그러나 예수의 관심사는 그들과 전혀 달랐다. 예수는 '하나님께서 보내신 자'(29절; 4:34; 5:24, 30, 36~38)로서 그분의 '뜻'을 이루는 일에만 치중했다. 사람들이 우선적으로 해야 할 '하나님의 일'이란 그분이 '보내신 자를 믿는 것'이다(28~29절). 또한 예수를 보내신 하나님의 '뜻'은 바로 그에게 '주신 사람들'을 그가 '하나도 잃어버리지 않고 마지막 날에 모두 살리는 것'이다(39절). 현실의 생존을 위해 시급한 '빵'(해방, 평화, 안정을 포함한) 문제를 정치적 방식으로 해결해보려는 군중에게 예수는 난데없이 '믿음'과 '영생'을 강조한다.

군중이 요구하는 모세의 '만나'도 원래는 하나님께서 "사람이 빵으로만 사는 것이 아니라 여호와의 입에서 나오는 모든 말씀으로 사는 줄을 알게 하려고" 주신 것이었다(신 8:3; 마 4:4). 그 기적의 음식 "만나"도 결국은 사람을 살리지 못한 '썩을 양식'에 불과했지만, 예수가 줄 '하늘에서 내려온 생명의 빵'은 사람들에게 꼭 필요한 '영생에 이르는 양식'이다(27, 48~51a절).

예수가 줄 '빵'은 다름아닌 그 자신의 '살'과 '피'로서, 그가 세상으로 하여금 멸망의 심판에 이르지 않고 영생의 구원을 얻도록 '세상 죄를 진' 유월절의 '어린양'이 되어 십자가에서 찢기고 흘려야 할 것이었다(51c절; 1:29; 3:14~18). 예수가 자각한 사명은 바로 이러한 대속의 죽음을 통해 세상에 구원을 가져오고, 그의 '살과 피를 먹고 마시는' 사람들, 즉 그를 대속의 구주로 '믿는' 사람들을 '마지막 날에 다시 살리는' 것이었다(40, 53~58절).

예수가 보여 준 인간의 우선적 과제는 '빵'의 문제가 아니라 (죄로 인한) '죽음'의 문제를 해결하는 일이다. 물론 그도 육신을 지닌 사람에게 빵이 없어선 안 될 것임을 알기에 제자들에게 가르친 모범기도에서 "오늘 우리에게 필요한 빵을 주시옵고"(마 6:11)라는 간구를 포함시켰다.

그러나 제자들이 '빵'보다 앞서 구해야 할 것은 바로 "(아버지의) 뜻이 하늘에서 이루어진 것같이 땅에서도 이루어지게 하시옵소서"(마 6:10)였다. 이 우선순위는 누구보다도 먼저 예수 자신이 실천하며 살았다. 언젠가 그는 사마리아 수가성에서 음식을 구해온 제자들에게 "내게는 너희가 알지 못하는 먹을 양식이 있다"고 말해 그들을 어리둥절하게 만들었다(4:32). 그러면서 "나의 양식은 나를 보내신 분의 뜻을 행하고 그분의 일을 이루는 것이다"라고 설명했다(4:34).

예수는 이 우선순위를 그의 제자들에게도 가르쳤다. "너희는 무엇을 먹을까, 무엇을 마실까, 무엇을 입을까, 하고 걱정하지 말아라! 이 모든 것은 이방 사람들이 구하는 것이요, 너희의 하늘 아버지께서는 이 모든 것이 너희에게 필요하다는 것을 아신다. 너희는 먼저 하나님의 나라와 그의 의를 구하여라. 그리하면 이 모든 것을 너희에게 더하여 주실 것이다"(마 6:31~33). 공중의 새들과 들판의 이름 없는 꽃들을 창조하신 하나님이 이들을 "먹이고 입히시는" 것이 당연한 사실이라면, '하물며' 그들보다 훨씬 더 존귀하게, '하나님의 형상대로'(창 1:26~27) 지음받은 너희를 하나님이 돌보실 것은 더 확실한 사실 아닌가(마 6:26~30)!

이러한 우선순위를 따라 살 수 있는 사람들은 하나님을 '아버지'로 부르는 자들뿐이다. 그들은 '하나님께서 보내신 자' 예수 그리스도를 '믿음'으로 '영접'하여 '하나님의 자녀'가 된 사람들이다(1:12). 그들은 '예수 그리스도의 죽음으로 말미암아' 하나님의 '진노'로부터 '구원받은' 사람들이며, 하나님께 대한 '죄인'과 '원수'의 관계를 청산하고 하나님과 '화목하게 된' 사람들이다(롬 5:8~10). 그들만이 비로소 "하늘에 계신 아버지"께서 그들 자신을 존귀하게 지으셨으며 소중하게 보살피고 계심을 확신할 수 있다.

그러나 하나님과 관계없이 사는 '이방 사람들'은 언제나 "목숨을 부지하려고 무엇을 먹을까, 무엇을 마실까 걱정하고 몸을 보호하려고 무엇을 입을까 염려하며"(마 6:25) 살기 마련이다. 그들은 마치 목숨보다 음식이 더 소중하고, 몸보다 옷이 더 소중한 것처럼 그것들에 지나친 관심을 쏟으며 살아간다. 현실생활에 관한 이들의 관심은 사실상 생존하기 위한 기본적 소요를 만족시키는 데 그치지 않고 그들의 삶을 더 풍족하고 호사스럽게 향유하기 위해 끊임없이 증대된다. 따라서 삶의 조건이 전보다 호전된다 해도 그들의 걱정과 염려는 사라지지 않고 오히려 늘어가는 것이다. '빵'이 상징하는 인간의 모든 현세적 소요와 그것을 충족시키려는 모든 노력은 '썩을 양식을 위한 일과 수고'(27a절)일 뿐이다.

모름지기 인간은 자신이 '빵'으로만 사는 존재가 아님을 깨달아야 한다. 먼저 '성령으로 거듭남'(3:5~7)으로써 눈에 보이는 '모든 세계가 하나님의 말씀으로 지어진 줄을 알고'(히 11:3) 생명의 근원되신 창조주 하나님께로 돌아가야 한다. 그분이 보내신 "생명의 빵" 예수 그리스도를 '믿고' - 즉 우리의 죄를 위해 죽으신 예수 그리스도의 '살과 피를 먹고'(35, 51, 53, 56절) -

죄 사함을 얻어 영원한 생명을 선물로 받아야 한다. 이 생명은 그리스도가 재림하실 '마지막 날에' 그가 우리를 '다시 살리심' 으로써(39, 40, 44절) '영광 중에 나타날' 것이다(빌 3:20~21; 골 3:4).

'믿음' 으로 거듭나 하나님과 아버지 – 자녀의 관계를 맺게 된 사람만이 그분의 돌보심을 확신할 수 있고, 현세의 '빵' 문제에 대한 걱정과 염려에서 해방되어 그분의 '뜻' 을 이루며 살 수 있다. 진실로 그분의 약속대로 '하나님의 나라와 의를' 우선적으로 구하며 사는 자녀들은 그들에게 날마다 필요한 '빵' 을 '더하여 주시는' 하늘 아버지의 은혜로운 손길을 체험하게 된다(마 6:33).

3. 하나님의 주권과 인간의 책임

요한복음 전체를 관통하고 있는 '하나님의 주권' 사상은 6장 곳곳에서 나타난다. 예수는 하나님께서 '인치시고 보내신 자' (27, 29, 39절)며 '세상에 생명을 주기' 위해 '하늘로부터' 내려주신 '생명의 빵' 이다(32~35, 48~51, 58절). 예수가 하늘에서 내려온 목적은 자기의 뜻이 아니라 그를 보내신 하나님의 뜻을 행하기 위해서였다(38~39절). 예수는 자기에게 '오는 자마다 결코 주리지 않을' 것이며 자기를 '믿는 자마다 영원히 목마르지 않을' 것이라고 초청하며(35절), '아버지의 뜻' 은 '아들을 보고 믿는 자마다 영생을 얻는 것' 이라고 밝힌다(40절).

그러나 예수는 유대인 군중 가운데서뿐 아니라 심지어 그의 제자 무리 가운데서도 자기를 '믿지 않는' 사람들이 있으리라는 사실을 알고 있었고 (36, 64절), 그 이유를 "나를 보내신 아버지께서 '이끌지'(ἑλκύειν 44절 또는 '오게 하여 주시지' διδόναι 65절) 아니하시면 아무도 내게 올 수 없기" 때문이라고 밝혔다(44, 65절). 그러므로 예수는 군중의 불신과 제자들의 이반에도 낙심하지 않았다. 오히려 그의 사명을 하나님이 그에게 '주신 사람들을 하나도 잃어버리지 않고 마지막 날에 다시 살리는 것' 으로 한정했다(37, 39절). 예수는 하나님이 자기에게 '주신 자들' 을 자기를 불신하는 세상과 구별해서 말서 말했다(10:25~29; 17:2, 4, 6, 9).

요한복음에 나타난 하나님의 선택과 예정 교리는 불신과 불순종에 대한 인간의 책임을 면제하지 않는다. 사도 요한은 주권적인 하나님의 예정과 함께 책임을 동반한 인간의 반응을 동시에 전제하고 있으며, 이 점에서는 사도 바울도 마찬가지다(롬 9:14~24).[13]

본문 6장 마지막에서 언급된 가룟 유다의 경우가 이 점을 가장 분명히 드러낸다. 그는 12사도 가운데 속했으나 마귀의 도구가 될 사람이었다(70절). 13장을 보면, 유월절 만찬 이전에 '마귀는 벌써 유다의 마음에 예수를 팔려는 생각을 넣었고'(2절) 유다는 그 악한 생각을 줄곧 마음에 품고 있었다. 그러나 예수는 다른 제자들과 똑같이 유다를 사랑하며(1절) 그의 발을 씻어 주고(5절) 빵 조각을 건네 주었다(26절). 또한 여러 번 유다의 행위를 직접적으로 암시적으로 경고하였다(10~11, 18, 21, 26절).

하지만 유다는 예수가 적셔서 주는 빵 조각을 받아먹은 후 즉시 마귀의 뜻을 따르기로 결심하였다(27절, "조각을 받은 후 곧 사탄이 그 속에 들어갔다"). 사탄이 승리한 후에도 유다는 단지 사탄의 조종을 받는 꼭두각시가 아니었다. 예수는 유다를 그의 행동의 주체로 간주하며 "네가 하고자 하는 일을 어서 하여라!"라고 말했다(27절). 유다는 그 말을 듣고 즉시 그 일을 수행하기 위해 밖으로 나갔다(30절).

여기서 유다의 배반 행위는 분명히 그가 자신의 뜻에 따라 능동적으로 결정하고 일련의 과정을 통하여 계속 수행한 일로 나타난다(12:4~6; 18:2~3, 5). 그러므로 그는 자신의 행위에 대하여 책임이 있다(행 1:25). 그러나 요한은 이러한 유다의 행위가 구약성경에 예언된 바를 이룬 것으로 증언한다(13:18; 비교. 행 1:16; 마 27:9~10). 이 사실은 유다의 악한 행위조차 하나님의 궁극적인 주권과 계획안에 있었음을 가리켜 준다.

요한은 인간의 악한 행위 배후에도 하나님의 주권을 전제하고 있다. 그러나 그에게 "하나님의 주권은 인간의 책임성을 경감시키지 않는 동시에 하나님의 존재가 결코 손상되지 않는 신비로운 방식으로 일을 이루어간다."[14] 유다는 사탄이 그를 이용하는 동안에도 자신의 행동에 책임을 지고 있었다. 그러나 유다와 사탄 위에는 만유보다 크신 하나님이 계셔서 당신의 뜻을 성취하셨다.

그러면 하나님의 선택교리에서 우리가 취해 적용할 내용은 무엇인가? 우리가 예수 그리스도를 알고 믿게 된 것이 오로지 하나님의 은혜의 결과임을 인정해야 한다. 우리의 구원은 하나님의 자유로운 뜻과 계획에서 시작된 것이다. 그러나 시간을 초월한 하나님의 예정은 시간 안에서 인간의 책임을 동반하면서 이루어진다. 성경은 인간의 책임에 호소하면서 우리에게 "너희 마음을 강퍅케 하지 말라!"고 명령한다(히 3:8, 13, 15; 시 95:8).

어거스틴은 본문 44절을 다음과 같이 적용시켰다. "너는 아직 이끌림을 받지 못했는가? 네가 이끌림 받기를 기도하라!" 우리는 '내가 택함을 받은 사람인가, 버림을 받은 사람인가?' 를 물으면서 하나님의 예정과 그분의 영원한 계획을 알아낼 도리가 없다. 다만 주 예수를 믿고 그에게 순종해야 한다. 그의 말씀에 대해, 우리 안에 계신 성령에 대해 우리의 마음을 스스로 강퍅케 하지 않아야 한다. 이로써 우리는 나 자신에 대한 하나님의 택하심을 '알고' 또한 '굳게' 할 수 있다(살전 1:2~5; 빌 2:12~13; 벧후 1:10~11).

7 초막절에 드러난 예수 사역의 의미
요한복음 7장의 주해와 적용

    요한복음은 크게 나눌 때 1~12장을 "표적의 책"(the Book of Signs)으로, 13~21장을 "영광의 책"(the Book of Glory)으로 구분할 수 있다. 전반부인 "표적의 책" 가운데 5~10장까지 요한은 유대인들의 주요 종교 – 신앙적 관습과 절기를 통해 예수님의 정체성을 상징적으로 드러내고 있다. 5장에서는 "안식일"에 38년 된 병자를 치유해 주시는 예수님을 보게 된다. 이는 하나님의 대리자로서 "안식일에도 일하심으로써" 이 세상의 사람들에게 참 안식을 베푸시는 예수님의 이미지를 보여 준다.

    6장에서는 "유월절"의 배경 속에 예수님께서 오병이어의 표적을 베푸신다. 이는 그 옛날 유대인의 조상이 광야 길에 하늘로부터 내려온 양식을 먹고 생명을 얻었듯이, 이제 새 이스라엘의 백성도 하늘에서 내려온 참 양식이신 예수님의 살과 피를 먹고 마심으로 생명을 얻게 됨을 보여 준다. 생명을 얻고자 하는 자는 예수님께서 하나님의 아들로 이 땅에 내려오신 분임을 믿어야 함을 의미하는 것이다.

    7~9장에는 "초막절"에 물(7장)과 빛(8~9장)을 통한 절기 행사의 예식 가운데 말씀을 선포하시는 예수님의 의도적 메시지가 나타난다. 이는 물과 빛의 이미지를 통하여 예수님의 현재와 장래 사역의 초점이 죽어가는 영혼들을 다시 불러일으키는 "생명"에 있음을 6장에 이어 다시 한 번 드러내는 것이다.

이 같은 일련의 요한복음 사건들을 읽는 독자들은 사건들 속에서 점진되는 갈등을 통해 제3자의 입장에서 예수님의 정체성을 파악할 수 있게 된다. 예수님은 이런 점에서 유대인들 특히 종교 지도자들로부터 점진적인 오해를 불러일으키는 장본인으로 비춰진다(요 5:16; 6:41~42, 52; 7:20, 43~44). 그러나 유대인들이 예수님을 오해하게 되는 것은 예수님의 인격이나 사역에 문제가 있었던 것이 아니라 오히려 그들 심령 속에 "하나님을 사랑하는 것"(요 5:42)이 없었기 때문이었다. 이것은 또한 모세와 그의 율법도 제대로 파악하지 못한 결과였다(요 5:46~47). 여기에 요한복음의 역설적 메시지가 깊게 깔려 있다. 모세와 하나님을 누구보다 사랑하고 있다고 자부했던 유대인들에게 예수님의 이 같은 경고와 책망은 더욱 골이 깊어지는 갈등 속으로 치닫게 될 뿐이다.

우리의 본문인 요한복음 7장은 크게 1) 예수님과 그의 형제들과의 대화(1~9절), 2) 예수님과 유대인들과의 논쟁적 대화(10~36절), 3) 예수님의 짧은 선포(37~39절), 그리고 이에 따른 4) 백성들의 반응과 유대 종교 지도자들의 거부(40~52절) 등 네 단락으로 구분된다. 그러나 필자는 이 본문을 초막절이라는 유대 절기의 시간적 흐름에 따라 크게 세 단락(1~13절; 14~36절; 37~52절)으로 분류하고자 한다.[1]

7장에서 나타나는 주요 인물들로는 예수님과 그의 형제들, 유대인들(종교 지도자들로서 대제사장들과 바리새인들)과 이들에 속한 성전 관리인들, 무리들, 그리고 니고데모가 언급되고 있으며, 지리적 공간은 갈릴리와 예루살렘, 특히 성전에 집중되어 있음을 관찰할 수 있다.

유대인의 명절인 초막절이 가까운지라(7:1~13)

요한복음 6장에 따르면 예수께서는 유월절에 즈음하여(6:4) 갈릴리 바다 건너편 가버나움에 도착하였고(6:16~17, 24), 전날에 행하신 오병이어 표적에 따른 강론을 그의 제자들과 무리들에게 전하였다. 7:1에서 말하는 "이후에"는 바로 유월절에 행했던 표적과 강론 이후를 언급하는 듯하다. 한편 요한복음 7장은 몇 가지 점에서 5장과 유비적으로 볼 수 있는 문맥들이 있는데, 이럴 경우 "이후에"는 예루살렘에 올라가서 38년 된 병자를 안식일에 고친 일을 의미하는 것으로 간주될 여지도 없지 않다.

하지만 1절에서 분명한 것은, 예수께서 이전보다 더욱 의식적으로 유대인들에 의한 자신의 죽음을 염두에 두고 있다는 사실이며, 바로 이 점 때문에 유월절(4월경)에 예루살렘을 방문한 이래 예수께서는 계속해서 약 6개월 가량을 갈릴리에 머문 것으로 보도된다. 유월절 그리고 오순절과 함께 유대인의 3대 명절인 초막절(9~10월경)이 가까이 왔음을 2절에서 알려 주고 있기 때문이다. 초막절이 다가왔다는 것은 유대 성인으로서 예수님도 예루살렘을 마땅히 방문해야 될 때임을 알려주는 것이기도 하다.

예수님의 동생들이 예수님을 향해 유대(예루살렘)로 갈 것을 요청하는 것은, 유대의 경건한 성인으로서의 의무를 지키라는 차원에서라기보다는 예수님의 표적들에 따른 메시아적 정체성을 좀 더 밝히 드러내기를 요구하는 이유에서였다. 그러나 이들의 요구는 '메시아 예수'를 인정하거나 고백에 의한 것이 아니라, 자신들의 형인 예수가 메시아처럼 이적을 행하는 것에 반신반의하면서 오히려 예수님을 시험하려는 불신앙적 동기가 그 배후에 깔려 있음을 보여 준다. "이는 그 형제들이라도 예수를 믿지 아니함이러라"(5절).

예수님의 동생들은 꽤 오랫 동안(최소한 약 20년은 넘게) 예수와 함께 성장하는 가운데 한 지붕 밑에서 가까이 살며 그들의 형을 보아왔을 것이다. 바로 이 사실이 그들로 하여금 예수님을 메시아로 인정하기 어렵게 했을 것이다. 그들이 기대하고 대망했던 메시아와 한 집에서 함께 먹고 자면서 알고 있던 형 예수와는 엄청난 이미지의 간격이 있었을 것이기 때문이다. 이것은 예수님의 동생들이 결국 이 세상의 눈으로만 예수님을 바라보았다는 말이다. 물리적인 가까움이나 축복이 항상 영적 가까움이나 축복을 의미하는 것이 아님을 깨닫게 해 준다.

갈릴리를 떠나 유대로 향할 것을 요구하는 동생들의 제안에 예수께서는 "자신의 때"와 "너희의 때"를 그리고 "세상"과 "자신"을 구분함으로써, 자신의 동생들이 아직까지 "세상에 속해 있음"을 밝히고 있다. 여기서 언급되고 있는 "예수의 때"(카이로스)는 요한복음 전체의 문맥상 자신을 이 세상에 보내신 하나님의 계획과 뜻이 온전히 드러나는 때를 의미한다. 즉, 이때는 바로 예루살렘에서 십자가에 들림받아(being lifted up) 죽으시는 때(요 7:30; 8:20; 12:27)요, 하나님의 아들로서 하나님의 영광을 드러내는 부활의 때(요 12:23; 13:31~32; 17:1~5)요, 다시 보냄받은 하늘에 계신 하나님께로 올라가는 (요 20:17; 참조 "세상을 떠나 아버지께로 돌아가실 때" – 요 13:1) 때다.

이런 점에서 "너희[예수님의 동생들]는 명절[초막절]에 올라가라 나는 내[예수] 때가 아직 차지 못하였으니 이 명절에 아직 올라가지 아니하노라"(8절)는 말씀에서 두 번 사용되는 '올라가다'(아나바이노)라는 동사는 이중적 의미를 가지는 것으로 해석될 필요가 있다. 전자가 갈릴리에서 예루살렘으로 올라간다는 문자적인 의미라면, 후자는 이 땅에서 하늘로 올라가야 하는 비유적 의미(요 3:13; 6:62; 20:17 참조)를 지닌다.[2]

따라서 "그 형제들이 명절에 올라간 후 자기[예수]도 올라가시되"(10절)는 9절의 이중적이고 심층적인 신학적 관점으로 조망해 볼 때 모순되는 것으로 볼 이유가 없다. 뿐만 아니라 예수께서 예루살렘을 향해 올라가시는 모습("나타내지[파네로스] 않고 비밀히 하시니라" – 10절)은 그의 동생들의 요구(스스로 나타나기[파네로손]를 구하면서 묻혀서["비밀히"의 10절과 같은 헬라어 '엔 크룹토' 임] 일하는 사람이 없나니… 자신을 세상에 나타내소서 – 4절)와 정반대되는 것임을 본문이 보여 주고 있다.

일주일간 진행되는 초막절 명절에 예루살렘으로 올라온 많은 유대인들이 예수님의 방문을 또한 기대하며 그를 찾고 있는 모습을 볼 수 있다(11절). 이들은 크게 긍정과 부정 두 편으로 나뉘어 예수님을 평가하고 있었지만, 설사 예수님에 대해 긍정적 견해('아가쏘스'로 묘사된 "좋은 사람")를 가진 유대인들도 예수님을 하나님의 아들 메시아로 인정했다는 것은 아니다. 더군다나 그들은 종교 – 사회적 권세를 누렸던 유대 지도자들을 두려워하던 무리들이었다(13절).

이처럼 유대의 일반 군중이나 지도자들은 비록 모세의 율법을 따라 명절 절기를 지키기 위해 성전에 올라와 희생 제사를 드리며 자신을 하나님께 헌신코자 했을지라도 이들의 종교적 동기와 행위는 이미 맥빠진 겉치레의 율법주의적 예식에 불과한 것임을 암시하고 있다. 하나님을 만나고 하나님께 예배드리기 위해 예루살렘에 올라온 유대인들과 하나님의 집인 성전에서 녹을 먹고 그 성전을 지키는 종교 지도자들이, 하나님으로부터 보내심을 입고 이 땅에 오신 하나님의 아들 예수 그리스도를 한편으론 의심하고 질문하며(7:3~5, 12, 30~31, 40~44, 45~59), 또 한편으론 거부하고 배척하며 죽이기로 모의하는(7:19, 20, 25, 30, 44 참조) 아이러니가 본문 속에 여기저기 깔려있는 것이다.

이미 명절의 중간이 되어(7:14~36)

본문은 독자들에게 초막절 주간이 이미 시작되어 중간 즈음에 도달한 것을 말해 준다. 그리고 결단한 듯 보이는 예수께서 예루살렘을 향해 올라가는 모습을 보도해 주고 있다. 예수님의 의도는 이번 초막절에 예루살렘 성전에서 말씀을 강론하기 위함이었다(14절). 따라서 독자들은 예수님의 강론에 따른 유대인들과의 긴장과 갈등을 어느 정도 예견해 볼 수 있다.

초막절에 행한 예수님의 가르침에 대해 유대인들은 예수께 향한 권세 내지 권한에 대해 의구심을 가지며 반응한다. "유대인들이 기이히 여겨 가로되 이 사람[예수]은 배우지 아니하였거늘 어떻게 글을 아느냐"(15절). 이것은 예수께서 그 당시 율법을 가르치고 배우는 랍비 전통의 어떤 인맥에도 관계하지 않았음을 의미한다. 이는 예수께서 인간이 만든 율법 교육 기관이나 전통으로부터 하나님의 말씀인 토라를 정식으로 배운 적이 없었음을 말한다.

이에 대한 예수님의 답변은 그들의 질문에 대해서 한편으론 인정하면서 (즉, 사람들로부터 배우지 않았음), 또 다른 한편으론 그들이 더욱 황당하게 여길 수 있는 선언으로 대신한다. 한마디로 예수님의 랍비 스승은 결코 인간이 아닌 하나님 자신이라는 것이다. 마치 인간의 스승과 충실한 제자의 가르침이 동일한 것처럼, 지금 예수님의 가르침은 자신의 것이 아닌 자기를 보내신 하나님의 가르침이라는 의미다.

훌륭한 랍비는 토라 연구를 통하여 하나님의 가르침을 잘 드러내고 또 그것을 잘 전수시키는 일에 책임을 다하는 자다. 그런데 지금 예수께서 이 하나님의 가르침을 하나님으로부터 직접 배우고 전수받아 이 땅에서 전하고 계신 것이다. 랍비들과 유대인들이 그렇게도 갈망하던 그 가르침을 말이다.

그렇다면 유대인들이 이런 예수님을 알아보지 못한다는 것은 무엇을 의미하는가? 모세를 알고, 율법을 배웠다고 하지만 실상 이들 유대인들은 모세도 잘 모르고(요 5:46~47), 율법도 잘 모른다는 것을 드러낼 뿐임을 말한다. 따라서 예수께서는 이들에게서 율법의 의미가 제대로 실천되는 것을 기대할 수 없었다. 오히려 하나님의 영광을 드러내고자 하는 예수님을 증오하고 거부하는 유대인들은 이제 그를 죽이려고 하는 음모까지 품게 된다(19절; 요 5:18 참조). 예수님에 대한 이런 갈등의 첨예한 대립은 일반 유대인들보다는 이들을 대표하고 가르치는 소수의 유대 지도자들(32절 참조)이었다. 따라서 예수님의 날카로운 질문(19b절)에 대해 유대 무리들은 당황했을 뿐 아니라 예수님이 정상적이지 못한 상태에 있는 것이 아닌가 하는 의심까지 하게 되었다(요 8:48, 52; 10:20~22).

21절에서 이어지는 예수님의 답변을 통해 독자들은 요한복음 5장의 38년 된 병자를 안식일에 치유하셨던 예수님의 표적("한 가지 일을 행하매" – 21절)에 대한 예수님의 해석(22~24절)을 읽게 된다. 유대인들은 어린 남자 아이가 태어나 8일째 되는 날 그 아기에게 모세의 계명을 따라 할례를 행하는데, 이 날이 안식일에 해당될 때도 할례만큼은 "하나님의 뜻에 따른 거룩한 순종(노동)"으로 여기고 그 일을 거행했다(22절). 그렇다면 "하나님의 뜻에 온전히 순종함으로" 보냄을 받고 이 땅에 오신 예수께서, 몸의 일부가 아닌 전신을 하나님께 회복시킴으로 그 병자에게 참 안식(구원)을 주고자 행했던 그 "거룩한 노동"을 왜 할례 받은 유대인 너희들이 부정하게 판단하느냐고 하는 질타다(23절). 이것은 유대인들이 할례와 안식일의 참 의미를 오해했을 뿐 아니라, 지금 자신들과 함께 대화하고 있는 예수께서 누구신지를 제대로 파악하지 못하고 있기 때문이다. 처음부터 예수님이 누구신지 알지 못했던 자들은 예수님의 말을 듣고 행위를 볼수록 그를 더욱 더 오해하고 또 더욱 더 거부할 수밖에 없다.

성전 안팎에서 예수님을 보게 된 유대인들은 예수님의 담대한 가르침에 놀라면서 예루살렘 종교 지도자들이 그를 그저 방치해 놓는 것에 대해 못마땅해 함을 피력하고 있다(25~26절). 이들이 예수님을 그리스도로 볼 수 없었던 이유는 예수님이 요셉과 마리아의 아들이요 또 나사렛에서 성장하며 자란 것을 자신들이 너무나 분명하게 알고 있었기 때문이었다.

그 당시 유대인들에게는 하나님께서 보내시는 메시아가 매우 신비롭고 모호한 방식으로 이 땅에 구원자로 임할 것이라는 메시아 이미지가 만연하였다. 그러므로 예수님의 기원과 출처를 알고 있다고 생각했던 그들에게 예수님은 결코 메시아로 간주될 수 없었다. 이런 점에서 본문은 독자들에게 기가 막힌 아이러니(역설)를 통해 예수님께서 참 메시아가 되심을 반증하고 있는 셈이다. 예수님을 잘 알고 있다("우리는 이 사람이 어디서 왔는지 아노라" - 27절)고 생각했던 유대인들은 실제로 끊임없는 오해와 무지로 예수께서 누구신지를 모르고 있다. 그럼으로써 자신들의 말("그리스도께서 오실 때에는 어디서 오시는지 아는 자가 없으리라" - 27절)처럼 예수께서는 그들이 대망하던 '신비로운 이미지'의 메시아로 드러나고 있다.

한편, 계속되는 답변에서 예수님은 일단 자신이 요셉과 마리아의 아들로 나사렛 출신이라는 '이 세상의 내용'에 대해 부인하지는 않으셨다(28a절). 그러나 이 세상의 관점만으로는 충분하지 못하다는 것이 문제다. 왜냐하면 "육신"으로서의 예수님은 "하늘의 로고스"로부터 기원한 육신이기 때문이다(요 1:1~3, 14). 예수께서는 자신의 기원과 정체성이 하나님("나[예수]를 보내신 이" – 28절)으로부터 말미암은 것임을 밝히고 계신다(28~29절). 따라서 유대인들이 예수님이 누구신지를 모르는 것은 예수님뿐 아니라 그를 보내신 하나님도 모르는 것을 드러낼 뿐이다. 반면 예수님은 이 땅에서 (인간의 교육을 통함이 아닌) 직접적인 관계로서("내가 그에게서 났고 그가 나를 보내셨음" – 29절) 하나님이 누구신지를 명료하게 알고 계신 유일한 분이시다(요 14:6~7 참조).

성전을 중심으로(14절, 28절) 가르치신 예수님의 말씀은 담대함과 권세가 있었다. 하지만 예루살렘에 모였던 유대인들이 이것을 깨닫고 소화하기에는 역부족이었다. 그들이 배워왔고 관습적으로 알고 행하던 가르침과는 질적인 차이와 간격이 있었기 때문이었다.

이런 와중에 유대인 무리들은 크게 두 부류로 나뉘게 되었다(40~43절 참조). 한편은 예수님을 전적으로 거부하는 자들이었고, 또 한편("무리 중 많은 사람")은 예수께서 행하신 표적들을 보고 믿는 자들이었다. 전자에 해당하는 이들은 예수님을 붙잡아 자신들의 종교 지도자들에게 데려가고자 시도했으나 이내 예수님의 권세에 눌려 자신들의 뜻을 이루지는 못했다(30절; 43절 참조).

저자 요한은 그들이 예수님을 잡지 못한 이유를 아직 "예수님의 때(호라)"가 오지 않았기 때문이라고 해설해 준다. 이때는 구체적으로 예수님께서 십자가에 달려 돌아가시는 때(요 8:20; 12:27 참조)를 의미하는데, 예수님의 체포당하심과 죽으심이 예수님의 미리 아심과 능동적 수용(7:33; 10:17~18; 18:6~8 참조) 속에 이루어지는 하나님의 섭리의 때임을 6절에 이어 다시 한 번 암시하고 있다. 초막절 주간 중간 이후로부터 예수님에 대한 여러 말들이 예루살렘에 모인 많은 유대인들의 입에 오르내리자, 유대 공회원들과 종교 지도자들이 성전 관리인들을 시켜 예수님을 붙잡으려고 하였다(32, 45절).

그러나 예수께서는 권세와 담대함 가운데 자신이 하나님 아버지께로 돌아갈 때(십자가에 죽으실 때)가 아직 이르지 않았음을 밝히는(33절) 동시에 자신이 하나님 아버지께로 돌아갈 때는 이 세상 사람들이 결코 따라올 수 없는 곳으로 떠나시는 것임을 증거하신다(34절). 다시 한 번 자신의 죽으심에 대한 예수님의 주체적이고 능동적 태도를 볼 수 있다.

또한 예수께서는 자신의 죽음을 슬픔이나 실패로 보지 않으시고, 오히려 영광과 성취로 해석함으로써 이 인간 세상을 떠나 본래의 "고향 하늘"로 다시 돌아가는 것으로 본다. 이에 대한 유대인들의 반응은 또 하나의 무지와 오해를 낳았을 뿐이다(36절). "나[예수]를 찾아도 만나지 못할 터이요 나[예수] 있는 곳에 오지도 못하리라"(34절)는 말씀에 이들은 예수께서 팔레스타인을 떠나 헬라 이방 세계로 나가 그들을 가르치려는 행보로 짐작할 뿐이었다(35절).

명절 끝날 곧 큰 날에(7:37~52)

우리의 본문은 이제 초막절에 예루살렘 성전에서 가르치신 예수님 사역의 의미를 최고조로 묘사해 주고 있다. 이것은 초막절 행사의 마지막 끝날,[3] 가장 중요한 날에 예수께서 그곳에 모인 사람들 앞에 서서 큰 권세를 가지고 선포하신 말씀에서도 나타난다. "누구든지 목마르거든 내게로 와서 마시라 나를 믿는 자는 성경에 이름과 같이 그 배에서 생수의 강이 흘러나리라"(37~38절).[4] 예수님의 이 선언을 파악하기 위해서는 그 당시 행해졌던 초막절의 절기 기념행사를 고려해야 한다.

이 절기가 시작되는 첫째 날부터 여섯째 날까지, 제사장들이 앞장을 서고 성전에 올라온 유대인들도 동참하여 행렬을 이루어 하루에 한 번씩 실로암 연못에서 떠온 물을 길어다가 성전의 제단에 부으면서, 한편으론 과거 자기 조상들에게 출애굽의 광야 길에서도 물(생명)을 공급하신 하나님께 감사드리고(민 20:8~10 참조), 또 다른 한편으론 장래 추수 때 내려 주실 풍족한 비를 간구하는 예식을 행했다.

반면에 일곱째 날이 되면 이와 같은 행렬을 일곱 번 연속적으로 행하였다. 그리고 이런 예식 중에 이들은 이사야 3:3 "그러므로 너희가 기쁨으로 구원의 우물들에서 물을 길으리로다"와 시편 113~118편의 찬송을 드리면서 하나님께 감사와 소망의 기도를 올렸던 것이다. 그리고 모든 예식이 끝나고 난 다음 날("명절 끝날 곧 큰 날")에는 안식일처럼 일체의 노동을 금하고 온 회중들과 함께 성회로 모여 하나님께 희생 제물을 드림으로 절기의 마지막을 마무리하였다(레 23:34~36 참조). 말하자면 이 날은 지난 일주일 동안 날마다 성전 제단에 부었던 "물" 예식도 거행하지 않는 날이었다.

바로 이 날 예수께서는 성전에 모인 회중들을 향해 "누구든지 목마르거든 내게로 와서 마시라"(37절)고 외치셨다. 그리고 자신을 하나님께서 보낸 메시아로 믿는 자들에게는 성경을 통해 약속하신 "생수의 강들"(헬라어 '포타모이'로 복수형임)이 그 배에서 흘러나오게 될 것을 약속하고 계신 것이다(38절). 여기서 성경에 약속되었던 것은 구약성경의 어떤 특정한 한 본문보다는 구약성경의 상호 관련된 본문들로 이해된다(요 2:22; 7:42; 10:35; 19:28 참조).

이런 점에서 이 본문의 배경으로 기본적으로 유대 조상들이 출애굽 광야 40년 기간 동안 모세를 통해 하나님께로부터 공급받은 "물"(생명)을 언급하는 본문들을 고려할 필요가 있다(출 17:1~7; 민 20:1~13; 시 78:15~16; 105:39~42; 사 43:19~20; 48:21; 고전 10:1~4 참조).

그러나 이 문맥과 관련된 구약성경의 더욱 구체적인 본문은 스가랴 14:8~21("그 날에 생수가 예루살렘에서 솟아나서 절반은 동해로, 절반은 서해로 흐를 것이라 여름에도 겨울에도 그러하리라[8절] … 예루살렘을 치러 왔던 열국 중에 남은 자가 해마다 올라와서 그 왕 만군의 여호와께 숭배하며 초막절을 지킬 것이라"[16절])과 에스겔 47:1~12("이 강물이 이르는 곳마다 번성하는 모든 생물이 살고 또 고기가 심히 많으리니

이 물이 흘러 들어가므로 바닷물이 소성함을 얻겠고 이 강이 이르는 각처에 모든 것이 살 것이며"(9절)이다. 예루살렘 성전에서부터 흘러나오는 물에 의해 이스라엘뿐 아니라 이 물이 이르는 각처의 생물과 사람들이 다시 소생하게 되는 생명 회복에 대한 약속이 지금 초막절에 예루살렘 성전에 서서 말씀하고 계시는 예수님에 의해 종말론적으로 성취되고 있는 것이다. 이런 점에서 예수님은 옛 성전을 대체하는 새 성전의 이미지(요 2:19~21)를 품고 있으며, 또한 생명으로 상징되는 "생수"(요 4:10~14) 내지 "생수의 강들"(38절)을 부어 주시는 분으로 묘사되고 있다.[5]

초막절 끝날에 드라마틱하게 선언하신 예수님의 말씀에 대한 저자 요한의 해설은 독자들에게 또 하나의 심오한 신학적 주제를 안겨 준다. 예수님을 믿는 자의 배에서 흘러 넘칠 "생수의 강들"은 장차 십자가에 달리셔서(being lifted up) 죽으시고 부활하심으로 하나님께 영광을 받으실 예수님께서 부어 주시는 "진리와 생명의 충만한 성령"(39절; 요 15:26; 16:7; 20:22 참조)임을 설명해 주고 있기 때문이다(사 44:3 참조). 종말론적 새시대에 따른 구속사의 점진적 계시의 관점에서, 예수님의 십자가-부활의 영광 사건이 이르기 전까지, 성령은 예수 그리스도와 독점적인 관계에 있음이 암시된다(요 3:34 참조).

물론 구약시대에도 성령의 역사하심을 체험한 인물들(예; 모세, 70/72 장로들, 오홀리압, 삼손과 같은 사사들, 사울, 다윗, 선지자들)을 우리는 제한적으로 볼 수 있다. 그러나 예수 그리스도께서 영광 받으신 후에 하나님 아버지와 아들 예수 그리스도께로부터 내려오시는 성령은 구원-역사의 종말론적 사건을 함의한 가운데 새 이스라엘 백성을 향한 약속의 성취가 이루어지는 새 언약의 성령이시다(겔 36:25~28; 37:14; 렘 31:31; 욜 2:28~29; 행 2:14~41; 고후 3:6~18). 말하자면 새 이스라엘 백성들이 받게 될 성령은 예수님을 하나님께서 보내신 메시아로, 십자가에 달리신 예수께서 하나님의 아들이심을 "믿는 자"에게 역사하실 "하나님의 영"이자 동시에 "그리스도의 영"(롬 8:2,

9; 벧전 1:11; 갈 4:6; 빌 1:19; 행 16:7)으로서의 성령이시다. 따라서 오실 성령의 사역은 예수님의 영광을 나타내고 예수님의 것을 가지고 그것을 알리는 데 초점을 두게 된다(요 16:13~14 참조).

예수님의 초막절 강론을 들은 유대인 회중의 반응은 다시 한 번 양편으로 구분되었다. 어떤 이들은 선지자 또는 그리스도라고 하였지만(40~41a절), 또 다른 이들은 이런 주장에 대해 전면으로 부정하였다(41b절).

반대한 이들은 자신들의 주장이 옳음을 나름대로 성경에 호소하고 있다 (42절). 이들의 성경 지식에 따른 호소가 옳았더라도(요한복음에서 묘사된 예수님은 갈릴리 출신으로만 보도되고 있는 듯 하다. 그러나 예수님은 실제로 베들레헴 출신의 다윗의 후손인 요셉의 아들이었다!) 이들은 성경의 더 광범위하고도 중요한 메시아적 메시지가 예수께 성취되고 있음을 인정하지 않았다. 즉, 예수님의 사역에서 나타나는 표적들이야말로 예수께서 참 하나님의 아들이요 메시아임을 너무 명백하게 보여 주고 있음에도 이것을 깨닫고 수용할 수 있는 마음의 눈이 열리지 못했다. 따라서 이들이 예수님을 메시아로 거부하고 있는 것은 성경에 따른 이유가 아니라, 결국은 자신들의 무지와 교만 때문이었다.

메시아를 깨닫지 못하는 무지와 교만은 일반 유대인 회중보다 그들의 지도자인 대제사장들과 바리새인들에게서 더욱 잘 드러나고 있다. 이들은 예수를 붙잡아오라는 임무를 주었음에도 그 일을 제대로 수행하지 못한 자신들 수하에 있는 성전 관리인들을 나무라고 있다(45절).

하지만 성전 관리인들은 예수님의 가르침 속에서 그가 범상치 않음을 깨닫고 예수님을 붙잡아 올 수 없었다고 증거하고 있다(46절). 지도자 바리새인들의 반응은 더욱 단호했다. 종교 지도자들은 예수님을 메시아로 인정하지 않고 있다는 사실로 자신들의 판단이 옳음을 입증하려 했다. 그들은 예수님에 대해 긍정적이고 호감을 갖고 있는 무리는 율법 교육을 제대로 받지 못했다고 주장하고 있다. 유대 종교 지도자들은 더 나아가 이 같은 무리들이 하나님께로부터 저주를 받게 될 것이라고 심한 비난의 욕설을 아끼지 않았다(49절).

우리는 이 문맥에서도 저자 요한이 독자들에게 보여 주고자 하는 아이러니를 발견할 수 있다. 이것은 바로 "반전의 역설"이다. 말하자면, 하나님께로부터 저주받게 될 것을 경고하는 유대 지도자들 자신들이 바로 하나님께로부터 이미 멀리 떨어져 있음으로 자신들이 바로 하나님의 심판을 받게될 것을 예견해 주고 있다.

그러나 유대 종교 지도자들에게 소망이 전혀 없는 것은 아니다. 이들 중 니고데모라 하는 사람은 율법에 따라 예수님에 대해 좀 더 신중하게 처리할 것을 제안하고 있다(50~51절). 이 사람 니고데모는 요한복음 3:1에 언급된 자로 밤중에 예수님을 찾아와 존경을 표하며 문의했던 사람이다. 이것은 산헤드린 공회원들을 중심으로 한 유대 종교 지도자들이 그 안의 내부인이 볼 때도 율법적(성경적)으로 바르게 해결하는 데 신실하지 못했음을 보여 준다(51절).

이에 대해 유대 지도자들은 성전 관리인들에게 다그쳤던 것처럼 니고데모를 나무라면서 "갈릴리에선 선지자가 나오지 못한다"(52절)고 했던 동일한 논리로 니고데모의 제안도 일축시켜 버린다. 유대 지도자들은 토라에 비춰서도 이미 분별력과 신중함을 상실했음을 그들의 상호 대화 속에서 보여 주고 있는 셈이다. 한편 니고데모는 이 일로 자신이 속한 지도자 공동체에서 점점 더 멀어지게 된 것으로 추정된다. 그는 결국 십자가에서 돌아가신 예수님의 시신을 아리마대 사람 요셉과 함께 돌보며 예수님을 무덤에 안치하는 믿음과 담대함에 이르기까지 나아가게 된 것을 볼 수 있다(요 19:39~40).

맺음말

요한복음 7장은 오늘의 독자들에게도 예수께서 누구신가에 대한 계속적인 물음과 깨달음이 얼마나 중요한 것인지를 일깨워 준다. 이것은 열심히 사역하는 것도 중요하지만 우리 믿음의 도리가 되시고 모범이 되시는 예수 그리스도, 그분을 성령의 도우심 가운데 날마다 더 알아나감으로 그 속에서 깊은 인격적 관계가 더욱 친밀해지고 두터워지는 일에 우리 모두가 우선해야 함을 말한다.

교회의 주요 절기와 예배의 중심 되시는 예수 그리스도의 인격과 사역의 참 의미를 오늘의 우리 목회자들과 성도들은 새삼 묻고 또 물어야 한다. 오늘의 목회자와 성도들이 죽기까지 낮아지신 예수님의 인격과 삶을 사역의 현장과 일상 생활 속에서 날마다 더욱 새롭게 그리고 구체적으로 바라보아야 할 이유(빌 2:5~11 참조)가 여기에 있다. 우리 믿음의 주가 되시고 또한 우리 삶의 모범이 되신 예수 그리스도께서 어떤 분이신지를 자주자주 묵상해야 될 이유(히 12:1~2 참조)가 여기에 있다.

8 세상의 빛 예수 그리스도
요한복음 8장의 주해와 적용

요한복음 8장은 7장에서부터 계속되는 초막절 강화의 연장선 위에서 이해하는 것이 가장 자연스럽다. 이 부분에서 예수님은 자신이 진정으로 누구인지에 대해 중요한 내용들을 많이 밝히신다. 계시된 말씀을 따라 예수님을 바르게 알고 믿는 것이 우리에게 어두움 속에서의 빛이 되기도 하며 죄의 종 된 상태로부터의 자유를 가져오기도 한다.

반면 그를 믿지 않을 때 사람들은 스스로의 어두움 속에 갇히게 되며, 스스로가 아끼고 자랑하는 모든 기득권에도 불구하고 진리의 심판 아래 놓이게 된다. 이토록 중요한 분기점을 형성하는 예수 그리스도의 자기 계시 앞에 진지하고 겸손하게 나아간다.

삽입된 에피소드(8:1~11)

많은 사람들에게 잘 알려져 있는 '간음하다 잡혀 온 여인의 이야기'(7:53~8:11)는 사본상의 문제 때문에 우리 한글번역 성경에서도 괄호 안에 묶여 있다. 가장 믿을만한 고대의 대문자 사본들 속에는 이 부분이 들어 있지 않다(p. 66, p. 75, a, B 등).[1]

알렉산드리아 사본(A) 등에는 이 전후 부분이 유실되고 없으나 공간을 계산해 보면 이 이야기가 들어갈 자리를 남기지 않는다. 고대 역본들 또한 이 부분을 포함하고 있지 않다. 이를 포함하고 있는 사본들은 주로 서방 계통의 사본들이며 베자 사본(D)이 대표적이다. 그리고 이것이 들어가 있는 위치도 일정하지 않아 어떤 경우에는 7:36이나 44절 뒤에 넣은 사본도 있으며, 더러는 요한복음 21:25 뒤에나 누가복음 21:38 뒤에 삽입시키기도 한다.

우리는 이 이야기가 본래부터 현재의 위치에 있었던 것으로 보지는 않는다. 독립적으로 볼 때 이 이야기는 아름답고 신빙성이 가득한 이야기다. 우리는 이 이야기가 예수님의 생애 가운데 실제로 일어났던 이야기임을 의심하지 않는다. 그러나 어떤 이유 때문인지 복음서 기자들에 의해 채택되지 않았고, 별도의 방식으로 존속하다가 어떤 시기에 와서 현 위치에 정착된 것으로 보인다. 어쩌면 어거스틴이 소개하는 것처럼 이 이야기가 그리스도인 여성들의 행실에 부정적인 영향을 끼칠지도 모른다는 일부의 우려가 이 과정에 작용했는지도 모른다.[2]

간음의 현장에서 잡혀온 여인은 그를 동정하지도 않을뿐더러 이를 통해 예수를 얽어매려 하는 비정한 동기를 가진 서기관과 바리새인들에 의해 빠져나갈 수 없는 올가미에 걸려 있다. 이 여인의 행위를 나타내는 단어(모이퀴세인)가 미혼자보다는 기혼자의 부정을 나타낼 때 주로 사용되었던 것에 비추어 이 여인은 기혼자였던 것으로 추정된다.[3] 정황 자체를 자세히 알 수는 없지만 혼자 저지르지 않은 죄에 대해 여성이 더 가혹한 대가를 치러야 하는 형평성의 문제 따위는 이 여인을 예수님 앞으로 끌고 오는 군중의 분위기 속에 다 파묻혀버리고 있다. 사람들의 목적은 예수님을 잡고자 하는 것인 만큼 이 여인에 대해서는 이미 죽어도 무방한 존재로 단정하고 있는 형편이다.

만일 예수님께서 자신의 공적 지위가 심각하게 도전받는 상황 속에서 자신만을 먼저 생각하고 그에 따라 상황적으로 행동하는 사람이었다면 그 역시 군중의 인식을 그대로 받아들이면 되었을 것이다. 그러나 예수님은 대중심판에 영합하지 않으시고, 한 사람 한 사람의 내면과 그 필요를 보신다. 서기관과 바리새인들에게 그 여인은 일회용 소모품에 지나지 않았겠지만, 예수님은 그녀를 죄를 벗어나 새로운 가능성의 삶을 살아야 할 한 소중한 인격으로 보셨다. 나아가 예수님은 자신은 숨긴 채 남의 죄를 지적하고 정죄하기에 급급한 사람들의 이중성을 보신다. 과연 이런 사람들이 진정한 재판관이 될 수 있을까? 예수님은 손가락으로 땅에 그 내용을 알 수 없는 글을 쓰시다가 마침내 입을 열어 말씀하신다. "너희 중에 죄 없는 자가 먼저 돌로 치라"(8:7).

예수님께서 무엇을 땅에 쓰셨는지에 대해 고래로부터 많은 사람들이 궁금해 한다. 일부 사본들 중에는 예수님께서 '그들 각각의 죄'를 썼다고 첨부하는 경우도 있다. 비록 로마의 관습이기는 하지만 고대 세계에서는 죄의 선고가 있기 전에 먼저 죄목을 기록하는 일이 보편적이었다.[4] 예수님께서 사람들의 죄를 땅에 기록하셨을 것으로 보는 것도 있을 법한 일이다. 그러나 확실한 것은 아무도 알 수 없다.

죄 없는 자가 먼저 돌로 치라고 말씀하시는 것은 예수님께서 그들의 죄를 정확히 보고 계시다는 것을 전제한다. 어느 누가 과연 먼저 돌을 던질 것인가? 신명기 17:7은 이런 형태의 유대식 형벌의 경우 증인이 먼저 돌로 치도록 규정하고 있다. 그들의 죄의 증인을 앞에 두고 과연 누가 이 여인에 대한 심판적 증인 노릇을 할 사람이 있는가?

예수님의 말씀 앞에 놀라운 일이 벌어지고 있다. 자신이 이 여인보다 낫다는 상대적 우월감에 사로잡혀 기세등등하게 몰려 왔던 사람들이 어른으로부터 시작해 젊은이에 이르기까지 다 발길을 돌렸다. 남에게 돌을 던질 자격이 있다고 믿던 사람들이 진정한 심판자 앞에서 스스로 돌을 맞아 마땅한 자신들의 모습을 발견하게 된 결과일 것이다. 남을 정죄하기 좋아하는 사람들은 남보다 자신을 먼저 하나님 앞에 내어 놓을 필요가 있다. 참된 심판자는 외면적 행위만이 아니라 그 내면과 동기까지 살피시는 하나님이시기 때문이다.

비록 이 이야기가 처음부터 현재의 위치에 없었지만, 후대의 필사자들이 현 위치를 적합한 것으로 생각한 것은 나름대로의 혜안이 있었기 때문이라고 본다. 이 부분은 그 앞뒤 이야기의 흐름 속에서 핵심적인 논지가 어디에 모아지고 있는지를 보여 주는 중요한 좌표 역할을 한다. 앞으로는 7:24과 51절, 뒤로는 8:15~16, 26, 50절에 이어지는 심판의 주제가 부각되고 있다.[5] 사람들은 예수님에 대한 심판자 역할을 자처하고 있다.

그러나 그들의 시각은 너무나 제한되어 있다. 반면 예수님은 하늘의 관점을 가지고 있고 사람들의 내면까지 다 살피는 시각을 가지셨다. 역사의 짧은 한 찰나 속에서 자기 자신조차 제대로 다 보지 못하는 사람들이 이 영원의 시각을 가시신 분을 심판하려 하는 것이다. 정작 그런 그들에게 돌아갈 심판의 엄중함이 얼마나 큰 것인지를 그들은 보아야 한다. 간음 중에 붙잡힌 여인의 이야기는 바로 이것을 보여 주는 좋은 테스트 케이스가 되고 있다. 그리스도의 은혜의 심판 앞에 선 자들에게는 새로운 삶의 기회가 주어진다. 그러나 부당한 심판권을 그리스도 위에 행사하려 하는 자들은 보다 깊은 정죄 아래 떨어지고 만다.

세상의 빛 예수 그리스도(8:12~30)

우리가 삽입된 이 이야기를 별도로 두고 볼 때, 8:12의 예수님의 말씀은 '또'(팔린)라는 말로 시작되고 있음을 본다. 우리는 이 부분이 7:37~38에서의 예수님의 말씀에 이어지는 것으로 볼 수 있다. 초막절 절기 중 아침 제사 때 시행되었던 헌수(獻水, libation) 예식과 관련하여 예수님께서 자신을 생수의 근원으로 밝히시는 것에 이어 8:12에서는 역시 초막절의 저녁 시간대에 거행되었던 빛의 예식과 관련하여 자신을 "세상의 빛"으로 계시하신다.

초막절 미쉬나(Mishnah Sukkah 5.1)에는 이것이 어떤 방식으로 지켜졌는지에 대해 이와 같이 기록하고 있다. "초막절 절기의 첫날이 끝나갈 때 사람들은 여인들의 뜰로 내려갔다. … 그곳에는 황금 등대들이 있었는데, 등대들 각각에 네 개의 황금 주발들이 놓여 있었으며, 그 곁에 네 사다리들이 있었다. 제사장 계열의 네 명의 젊은이들이 그들의 손에 기름 종지를 들고 주발마다 기름을 채웠다. 심지는 제사장들이 입던 바지나 앞치마 등으로 만들었다. 이 헌수의 장소로부터 나는 빛에 의해 예루살렘의 뜰이 밝혀지지 않는 곳이 한 군데도 없었다. 경건한 사람들과 그 의로운 행실이 잘 알려진 사람들이 무리들 앞에서 손에 횃불을 들고 춤을 추었으며, 그들 앞에서 노래와 찬양을 불렀다."[6]

초막절에 행해졌던 이와 같은 빛의 행사를 통해 유대인들은 조상들의 광야 생활을 이끌어 주었던 불기둥을 재현하고자 했다. 더군다나 이 절기가 추분과 겹쳐 있는 만큼 이때를 정점으로 기울어가는 여름과 가을의 빛을 아쉬워하며 붙잡고자 했을 것이다.

이 절기 중 예수님께서 사람들을 가르치신 장소가 어디인지를 일러 주는 단서가 8:20에 나타난다. 그는 성전의 "연보 궤 앞에서" 사람들에게 말씀을 전하고 계신다. 성전을 찾는 유대인들은 여인들의 뜰에 마련된 13개의 뿔나팔 모양의 연보 궤를 통해 헌금을 드리게 되어 있었다. 따라서 예수님은 지금 이 여인들의 뜰에 계신다는 것을 말해 준다. 그리고 그 시점이 7:37의 "명절 끝 날 곧 큰 날"에 연결되는 것으로 본다면, 예수님은 빛의 축제가 이루어지는 그 시간, 그 장소에 있었다고 볼 수 있다. 어쩌면 횃불의 빛이 환히 밝혀진 자리에서 예수님은 자신을 빛으로 계시하시는 것이다.[7]

이는 사람들이 갈망하는 빛이 단순히 황금 주발에 기름을 채워 밤을 밝히는 한 축제일의 빛이 아니라, 말씀이 육신으로 세상 가운데 오신 살아 있는 인격인 그분 자신이 진정한 빛이심을 알리시는 것이다. 과거 광야 생활의 장막 위에 임하던 그 영광의 빛을 그들이 사모하고 있다면, 더 이상 하나님의 빛은 그런 방식으로 사람이 손으로 지은 장막이나 성전 위에 임하지 아니할 것이다. 이제는 성육신하신 아들 위에 그 빛이 임하고 우리는 그를 통해 하나님의 영광의 임재 앞에 나아갈 수 있게 된다.

이 사실이 다른 시점도 아닌 초막절 절기에 맞추어서 선포되었다는 것은 의미심장한 일이다. 빛에 대한 사람들의 갈망이 최고조에 이른 자리에서 예수님은 자신을 빛으로 선포하고 계신다. 그것도 단지 유대인들의 기대만을 만족시키는 제한된 의미의 빛이 아니라 온 세상을 밝히는 "세상의 빛"으로 자신을 나타내고 계신 것이다.

앞서 7장에서 '생수'에 대해 말씀하셨던 것과 마찬가지 방식으로 예수님께서는 초막절이라는 시점 속에서 유대인들을 사로잡는 기대가 무엇인지를 잘 아시고 그것을 자신에게 적용시키셨다.[8] 그들이 과거의 기적들을 상기하며 간절히 사모하는 생수나 빛은 다름 아닌 예수님 자신 속에서 성취되어졌다. 이제는 그들의 기대, 그들의 소망, 그들의 현재와 미래에 대한 생각, 이 모든 것이 빛이요 생수의 근원이신 그분을 통하여 새로운 의미를 가지게 되는 것이다. 예수님은 이를 나타내기 위해 멀리 있는 소재들을 끌어 오시지 않았다. 사람들의 삶 가장 가까이에 있는 그것을 사용하시고, 또한 그것들이 새 의미를 가질 수 있도록 닫혀 있던 그들의 눈을 열어 주신 것이다.

예수님이 빛이신 사실이 사람들에게 무엇을 의미하는지는 9장의 한 예를 통해 생생히 제시되고 있다. 날 때부터 맹인이던 한 사람이 예수님을 통해 고침받고 눈을 떠서 빛을 보게 된다. 그는 단순히 육신의 눈을 뜨게 된 것만이 아니라 차츰 믿음의 눈을 뜨고 '하늘로부터'이신 분 '인자'를 믿게 되었다. 그 안에서 그는 새 세계를 발견하였고, 세상을 진정으로 바르게 보는 자가 되었다. 빛이 있을 때만 우리는 세상의 비밀을 바르게 볼 수 있다.

예수님이 빛이시므로 그 안에서 우리는 하나님의 진리의 세계를 환히 보게 된다. 그 빛을 통해 우리가 보게 되는 것은 단순히 우리 자신만이 아니다. 불트만의 이해는 이런 면에서 다소 제한적이다. 불트만은 이 빛을 통해 "실존 자체가 밝혀지고 그것이 그 본래의 것으로, 곧 생명으로 오게 된다"고 말한다.[9] 인간 실존의 진정성(authenticity) 이것이 계시의 목적이라고 보는 것이다.

그러나 헨첸이 잘 지적하는 것처럼, 이런 진정성의 문제는 하이데거의 주제일지 모르나 요한의 주제는 아니다.[10] 빛이신 예수 그리스도는 인간의 자아발견을 넘어 하나님의 진리를 보게 만든다.

예수님의 자기계시적 선언은 바리새인들 속에서 즉각적인 반대를 불러 일으켰다.[11] 자신에 대한 자기 자신의 증거가 적법성을 가지지 못한다는 것 이다. 이는 "내가 만일 나를 위하여 증거하면 내 증거는 참되지 아니하되" (5:31)라는 이전의 말씀을 들어 예수님을 꼬투리 잡는 것이라고 볼 수도 있 다. 그러나 예수님은 이 시점에서 형식적인 법적 절차에 관심 가지시는 것 이 아니라 예수님 자신의 인격의 본질을 나타내시는 데 관심을 가지신다.

이런 점은 예수님이 자신의 기원에 대해 아시는 것과 바리새인들이 이 를 모른다는 것 사이의 대비를 통해 강하게 대조되고 있다. 그가 어디서 오 며 어디로 가는지에 대해 그는 알지만 바리새인들은 모른다. 바리새인들은 육체를 따라 판단하지만 예수님의 판단은 그를 보내신 자에 따른 것이다 (8:14~15).

이 부분에서의 논쟁은 7장과 유사성을 가진다. 7:27~30에서 예수님의 기원과 그의 보내신 자에 대한 언급, 그리고 유대인들이 그를 잡고자 하나 때가 이르지 아니하였다는 언급 등은 8:14~20 속에 병행적으로 되풀이 되 고 있다. 뿐만 아니라 8:21~22 속에서 예수님의 떠나심에 대한 언급과 이 에 대한 유대인들의 오해 역시 7:33~36 속에서 이미 나타난 바 있다. 이런 반복 속에서 예수님의 참 본질이 무엇인가 하는 점이 강조되고 있는데, 이 런 면은 유대인들이 예수님께 던지는 결정적 질문인 "네가 누구냐"(8:25)에 대한 이 복음서의 대답이기도 하다.

예수님의 본질을 바르게 이해하지 못하는 사람들 속에서는 요한이 빈번 히 부각시키는 오해가 발생하고 있다. "나의 가는 곳에는 너희가 오지 못하 리라"(8:21)는 말씀을 받아 "저가 자결하려는가"(8:22)라고 유대인들이 반응 하는 것이 대표적인 예다. 이 오해의 희생자들은 예수님 말씀의 표피적 면 만을 건드릴 뿐이다.

그러나 예수님의 참 죽음의 의미를 아는 자들은 이것이 얼마나 복 된 영광의 길인지를 깨닫게 된다. 이것은 단순한 지식의 차이로 그치지 않고 영원한 생사의 분기점을 만든다. "너희가 만일 내가 그인 줄(호티 에고 에이미) 믿지 아니하면 너희 죄 가운데서 죽으리라"(8:24)는 것이 육신을 따라 판단하는 자들을 향한 예수님의 판결의 말씀이다. 그리고 이 생사의 분기점은 예수님의 죽으심 속에서 결정적으로 판가름 나게 된다. "너희는 인자를 든 후에 내가 그인 줄(호티 에고 에이미)을 알" 것이라고 말씀하신다(8:28). 이처럼 끝까지 자신들의 육신적 판단에 따라 하나님을 거역하는 자들이 있겠지만, 예수님의 말씀을 듣는 자들 중에는 "많은 사람들이 믿더라"(8:30)고 보고되고 있다.

다시 논쟁 속으로(8:31~59)

이 믿음의 사람들을 향해 말씀하시는 것이 31절부터 이어지고 있지만, 그 내용은 또 다른 논쟁으로 이루어져 있다. 다른 곳에서와 유사하게 이 논쟁 역시 예수님의 도전적 선언에서부터 시작된다. "너희가 내 말에 거하면 참 내 제자가 되고 진리를 알찌니 진리가 너희를 자유케 하리라"(8:31~32)는 말씀이 그것이다. 사람들은 우리가 종이 아니라는 항변으로 이 말씀을 받고 있지만, 이 구절의 핵심은 예수님의 자기선포에 있다고 보아야 한다.

예수님은 우리가 거하여야 할 곳이 어디인지를 분명히 지정하신다. 그것은 그의 말씀 안이다. 이것은 그가 아버지께로부터 받은 말씀이며(17:8) 또한 그 아버지의 말씀을 그가 제자들에게 주셨다(17:14). 그 말씀을 듣고 또한 지키는 것은 대단히 중요한 결과를 가져온다. "사람이 내 말을 지키면 죽음을 영원히 보지 아니하리라"(8:51). 예수님의 말씀이 이토록 중요한 이유는 그분 자신이 하나님으로부터 온 자며 하나님의 아들이기 때문이다. 그의 말씀 안에 거하는 자들은 곧 하나님 안에 거하는 자들이 된다.

따라서 예수님이 이 부분에서 언급하시는 진리는 예수님 자신을 알고 믿고 따르는 것과 직결된다. 하나의 추상명사로서의 진리가 아니라 예수님이 진정 누구신지를 알지 못할 때 알지 못하는 진리를 말하고 있다. 그는 진리를 가르치시는 분일 뿐만 아니라 그 자신이 진리시다(14:6). 따라서 그 진리가 초역사적 추상성 속에서 파악되지 않고 말씀이 육신이 된 예수 그리스도의 인격적, 실제적 삶 속에서 계시되었다는 사실이 핵심적으로 중요하다.[12] 따라서 본문에서는 "진리가 너희를 자유케 하리라"(8:32)는 말씀이 "아들이 너희를 자유케 하면 너희가 참으로 자유하리라"(8:36)는 말씀과 상호 호환적으로 사용되고 있다.

예수님의 선언에 이어지는 논쟁은 빌라도가 물었던 것처럼 "진리가 무엇이냐"(18:38)라는 방식으로가 아니라 진리의 근원이 되는 아버지가 누구냐에 대한 물음으로 연결되고 있다. 예수님의 "내 아버지"에 대한 언급과 "너희 아비"에 대한 강한 대조가 두드러진다(8:38). 예수님은 유대인들이 아브라함을 자신들의 아버지로 주장하는 것에 대해 부정하지 않으신다.

그러나 아무리 혈통적으로 아브라함의 자손들이라 하더라도 "내 말이 너희 속에 있을 곳이 없으므로"(8:37) 그들은 하나님의 자녀 됨을 보증받을 수 없다. 하나님께 속한 자는 하나님의 말씀을 듣겠지만(8:47) 사람들이 듣지 않는 것은 그들이 하나님의 자녀가 아님을 스스로 입증하는 것이 된다.

오히려 하나님의 말씀을 거역하는 그들은 아브라함의 자녀 됨에 대한 그들의 주장에도 불구하고 그들이 다른 근원을 가짐을 나타낸다. 예수님은 이것을 "거짓의 아비"인 마귀라고 지적하신다(8:44). 이 마귀는 "거짓을 말할 때마다 제 것으로 말하는 자"다. 곧 그에게 속한 것은 전부가 거짓이며 이 거짓의 생산소에서부터 모든 거짓들이 나온다. 따라서 그는 거짓 속에서 가장 편안함을 느끼는 자며 진리 앞에서 가장 불편함을 느끼는 자다. 이 때문에 그는 진리를 대적할 수밖에 없다. 그 진리가 자신의 기만성을 폭로하기 때문이다. 이 부분에서 기만된 자들 또한 마귀와 공동체 의식을 느낀다. 따라서 예수 그리스도의 진리에 대한 공격이 마귀의 자녀들을 통해 예수님께 가하여지고 있는 것이다.

예수님의 폭로의 말씀 앞에 유대인들은 가장 심한 말로 반격을 가한다. 오히려 예수님 자신이 귀신이 들렸다고 몰아붙이고 있는 것이다(8:48, 52). 그들은 자신들이 가진 육신적 지위에 집착한다. 이미 7장에서도 '육신에 따른' 많은 판단들을 하였지만, 이 부분에서 그들의 무기는 "우리 아버지는 아브라함이라"(8:39)는 것이며, 그에 근거해서 자기들의 "아버지는 한 분 뿐이시니 곧 하나님이시로라"(8:41)는 것이다. 자신들이 아브라함의 적자(嫡子)인 반면 예수님은 피가 섞인 사마리아 사람이며 귀신 들렸다고 주장하고 있다.

이어서 7장에서 강조하던 '갈릴리 사람'에 이어 '사마리아 사람'이라는 또 하나의 사회적 카테고리를 사용함으로써 예수 그리스도의 공적 지위에 손상을 입히고 결국 이를 박탈하려는 것이다.[13] 그를 존경 대신 천대받을 부류 가운데 하나로 매도하고 있다.

그러나 예수님은 자신의 진정한 영광에 대해 말씀하신다. 그 영광은 자신이 스스로 획책하는 것이 아니다. "내게 영광을 돌리시는 이는 내 아버지"(8:54)라고 말씀하신다. 이분을 유대인들은 아버지라 부르고 있지만, 아이러니컬하게도 그 아버지께서 영광을 돌리는 그분께 유대인들은 영광 돌리기를 거부하고 있다. 곧 자신들의 주장에도 불구하고 그들이 실제로는 아버지께 순종하지 않고 있다는 것을 나타낸다. 그러나 아들은 아버지의 말씀을 지킨다(8:55). 사람들이 불순종의 극치 가운데서 그를 십자가에 못 박을지라도 그는 아버지의 계명을 따라 자기 생명을 사람들을 위해 스스로 버리심으로 아버지의 사랑을 받고 있다(10:17~18).

예수님은 그의 말을 들을 줄 모르는(8:44) 유대인들이 자신들에 대해 주장하는 말들의 허구성을 하나씩 하나씩 밝히고 계신다. 먼저는, 앞서 나타난 것처럼, "너희가 아버지라고 주장하는 그 하나님은 너희가 알고 있는 것과 같은 그런 하나님이 아니라"는 것이다. 이 하나님은 아들과 아버지의 상호 영광 돌리심을 떠나서는 바로 알 수 없는 하나님이시다. 한 걸음 더 나아가서 예수님은 아브라함이 우리의 아버지라는 유대인들의 주장을 다루고 있다. 그가 말씀하시고자 하는 것은 "너희가 너희 조상이라고 주장하는 아브라함은 너희가 알고 있는 것과 같은 그런 아브라함이 아니라"는 것이다. 예수님이 알고 있는 아브라함의 모습이 어떠한지는 "나의 때 볼 것을 즐거워하다가 보고 기뻐하였다"(8:56)는 말씀 속에 잘 나타난다.

다시 한 번 유대인들의 즉각적 반격이 따른다. "네가 아직 오십도 못 되었는데 아브라함을 보았느냐"는 것이다. 물론 이는 오십이 되면 아브라함을 볼 자격이 생긴다는 것을 말하는 것은 아니다. 오십의 나이는 유대인들에게 원로로 대접받을 수 있는 나이다. 그러나 예수님은 아직 그런 지위를 가지지 못했다는 것이다.[14]

"네가 아브라함을 보았느냐?"(헤오라카스)는 8:57의 질문은 일부 사본에서는 "아브라함이 너를 보았느냐?"(헤오라켄 세)로 나온다(p. 75 등). '아브라함이 나의 날을 보았다'는 56절의 예수님의 언급에 비추어서 이와 같이 표기한 것으로 보인다. 그러나 메츠거가 잘 지적하는 것처럼 유대인들에게는 예수보다 아브라함의 권위가 월등히 더 크므로 '감히 네가 아브라함을 보았다는 말이냐' 하고 묻는 것이 보다 개연성이 있는 일로 보인다.[15]

예수님은 그들이 형식적으로 의존하는 아브라함의 권위를 능가하는 파격적인 선언을 하신다. 곧 "아브라함이 나기 전부터 내가 있느니라"(8:58)는 선언이 그것이다. 이는 예수님이 본질적으로 누구시냐에 대한 중요한 선언이다. "내가 있다"는 표현은 '에고 에이미'의 절대적 용법으로 사용되고 있다. 8:24과 28절의 "내가 그인 줄"(호티 에고 에이미, 원문에는 '그'가 나타나지 않는다)에 이어 예수님의 신적 자기계시의 말씀이다.

유대인들은 예수님의 이런 표현 속에 나타난 의미가 무엇인지를 잘 감지했던 것으로 보인다. 그래서 그들은 돌을 들어 그를 치려고 했다. 곧 레위기 24:16 등에 근거해서 하나님의 이름을 훼방하는 자들에 대한 형벌을 가하고자 했던 것이다. 예수님의 말씀의 의미는 그들에게 제대로 전달되었다. 다만 그들은 예수님을 그와 같이 믿지 않았다. 8:31에 예수님은 "자기를 믿은 유대인들에게" 말씀하는 것으로 나타나지만 그들의 믿음은 여전히 불완전하고 결정적인 부분에서는 허점을 보이고 있다. 믿음과 불신앙의 파도타기는 요한복음에서 계속 반복적으로 나타나는 패턴 가운데 하나다.[16]

이 연속되는 논쟁들은 사람들이 예수님께 대해 가지는 인식과 예수님 자신의 참 모습이 얼마나 큰 차이를 보이는지를 잘 드러낸다. 이는 우리로 하여금 예수님에 대한 '육체를 따른' 판단을 넘어 그의 참 모습을 깨닫는 자리로 나아오도록 하기 위한 초청의 과정이다. 예수님에 대한 표피적 이해에 그치는 오해의 희생자들이 되지 말고 그를 바르게 알고 믿음으로 생명에 이르는 빛 속으로 나아가며, 참 제자의 자유를 누릴 수 있어야 할 것이다.

오늘에의 적용

이 본문의 말씀이 오늘의 우리에게 주는 의미는 참으로 크고 중요하다. 어느 시대나 마찬가지로 오늘 이 시대에서도 예수님에 대한 미혹된 견해가 형성되기 쉽다. 예수님을 믿는다고 하면서도 그의 참 모습을 따라 믿지 아니하고 자신의 필요와 조건에 따라 믿으므로 실상은 그 속에 나타난 하나님의 온전한 영광에까지 나가지 못하는 경우가 많다.

또한 요한복음 속에서 예수님을 만난 많은 사람들이 자신들의 필요에 따라 그에게 잘못된 이름들을 돌렸던 것과 같은 실수를 우리가 되풀이해서는 안 될 것이다. 그가 가지고 오시는 "세상의 빛"으로서의 그의 참 이름을 우리가 받을 때 우리 또한 그 안에서 빛의 사람들이 될 수 있다. 오늘 우리가 이 빛의 사람의 삶을 삶으로써 예수님께서 당대에 하셨던 것처럼 사람들의 일상의 기대와 소망을 진리의 빛으로 조명하고 재해석하게 하는 일을 감당해야 할 것이다.

9 빛과 선한 목자이신 예수
요한복음 9~10장의 주해와 적용

요한은 이 복음서를 기록한 목적을 다음과 같이 밝히고 있다. "오직 이 것을 기록함은 너희로 예수께서 하나님의 아들 그리스도심을 믿게 하려 함 이요 또 너희로 믿고 그 이름을 힘입어 생명을 얻게 하려 함이니라"(요 20:31).

논란의 여지가 없는 것은 아니지만,[1] 요한복음의 기록 목적은 교회 안에서 발생되고 있는 잘못된 해석들에 직면하여 예수는 메시아시며 하나님의 아들임을 확신케 함으로서 그리스도인들의 신앙을 견고케 해 주는 것이라 할 수 있다. 따라서 "예수님이 누구신가" 하는 것을 명확히 밝히는 것이 요한복음이 기록된 주된 목적이며, 기독론이 요한복음의 중심 주제다.

전체 문맥에서의 이해

요한복음은 크게 세 부분으로 나눌 수 있다. 첫째는 서론부분으로 머리말(Prologue; 1:1~18)과 증언들(1:19~51), 둘째는 본론으로 표적들의 책(The Book of Signs; 2:1~12:50)과 영광의 책(The Book of Glory; 13:1~20:31) 두 부분으로, 마지막은 부록(Epilogue; 21장)으로 구성되어 있다.

특히 2~12장까지는 많은 표적들이 기록되어 있기 때문에 이 부분은 '표적들의 책'이라 불리는데, 요한복음의 중심이라 할 수 있다. 이 책은 일곱 가지 표적들과 이 표적들의 의미를 해설하는 예수님의 가르침으로 구성되어 있는데, 특히 이 가르침들은 "내가 …이다"(에고 에이미)라는 말씀을 중심으로 이루어져 있다.[2] 요한복음은 이런 예수님의 이적사건들을 '이적' (Miracle)이란 말을 쓰지 않고 '표적'(Sign)이란 말을 사용한다. 이적은 하나님의 능력을 세상에 나타내는 현상 전반을 나타내는 반면, 표적은 이를 대하는 사람들의 마음속에 믿음이 생기기를 바라는 구체적인 의도를 담고 있는 사건을 의미한다.

중요한 것은 요한복음에 몇 개의 표적이 기록되었다거나 혹은 이 표적이 배열상 어떤 특징을 가졌느냐가 아니라, 이 표적들이 의미하는 바가 무엇이며 요한복음을 전체적으로 이해하는 데 어떤 역할을 하느냐 하는 것이다. 요한복음의 표적은 '믿음'과 깊은 관련이 있다. 단순한 이적적 사건이나 신적능력을 가시화하는 사건이 모두 표적이 되는 것은 아니다. 그 이유는 사람들에게 '믿음'을 갖게 하려는 의도가 담긴 이적적 사건만이 표적이기 때문이다.

표적의 의미를 바로 규명하기 위하여 알아야 할 사실 하나는 표적은 표적으로 끝나지 않고 예수님의 긴 가르침과 연결되어 있다는 것이다. '표적들의 책'은 '표적 - 오해 - 강론'이라는 독특한 구조를 지니고 있다. 예수께서 먼저 표적을 행하시고 나면, 청중들은 이 세상의 가치관과 관점으로 그 표적의 의미를 판단하기에 이 현상들이 진정으로 계시하고자 하는 실체 (reality)를 깨닫지 못하고 오해하게 된다. 그러면 예수께서 다시금 오해를 바로 잡기 위해 자신이 베푼 물리적 현상들의 진정한 의미가 무엇인지, 그 표적이 의미하는 바가 무엇인지를 자세히 강론하시는 구조를 지니고 있다.

요한복음 9장의 소경치유사건도 마찬가지다. 예수께서 먼저 소경을 고치시는 표적을 행하시고, 유대인들이 그 표적의 의미를 바로 이해하지 못하자, 메시아 개념을 오해한 것에 대항하여 예수께서 강론하신다. 다시 말하면 소경이 눈을 뜬 것은 인간의 인식기관을 통하여 관찰할 수 있는 아주 물리적인 현상이지만, 이 표적들은 물리적 현상으로서만 의미가 있는 것이 아니고 영원한 진리, 영원한 세계, 참 실체(reality)를 계시해 주는 하나의 부호다. 따라서 그 표적이 가지는 궁극적 의미를 알리시려고 예수께서 "내가 세상의 빛", 곧 "내가 하나님을 깨닫게 할 수 있는 하나님의 계시를 가져오는 자"라는 긴 설교가 이어지고 있는 것이다.

표적은 종종 표적 자체로 끝나지 않고 다른 사건으로 연결되기도 한다. 즉 연결된 사건들은 표적에 대한 '받아들임' 과 '거부' 의 반응으로 나타난다. 많은 사람들은 표적을 보고 믿었지만(2:23), 또 다른 부류의 사람들은 표적을 보고도 믿지 않았다(12:37). 특별히 유대 지도자들은 예수님의 적대자들로 나서게 된다.

특히 요한복음 5~10장을 보면 예수님과 유대 지도자들 사이의 갈등이 심화되는 것을 볼 수 있다. 심화되는 갈등이 요한복음 5~10장의 맥이라 할 수 있는데, 뒤따르는 11~12장에서는 갈등이 더욱 심화되어 '죽음' 의 당위성이 단계적으로 준비된다. 요한복음 7~9장에 나타나는 특징은 예수님도 적대자들에게 '맞불' 을 질러 공격하신다는 것이다. 이러한 대응은 두 가지 형태로 나타난다. 첫째, 유대인들의 영적 어두움과 무지를 꼬집는 것이고, 두 번째는 신학논쟁을 통해 저들의 모순을 지적하는 것이다. 예수님은 가르침을 깨닫지 못하는 자들을 가리켜 '마귀에게서 난 자' 라고 하신다(8:44). 이는 그들이 진리를 어둡게 하기 때문이다. 즉, 마귀의 주 업무는 미혹케 하는 것으로 진리를 어둡게 하는 것으로부터 시작되기 때문이다. 소경을 고치신 9장을 중심으로 계속되는 논쟁에서도 예수님은 바리새인들을 통렬히 공격하시는데, 이들이야말로 영적안목이 어두워진 장애인들이기 때문이다.

요한복음 5~10장의 내용의 진면모를 한 눈에 파악하기는 그리 쉽지 않다. 이는 적대자들의 도전이 여러 차례 반복되며, 이에 맞서는 예수님의 주장이 숨가쁘게 펼쳐지고 그 내용의 반복이 많기 때문이다. 이런 관점에서 보면 요한복음 9장의 소경치유 사건도 단지 9장에만 국한된 사건이 아니라는 것을 알 수 있다. 이 사건은 이미 7~8장에서 일부 해설되고, 9~10장에서 더욱 자세히 해설되는 구조를 지니고 있다. 특히 '내가 세상의 빛'(8:12)이라는 예수님의 주장을 표적으로 보이신 것이 바로 소경치유사건이고, 그 결과 암흑에 있는 자들이 빛을 볼 수 있도록 하셨다. 다시 말하자면 9장의 소경치유사건은 '표적사건'이며, 10장의 선한 목자에 대한 가르침은 이 표적이 궁극적으로 가리키고 있는 실체이다. 이처럼 9장 표적에 대한 강론은 9장만이 아니라 전후 문맥에 복합적으로 위치하고 있다. 한마디로 요한복음 9장은 8장에 대한 해설이고, 10장은 9장에 대한 해설이라 할 수 있다.

세상의 빛이신 예수(9:1~41)

요한복음 9장에는 예수께서 나면서부터 소경된 자의 눈을 뜨게 한 표적 이야기가 나온다. 예수께서 이 표적을 행하신 때는 초막절이 지난 어떤 안식일이었다. 이 표적은 앞서 있었던 초막절 강론인 '세상의 빛 되신 예수'(8:12)에서 주장하고 가르치고 있는 것처럼 예수가 하나님을 계시하는 '세상의 빛'이고, 우리에게 하나님을 알려 주고 영생을 얻게 하는 분이라는 것을 실례로 보여 준 사건이다. 한마디로 요한복음 9장은 요한복음 8:12의 주석이요, 하나의 드라마라 할 수 있다.

소경치유사건은 모두 여섯 부분으로 나뉘며, 각 부분은 다음과 같이 드라마의 각 장면들(scenes)을 나타낸다.

1) 예수께서 나면서부터 눈 먼 자를 고치심(9:1~7): 등장인물은 예수님, 제자들, 소경
2) 이웃들과의 논쟁 (9:8~12): 소경과 그의 이웃
3) 바리새인들과의 논쟁(9:13~17): 소경과 바리새인들
4) 눈 뜬 자의 부모를 심문함(9:18~23): 바리새인들과 소경의 부모들

5) 눈 뜬 자를 두 번째 심문함(9:24~34): 바리새인들과 소경

6) 눈 뜬 자를 예수께서 만나심(9:35~38): 예수님과 소경

요한복음 9장을 피상적으로 바라보면 소경을 치유한 표적사건에 초점이 맞추어질지 모르지만, 소경이 눈을 뜬 것은 서론에 불과하고 본문의 초점은 바리새인과 예수님간에 펼쳐진 긴 신학적 논쟁에 있다. 9장에서는 5장과 달리 안식일 논쟁도 부수적일 뿐이다. 안식일 논쟁은 배후로 사라지고 논쟁의 핵심은 "예수님이 누구신가" 하는 것에 모아진다.

1. 소경의 눈을 뜨게 하심: 죄와 고통과의 관계

소경치유사건은 요한복음 8:12에서 주장하는 것처럼 예수님이 하나님을 계시하는 '세상의 빛'이고 우리에게 하나님을 알려 주고 생명을 얻게 하는 분임을 알리려는 사건으로, "예수님이 누구신가" 하는 것을 변증한다. 우리가 너무나 잘 알고 있는 이 사건을 대하면서, 한 가지 꼭 다루어야 할 주제는 죄와 고통과의 관계다. 제자들은 나면서부터 소경된 자를 발견하고 "그가 이렇게 소경된 것이 누구의 죄 때문이냐" 물으며 장애의 원인을 죄 문제로 연결시킨다. 이것은 죄가 죽음 곧 고난을 일으킨다는 신학적 원칙에서 나온 것이다.

유대인들은 병이나 고난의 원인을 인과론적으로 보아 죄의 결과라고 생각했다. 욥의 세 친구가 바로 이런 인과론의 대표자들일 것이다. 유대인뿐만 아니라 우리 또한 육신의 질병을 앓으면 죄와 관련되었다고 생각하고, 질병을 죄에 대한 형벌로 곧장 연결하려는 경향이 있는 것이 사실이다. 그러나 이 문제는 단지 질병과 관계된 문제만은 아니다. 그것은 더 나아가 신자들을 괴롭히는 질병과 고통, 장애와 불행의 문제를 어떻게 이해해야 하는가 하는 질문과도 뿌리를 같이하고 있는 매우 중요한 문제다.

성경 전체를 통해 보면 사실 질병과 죄는 서로 연결되어 있다. 죄에 대한 징벌로 병을 얻게 되고, 그래서 죄를 용서해 준다는 것과 병고의 상태로부

터 구원해 준다는 것은 늘 동의어로 쓰인다. 가령 시편 103:3에 보면 "저가 네 모든 죄악을 사하시며 네 모든 병을 고치시며"라고 하여, 한 사건을 죄 용서와 병 고침의 두 가지로 표현했음을 알 수 있다. 예수님의 죄 사함에 대한 비유들은 대부분 시편 103편을 배경으로 하고 있다. 그 비유들을 보면 죄 사함과 병 고침이 동의어로 쓰이기도 하고, 원인과 결과로 연결되어 있기도 하다.[3] 따라서 구약에서는 장애를 보는 시각이 곱지 않았다. 종종 장애나 질병은 개인의 죄에 대한 징벌로 이해되기도 했고(겔 18:20), 또한 조상의 죄로 인해 하나님의 진노가 임한 결과로 이해되기도 했다(출 20:5; 34:7; 민 14:18; 시 79:8; 109:14; 사 65:6~7).

하지만 예수님은 또 다른 견해를 제시하신다. 소경과 관련하여 그가 소경 된 것은 죄 때문이 아니라 하나님께서 하시고자 하는 일을 나타내기 위함이라 하신다. 즉 본인의 죄 때문도 아니고 부모의 죄 때문도 아니며, 하나님의 하나님 되심과 하나님의 영광을 드러내기 위해 그가 소경 되었다는 것이다(9:33). 하나님께서는 소경을 통해 자신의 사랑과 능력을 나타내셔서, 그를 하나님의 영광을 드러내는 도구로 사용하셨다. 이렇게 함으로 소경은 빛을 보게 되고, 빛을 봄으로써 예수를 바로 이해하고 '그리스도'로 고백하면서 예수를 증거하는 생명의 도구로 하나님의 역사를 위해 의미 있게 쓰인다는 것이다.

그러므로 우리는 고난받는 사람들을 볼 때 무조건 그가 죄를 지어서 하나님의 벌을 받는 것이라고 함부로 단정 짓는 원시적 사고의 실수를 범하지 말아야 한다. 죄가 고난을 가져오는 것은 사실이지만, 항상 1대 1로 상응하지는 않는다.

그렇다면 우리가 질병이나 장애, 또는 인간이 당하는 고난에 대해 어떤 시각을 가지는 것이 과연 성경적일까? 이에 대한 답은 다음과 같다. 성경은 '원죄'의 결과 우리 인간이 하나님의 형상을 잃어버렸다고 한다. 이런 결과를 'De-Form'이라 하는데 이는 하나님께서 지어 주신 형상(Form)과 모양이 망가지고, 하나님과의 관계가 단절된 상태라는 의미다. 대개의 경우 'De-

Form'은 인간의 내면에 생겨났고, 그 결과 하나님과 화평의 관계를 유지하지 못하고, 하나님 보시기에 좋음도 없어졌다. 예외적으로 'De-Form'은 인간의 외향에서도 나타나는데, 이것이 곧 장애다. 그런 의미에서 장애는 곧 죄의 결과라 할 수 있다.

그러나 장애는 개인이 지은 대가의 벌이라기보다는 인류 모두가 함께 지은 원죄의 결과다. 장애는 인간에게 원죄가 있음을, 그 결과 온 인류가 함께 벌을 받고 있음을 상기시키고자 가시적으로 볼 수 있도록 남겨 주신 표라 할 수 있다. 즉 장애의 책임이 장애자에게만 있는 것이 아니라 우리 모두에게 있음을 인식시키기 위한 것이다.

우리가 원하지 않는 장애, 질병, 고통 등의 어려움이 있는 것은 모든 인류가 죄를 지은 결과 때문이다. 우리가 원하든 원치 않든 고난은 있게 마련이지만, 예수 안에서 고난은 위장된 축복이다. 장애나 질병의 문제도 마찬가지다. 우리가 원하든 원치 않든 장애는 존재하며 무작위로 찾아온다.

그러나 장애는 죄의 우주적 결과일 뿐, 그 개인이나 부모의 죄의 결과는 아니다. 장애도 원칙적으로 모든 인류에게 책임이 있는 것이다. 따라서 장애도 하나님의 하시고자 하시는 일을 드러내는 위장된 축복일 수 있다. 요한복음의 약속처럼 장애는 하나님의 영광을 위한 것이다. 고로 장애인은 "왜 나만"이라고 괴로워하거나, 나의 특정한 죄 때문에 장애나 질병이 생긴 것이라고 죄의식에 빠져서는 안 된다. 비록 육신적으로는 장애를 입었지만 하나님과의 관계를 바로 함으로 하나님의 영광을 위해 쓰여지는 생명의 도구가 되어야 한다.

결론적으로 우리는 질병이나 고통의 문제에 대해 섣불리 죄와 직결시켜 생각하는 것에 주의해야 한다. 만일 어떤 사람이 죄를 지어 그 결과 고난을 받는 것이 명백하다면 그에게 회개를 권고해야 하지만, 그렇지 않는 경우 고난받는 사람들을 위로하고 하나님의 사랑을 확신시키는 겸손한 자세를 가져야 할 것이다.

또한 고난을 당하는 사람들이나 장애자를 바라보며 가져야 할 자세는,

그들이 우리를 대표해서 고난을 당하는 것이라는 사실을 기억하고 도와야 한다. 그것은 자선을 베푸는 것도 동정하는 것도 아니며, 다만 나의 책임의 일부를 갚아가는 것이다. 더 큰 장애는 나의 내면에 있음을 기억해야 한다. 하나님께서 외적 'De-Form'을 주신 이유가 이것이기 때문이다.

2. 소경치유 사건에 대한 세 가지 반응들

요한복음 5장과 같이 안식일의 율법적인 의미에만 집착하는 유대인들은 예수님이 소경을 고침으로 안식일을 범했기 때문에 '죄인'일 수밖에 없다고 결론을 내리고 예수님과 논쟁을 벌인다. 논쟁은 예수님과 직접 하는 것이 아니라, 병 고침을 받은 자 및 그 부모와의 논쟁형식으로 되어 있다. 본문은 그런 논쟁을 통해서 예수께서 병든 소경의 눈을 뜨게 하신 사건이 구체적으로 무엇을 의미하는지 밝히는 것으로 전개되고 있다.

이 사건을 지켜본 유대인들은 그날이 안식일이었기 때문에 유대인들간에 처음으로 논쟁이 붙었다. 예수께서 안식일에 병을 고쳤으므로 안식일을 범한 죄인이라고 생각하는 자들과, 소경치유는 하나님께로부터 온 자 만이 할 수 있기에 예수를 선지자라고 생각하는 자들로 나뉘게 되었고, 이들은 서로 논쟁을 벌였다. 이 논쟁은 나중에 바리새인과 소경간에도 똑같이 벌어진다.

소경치유 사건을 보면 예수님의 표적에 대한 세 가지 부류의 반응이 나타난다. 유대인과 바리새인들은 소경이 눈을 뜬 명백한 표적을 보고서도 이 표적이 의미하는 바를 받아들이기를 거부하고, 예수에 대한 신앙을 거부한다. 소경의 부모는 예수가 자기 아들에게 빛을 준 그리스도임을 알면서도 유대회당에서 출교당할 것을 두려워하여 공개적으로 신앙을 고백하지 못한다(9:22).

당시 유대회당에서 축출당한다는 것은 사회적으로 굉장한 손해를 입는 것이었기 때문이었는데, 그때에는 소경의 부모 같은 사람들이 많이 있었다. 그러나 소경은 유대 공동체에서 출교당하고 박해당할 것을 알면서도 예수를 선지자라고 고백한다(9:17). 이 고백은 이사야 29:18~19, 35:5~6, 61:1~2의 예언들을 배경으로 하고 있다.

여기에는 종말에 메시아가 오면 일어날 일들을 예언했는데, 이 예언 중 하나가 소경의 눈을 뜨도록 하는 일이었다. 예수께서는 이미 나사렛 회당에서 처음 말씀을 가르치실 때 이사야 61:1~2을 인용하면서 자신이 그 예언을 성취하려 왔다고 이미 말씀하셨고(눅 4:14~19), 세례 요한이 예수께 당신이 오시기로 한 메시아인가 물었을 때도 이사야 29:18~19과 35:5~6에 나타난 예언들을 성취하고 있음을 들어 자신이 메시아임을 이미 나타내셨다(마 11:1~6; 눅 7:18~23).

이처럼 소경의 눈을 뜨게 하는 것은 하나님의 계시를 이 땅에 가져오는 것이고, 암흑세계에서 해방시키는 것을 의미했다. 예수께서는 이사야의 예언을 따라 소경의 눈을 뜨게 하는 이러한 예언을 성취하고 있음에도 불구하고, 구약을 알고 있다는 유대인들은 그가 메시아임을 받아들이기를 거부하고 있는 것이다.

여기서 요한복음 문체의 특징인 역설(Irony)이 나타난다. 소경이던 자는 빛이신 예수를 만나 예수께서 메시아임을 인식한 반면, 자신들은 모세의 율법을 알아 빛을 받고 있다는 유대인들, 특히 지도자인 바리새인들은 정작 소경이 되어 빛이신 예수를 보지 못하고 메시아로 인정치 않음으로 결국 소경이 되어 버린 것이다. 소경은 눈을 뜨고, 빛을 본다는 자들은 오히려 소경이 되는 것! 바로 이것이 요한복음적 역설이다.

반면 치유된 소경의 신앙은 발전한다. 눈을 뜬 소경은 9:33과 9:38에서 예수를 '그리스도'로 고백함으로 예수님에 대한 이해가 점진적으로 깊어감을 볼 수 있다. 그의 고백은 사람(11절), 선지자(17절), 그리스도(22절), 하나님께로 온 자(33절), 그리고 그리스도(38절)로 발전한다. 그리고 마침내 공동체에서 축출당하게 되었다. 여기서 중요한 것은 이 사람이 예수님을 하나님으로부터 온 '그리스도'라고까지 고백한 것이다.

그러나 소경의 신앙단계가 발전하는 데 결정적 영향을 준 것은, 예수께서 스스로를 '인자'(호 휘오스 투 안트로푸 '그 사람의 아들')라고 계시하셨기 때문이다(9:35~37). 예수님은 자신의 대속적 죽음을 예언할 때 항상 '인자'라는 호칭을 쓰신다(막 10:45). 예수께서 메시아 되시는 것은 그의 '대속적 죽음'이 있기 때문이다. 세상 죄를 지고 가는 하나님의 어린양으로서 스스로를 인류 구원을 위한 속죄제물로 내어 주는 것이 바로 메시아의 과업인 것이다. 그러므로 예수를 유대교의 메시아 정도로 생각하는 것은 온전한 신앙이 아니다. 치유된 소경은 예수 그리스도의 계시를 통해서 바로 이것을 깨달았다. 바로 예수가 하나님이시고, 인류를 하나님과 연합시키는 '인자'이신 것을! 육신적으로만 아니라, 이제 영적으로도 이것을 보게 된 것이다.

본문은 육체적 소경과 영적인 소경을 대조시키고 있다(39절). 어거스틴은 "이 소경은 흑암 속에 살아가는 인류를 대표하고 있다. 만일 소경이라는 의미가 불신앙을 뜻하는 것이라면, 그가 눈을 뜬 것은 구원에 이르는 믿음을 갖게 된 것을 뜻한다"고 하였다. 육신의 눈이 뜨인다는 것은 영적 눈 뜨임의 상징이며 표적이다. 당시 유대교는 수많은 초막절을 치렀지만 나면서부터 소경 된 이 사람을 고칠 수 없었다. 이런 가운데 예수께서 이 소경의 눈을 열어 주시므로 그에게 진정한 빛이 되셨고, 유대교의 초막절을 온전케 하신 메시아가 되셨다.[4]

3. 소경치유 사건의 현대적 의미

이 땅에는 아직도 소경의 부모처럼 자기 아들의 고침을 통해서 예수께서 그리스도심을 체험했지만 사회적, 정치적 불이익을 두려워하여 예수님에 대한 신앙고백하기를 회피하는 사람들이 있다. 또한 자신들의 율법개념에 근거하여 유대인들이 예수를 배격했듯 제한된 이성이나 세상 지혜에 근거하여 기독교 신앙을 거부하는 자들도 있다.

요한복음 9장은 우리로 하여금 치유된 소경처럼 십자가에 달린 예수를 자신의 구주로 인식하고, 두려움이나 타협없이 언제 어디서나 담대하게 신앙고백 할 것을 요구한다.

예나 지금이나 형태는 다를지 모르지만 예수를 따르는 제자의 삶이란 고난과 박해가 뒤따르기 마련이고, 거룩을 추구하는 삶은 필연적으로 고난을 수반하게 되어 있다. 이미 예수님은 복음에는 고난이 필연적으로 동반된다는 사실을 말하셨다. 이는 하나님께 순종하는 것이 어려운 것이고, 사망에서 생명으로 돌아선다는 것은 고통스러운 것이기 때문이다. 사실 거짓과 죽음의 세상에서 초월적인 진리와 생명에 성실하다는 것은 세상에 대하여 위협적인 것이기에 성도들은 세상으로부터 배척과 핍박을 반드시 받게 된다.

그러나 비록 사회에서 불이익을 당하고 고난을 당해도 예수를 자신의 구주로 고백하는 신앙을 무엇보다 가장 귀하게 여기고, 거기에 최고의 가치를 두어야만 한다. 왜냐하면 그것이 영원한 생명을 얻는 길이기 때문이고, 또한 예수님은 자기 때문에 고통당하고 핍박당하는 자들을 그냥 버려두시지 않기 때문이다. 예수님은 그런 사람들의 친구가 되셔서 곁에서 그들을 위로하고 도와주신다. 그는 양을 위해 자신의 목숨까지 주시는 선한 목자시기 때문이다.

선한 목자이신 예수(10:1~42)

요한복음 10장은 '선한 목자'에 대한 가르침과 수전절의 예루살렘 방문이라는 두 부분으로 구성된다. 요한복음 7:14을 보면 예수님은 초막절에 예루살렘에 올라가서 유대 지도자들과 논쟁을 벌이셨는데, 그 결과 예수님과 이들과의 갈등은 점점 더 깊어간다(7~9장). 이와 같은 갈등은 10장에서도 계속된다.

선한 목자에 대한 가르침은 7~10장에 기록된 예수님과 유대 지도자들 간의 갈등의 일부인데, 이 가르침은 초막절 설교와 수전절 설교 사이에 위치하고 있다. 선한 목자에 대한 가르침의 역할은 초막절 설교의 대상인 바리새인들에게 백성의 참 지도자는 어떤 사람이 되어야 하는지를 알리는 동시에, 유대인들에게는 수전절과 관계된 이스라엘의 참 지도자 상은 어떤 것인지를 교훈하는 전이적인(transitional) 역할을 한다. 그리하여 이 부분에는 예수님의 앞선 가르침에 관계된 빛의 주제도 나타나고, 뒷부분에 나오는 가르침에 대한 주제도 나타나고 있다.

1. 요한복음 문맥에서 본 선한목자에 대한 가르침

요한복음 9장과 선한 목자에 대한 가르침(10:1~18)은 조금 다른 면이 있다. 선한 목자에 대한 비유는 논쟁이라기보다는 예언이고 가르침이라 할 수 있다.

9장의 표적을 통해 예수님은 유대 지도자들에게 적극적인 공세를 펴시고(9:35~41), 자신이 메시아임을 분명히 하신다. 뒤따르는 선한 목자의 가르침을 통해 이들에 대한 공세는 더욱 분명해진다. 즉 선한 목자와 삯군 목자를 강력하게 대조하심으로서 예수님과 유대 지도자의 차이를 드러내신다. 핵심 구절인 10:10은 선한 목자와 도적의 지향점을 적나라하게 비교하여 설명하고 있다. "도적이 오는 것은 도적질하고 죽이고 멸망시키려는 것뿐이요 내가 온 것은 양으로 생명을 얻게 하고 더 풍성히 얻게 하려는 것이라."

이렇게 첨예해진 갈등 속에서 예수님은 자신의 죽음을 암시하신다. 따라서 선한 목자의 가르침은 뒤따르는 나사로의 죽음 곧 그리스도의 죽음을 예견하는 11~12장과 자연스럽게 연결된다. 선한 목자에 대한 가르침에는 부활에 대한 예견도 있다. "… 내가 다시 목숨을 얻기 위하여 목숨을 버림이라"(10:17). 요한복음 10장은 예수님의 모습을 양을 예로 들어 크게 두 가지로 나타내고 있는데, 하나는 '선한 목자'로서 대속적 죽음을 죽으시는 분, 다른 하나는 양떼들로 하여금 하나님 나라에 들어가 구원을 얻게 하는 '양의 문'이다.

2. 선한 목자(10:1~21)

요한복음 10장은 선한 목자에 대한 상징적인 비유를 통해 예수님께서 구원자 되심을 설명하고 있다. 예수님은 자신이 양을 위해 목숨을 버리는 '선한 목자'라고 말씀하신다(11절). "나는 선한 목자라"는 요한복음 10:11의 표현은 에스겔 34장을 배경으로 하고 있다. 사실 에스겔 34장은 수전절에 유대인들이 읽는 표준 낭독 본문들 중의 하나였다. 하나님의 백성을 양떼라고 부르고, 하나님을 백성의 목자로 부르는 것은 언약신학적 표현으로서 구약에 흔히 나타나는 그림이다. 하나님은 목자시고 이스라엘은 그의 양떼들이다. 하나님께서는 또한 자신을 대신하여 자기 백성을 돌보도록 이스라엘의 지도자들, 특히 제사장들과 왕들을 백성의 목자로 세우셨다.

그러나 에스겔 34장에서 정죄한 것 같이 이들은 자신의 본래 목적과 사명을 잊고 자기 이익을 위해 양떼들을 속이고 노략질하고 그들의 것을 도둑질한 자들이 되고 말았다(렘 23장; 슥 11장 참조). 양들을 잘 먹이고 보호하기는커녕, 오히려 그들을 잡아먹고 가죽을 벗겨서 옷을 해서 입는 등 파렴치한 행위를 계속하여 양떼들이 온 땅에 흩어지게 만들고 말았다. 실제로 에스겔 당시 이스라엘이 어떻게 되었는가? 하나님의 백성 이스라엘이 바벨론 제국의 온 땅에 흩어졌고, 짓밟히고 종노릇하며 유리하는 양떼가 되지 않았던가! 또한 예수님 당시에도 유대인들은 세계에 흩어져 유리하는 디아스포라의 상태가 계속되고 있었다.

이런 상황 가운데 하나님은 이스라엘의 이상적 목자로 나타나셨으며(시 23:1; 74:1; 80:7; 95:7; 100:3), 포로생활 중에라도 자신의 양떼를 돌봐 주실 것을 약속하셨다(사 40:11; 렘 23:3; 31:10). 특히 왕이 된 다윗은 하나님의 백성을 이끄는 이상적인 목자였다(시 78:70~72; 삼하 7:7~8). 그리고 그의 몸에서 날 약속된 메시아는 흠이 없는 목자로서, 그를 통하여 하나님께서는 흩어진 양떼를 다시 모으시고 친히 먹이실 것을 약속하신 것이 에스겔 34장이다. 이 메시아가 바로 예수 그리스도다.

선한 목자에 대한 가르침은 '참 목자를 소개하는 비유'(1~6절), '양의 문

되신 그리스도'(7~10절), 그리고 '선한 목자이신 예수'(11~18절) 등 세 부분으로 구성되어 있다.

1) 참 목자를 소개하는 비유(10:1~6)

본문은 하나의 비유로서 참 목자가 어떤 사람인지를 목자와 양과의 관계를 예로 들어 설명한다. 본문이 강조하는 선한 목자의 속성을 알기 위해서는 예수님 당시 '양 우리'의 모습을 아는 것이 필요하다. 당시 두 종류의 '양 우리'가 있었는데, 마을이나 도시에 있는 것과 산간벽촌의 것으로, 둘의 구조가 서로 달랐다.

마을의 양 우리는 나무로 잘 지어지고, 문 앞에는 문지기가 있었다. 이런 경우 양은 대개 마을의 공동소유였고, 문지기는 양치기가 오면 양을 내 주었는데 양치기의 대부분은 고용된 사람들이었다. 그들은 전문적인 양치기였겠지만, 양들의 이름을 세세히 알지는 못했을 것이다. 양들은 그의 소리나 몸짓 혹은 지팡이를 따라 움직였지, 그의 음성을 구별하여 따라 다니지는 않았을 것이다. 이에 비해 산간벽촌의 양 우리는 돌을 쌓아 담을 만드는데 문이 따로 있지 않았고, 담의 한 부분을 터놓아 입구를 대신했다. 밤이 되면 양치기는 자기 몸으로 이 문을 가로 막고 자는 것이 상례였다고 한다. 이런 경우 양들은 대부분 양치기 개인의 소유였다.

본문의 첫 부분(1~6절)은 큰 마을에 있던 양 우리를 전제로 하고, 7~10절은 산간벽촌의 양 우리를 염두에 둔 가르침으로 보여진다. 따라서 첫 부분에 소개된 참 목자는 '삯군 목자'와 달리 양 하나하나의 이름을 알고 있음을 강조하고, 두 번째 부분의 참 목자는 양을 보호하기 위해 헌신하는 모습을 강조한다. 본 비유에서 선한 목자는 양들의 이름을 알고, 양들은 목자의 음성을 알고 있다고 한다. 도둑이나 강도가 양을 넘볼 수 없는 이유는 이것 때문이다. 참 목자는 항상 정상적인 방법으로 양에게 접근한다. 즉 문을 열고 들어가 양들에게 음성을 들려 주고 이끌어 내는 것이다.

이 주장을 안식일 논쟁에 적용해 보자. 선한 목자의 비유는 안식일 준수

방법을 둘러싸고 생긴 예수님과 유대 지도자들 사이의 갈등에 대한 예수님의 최종적 답변이다. 예수님은 안식일에 육신을 온전케 하는 것이 율법의 근본 정신이라고 주장하신 반면, 바리새인들은 이것이 율법을 어긴 일이요 죄인이라고 공격한다. 이에 대해 어떤 주장이 양을 진정으로 사랑하는 목자의 음성이겠느냐고 되묻고 계신다.

2) '양의 문' 되신 그리스도(10:7~10)

앞에서 그리스도가 양의 목자인 것을 설명하신 후, 이제 예수님은 자신을 '양의 문'이라고 하신다. 이 문은 분명히 하나님나라에 들어가는 것을 연상케 하는 그림언어다. 헬라인들은 하늘에 문이 있는 것으로 생각했고, 유대인들도 마찬가지였다. 여기서 예수가 스스로를 '문'(7절)으로 나타내고, "들어온다"(9절)는 말은 하나님나라에 들어감을 나타내신다. 자신이 '양의 문'이라는 말은 궁극적으로 예수님의 역할이 무엇인지를 설명해 주는 것이다. 즉, 이 '양의 문'으로 다니는 양 만이 꼴을 먹고 구원을 얻으며 생명의 길을 가게 된다는 것이다.

예수님은 이 땅에 하나님나라를 도래하게 하신 분으로서, 우리로 하여금 하나님나라에 들어가게 하시는 분이시다. 그러므로 하나님나라에 들어가는 문이요 통로인 예수를 통해서 들어가야만 거기에 구원이 있는 것이다. 또한 동시에 예수님은 자신을 양의 문에 비유하고 선한 목자라 칭함으로써 예수께서 이해하신 안식일의 의미와 준수방법이 옳은 것이며, 모세의 정신과 배치되는 것이 아님을 보여 주신 것이다.

3) '선한 목자' 이신 예수(10:11~18)

마지막 부분에서 예수님께서는 자신을 '선한목자'라고 말씀하시며, 삯군 목자들과 자신을 대조하신다. 여기서 선한 목자의 중요한 속성이 소개되는데, 그것은 양을 위해 목숨을 버린다는 것이다. 당시 남의 양을 직업적으로 치는 목자나 더 나아가 자기 양을 소유한 목자라 할지라도 과연 양과 자신의 목숨을 바꾸면서까지 양을 지킨 자가 얼마나 되었을까? 자기 자식을 위해 목숨을 버리는 자는 있겠지만, 양을 위해서 자신을 희생하는 사람은 아마 없을 것이다. 그러나 예수님은 자신은 양을 위해 목숨을 버리는 '선한 목자'라고 말씀하신다(11절).

이미 요한복음 9장에서 본 것처럼 유대 지도자들인 바리새인과 제사장들은 소경이나 백성들에게 목자 역할을 해 주어야 했지만, 목자 역할은커녕 오히려 소경을 박해하고 쫓아냄으로 백성들을 유리하고 방황하게 만들었다. 반면 예수님은 이 양에게 찾아오실 뿐 아니라, 그 양을 위해서 자기 목숨을 내어 놓으실 분이다(35절).

'선한 목자'에 대한 가르침을 통해 예수께서는 9장의 소경치유 사건에 대한 바리새인과 자신의 대조를 요한복음 10장에서 주석하신다. 이 예수는 선한 목자로서 양떼들을 위해서 자기 목숨을 내어 놓을 분, 즉 십자가에서 대속의 죽음을 죽으실 분이시다. 예수님은 자기 양떼의 죄를 덮어버리고 씻어 버리기 위해 자신을 십자가의 죽음에 내어 주실 것이고, 그리하여 그들을 다시 하나님께 올바로 연결시키고 하나님의 참 양떼, 새 백성이 되게 하는 새 언약제사로 자기 백성을 구원하실 메시아시다.

참 메시아는 로마의 압제에서 이스라엘을 독립시키는 이가 아니다. 오히려 하나님을 계시하고 대속의 죽음과 새 언약의 제사를 통해 하나님의 구원의 통치아래 살게 하고, 하나님의 성령을 가져다 주어 하나님의 생명을 얻게 하는 예수가 참 메시아다. 이것이 바로 예수님의 선한 목자 되심이요, 예수님이 누구신가에 대해 본 장에서 요한이 강조하고자 하는 내용의 핵심인 것이다.

3. 수전절을 온전케 하신 그리스도(10:22~42)

수전절(修殿節: 하누카)은 수리아의 헬라 왕이었던 안디오쿠스 에피파네스(Andiochus Ephiphanes)가 BC 168년 예루살렘에 들어가 성전을 더럽히고 유대인들을 박해했을 때 유대의 한 제사장 마타디아스(Mattathias)의 다섯 아들, 특히 유다 마카비(Judah Maccabees)가 중심이 되어 헬라의 군대와 전쟁을 벌였고 마침내 이 전쟁에서 승리하여 AD 164년 12월 더럽혀진 성전을 수리하고 성별하여 하나님께 봉헌했던 역사적인 사실을 기념하는 절기다.

이 절기는 초막절처럼 성전과 관계있는 절기라 하여 "기슬레 월의 초막절"이라 불리우기도 하고(마카비 2서 1:9), 8일간 계속 되는 이 기간동안 성전은 8개의 등불로 장식된다. 요한은 바로 이 수전절에 예수께서 행하신 설교를 기록함으로서 예수님은 진정한 성별자, 참 성전, 하나님 백성의 참 목자가 되심을 교훈하고 있다. 이 부분은 두 부분으로 구성되어 있는데, 10:22~31은 메시아로서의 예수에 대해, 10:32~42은 하나님의 아들로서 예수에 대해 기록하고 있다.

선한 목자에 대한 강론 이후 유대인들은 예수님께 질문을 던지며 논쟁을 벌인다(24절). 즉 당신이 그리스도라면 그 사실을 우리에게 분명히 말하지 왜 정확히 말하지 않는가라고 질문하는 것이다. 그러나 예수님의 가르침의 특징 중 하나는 알쏭달쏭하게 말씀하시는 것인데, 이는 귀 있는 자들은 듣도록 하기 위함이다.

지금까지 예수님은 소경을 고치시는 등 많은 표적을 행하심으로 자신이 생명을 주시는 분임을 이미 분명히 다 드러내셨다. 그들이 모세의 성경을 잘 안다면 이 모든 것이 메시아의 증거인 줄 알 것이다(사 29장). 무슨 표적이 더 필요하단 말인가! 문제는 눈 먼 유대 지도자들에게 있는 것이지 예수님께 있다는 것이 아니라는 말이다.

예수님은 이렇게 말씀하신다. "나는 하나님께로부터 왔고, 내가 하는 말들이 다 하나님의 말씀이고, 하나님께서 나와 함께하셔서 나를 통해서 일하신다. 그런 의미에서 나는 하나님의 아들이다. 그런데 너희들이 이 모든 표적을 보고도 믿지 않는 것은 내 양떼가 아니기 때문이다(26절). 이 땅에 메시아가 와서 종말에 모으는 구원 공동체의 구성원들이 아니기 때문에 너희들은 보고도 깨닫지 못하고 듣고도 믿지를 못하는 것이다. 반면 내 양떼들은 내 목소리를 청종하고, 나도 그들을 알고 그들도 나를 따르고 있다(14, 27

절). 목자와 양떼들은 서로가 서로를 알고 있기에, 양떼들은 목자인 나를 알고, 나를 따르고, 나의 제자들이 되면, 궁극적으로 나는 그들에게 영생을 주는 생명의 관계가 된다(28절). 이처럼 예수님은 예정론적인 구원의 차원에서 설명하신다.

지금 일어나고 있는 현상은 분리현상이다! 세상의 빛으로서 예수께서 계시를 하시지만, 어쩔 수 없이 항상 청중들은 두 부류로 갈라진다. 계시를 보지 못하는 다수의 불신자 부류와 소수의 믿는 자들로 분류된다. 분리현상! 이것이 바로 심판이다. 이 현상은 궁극적으로 예정론적으로밖에 설명할 수 없을 것이다. 하나님께서 구원하시고자 하는 자들을 예수의 손에 양떼들로 맡기셨다. 이 말이 함축적으로 의미하는 것은 그렇지 않은 자들은 예수의 양떼가 아니라는 것이다. 굳이 신학적 용어로 말하자면 이를 이중예정이라 하는데, 즉 구원의 예정과 멸망의 예정이다.

특별히 10:22~31은 예정론적인 언어가 강력하게 나타나는 부분이다. 예수님은 참 목자로서 자신이 하나님의 아들임을 계속 증거하시는데, 이런 예수님을 보면서도 몰라 보고 그리스도로 고백하지 못하는 이유는 그들이 예수의 양떼가 아니기 때문이다(요 10:26). 요한은 궁극적으로 구원과 심판을 예정론으로 설명한다. 구원의 예정론적 설명이 궁극적으로 말하고자 하는 것은 예정된 자들을 하나님께서 끝까지 지키신다는 것이다. 10:8에 "내가 저희에게 영생을 주노니 영원히 멸망치 아니할 터이요 또 저희를 내 손에서 빼앗을 자가 없느니라"의 의미가 바로 이것이다.

지금 우리가 다루고 있는 예정론에 관한 문제가 우리에게 많은 어려움을 가져온 것이 사실이다. 대부분의 그리스도인들이 예정론의 문제를 현재와 미래의 관점에서 보고 판단하려 한다. 그 결과 현재에 대한 불확신과 미래에 대한 의심 때문에 이 땅에서 힘 있는 삶을 영위하지 못하고 염려와 두려움 속에 살아가는 것을 볼 수 있다. 이런 면에서 보면 예정의 문제는 신앙에 도움을 주는 것이 아니라, 오히려 불안을 조성하는 것이 되었다.

그러나 본문에서뿐 아니라 바울서신(엡 1:5)에도 나타나는 예정론의 문제는 신자들에게 불안감을 조성하기 위해 제시하는 교훈이 결코 아니다. 오히려 신자들에게 구원의 확신을 주고 그 확신에 기초하여 안위와 평안을 누리게 하려는 것이다. 이는 예정의 문제를 현재나 미래의 문제가 아닌 과거사건으로 언급하는 것에서 확인할 수 있다. 즉 현재 우리가 그리스도를 주로 고백하고 구원받은 그리스도인이 되었다면, 그 사실에 근거하여 우리가 이미 예정된 자라는 것을 확인하고 확신과 평안 속에 거하라는 것이 예정론이 우리에게 주는 교훈이다.

요한이 10장에서 말하고자 하는 것도 마찬가지다. 선한 목자이신 예수께서 양들인 우리에게 이러한 확신을 주려는 것이지, 우리의 이성으로는 다 헤아릴 수 없는 예정의 교리를 가지고 스스로 예정받았는지 아닌지 불안감을 조성하려는 것이 아니다. 현재 그리스도를 자기의 주님으로 고백하고 구주로 믿는 자는 이미 자신이 하나님의 뜻을 따라 예정된 자임을 확신해야 한다.

이는 하나님께서 만세 전에 예정하시고, 때가 되매 성령을 우리에게 부어 주셔서 예수를 주님으로 고백하게 된 결과기 때문이다. 그러므로 지금 믿음을 고백하는 자는 하나님의 예정을 확신하고, 종말에 구원이 완성될 때까지 그리스도께서 자신을 지키실 것을 확신함으로 평안을 누리며, 자신을 구원하신 하나님의 부르심에 합당하게 살아가야 할 것이다(요 10:28; 롬 8:28~39).

결론

요한복음을 흐르는 대 주제는 예수는 메시아며 하나님의 아들이라는 사실을 확신케 함으로서 그리스도인들의 신앙을 견고케 하려는 것이다. 요한복음 9~10장을 통해 우리에게 계속 주어지는 메시지는 예수는 메시아, 그리스도라는 것이다. 예수께서 메시아로서 하신 일은 다윗 왕조를 재건하는 일이나 로마에서 유대를 독립시킬 것이 아니라, 십자가의 대속과 새 언약의 제사로서 자신을 내어 주신 것이다. 예수의 메시아적 사건, 또는 메시아적 행위(The Christ Event)는 바로 십자가의 죽음이다.

요한복음 7~10장에 이르는 동안 요한이 말하고자 한 것은, 참 메시아란 십자가에서 우리에게 하나님을 계시하여 우리로 하여금 하나님을 보게 하고 알게 하신다는 것이다. 그래서 우리에게 빛을 주시고, 선한 목자가 되신다. 우리가 자신이 소경 된 것과 암흑에 살고 있는 것을 인정하면, 예수의 빛을 보게 되고 계시를 깨닫게 되는 것이다.

그러나 유대인들처럼 모세 율법에서 얻는 것만을 절대시하고 그 관점을 기준으로 모든 것을 판단하면 진정한 빛과 계시를 보지 못하게 된다. 또는 헬라인들처럼 플라톤이나 스토아 철학의 지식을 통해서 구원에 이르는 무엇을 깨닫는다고 착각하면 빛이신 예수의 계시를 보지 못하게 된다. 모세의 율법이나 헬라철학, 아니 그 이외의 어떤 것이라도 이것으로는 되지 않는다. 이것은 결코 우리를 흑암에서 구원할 수 없다. 구원은 오직 하나님께서 위로부터 주시는 은혜와 사랑의 계시인 예수 그리스도, 특히 십자가에서의 대속과 새 언약의 제사로 오는 구원을 받아들여야만 가능한 것이다.

오늘도 요한은 우리에게 말한다. 서양 과학문명으로 인간의 문제를 해결할 수 있다고 착각하고 거기서 구원의 길을 찾는 인본주의에는 결코 구원이란 존재하지 않는다. 또한 동양의 인본주의 철학이나 종교 등도 우리에게 구원을 가져다 주지 못한다. 구원은 오직 예수! 아무리 타 종교와의 대화를 부르짖고, 종교다원주의를 부르짖는 세상이 되어 기독교 구원의 절대성에 대해 도전하는 시대가 되어 가지만, 기독교 신앙을 제외한 어떤 종교나 어떤 사상도 그 근원은 다 인본주의여서 인간의 한계를 벗어나지 못함을 바로 인식해야 한다.

요한은 오늘 우리에게 말한다. 진정한 구원이란 동양이나 서양의 인본주의에서 찾을 수 있는 것이 아니라 예수님이 십자가에서 이루신 십자가의 계시로 말미암아 이루어진다는 것이다. 예수는 오늘도 우리의 빛이시고 선한 목자 되시며, 오늘도 우리의 구원자 메시아 곧 그리스도가 되신다.

오늘날의 시대철학인 포스트모더니즘(Postmodernism)의 영향이 교회 안에도 들어와 십자가를 통한 구원의 절대성을 포기하고 마치 타종교에도 구원이 있는 것처럼 그리스도인들에게 혼란을 야기시키는 이때, 구원은 메시아이신 오직 예수로 만이라는 신앙을 계속 고백하고 이 세상과 타협없이 힘 있게 살아감으로 그분 만이 이 땅의 구원자 되심을 삶으로 증거하는 한국 교회와 성도들이 되어야 할 것이다.

10 예수 부활의 예언적 표적 사건
요한복음 11장의 주해와 적용

　요한복음에 기록된 예수의 기적 사건 중에서 죽은 나사로(Lazarus)를 살리신 사건은 공관복음에 기록되지 않은 매우 독특한 사건이다.[1] 이런 점에서 본문은 지금까지 많은 요한복음 학자들의 연구 대상이 되어온 것 같다.[2]

　본문을 이해하기 위해 이 글에서는 본문의 문학구조를 살펴보면서 본문이 요한복음의 전체 문학구조 속에서 차지하는 위치와, 예수께서 나사로를 살리신 사건 속에 등장하는 인물(character)을 중심으로 그들의 역할을 살펴볼 것이다. 이로써 예수께서 나사로를 살리신 사건이 주는 신학적 의미가 드러날 것이다. 그리고 본문을 이해하기 위해 전통적인 역사비평(Historical – Critical Criticism)보다는 최근에 새롭게 등장한 문학비평의 하나인 서사비평(Narrative – Critical Criticism)을 신중하게 고려할 것이다.[3] 서사비평에 비판적 요소가 없는 것은 아니지만, 본문을 이해하는 데 역사비평보다 오히려 효과적이며 열매가 많기 때문이다.[4]

전체 구조 속에서의 의미

　요한복음은 크게 네 부분으로 나누어질 수 있다. 즉 서론(1장), 예수의 일곱 표적사건(2~12장), 예수의 고난과 영광(13~20장), 그리고 부록(21장)이다.[5]

본문은 요한복음 전체 구조 속에서 두 번째 부분인 예수의 일곱 표적사건 속에 기록되어 있다. 본문에 기록된 표적은 예수께서 죽은 나사로를 살리신 사건으로, 요한복음에 기록된 일곱 표적 가운데 마지막 표적사건이다. 나사로 사건이 요한복음 전체의 문학 구조 속에서 예수의 일곱 표적사건 속에 기록되어 있다는 것은 어떤 의미가 있는가?

요한복음 2~12장은 예수의 지상사역 중 일곱 표적에 집중하여 예수의 사역을 설명한다. 그 중에서 처음 두 표적사건(2:1~11; 4:46~54)은 한 묶음으로 엮을 수 있는데, '가나'라는 장소와 깊이 연관되어 있다. 다른 두 사건은 유월절과 관련 있는 표적사건(6:1~15, 16~21)이고, 또 다른 두 사건은 안식일과 관련되어 있는 것으로 예수께서 안식일에 병자를 치료하신 사건이다 (5:1~47; 9:1~10:42).[6]

이 여섯 사건들은 예수의 영광(Christ's glory)을 미리 보여 주는 사건들로, 이미 처음 예수의 표적사건에서 요한은 "예수께서 이 처음 표적을 갈릴리 가나에서 행하여 그 영광을 나타내시매 제자들이 그 표적을 믿으니라"(요 2:11)고 기록하고 있다. 즉, 이 사건들은 예수께서 십자가에서 죽으시고 다시 살아나실 것을 암시하며 예수의 영광을 미리 보여 주는 사건이다.

특히 일곱 표적 중 마지막 표적인 죽은 나사로를 살리신 사건은 이미 5:28~29에서 분명히 예언된 사건이다. 따라서 이 사건은 예언의 성취로 볼 수 있다.[7] 즉 여섯 표적사건 중에 마지막에 기록된 예수께서 죽은 나사로를 살리신 사건은 예수의 예언적 표적(Jesus' prophetic sign) 사건으로, 자신의 죽으심과 부활을 미리 예고하고 있음을 암시한다.[8]

이런 점에서 요한복음 2~12장에 기록된 예수의 기적 사건들은 하나씩 기록된 독립 사건으로 보이지만, 모든 표적 사건이 '예수의 십자가와 부활의 영광'이라는 주제와 긴밀하게 서로 연관되어 있고, 그 주제를 향하고 있음을 볼 수 있다.

요한복음 11장에 기록된 나사로 사건은 여섯 부분인 1~6절, 7~16절, 17~27절, 28~37절, 38~44절, 45~54절로 나눌 수 있다. 이어지는 55~57

절은 12장과 연결되는 부분으로 12장을 위한 도입부다.[9]

첫째, 1~6절은 서론으로 나사로 사건의 시간과 장소, 주요 등장인물 소개 및 나사로가 병들었다는 상황을 설명하고 있다. 또한 이 사건의 중요한 주제가 소개되고 있다(4절). 결국 이 사건이 하나님의 영광을 드러낼 사건임을 암시하고 있다(4절, 참조. 40절).

둘째, 7~16절에서는 예수께서 유대로 가시기로 작정한 것(7, 15절)과, 나사로가 죽은 것을 예수께서 이미 알고 계심을 제자들에게 비유로 언급하고 있다(11절). 그러나 제자들은 예수의 말을 오해하고 결국 예수께서는 14절에서 나사로가 죽은 것을 직접적으로 언급하신다. 그러나 디두모(Didymus)라 하는 제자 도마(Thomas)는 예수의 말씀을 완전히 오해하고 있다(16절).

셋째, 17~27절은 예수께서 마르다를 만나시는 장면이다. 이미 나사로는 죽어서 무덤에 있은 지 4일이나 되었다. 예수께서는 마르다에게 자신의 정체, 즉 자신이 부활이요 생명이 되심을 밝히 드러내신다(25절). 예수께서 마르다의 신앙을 요구하실 때 마르다는 자신의 신앙을 고백한다(27절).

넷째, 28~37절은 예수께서 마리아를 만나시는 장면이다. 여기서는 눈물 흘리시는 인간적인 모습의 예수로 묘사된다(35절). 한편 마리아 주변의 유대인들은 예수께서, 나면서 눈 먼 사람을 고치신 사건을 알고 있다(37절). 이 부분은 앞 장면(9장)과 긴밀한 연결을 보여 준다.

다섯째, 38~44절은 예수께서 죽은 나사로를 살리시는 장면이다. 예수께서 나사로를 살리시기 전에 기도하는 장면이 기술되어 있다(41~42절).

끝으로, 45~54절에서는 예수의 죽음이 나사로를 살리신 사건과 밀접하게 연결되어 있음을 보여 준다. 유대인들은 예수께서 죽은 나사로를 살리셨기 때문에 예수를 죽이기로 작정한다(47~50절). 그리고 예수의 죽음이 갖는 의미가 요한복음의 해설자(the narrator of the Fourth Gospel)에 의해 설명되고 있다(51~52절).

등장인물들과 그 역할

나사로 사건에 등장하는 인물들은 이 사건의 핵심 인물인 예수를 비롯해 간접적으로 언급된 하나님, 사건의 대상 인물인 나사로, 나사로의 두 자매들, 예수의 제자들, 유대인들, 바리새인들, 대제사장들이다.

본문의 메시지를 이해하기 위해 나사로 사건에 등장하는 인물들의 역할과 기능을 살펴볼 필요가 있다. 왜냐하면 본문에 등장하는 모든 인물들은 나사로 사건의 메시지를 전달하기 위하여 그 나름대로 독특한 기능을 하고 있기 때문이다. 즉 나사로 사건에 등장하는 인물들은 예수를 구체적으로 드러내기 위해 이 사건 속에서 특정한 역할을 담당하고 있다.

1. 예수

나사로 사건에서 주인공은 나사로가 아니라 예수다. 나사로는 다만 예수를 효과적으로 드러내기 위한 인물로 등장한다. 요한복음 전체에서 주인공은 예수다. 예수는 나사로 사건의 의미를 제자들에게, 그리고 독자들에게 분명하게 설명하신다(4절). 나사로의 병은 죽을 병이 아니라 '하나님의 영광'을 위한 것이며, 동시에 하나님의 아들 예수 그리스도가 영광을 얻게 하려고 일어난 것이다(4절). 요한복음에서 예수가 영광을 얻는 것은 결국 예수의 십자가 사건과 부활을 암시한다.[10] 예수는 자신의 정체인 '부활이요 생명이심'을 나사로 사건에서 드러내신다(25절).

예수는 나사로 사건을 통하여 제자들의 믿음을 독려하신다. 예수는 제자들의 믿음을 견고케 하시려고 병든 나사로가 있는 베다니에 즉시 가시지 않고 그가 병들어 죽은 후에 가신다(15절). 뿐만 아니라 나사로의 부활 사건을 통해 요한복음의 독자들에게 예수가 어떤 인물인지를 보여 주고 있다. 예수는 마르다를 만난 자리에서 마르다의 섭섭함(21절)과 작은 믿음(22절)에 대하여 들으신 후, 간단하게 "네 오라비가 다시 살리라"고 말씀하신다(23절). 그러나 마르다는 예수의 말씀을 오해한다(24절). 결국 예수는 자신의 정체를 직접 드러내어 말씀하신다. 요한복음에 나타나는 일곱 "나는 … 이다" (에고 에이미) 중 하나가 25절에 사용된다.[11]

마르다와 비슷한 견해를 갖고 있던 마리아에 대해서도 예수는 눈물을 보이신다(35절). 그러나 예수의 눈물은 인간적인 동정 이상으로, 자신의 죽음을 알고 있는, 자신의 죽음을 내다본 눈물이다.[12] 그 증거는 예수의 눈물을 유대인들이 예수가 나사로를 깊이 사랑한 증거로 받아들였을 때 "속으로 통분히 여기신"(엠브리모메노스 엔 헤아우토) 것에서 찾아 볼 수 있다(38절).

예수께서는 이미 33절에서도 마리아와 유대인들이 우는 것을 보시고 "심령에 통분히 여기시고 민망히 여기셨다"고 했다. 우리 말 '통분히'로 번역된 헬라어 단어(엠브리마오마이)의 본래 의미는 '무엇을 강하게 주장하는 것', '밖으로 화를 드러내는 것', 또는 '마음에 깊이 감동을 받는 것' 등이다.[13] 예수께서는 나사로의 죽음 앞에서 그를 사랑하여 우신 것이 아니라 자신의 죽음을 내다보며 고통스러워하시며 우셨음을 보여 준다.

이것은 요한복음에서 예수께서 자신의 죽음을 내다보며 고민하시는 모습을 하나의 그림처럼 보여 주는 장면으로, 공관복음에 등장하는 겟세마네 동산에서의 예수의 고난(a graphic portrayal of Jesus' agony in Gethsemane on the eve of his own death)의 한 장면과 유사하다.[14] 예수의 눈물을 통하여 요한은 예수께서 이미 자신의 죽음을 내다보고 계신 것을 알았고, 예수 주변의 인물들과 독자들이 이 눈물을 통하여 예수의 죽음을 미리 예측하도록 독려하고 있다.

마리아가 예수의 부활의 능력을 의심했을 때 예수께서는 "네가 믿으면 하나님의 영광을 보리라"고 하셨다(40절). 이것은 예수께서 이미 4절에 언급하신 말씀이다. 예수께서 나사로 사건을 통하여 드러내시고자 하는 것은 하나님의 영광이다. 이 일로 결국 많은 유대인들이 믿게 된다(45절, 참조. 12:10~11). 예수는 죽은 나사로를 살리시며 자신의 죽음과 부활을 예표적으로 보여 주셨다.

2. 하나님

나사로 사건에서 하나님의 존재는 간접적으로 언급되고 있다(4, 22, 27, 40, 41, 42절). 하나님에 대한 묘사는 이 사건의 목적에서 언급된다. 또한 기도를 들으시는 분으로서 예수 그리스도와의 관계 속에서 언급되었다. 이 관계는 직접적으로 예수께서 하나님을 '아버지'로 호칭하면서 드러난다(41~42절). 예수께서 나사로를 살리시기 전에 하나님께 기도하고 무덤에 있는 나사로를 부르자, 그 기도가 응답되어 죽었던 나사로가 무덤에서 걸어 나왔다(43~44절).

나사로 사건에서 하나님의 존재는 기도를 들으시는 하나님이심을 분명하게 보여 준다. 예수께서 죽은 나사로를 살리신 사건은 예수의 기도를 들으시고 응답하신 하나님의 역사다. 하나님에 대한 언급은 나사로 사건이 하나님의 영광과 깊이 관련되어 있음을 잘 보여 준다.

3. 나사로

나사로는 자신의 죽음과 부활을 통하여 예수가 부활이요 생명이심을 보여 주는 역할을 한다. 나사로가 병든 것이 하나님의 영광을 위한 것이라고 예수께서 직접 증거하셨다(4절). 또한 나사로의 죽음과 관련하여 마리아와 마르다의 신앙이 확인되고 있다(22, 32절). 본문에서 나사로의 역할은 병든 것과 죽은 것, 죽은 후 무덤에 있을 때 예수의 부르심을 듣고 "수족을 베로 동인 채로 나오는" 것이다. 그리고 나사로가 무덤에서 나올 때 "그 얼굴은 수건에 싸여" 있음을 통하여 그가 잘 장사되었음을 보여 준다(44절).

나사로는 말 한마디 없지만 병듦과 죽음, 그리고 다시 살아남을 통하여 예수가 어떤 분임을 실제로 보여 준다. 예수는 이미 자신이 부활이요 생명임을 증거하셨다(25절). 독자는 나사로를 통하여 예수의 신분을 충분히 확인할 수 있다.

4. 마리아와 마르다

마리아와 마르다는 병들어 죽은 나사로의 가족으로 묘사된다(1절). 특히 마리아는 "향유를 주께 붓고 머리털로 주의 발을 씻기던 자"로 소개된다(2 절; 12:1~3). 마리아를 이렇게 소개하는 것은 요한복음 11장과 12장의 깊은 연관성을 직접적으로 보여 주는 것이다. 요한복음의 전체적인 문학구조 속 에서 살펴본 것처럼 12장은 요한복음 앞부분의 마지막 장이다. 예수의 죽 음은 여기서 극대화되어 묘사되고 있다. 결국 11장과 12장이 예수의 죽음 과 직접 관련이 있음을 보여 준다.[15]

마리아와 마르다는 예수께 사람을 보내 나사로의 병든 것을 알리고 예 수의 도움을 요청한다. 그러나 예수는 나사로가 병든 것을 알면서도 즉시 오시지 않았다. 그 이유를 예수께서 직접 15절에서 설명하신다. 즉 제자들 의 믿음을 독려하기 위해서였다. 그러나 마리아와 마르다는 예수께 동일하 게 원망과 서운함을 토로한다(21, 32절). 독자들은 이런 반응이 아무 소용이 없음을 알고 있다.

마리아의 역할은 마르다와 비교하여 볼 때 지극히 제한적이다(29~33절). 마르다는 예수께서 하나님께 무엇이든지 구하면, 즉 나사로가 죽었지만 다 시 살아나도록 간구하면, 하나님께서 응답해 주실 줄 믿고 있음을 고백한 다(22절). 예수께서는 직접적으로 "네 오라비가 살리라"고 말씀하신다(23절). 이것은 예수께서 직접 나사로를 살리실 것을 암시하는 말씀이지만 마르다 는 예수의 말씀을 오해한다(24절). 마르다의 오해(misunderstanding)는 급기야 예수께서 자신의 정체를 드러내시도록 한다(25절). 이때 마르다는 "주는 그 리스도시요 세상에 오시는 하나님의 아들이신 줄 내가 믿나이다"라고 자신 의 신앙을 고백한다(27절).

마르다는 예수가 메시아심과 하나님의 아들이심을 분명히 증거한다. 마 르다의 고백을 통하여 독자들은 예수의 메시아 되심과 하나님의 아들 되심 을 분명히 확인하게 된다. 마르다처럼 예수를 오해한 독자도 그리스도가 하나님의 아들이심을 믿고 고백하도록 격려하는 것이다. 마리아보다는 마르다를 통하여 예수의 정체가 더욱 잘 드러난다. 그러나 마르다는 분명히 신앙고백을 했지만 39절에서 그 신앙이 명목상의 신앙임을 보여 준다.

예수께서 "네 오라비가 다시 살리라"(23절)고 분명히 말씀하시고, 마르다가 예수의 말씀을 오해했을 때 더욱 분명하게 수정해 주셨지만, 마르다는 예수의 부활의 능력을 의심한다(39절). 예수와 함께 나사로의 무덤에 가서 무덤 입구를 막고 있는 돌을 옮겨 놓으라는 말씀을 들었을 때, 마르다는 "주여 죽은 지가 나흘이 되었으매 벌써 냄새가 나나이다"라고 대답한다(39절). 이것은 마르다가 예수의 부활의 능력을 의심하고 있음을 분명히 보여 주는 증거다.[16] 그러나 이런 마르다도 믿게 하시려고 예수는 나사로를 무덤에서 불러내신다(42절).

마르다의 역할은 독자들에게 참된 믿음이 무엇인지 다시금 확인하게 하는 것이다.[17] 마르다는 예수의 신분이 분명하게 드러나도록 그 역할을 하는데, 예수의 말씀을 오해함으로써 독자가 분명히 이해하도록 도와준다.

5. 예수의 제자들

나사로 사건에서 제자들은 부정적인 모습으로 묘사된다. 제자들은 예수께서 유대 땅으로 가자고 하실 때 예수의 행보를 가로막는 사람들로 묘사된다(8절). 즉 제자들은 유대인들이 예수를 돌로 치려 했던 사건을 언급하면서 유대 땅으로 가시려는 예수의 행보를 걱정하며 막는다. 그러나 예수께서는 제자들에게 "세상의 빛"을 언급하면서 유대 땅으로 가기로 결정하셨음을 보여 주신다(9~10절).

9절과 10절에 나오는 "세상의 빛"은 요한복음 9:5과 8:12에 나오는 '세상의 빛'과 연결된다. 요한복음 8:12에서는 예수께서 세상의 빛이심을 분명히 증거한다.

또한 예수께서 "나사로가 잠들었다"(11절)고 언급했을 때, 제자들은 이 말씀을 오해하여 "그가 잠들었으면 낫겠나이다"(12절)라고 반응하였다. 그러나 이 말씀은 이미 나흘 전에 죽은 나사로의 상태를 비유하신 것이다. 그래서 예수는 제자들의 오해를 다시 정정해 주신다(14절).[18] 그러나 디두모 (Didymus)라 하는 도마(Thomas)는 예수께서 유대 땅으로 죽으러 가시는 것으로 오해하고, 예수와 함께 죽으러 가자고 다른 제자들에게 말한다(16절).[19] 제자들이 예수의 말씀을 이해하는 수준이 적나라하게 드러나는 대목이다.

예수께서는 죽은 나사로에게 가시는 것이 제자들의 믿음을 위한 것임을 분명히 밝히신다(15절). 이후로 제자들의 모습은 나사로 사건에서 사라진다. 나사로 사건에서 예수는 제자들뿐만 아니라 독자들로 하여금 예수가 부활 이요 생명 되심을 믿도록 나사로를 살리신 것이다(15절). 제자들은 예수를 오해함으로써 오히려 독자들을 깨닫게 하는 역할을 한다.

6. 유대인, 바리새인 그리고 대제사장들

유대인들은 요한복음 전체에서 부정적인 모습, 즉 예수의 적대자로 묘사된다(8, 46절).[20] 나사로 사건에서도 예외는 아니다. 나사로 사건 후에 바리 새인들과 대제사장들은 예수를 잡아 죽이려고 공모한다(47~57절). 이 부분 은 예수의 죽음의 의미가 무엇인지 분명하게 암시하고 있다(51~52절; 참조. 12:10~11). 요한의 주석을 통하여 예수의 죽음의 의미는 분명하게 드러난다.

예수께서 나사로를 살리신 사건은 요한복음 전체 구조 속에서 예수 부활의 예언적 표적으로서의 역할을 한다. 나사로의 부활 사건이 5:28~29에 예언된 것처럼 예수의 십자가 사건과 부활도 나사로의 사건을 통해서 예언적으로 예표되고 있다. 나사로 사건에 등장하는 인물들은 예수가 누구인지를 분명히 증거하는 역할을 한다. 예수가 부활이요 생명이심을 증거하는 것이다.

또한 죽었던 나사로가 살아난 사건으로 오히려 예수는 죽게 되는 아이러니가 담겨 있다.[21] 부활이요 생명이신 예수께서 죽음을 맞이하시는 것이다. 나사로 사건을 통해 예수의 죽음과 부활은 생생하게 그려지며 명백히 예고되고 있다.

11 죽음으로 나아가시는 예수님
요한복음 12장의 주해와 적용

요한복음 12장은 분수령이다. 이제부터 예수께서 유월절 한 주 전에 행하신 일들이 기록된다("유월절이 가까우매" -11:55, "유월절 엿새 전에" -12:1). 유월절을 소개함으로 이전의 평상적인 날들과는 다른 일이 일어날 것임을 암시한다. 예수께서는 드디어 은둔을 정리하시고(11:54와 달리!) 예루살렘을 향해 올라가신다. 예수께서는 이제 전과는 전혀 다른 일을 하게 될 것임을 말해 주고 있다.

여자와 도적(12:1~11)

예수께서 예루살렘으로 올라가시는 길에 첫 번째로 머무신 곳이 베다니다(1절). 베다니는 나사로와 관련된 곳으로 죽음과 부활이 실현된 장소다. 예수께서 다시 죽음과 부활의 장소인 베다니를 통과하심으로써 특별한 일이 발생할 것임을 예고하신다.

유월절이 다가온 것과, 예수께서 은둔을 버리고 예루살렘으로 올라가시는 일, 죽음과 부활의 장소인 베다니를 방문하시는 것은 이제 예수께서 전에 행한 모든 일과 비교할 수 없는 절대적으로 새로운 일을 이루실 것을 보여 준다. 사도 요한은 처음부터 이 사실을 강조한다.

1. 마리아의 향유(2~3절)

예수를 맞는 베다니에 잔치가 있다. 마르다는 섬기고 있고, 나사로는 그와 함께 앉은 자 중의 한 사람이었다. 그런데 이야기의 초점은 마르다와 나사로를 지나 마리아에게 집중된다. 마리아가 지극히 비싼 향유를 예수의 발에 붓고 자기 머리털로 예수의 발을 씻은 것이다. 우리는 마리아가 이 행위를 한 동기에 대해 오직 한 가지를 말할 수밖에 없다. 그것은 처음부터 강조된 것처럼 나사로의 부활이다. 나사로의 부활을 기점으로 마리아는 물질과 인격의 가치를 그다지 중요하게 생각하지 않는다. 생명에 대한 감사의 가치가 물질과 인격의 가치를 넘어서고 있다.

마리아는 향유를 부음으로써 형제인 나사로를 죽음에서 생명으로 인도하신 예수께 감사를 표현한다. 이 향유를 순전한 나드 향이라고 밝히면서 그 가치를 삼백 데나리온이라고 말한다. 이 향유가 엄청난 값을 지닌 것임에 틀림없지만, 마리아는 죽음과 생명 앞에서는 하찮은 것으로 여기고 있는 것이다. 마리아는 이 향유의 가치나, 용도나, 양에 대하여 생각할 필요가 없었다. 죽음과 생명 앞에서 물질의 가치가 길을 비키고 있는 것이다.

마리아는 자신의 머리털로 예수의 발을 씻음으로써 나사로를 죽은 자 가운데서 살려내신 예수께 감사를 표현하고 있다. 자신의 머리털로 남의 발을 씻기는 것은 노예의 행위다. 죽음의 문제에 부딪혔다가 생명을 경험한 마리아에게 인격이란 것이 더 이상 중요하게 생각되지 않는다. 죽음과 생명이 무엇인지를 알게 된 마리아는 자신의 인격을 생명의 주님 앞에 내려놓는다. 마리아는 인격의 가치를 예수님에게 양보하고 있다.

죽음의 문제를 해결하신 예수께 향유를 붓고 머리털로 발을 씻기는 것은 오직 예수께서 목적이 되기 때문이다. 이것은 마리아의 신앙고백이다. 다른 어떤 말로도, 어떤 행위로도 표현할 수 없는, 결코 더럽혀질 수 없는, 더할 것도 덜할 것도 없는 단순한 신앙고백이다(9절에서 예수 외에 나사로를 보기 위해 온 유대인들과 대조적이다. 이들은 예수에 더하여 또 다른 목적을 가지고 있다!). 마리아의 행위는 죽음의 문제를 해결하신 주님 앞에 꾸밈도, 가식도, 자랑도,

칭찬도, 과시도 없는 순수한 신앙고백적인 행동이었다.

여기서 놀라운 것은 생명의 예수를 인정하여 물질의 가치도 인격의 가치도 중요하게 생각하지 않는 사람의 행위에 대하여 예수께서 의미를 부여하셨다는 것이다. 예수께서 마리아의 행위에서 귀중함을 발견하신 것은 마리아의 향유를 차지할 수 있게 되었기 때문이 아니다. 예수께서 마리아의 행위를 해석하신다. "예수께서 가라사대 저를 가만 두어 나의 장사할 날을 위하여 그것을 지키게 하라"(7절). 다시 말해 예수의 눈에는 마리아의 행동이 단순한 행위가 아니라 예수의 사건과 관련된 행위로 비쳐진 것이다. 예수께서는 마리아의 행위를 통해 자신의 죽음에 대해 교훈하실 기회를 찾으셨다. 죽음의 문제를 극복한 것을 인식한 사람의 행동을 통해 예수께서는 자신의 죽음을 예고하신다.

2. 유다의 비판(4~8절)

가룟 유다는 마리아의 행위에 대하여 비판적인 자세를 보인다. "이 향유를 어찌하여 삼백 데나리온에 팔아 가난한 자들에게 주지 아니하였느냐"(4절). 일견 유다의 비판은 지극히 합당한 것으로 보인다. 유다의 비판 앞에서 마리아는 이제 창피를 당하지 않을 수 없는 입장처럼 보인다. 유다의 비판은 가난한 자들을 위한 거룩한 분노인가? 그러나 유다의 발언은 이미 여러 가지 문제점을 안고 있다.

첫째 문제는 유다는 거짓된 발언을 하고 있다는 점이다(6절). 유다가 마리아를 비판한 것은 외면적으로는 가난한 자들을 위한 것처럼 보였으나, 사실은 그가 도적이었기 때문이었다. 유다는 회계를 맡고 있었는데 거기 넣는 것을 횡령하였다. 유다는 겉 다르고 속 다른 사람이었다. 겉은 의를 추구하는 것 같았으나 속으로 악을 품고 있었다. 유다는 예수의 "제자"라 불렸지만 예수의 뜻을 알지 못하는 자다. 그는 예수의 제자로 행세하지만 자신의 유익을 목적으로 했다.

그러나 예수께서는 유다의 이러한 이중적인 태도를 지적하지 않으신다.

지적할 필요가 없다. 왜냐하면 바로 며칠 후 예수께서 사로잡히게 되면 유다의 이 모든 행위는 분명하게 드러날 것이기 때문이다.

또한 유다는 마리아를 이해하지 못했다. 유다는 향유의 가치에 대해서는 쉽게 판별할 수 있었지만, 마리아가 향유를 붓는 동기 곧 향유를 붓는 행위 안에 감추어진 동기에 대해서는 알지 못했다. 유다의 눈에는 마리아가 죽음에서 생명으로 옮겨지는 일에 대하여 감사할 수밖에 없는 그 마음이 보이지 않는다. 아니, 알지 못했다기보다는 그것을 가치 없고 무의미한 것으로 평가하고 있다.

유다에게는 물질의 가치가 생명의 가치보다 중요하다. 나아가 물질에 매인 유다의 마음은 마리아의 이 일을 통해 예수께서 자신의 죽음을 교훈할 수 있다는 엄청난 사실을 인식할 수가 없다(7절). 유다는 예수께서 진정한 헌신을 교훈의 기회로 삼으신다는 것을 알지 못한다. 심지어 이 사실을 알았더라도 그에게는 이러한 교훈이 중요하지 않다. 왜냐하면 그의 마음은 이미 물질에 매여 있었기 때문이다. 물질에 대한 집착이 생명에 대한 감사를 질식시키며 예수의 교훈의 기회를 사장시키고 만다! 유다는 물질을 위해서라면 예수도 팔 수 있는 자다(4절). 그는 제자라고 불리지만 선생을 물질과 바꾸는 자다. 백성의 마음을 예수에게 빼앗기는 것을 싫어하여 예수와 나사로 모두 죽이려 하는 제사장들과 전혀 다를 바가 없다.

드디어 유다는 가난한 자들을 돕는 일에 대하여 오해하고 있다. 도대체 가난한 자들을 돕는다는 것은 무엇을 의미하는가? 유다가 생각하듯이 단순히 물질을 가난한 자들에게 나눠 주는 것인가? 기독교가 처음부터 물질적인 부요를 약속하고 있지 않다면, 또는 그리스도인들에게 가난함을 긍정할 것을 가르치고 있다면, 가난한 자들을 돕는 일이 물질에 의해 이루어질 수 없는 것은 너무나 당연하다. 가난한 자에 대한 도움이 물질에 의한다고 생각하는 것은 자본주의적인 사고다.

그러나 놀랍게도 가난함을 긍정할 수 있는 이가, 가난한 자를 돕는 일이 물질로만 이루어지는 것이 아니라고 믿는 이는 자신이 극한 가난의 처지에 있을 때도 자신의 마지막 물질을 풀어 구제할 수 있는 자가 된다! 우리 사회의 혼돈은 모든 사람이 한결같이 부요함을 추구하면서 가난을 극복하려 한다는 데 있다. 여기서 악의 순환은 필연적이 되고 만다. 가난에 대한 진정한 극복은 가난함을 긍정하는 사람에게서 발견된다. 가난을 긍정하는 사람은 가난을 부끄러워하지도 않고 가난한 이를 멸시하지도 않기 때문이다.

유다는 이에 더하여 예수께서 주시는 가장 값진 교훈을 놓친다. "가난한 자들은 항상 너희와 함께 있거니와 나는 항상 있지 아니하리라"(8절). 이것은 가난한 자들을 돕는 자의 자세에 대한 가르침이다. 가난한 자를 돕는 것은 예수에 대한 헌신에서부터 시작해야 한다. 예수에게 헌신하는 이가 가난한 사람을 진정으로 돕는 자가 된다. 대체적으로 예수 없이 가난한 자를 돕는 행위에는 또 다른 목적이 있다는 것을 알아야 한다.

주님께 향유를 부은 마리아는 이제부터 가난한 자를 위하여 인생을 부을 수 있다. 마리아가 주님께 향유를 부을 수 없다면 가난한 자를 위하여 아무것도 부을 수가 없다. 그러므로 예수께 향유를 붓는 것은 결코 아까운 일이 아니다. 이로부터 다른 사람들을 위하여 인생을 붓는 일이 시작되기 때문이다. 예수께 향유를 붓는 것을 아까워하는 이가 가난한 이를 위하여 무엇을 투자한다는 것은 생각해볼 수 없다. 예수를 잃으면 가난한 자를 위한 도움도 실천할 수 없다. 예수를 얻으면 비로소 가난한 자를 위한 도움을 실현할 수 있다.

유다는 예수의 뜻을 이해하지 못하는 예수의 제자다. 선결의 문제를 깨닫지 못하는 자다. 유다는 물질을 구하고 예수를 놓친다. 예수를 구하고 물질을 버리는 여자와 물질을 구하고 예수를 버리는 도적이 비교되고 있다!

왕과 나귀(12:12~19)

예수께서는 베다니에서 하루를 지내고 예루살렘으로 가신다. 예수께서 예루살렘에 입성하는 것을 두고 여러 가지 반응이 나타난다.

1. 큰 무리(12~13, 18)

큰 무리는 유월절을 지키기 위해 온 사람들이다. 순례의 무리다. 예수 당시에는 유월절을 지키기 위해 세계 각 곳에서 수많은 사람들이 모여들었다. 요세푸스의 「유대인 전쟁사」에 따르면 네로 당시에 유월절을 지키기 위하여 예루살렘에 모여든 사람은 대략 270만 명이나 되었다. 유월절을 위해 예루살렘으로 순례한다는 것은 그들의 종교적인 열심을 보여 준다. 유대인들은 세계 각 곳에 흩어져 있었는데, 한두 군데(알렉산드리아와 엘레판티네) 유대인의 유사성전이 있기는 했지만, 오직 예루살렘 성전만을 유일한 합법적인 성전으로 인정했기에 예루살렘으로 유월절 제사를 드리기 위하여 모여 온 것이다.

이들의 종교적인 관심은 예수의 표적에 대하여 듣고 예수를 맞이하는 일에서 잘 드러난다. 예수께서 나사로를 살리실 때 함께 있던 사람들의 말을 듣고 이들은 예수가 예루살렘에 나타나기를 기다리고 있었다(17~18절). 이적에 대한 관심에서 종교성이 짙게 드러난다. 그런데 이들의 종교적인 성격은 예수를 맞이하면서 구약성경을 인용하고 있다는 데서 더욱 분명하게 보인다. "주의 이름으로 오시는 이는 복되다"(시 118:25).

그 당시 사람들은 오실 자에 대하여 강하게 기대하고 있었다(마 3:11; 11:2; 막 1:7; 눅 3:16; 7:19). 즉 이것은 메시아에 대한 기대다. 사람들이 세례 요한에게 그리스도인지 질문한 사실에서 메시아 기대에 대한 열정을 엿볼 수 있다(눅 3:15; 요 1:19 이하). 이들은 예수께서 나사로를 살리신 이적을 보고 예수를 오시는 이라고 불렀다.

그런데 이들은 구약의 한 구절을 단순히 인용하는 것이 아니라, 여기에 한 구절을 덧붙인다. "이스라엘의 왕!" 이것은 스바냐 3:15을 반영한 것이다. 그러나 이들은 메시아 기대를 위하여 비록 구약성경을 사용하고 있지만, 메시아에 대한 이해를 다르게 하고 있다. 이들은 이스라엘의 왕이라는 이름 하에 전투적이며 군사적인 무력의 왕을 기대하고 있다. 이러한 성향은 당시의 역사에 아주 짙게 표현된다.

이러한 사상 하에 자칭 왕들이 지속적으로 출현하였다(예를 들면 예루살렘의 메나헴). 이 메시아 운동은 특히 예루살렘 멸망 직전에 로마와 치열한 전쟁을 치렀던 유대인 그룹인 젤롯인들에게서 절정에 달하였다. 이들은 세상의 변혁은 다수의 무력에 의한다고 생각했다. 큰 무리가 예수를 이스라엘의 왕이라고 부르는 것은 바로 이러한 의미다. 이들은 예수에게서 힘을, 운동을 기대하고 있다. 이들은 예수를 왕으로 영접한다!

예수께서는 사람들의 이러한 영접에 대해 어떤 태도를 취하시는가? 예수께서는 구약성경이 예언한 대로 한 어린 나귀를 발견하여 타신다(14절). 이것은 구약성경을 이루시는 행동이다(슥 9:9). 구약성경을 인용하여 오해하고 있는 무리에게 구약성경으로 교정하신다. 사람들은 자신들의 입장을 정당화하기 위해 성경의 한 면만을 보지만 예수께서는 그것을 바로잡기 위해 성경의 다른 면도 보신다. 어린 나귀를 타는 것은 낮음, 가난, 겸손의 표시다. 어린 나귀는 준마처럼 빨리 달릴 수도, 건장한 말처럼 무장을 무겁게 갖출 수도 없다. 전사의 위엄스런 모습도 볼 수 없으며, 전투의 행적도 기대할 수 없다. 어린 나귀를 탄 이에게서 힘도 세력도 찾을 수가 없다.

예수는 연약한 모습으로 예루살렘에 등장하셨다. 가난한 모습으로 사람들에게 나타나셨다. 그의 앞에는 높은 깃발도 큰 나팔도 앞서지 않고, 그의 뒤에는 용감한 전사도 따르지 않는다. 예수는 홀로 단지 몇 명의 제자들을 데리고 예루살렘으로 들어오신다. 예수께서는 왕으로 오시지만 사람들이 요구하는 방식의 왕으로 오시지 않는다!

예수께서는 사람들이 부르짖는 왕에 대한 찬미에 마음을 빼앗기지 않으신다. 그러므로 사람들이 기대하는 것처럼 권세로 오시지 않고, 성경이 예언한 것처럼 겸손으로 오신다. 예수께서는 사람들의 시끄러운 외침에 개의치 않고, 조용히 성경이 예언한 것을 이루신다. 자신의 길을 갈 뿐이다! 예수께서는 낮은 자의 방식으로, 홀로 가는 자의 방식으로 세상의 개혁을 이루려 하신다. 예수는 왕이시지만 낮은 자며, 혼자시다. 나귀를 타신 왕이시다! 이것이 예수의 기독교다.

2. 제자들(16절)

둘째로 예수의 입성에서 제자들이 어떤 모습을 하고 있는지 기술된다. 제자들은 예수의 예루살렘 입성에 동행하고 있다. 제자들은 예수의 말씀을 따라 나귀를 끌어오며, 무리와 함께 예수를 왕으로 맞이하는 일을 한다(공관복음서). 제자들은 유월절에 일어난 이 일의 자초지종에 동참한 사람들이다.

그러나 제자들이 예수의 행위를 이해하고 있는 것은 아니다. "제자들은 처음에 이 일을 깨닫지 못하였다"(16절). 제자들은 예수께서 죽음과 부활을 이루신 후에야 나귀를 타신 일이 구약 예언의 성취였음을 알게 된다. 사건에 동참하는 것과 이해하는 것은 별개의 일이다. 제자들은 무리와 함께 예수를 왕으로 인도하고 있지만, 예수께서 어떤 왕인지에 대하여는 이해하지 못한다. 예수께서 어린 나귀를 타신 것이 무엇을 의미하는지 알지 못한다. 이것이 예언된 일임을 깨닫지 못한다.

예수께서는 구약의 예언에 밝고, 제자들은 구약의 예언에 어둡다. 제자들의 무지에 대하여 예수께서는 어떤 반응을 보이시는가? 예수께서는 제자들의 무지에도 불구하고 구약의 예언을 이루시는 일을 주저하지 않는다. 예수께서는 구약의 예언을 따라 왕이시지만 겸손한 자로 오신다. 다스리는 자지만 낮은 자로! 낮은 자지만 다스리는 자로! 예수께서는 제자들의 무지에 실망치 않고, 구약이 예언한 것을 이루신다. 자기의 길을 갈 뿐이다!

3. 바리새인(19절)

사도 요한은 지나가는 듯한 말로 바리새인들의 반응에 대하여 기술함으로써 이 단락을 맺는다. 바리새인들은 "온 세상이 저를 좇는도다"(19절)라고 말하였다. 바리새인들은 자신들이 예수를 대적하기 위해 계획하는 모든 일이 아무런 성과도 거두지 못할 것이라고 고백한다. 바리새인들은 목하 현황을 평가하며 예수께 굴복하는 듯이 보인다.

이제 예수께서 만족하시는가? 예수께서는 세상이 이러한 방식으로 자신을 좇는 것을 소원하시는가? 또한 예수께서는 이러한 방식으로 사람들이 자신에게 굴복하는 것을 기뻐하시는가? 예수께서는 이러한 방식의 추종과 굴복이 의미 없다는 것을 보이시기 위하여 나귀를 타시며, 어떤 반응도 하지 않으신다. 바리새인들의 평가에 귀를 맡기지 않는다.

다만, 구약의 예언을 이룸으로써 사람들의 진정한 추종과 굴복을 제시하신다. 그러므로 예수께서는 구약의 예언대로 나귀를 타신다. 겸손한 왕으로 오신다. 죽음을 감당하시기에 겸손하며, 부활을 얻으시기에 왕이시다. 죽음의 길이 기다리지만 부활의 길을 여실 분이기에 바리새인들의 평가에 아무런 반응도 보이지 않는다. 예수께서는 자기의 길을 갈 뿐이다!

삶과 죽음(12:20~26)

1. 헬라인들(20~22절)

이제 유대인들뿐만 아니라 헬라인들까지도 예수를 보기 원한다. 큰 무리의 유대인들이 예수를 환영하는 것에 이어 몇 명의 이방인들이 예수에게 관심을 두고 있다. 이것은 과연 "온 세상이 그를 좇는 것"이다(19절). 유대인의 세계와 함께 헬라인의 세계가 예수에게로 나아온다. 종교적인 세계와 더불어 철학적인 세계가 예수에게 접근하고 있다. 물론 이 헬라인들은 유대교로 개종한 사람들임에 틀림없다. 이들이 유대교에 개종한 신자들라는 사실은 "예배하러 올라온 사람"들이었다는 점에서 쉽게 입증된다(20절).

이들이 예수를 만나고 싶어하는 이유에 대해서는 단지 추측할 뿐이다. 그들이 헬라인으로서 유대교의 명절인 유월절에 예배하기 위해 예루살렘까지 왔을 때는 대단한 각오가 있었다고 생각해야 한다. 그들에게 열심이 없었다면 이러한 일을 감행하지 못했을 것이다. 그것은 분명히 종교적 또는 철학적인 열심이었을 것이다. 이러한 열심이 예수를 만나도록 충동질하고 있다.

그러나 이들이 예수를 만나려는 이유는 그들의 말 속에서 훨씬 더 잘 나타난다. 헬라인들은 빌립을 가리켜 "주여"라고 불렀다. 이것은 대단한 높임말이다. 이 단어의 의미는 요한복음에 두 번에 걸쳐 나오는 유명한 말인 "종이 주인보다 크지 못하다"(13:16; 15:20)라는 말에서 잘 드러난다. "주여"라는 말은 종에 대한 주인의 위치를 뜻한다. 이것은 결국 그 당시 사회에서는 극존칭을 표현하기 위하여 사용되었다.

그런데 이들이 빌립을 "주여"라고 부른다면 예수에 대하여는 어떤 입장을 취하고 있는지 더 이상 설명할 필요가 없다. 이들이 빌립에게 "주여"라고 부른 데서 예수를 높이 평가하고 있다는 것을 알 수 있다. 이들은 큰 무리가 예수를 향하여 환호하며 뒤따르는 것을 보았을 때, 예수와 그의 제자들을 굉장한 인물들로 생각하게 되었다. 예수에게 세계를 지배할 만한 엄청난 능력이 있는 것으로 판정했다. 마치 헬라 철학자들이 사상을 펴서 세계를 지배해 나아가듯, 예수께서 어떤 위력을 발휘하여 세계를 다스리게 될 것으로 생각하고 있는 것이다. 헬라인들이 예수를 보기 원하는 것은 세계를 다스릴 만한 영광을 보기 원했기 때문이다.

2. 제자들(20~22절)

빌립은 헬라인들로부터 "주여"라고 불린다. 빌립의 출신에 대하여 한마디가 소개된다. 그는 "갈릴리 벳새다 사람"이다(21절). 왜 하필이면 이 부분에서 빌립이 갈릴리 벳새다 사람인 것이 강조되는가? 빌립이 벳새다 사람인 것은 이미 앞에서 밝힌 바가 있지 않은가(1:44). 그것은 그가 사람들로부터 "주여"라고 불림을 받을 만한 신분을 가진 사람이 아님을 알려 주기 위함이다. 빌립은 갈릴리 어부에 불과한 사람인데 지금 이 열심 있는 헬라인 개종신자들로부터 "주여"라고 불리고 있다. 빌립에게 걸맞지 않은 명칭이 주어지고 있는 것이다. 바로 이 같은 명칭이 빌립을 착각으로 몰아간다.

빌립은 이제 마치 대단한 사람이 된 것 같은 착각을 가지게 된다. 자신의 위치가 부각되고, 자신의 신분이 절상된 것 같은 기분에 빠진다. 예수를 따라다닌 보람을 가장 크게 느끼는 순간이다. 천하가 손아귀에 들어오는 듯한 기분이다. 드디어 온 세상을 다스릴 영광을 차지할 때가 온 것처럼 생각하게 만드는 순간이다. 빌립은 이러한 기분을 이길 수가 없어서 바로 예수께 나아가지 못한다. 빌립은 이 흥분을 나누기 위하여 안드레에게 가서 말한다.

3. 예수(23~26절)

예수께서 제자들에게 대답하실 뿐 헬라인들에게는 대답하지 않는다. 헬라인들에게는 간접적인 대답이 된다. "인자가 영광을 얻을 때가 왔다"(23절). 이것은 헬라인들과 제자들이 영광을 기대하고 있는 것에 대한 분명한 대답이다. 헬라인들이 무엇을 위해 예수에게 나아왔는지, 제자들이 그들로부터 무슨 충동을 받고 있는지 예수께서 아신다. 헬라인들이나 제자들이나 다같이 영광을 기대하고 있다. 영광을 기대하고 있는 이들에게 예수께서 자신의 영광을 알려주고 있다. 진정한 영광을 말이다.

1) 한 알의 밀(24절)

예수의 영광은 헬라인들이나 제자들이 기대하는 것과는 전혀 다른 방식으로 이루어진다. 그것은 "한 알의 밀" 방식이다. 예수께서는 진정한 영광을 땅에 떨어져 죽는 밀알에게서 가장 잘 설명할 수 있다고 생각하신다. 진정한 영광과 밀알의 유사점은 땅에 떨어져 죽는 데 있다. "땅에 떨어져 죽는" 것은 예수 자신에 대한 가장 적절한 묘사이다. "땅에 떨어짐"은 그의 성육신이며, "죽음"은 십자가에서의 죽음이다. 예수께서는 밀알을 통해 자신을 증거하고 있다. 예수의 떨어짐은 더 이상 내려갈 수 없는 가장 낮은 데로의 떨어짐이며, 예수의 죽음은 바로 그 가장 낮은 데를 뚫고 한층 더 낮은 데로 내려가는 것이다! 예수의 기독교는 이렇게 시작되었다. 떨어짐과 죽음으로!

2) 자신의 생명을 미워하는 자(25절)

예수께서는 진정한 영광이 "자신의 생명을 미워하는 자"에게서 이루어진다고 말씀하신다. 예수께서는 자신의 생명을 미워하는 자에 대하여 말하기에 앞서 "자신의 생명을 사랑하는 자"에 대하여 설명한다. 자신의 생명을 사랑하는 것은 우선 자기를 추구하는 것을 의미한다. 이것은 관심이 오직 자신에게만 있는 것을 뜻한다. 자기의 생명을 사랑한다는 것은 예를 들면 자신만을 아름답게 하고, 부요하게 하고, 편안하게 하는 것이다.

그러나 자기의 생명을 사랑하는 자는 "그것을 잃어버린다." 생명을 사랑하지만, 그 생명은 죽어간다. 아름답게 만들지만 늙어가고, 부를 쌓지만 소유할 것은 없고, 편안함을 추구하지만 몸의 기능은 쇠퇴해간다. 또한 자신의 생명을 사랑하는 것은 생명 이상의 것이 있음을 알지 못하는 것을 의미한다. 이 같은 사람은 영생에 대하여 알지 못한다. 인생을 오직 이 땅의 생명으로 이해하고 만다. 그래서 이 같은 사람은 이 땅에서의 생명을 잃으면 모든 것을 잃는 것이 되고 만다. 절망이다.

예수께서는 이제 "자신의 생명을 미워하는 자"에 대하여 말씀하신다. 자기의 생명을 사랑하는 자와 자기의 생명을 미워하는 자를 대결시킨다. 자기의 생명을 미워한다는 것은 무엇보다도 자기를 포기하는 것을 뜻한다. 이것은 자신에 대한 관심을 멀리하는 것이다. 어떻게 이러한 일이 가능한가? 자기의 생명을 미워하는 것은 "영생"을 사모할 때 가능하다.

영생을 사모하는 자는 생명을 미워한다. 영생에 대한 사모가 생명에 대한 미움을 가능하게 한다. 여기에 영생과 생명의 맞바꿈이 있다! 영생은 예수를 믿을 때 주어진다(요 3:15~16, 36; 5:24; 6:40, 47 등). 영생은 예수와의 긴밀한 관계에서 허락된다. 영생을 얻는 자는 자기의 생명을 위하여 살 수가 없다. 생명의 가치는 생명을 사랑하지 않을 때 완전히 드러난다. 자기의 생명을 미워하는 자는 "그것을 보존한다". 생명을 사랑하지 않는 자에게서 생명은 가장 풍성하고 영광스러운 생명이 된다! 이것은 아무도 감당할 수 없는 무서운 삶이다. 예수께서 바로 이것을 가장 모범적으로 실현하셨다. 이것이 예수께서 말씀하시는 진정한 영광이다.

3) 섬기는 자(26절)

예수께서는 진정한 영광이 예수를 섬기는 데서 나타남을 알려 주신다. 예수를 섬기는 것은 그를 따르는 것이다. 이것은 예수의 제자가 되는 것을 의미한다. 전적으로 예수의 뜻을 따라 사는 것이다.

예수를 따르는 제자에게 두 가지 방면의 영광이 주어진다. 첫 번째 영광은 예수를 섬기는 자가 예수께서 계신 곳에 있게 된다는 것이다(26a절). 이것은 공간적인 영광이다(요 14:3; 17:24 참조). 예수를 섬기는 자에게 (공간적인 의미의!) 천국이 주어진다.

두 번째 영광은 예수를 섬기는 자를 하나님 아버지께서 존귀하게 만드신다는 것이다(26b절). 이것은 인격적인 영광이다. 예수를 섬김에서 하나님의 존중을 받는 것이 나온다. 그리스도인들은 사람들에 의하여 멸시를 당하는 중에도 하나님의 존중을 받는다! 이러한 영광은 세상 사람들이 이해할 수 없는 비밀스런 영광이다. 그리스도인들은 예수와 함께 있게 되는, 하나님이 존귀하게 여김으로부터 나오는 비밀스러운 영광을 사모하는 자들이다.

한 사람과 모든 사람(12:27~36)

한 알의 밀과 자기의 생명을 미워하는 자에 대한 말씀은 계시적인 선언이다! 이것은 유대인들이 당시의 정치적인 정황에 맞게 메시아를 기대하는 종교적인 사상으로 만들어낼 수 없는 말이며, 헬라인들이 유대종교에 귀의

하여 세계지배를 기대하는 철학적인 사상으로도 창작할 수 없는 말이다. 한 알의 밀과 자기 생명을 미워하는 자에 대한 말씀은 오직 계시에 의하여 만 알려질 수 있는 엄청난 진리다. 그런데 이 가르침 후에 예수께서는 고통 하신다. 이 선언을 몸소 실현하기 위하여 고통하신다. 예수께서 한 알의 밀 이 되신다. 예수께서 자기의 생명을 미워하는 자가 되신다. 예수께서 한 알 의 밀과 자기의 생명을 미워하는 자의 완전한 모범이시다.

그런데 한 알의 밀로 땅에 떨어져 죽기 위하여, 자기의 생명을 미워하기 위하여 예수는 고통하신다. 이 선언 앞에서 예수의 마음이 요동하고 있다. "내 마음이 민망하다." 이 실현 앞에서 예수는 말을 잃는다. "내가 무슨 말 을 하리요." 한 알의 밀과 자기의 생명을 미워하는 자에 대한 교훈과 실현 앞에서 예수는 고통하신다. 이것은 그만큼 어려운 일이다. 이것은 살을 깎 고, 피를 마르게 하는 일이다. 생명을 드리는 일이다.

1. 예수의 기도(27~28절)

바로 여기에 예수의 기도가 있다. 예수의 기도는 두 가지 의미를 가진다. 첫째, 예수의 고통이 기도로 표현된다. 예수의 기도는 자신의 고통에 대한 가장 깊은 표현이다! 이 기도는 하나님의 직접적인 응답을 받는 기도였다 (28~30절). 예수께서는 기도로써 그 고통을 토로한다. 예수는 구원을 위한 기도를 드린다. "나를 구원하소서"(27절). 예수는 십자가에서의 죽음의 고통 을 앞두고 하나님 아버지께 가장 짧지만 가장 깊은 기도를 드린다.

사실상 "구원하소서"라는 말은 유대인들이 예루살렘에 입성하시는 예수 에게 부르짖은 말이다. "호산나"(= 구원하소서, 12:13). 하지만 유대인들이 부 르짖는 구원과 예수께서 기도하는 구원은 성격이 다르다. 유대인들은 영웅 적인 영광을 목적으로 하여 구원을 외치지만, 예수께서는 순교적인 영광 앞에서 구원을 기도한다.

둘째, 예수의 기도는 아버지에 대한 인식의 표현이다! 예수께서는 기도 로 아버지께서 자신의 고통을 이해하고 계심을 표현한다. "아버지여, 이 시간으로부터 나를 구원하소서"(27절). 예수께서는 기도로써 한 알의 밀이 되는 것과 자기의 생명을 미워하는 것은 아무도 이해할 수 없는 일임을 나타내고 있다. 이것은 예수를 환영하는 유대인들도 깨닫지 못한다. 이것은 예수를 보기 소원하는 헬라인들도 이해하지 못한다. 심지어 예수의 제자들도 알지 못한다. 예수께서는 유대인도, 헬라인도, 심지어 제자들도 깨닫지 못하는 길을 가고 있다. 예수는 혼자인가? 결코 혼자가 아니다. 예수께서는 기도로써 아버지께서 이 일을 이해하고 있다는 것을 표시한다.

한 알의 밀이 되고, 자기의 생명을 미워하는 예수께 동행하는 분이 있다. 하나님 아버지시다! 예수께서는 하나님이 자신과 동행하며 이해하고 있다는 것을 가장 짧지만 가장 깊은 기도를 통하여 고백한다. 비록 모든 사람이 이 길을 이해하지 못하여 동행할 수 없지만, 하나님께서 이 길을 가도록 돕고 동행하신다. 그러므로 예수께서는 기도로 순응을 고백한다. "내가 이를 위하여 이때에 왔나이다!"

2. 모든 사람을 위한 한 사람(32절)

예수께서는 땅에 떨어져 죽는 한 알의 밀에 대하여 가르치신다. 예수께서는 자기의 생명을 미워하는 자에 대해 선포하신다. 그러나 가르치고 선포하는 것으로 그치지 않는다. 자신이 한 알의 밀이 되며, 자기의 생명을 미워하는 자가 된다. 예수께서는 이것을 죽음으로 실현한다. 그는 "땅에서 들린다." 이것은 예수의 죽음의 방식을 의미한다(33절). 즉 십자가에 달려 죽는다. 유대인들은 예수의 죽음에 대하여 이해하지 못한다(34절). 왜냐하면 그들은 구약성경("율법")을 통하여 "그리스도가 영원히 계신다"고 들었기 때문이다(시 89:4; 110:4; 사 9:7; 겔 37:25 등).

그러나 구약의 메시아의 영원성에 대한 진술은 종국적인 통치에 관한 것이다. 이 일을 이루기 위하여 메시아는 고난을 당한다(사 53장). 유대인들은 구약의 진정한 의미를 이해하지 못한다. 예수는 유대인들이 이해하는 것과 달리 한 알의 밀로서, 자기의 생명을 미워하는 자로서 죽는다.

예수의 죽음은 두 가지의 엄청난 결과를 초래한다. 첫째, 예수의 죽음은 세상에 대한 심판이다. "이제 이 세상의 심판이 이르렀다"(31절). 한 사람이 세상과 대결한다! 죽음을 통한 한 사람의 세상에 대한 싸움이다. 그리고 세상과의 대결은 단순히 물질적인 의미를 넘어 영적인 의미를 가진다. 이것은 어둠에 속한 사람들을 다스리던 이 세상의 통치자(사탄)와의 대결이다. "이 세상의 통치자가 쫓겨나리라"(31절). 예수의 죽음으로 세상은 심판 아래 놓인다.

둘째, 예수의 죽음은 모든 사람에 대한 구원이다. "내가 땅에서 들리면 모든 사람을 내게로 이끌겠노라"(33절). 한 사람이 모든 사람을 구원한다! 예수께서는 죽음 전에 주변에 있는 유대인들에게 이 가능성을 알려 주신다. 빛이신 예수께서 계시는 동안 그를 믿으면 빛의 자녀가 된다(35~36절). 예수께서 땅에서 들리면 세상이 심판에 이르고, 모든 사람이 구원에 이른다. 한 사람에 의한 전체에의 충격이다! 한 알의 밀로서 자기의 생명을 사랑하지 않고 죽는 예수의 죽음은 이처럼 세력이 있다! 예수의 죽음이 없이는 온 세상과 모든 사람이 영향을 받는 이러한 결과는 불가능하다.

우리는 예수를 따르고 있는가? 우리의 문제는 예수의 일을 이어받고 있는가에 있다. 과연 우리는 예수의 뜻을 계속하고 있는가? 과연 우리는 어떻게 예수의 일을 계속할 수 있을까? 우리는 예수를 추종하는 것을 너무 성급하고, 거대하게 생각한다. 우리는 세상에 위기를 주고, 모든 사람에게 은혜를 주는 것을 너무 빨리, 너무 크게 이루려고 한다. 이를 위하여 운동을 벌리고, 단체를 구성하고, 조직을 만들고, 세력을 구축한다. 이것은 기독교라는 덩어리로 세상이라는 덩어리와 맞서려는 시도다. 집단으로 집단을 상대하려는 노력이다.

그러나 먼저 각 그리스도인이 세상과 대결할 수 있는 "한 사람"이 되지 않고는, 모든 사람을 상대할 수 있는 "한 사람"이 되지 않고는, 운동도 단체도 제도도 연합도 아무런 힘이 없다는 것을 기억해야 한다. 예수처럼 한 알의 밀로 죽는 사람이 세상에 죽음을 전달하며, 자기의 생명을 미워하는 사람이 모든 사람을 생명으로 이끈다. 그러므로 한 알의 밀로 죽는 한 사람이 없이는, 자기의 생명을 미워하는 한 사람이 없이는 세상에 대한 대결도, 모든 사람을 위한 유익도 불가능할 뿐이다! 지금 필요한 것은 한 알의 밀로 세상과 싸울 "한 사람", 자기의 생명을 사랑치 않고 모든 사람을 위할 "한 사람"이지, 이런 사람이 없는 운동, 단체, 제도, 연합이 아니다.

다시 예수께로 돌아가자! 예수는 한 사람으로 세상에 대하여 높이 달리시고, 한 사람으로 모든 사람을 위하여 높이 들리신다. 한 알의 밀이 되심으로 세상에 심판을 선언한 한 사람이 되신 예수의 교훈에 조용히 머리를 숙이자! 자기의 생명을 사랑하지 않음으로써 모든 사람을 위한 한 사람이 되신 예수의 말씀 앞에 무릎을 꿇자! 그리스도인의 능력은 세상에 대하여 혼자라도 대결할 수 있다는 데, 모든 사람을 위하여 혼자라도 헌신할 수 있다는 데 있다!

들음과 믿음(12:37~50)

예수께서는 한 알의 밀과 자기 생명을 미워하는 자에 대하여 가르치셨다. 예수께서는 가르치시고, 그 가르침을 실천하신다. 그래서 예수께서 한 알의 밀과 자기의 생명을 미워하는 자가 되셨다. 예수의 교훈과 실천을 제자들 뿐 아니라(12:22), 무리들도 듣는다(12:29, 34).

자, 이제 예수의 교훈을 듣는 사람들은 어떻게 반응하는가? 이제 관심은 청중에게로 집중된다. 들은 바를 누가 믿는가? 들은 바를 누가 행하는가? 사도 요한은 예수의 가르침 앞에서 사람들이 어떤 반응을 보였는지에 대하여 해설을 달고 있다(37~43절). 이 해설에서 사도 요한은 전혀 믿지 않는 사람들(37~41절)과 믿지만 믿음을 표현하지 못하는 사람들(42~43절)에 관하여 말한다. 전자는 불신(不信)이며 후자는 반신(半信)이다. 그런데 사도 요한은 해설에 이어 다시 예수의 말씀을 증거하며 진정한 믿음에 관하여 설명한다

(44~50절).

1. 불신하는 유대인(37~41절)

유대인들은 예수께서 많은 표적을 행하셔도 믿지 않는다. 표적을 믿지 못하는 사람들이 예수께서 말씀하시는 것을 믿을 수가 없다. 아모스 선지자 시대(주전 8세기)에는 양식이 없어 주리고 물이 없어 갈한 것이 문제가 아니라, 말씀이 없어서 기갈인 것이 문제였다(암 8:11).

그러나 예수의 시대에는 말씀이 없어 기갈인 것이 문제가 아니라, 믿는 자가 없어서 공허한 것이 문제다. 예수의 가르침은 무엇을 위한 것인가? 듣고 믿도록 하기 위함이 아닌가? 예수께서 그처럼 진실하게 가르쳐도 유대인들은 믿지 않는다. 사도 요한은 바로 이 같은 유대인들의 불신을 두고 이사야 선지자의 말씀이 이루어졌다고 해석한다. "주여 우리에게 들은 바를 누가 믿었나이까"(사 53:1).

요한의 이 해설은 오늘날 우리들에게도 적용된다. 선지자들의 시대와 마찬가지로 우리 시대에 여전히 남아 있는 문제 가운데 하나는 실제로 말씀이 없어서 기갈을 만나는 사람이 많다는 것이다. 말씀 기갈은 아직 복음이 전파되지 않은 지역에 해당하는 이야기만은 결코 아니다. 심지어 복음이 전파된 지역에서도 바로 예수에 관하여 전달해 줄 사람이 없어서, 혹은 그런 사람이 있어도 말씀에 관심을 두지 않기에 말씀 기갈이 생긴다.

이에 더하여 사도 요한이 지적하고 있는 불신이 우리 시대의 큰 문제다. 우리는 이제 말씀을 들을 수 있는 기회가 가장 빈번한 사회에 살고 있다. 하지만 말씀을 많이 듣는다는 것과 그 말씀을 믿는다는 것 사이에는 큰 차이가 있다. 우리의 질문은 말씀을 듣고 누가 그것을 믿음으로 연결시키는가 하는 것이다.

들은 바를 누가 믿는가? 가르침을 받는 이들이 믿지 않는다면 무슨 소용이 있는가? 가르침을 받고도 믿지 않는 이들을 향하여 이사야가 안타까워하지 않았던가? 이것은 또한 이사야의 예언을 이루는 예수의 안타까움이 아닌가? 이것은 예수에 대한 유대인들의 불신을 지적하기 위하여 이사야를 인용하고 있는 사도 요한의 안타까움이 아닌가? 그리고 이것은 요한복음을 읽고 있는 우리의 안타까움이 아닌가?

불신, 이사야 시대와 예수 시대, 사도 요한의 시대와 우리의 시대를 관통하고 있는 저 인간들의 불신! 듣지 못하면 듣지 못해서 기갈이며, 들으면 믿지 못해서 기갈인 인간들! 불신에 대한 안타까움은 모든 시대와 모든 장소를 통한 안타까움이다! 말씀이 어려워서 못 받는가, 아니면 마음이 닫혀서 못 받는가?

2. 반신하는 관원들(42~43절)

사도 요한은 여기 또 한 부류의 사람들을 소개한다. 이들은 믿지만 믿음을 드러내지 못하는 사람들이다. 믿음과 관련하여 또 하나의 문제가 제기된다. 믿음과 믿음의 표현의 관계다.

사도 요한이 관원들에 대해 신앙 표현이 없었다는 것을 지적할 때 이는 무엇을 의미하는 것인가? 관원들의 문제점은 정확한 고백이 필요한 때 신앙을 표현하지 않는 데 있다. 이들은 예수가 사람들에 의하여 나쁘게 평가받고 있는 데도 예수를 위한 진술을 하지 못하고 있다. 관원들이 예수를 믿으면서도 "드러나게 말하지 못하는" 이유는 무엇인가? 인간관계로 말하면 바리새인 때문이다. 신앙 문제로 특정인들에게 공격을 당하고 싶지 않은 것이다. 사회적으로 말하면 출회 당할까 두려워하기 때문이다.

유대인들에게 회당은 그들의 사회를 대표한다. 회당에서 쫓겨나는 것은 유대사회와 관계를 끊는 것을 의미한다. 이것은 목숨을 걸어야 하는 대단한 행위다. 하나님과의 관계로 말하자면 "저희는 사람의 영광을 하나님의 영광보다 더 사랑하였기"(43절) 때문이다. 유대 사회는 분명히 하나님의 종교가 뿌리를 이루고 있는데, 실제로는 사람이 하나님보다 두려운 상대로 인식되는 현상이 나타나고 있다.

하나님의 영광을 위하여 사람의 영광을 거절하는 대신, 사람의 영광을 위하여 하나님의 영광이 포기되고 있다. 하나님의 영광을 사랑하는 것은 목숨을 걸고 싸워야 할 일인데, 이것이 실현되지를 않는다. 예수의 제자들도 이 일을 오순절 성령강림 이후에야 비로소 실현할 수 있었다. "사람보다 하나님을 순종하는 것이 마땅하다"(행 5:29). 관원들은 목숨을 걸어야 할 상황에서 신앙을 표현하지 않고 있는 것이다. 이것은 소극적 믿음이며, 일종의 신앙타협이다! 반신이다!

말씀을 많이 듣는 것과 그 말씀을 믿고 실행하는 것은 별개의 일이다. 말씀을 듣고 누가 그것을 믿어 삶으로 연결시키는가 우리는 묻는다. 들은 바를 누가 행하는가? 가르침을 받는 이들이 믿고 행하지 않는다면 무슨 소용이 있나? "나의 이 말을 듣고 행하는 자는 그 집을 반석 위에 지은 지혜로운 사람과 같다"(마 7:24).

3. 진정한 신앙(44~50절)

사도 요한은 듣고도 믿지 않는 유대인들의 불신과 듣고도 행하지 않는 관원들의 반신에 대한 해설에 이어 예수의 말씀을 다시 기록하여 진정한 신앙이 무엇인지를 알려 준다.

첫째, 예수를 믿는 자는 하나님을 믿는 것이다(44절). 예수께서는 이것을 여러 차례 반복하여 말씀하셨다(7:16; 13:20). 예수께서는 자신을 믿는 것이 하나님에 대한 신앙으로 이끈다고 말한다. 예수께서는 보이는 자신을 넘어 보이지 않는 하나님께로 나아가게 하는 것을 목적으로 삼는다. 진정한 신앙은 현상을 넘어 영적인 것을 보는 것이다. 예수께서는 하나님께로 가는 길이 되신다(14:6).

이 같은 사실은 예수 이후의 모든 그리스도인에게 큰 교훈이 된다. 심지어 예수께서 자신을 넘어 하나님을 믿게 하는 것을 목적으로 삼았다면, 우리가 교회의 모든 현상을 넘어 하나님을 믿는 데로 나아가야 한다는 것은 두 말할 나위가 없다. 예수에게는 가르침을 통하여 하나님을 믿는 것이 중요했고, 우리에게는 전파되는 말씀을 통하여 하나님을 믿는 것이 중요하다. 진정한 신앙은 모든 현상을 뚫고 하나님을 믿는 것이다. 불신은 현상에 눈을 고정시킴으로써 하나님을 보지 못하기 때문에 생긴다.

둘째, 예수를 믿는 자는 어두움에 거하지 않는다(45절). 우리는 이 말로써 진정한 신앙의 두 측면을 생각할 수 있다. 진정한 신앙의 첫째 측면은 우리 자신에 관한 것이다. 예수께서 빛이시기에 이분을 믿는 자는 더 이상 어둠에서 살지 않는다. 하지만 이것은 이미 그 다음 단계를 준비하고 있다. 빛이신 예수를 믿음으로써 "빛의 아들이 된다"(12:36). 진정한 신앙은 삶의 변화를 의미한다. 삶이 변한다. 어둠의 삶에서 빛의 삶으로의 변화다! 이것은 예수에 대한 신앙으로 인생의 근본이 변하는 것을 의미한다.

만일 예수를 믿는다 하면서 아직도 인생의 근본에 빛과 어둠을 가르는 변화가 없다면 큰 문제다. 예수에 대한 신앙으로 인생의 근본이 변한 후에 세부적인 사항들은 계속 변화되어야 한다. 예수를 믿는 이들에게 작은 부분에서 큰 부분에 이르기까지 삶의 변화가 없다면 이것도 역시 큰 문제다. 예수를 믿는 이들은 계속해서 밝은 빛을 발하기 위하여 정결함이 필요한 것이다. 본질상 다시 빛이 될 필요가 없지만 정도상 밝은 빛이 되기 위하여 노력해야 한다(참조. 13:10). 이 때문에 빛이 된 그리스도인이 자신을 정결케 하는 일이 언제나 요구된다. 자신에게서 어둠의 일을 제거하라!

진정한 신앙의 둘째 측면은 다른 이들에 관한 것이다. 예수께서 말씀하시는 어둠에 거하지 않는다는 말은 우리는 더 이상 어둠에 소속되지 않으나 어둠과 더불어 머무는 것을 의미한다. 우리는 어둠에 사로잡혀 있지 않지만 여전히 어둠 가운데 머물고 있다. 이때 빛인 그리스도인들은 이 어둠에 사로잡혀 있는 사람들과 그 행위에 대하여 아픔을 가져야 한다. 빛은 어둠에 대하여 아파한다! 어둠의 일에 참여하지 않고, 어둠의 열매를 맺지 않는 것으로 만족하지 말고, 어둠을 변화시키기 위하여 고통해야 한다. 우리가 속해 있는 사회를 자세히 둘러보면 얼마나 어둠의 행위들이 많은지! 진정한 신앙은 어둠에 대하여 아픔을 느낀다.

이에 더하여 진정한 신앙을 가진 이들은 빛을 일구려는 계획을 세운다.

빛의 열매를 생산하라! 이것은 분명히 어려운 일이며, 고통이 따르는 일이다. 어떻게 이 어두운 사회에 빛을 심을 것인가? 특히 앞으로 어떤 규모의 사회에서든지 책임자가 될 사람들은 빛을 심기 위한 계획을 잘 세워야 한다. 진정한 신앙은 자기를 변화시키며, 다른 이를 변화시킨다! 우리는 들은 바를 믿으며, 또한 행하는 자다!

12 끝까지의 사랑
요한복음 13장의 주해와 적용

전체 보기

요한복음 13장은 후반부를 여는 장이다. 요한복음은 13장을 중심으로 전반부와 후반부로 나뉘는데, 전반부를 '표적의 책'이라고 하고, 후반부를 '영광의 책'이라고 부른다. 후반부의 핵심은 가장 위대한 표적인 십자가를 통한 계시인데, 이는 전반부에 기록된 보통의 표적을 보고 반응한 제자들을 확실히 세우기 위한 것이었다. 십자가를 지시기 전 예수님은 고별설교를 통해서도 제자들을 양육하신다. 제자 양육은 후반부에 흐르는 예수님의 중요한 과제다. 따라서 요한복음 후반부를 제자들을 위한 계시라고 볼 수도 있다.

요한복음 13장은 후반부 전체의 내용을 요약하고 있다. 시간적으로는 유월절기며, 영적으로는 이제 그만 "세상을 떠나 아버지께로 돌아가야 할 때"다. 제자들과의 작별을 위한 고별 만찬을 하셨는데, 이 만찬동안 제자들의 발을 씻기고(4~20절), 유다의 배반을 예고하며(21~30절), 사랑에 대해 가르치시고(31~35절), 베드로가 부인(否認)할 것을 예언하셨다(36~38절).

13장의 첫 절은 예수님이 세상에서 마지막 시간을 "끝까지의 사랑"[1]이라고 규정함으로 13장의 모든 내용이 예수님이 보여 주신 "끝까지의 사랑"과 연관되어 있음을 암시해 준다. 또한 "끝까지의 사랑"은 14장에서 시작되어

17장까지 계속되는 예수님의 고별설교의 주제고, 18장부터 계속되는 수난과 부활, 그리고 제자들의 회복 이야기의 주제다. 마지막으로 베드로에게 다가오신 예수님은 "네가 나를 사랑하느냐"라고 물으심으로 13장 말미에서 예고된 실패를 경험한 그를 회복하신다.

요한복음 13장은 '사랑 이야기'와 '실패 이야기'가 짝을 이루며, 반복되는 구조를 가지고 있다. 세족식을 통한 예수님의 겸손한 사랑 이야기(4~20절)는 유다의 배신예고(21~30절)와 짝을 이루며, 영광의 때가 올 것과 사랑에 대한 계명(31~35절)은 베드로의 부인(否認) 예고의 첨가로 긴장을 더한다(36~38절). 사랑 이야기들을 뒤따르는 유다와 베드로의 배신과 부인 이야기는 예수님 사랑의 강도를 더욱 진하게 보여 준다.[2]

세족을 통해 선생이 제자를 섬기는 겸손한 사랑을 친히 보여 주셨지만, 가장 사랑받던 제자 중의 하나인 유다는 자기의 선생이신 예수님을 판다. 예수님은 식사를 하시면서 당신이 이룰 하나님의 영광을 말씀하시고, 제자들이 마땅히 서로 사랑해야 할 것을 가르치셨지만 가장 앞섰다고 생각되던 베드로가 실패할 것도 예고하신다. 베드로는 예수님의 죽으심에 대한 근본적인 무지 때문에 실패했다. 그러나 예수님은 실패한 베드로도 사랑하셨다. 유다의 배신 이야기와 베드로의 실패 이야기는 결국 예수님의 "끝까지의 사랑" 이야기 속으로 용해되고 있다.

요한복음의 때(13:1~3)

요한복음 13장은 예수께서 제자들의 발을 씻기는 유명한 사건으로 시작된다. 이때가 유월절 직전이었는데, 요한복음은 이때를 아버지께로 돌아가실 때라고 한다. 요한복음 후반부를 '영광의 책'이라고 부르는 이유도 예수님의 죽음을 아버지께로 의연하게 돌아가시는 것(return)으로 제시하기 때문이다. 이것은 예수님께서 처음 이 땅에 오신 것과도 연결된다.

공관복음은 예수님의 탄생을 오시기로 예언된 하나님의 아들이 정한 때에 이 땅에 오신 것으로 설명하지만, 요한복음은 하늘에 처음부터 계시던 아들이 육신을 입고 이 땅에 내려오신 것으로 설명한다. 따라서 예수님의 죽음은 이 땅에 오신 예수님이 아버지께로 돌아가신 것이며,[3] 따라서 예수님의 죽음은 '수난'이라기보다는 아버지의 뜻을 이 땅에 명백히 드러내는 영광의 과정이다(요 13:31~32).

1절의 "때"는 공관복음의 "때"와 차이가 있다. 공관복음의 때는 구약에 예언된 구속이 도래한 것을 의미하고, 이는 예수님의 사역 전체를 가리키는데, 요한복음의 때는 아버지께로 돌아가시는 순간을 의미한다. 그러므로 이때는 고난의 때가 아니라 영광의 순간이다.[4] 요한복음 후반부인 영광의 책은 숙연하기보다는 풍요롭게 시작된다.[5]

유월절 만찬인가, 최후의 만찬인가

본문은 유월절기에 관련된 저녁식사 시간에 생긴 일이다. 학자들은 이 만찬을 공관복음의 유월절 만찬과 같은 것으로 보지만, 여기에는 풀어야 할 어려운 숙제가 있다. 공관복음에서는 예수님이 유월절 만찬을 드시고 십자가에서 처형되지만, 요한복음에서는 유대인들이 예수님의 사형 집행을 모두 마치고 유월절 만찬을 먹었다(요 18:28). 유월절 만찬 시간 전에 모든 처형이 끝난 것이다. 이런 불일치에 대하여 크게 세 가지 가능한 설명이 있지만, 모두 약점을 가지고 있어 어느 견해가 옳은 지 확정하기는 힘들다.

첫째 견해는 공식적인 유월절 만찬 전에 예수님과 제자들은 이미 식사를 했고, 이 식사는 유월절 만찬이 아니라는 주장이다. 이 견해에 의하면 요한복음의 기록이 역사적 사실에 맞고, 공관복음의 기록에는 약간의 하자가 있다고 한다.[6]

유월절 만찬이 공식적으로 시작되기 하루 전에 예수님과 제자들은 이미 식사를 했고 그날 밤에 체포되어 다음 날 낮 곧 유월절 양을 잡는 그 시간에 운명하셨다고 이해한다. 이것은 예수님의 죽음을 어린양의 죽음과 단단히 연관시키지만 문제는 성전에서 공식적으로 양을 성전에서 하루 전에 잡는 것은 절대적으로 불가능하기에 예수님이 드신 만찬은 최후의 만찬일 뿐, 유월절 만찬이 될 수 없다. 또한 공관복음이 유월절 만찬을 드셨다고 분명히 기록하고 있기 때문에 공관복음 저자의 부주의로 인한 작은 실수를 인정해야 한다.[7]

둘째 견해는 공관복음의 기록이 역사적으로 맞고, 또한 요한복음에도 오류가 없다고 주장한다. 예수님과 제자들은 공관복음에서 제시하듯 유월절 만찬을 정식으로 드신 후 체포되어 그날 밤에 심문받고 유월절 낮에 처형되셨다는 것이다.[8] "이날이 유월절 예비일"(요 19:14)이라는 표현은 유월절기의 한 주간 중에 맞이하는 안식일의 예비일이지, 문자 그대로 유월절 당일의 예비일이 아니라는 것이다.[9]

실제로 구약에서 '예비일'은 안식일의 예배일을 뜻하지, 절기의 예비일을 뜻하는 예가 없기 때문에 이 주장에는 약간의 설득력이 있다. 이 견해를 요약하면, 예수님이 처형된 날이 바로 유월절이며, 동시에 안식을 예비하는 금요일 낮이었다. 예수님은 공관복음이 제시하는 대로 공식적으로 유월절 만찬을 드셨지만, 유월절기 중에 맞이하는 안식일을 더럽히지 않으려는 유대인들에 의해 서둘러 안식일의 예비일, 곧 금요일/유월절날에 처형된 것이다.

그러나 유월절 날 예수님을 체포하였고, 제사장들이 유월절 날 한밤중부터 모여 꼭두새벽까지 예수님을 심문하고, 빌라도가 명절인 유월절 날 이른 아침부터 예수님을 심판했다는 결론은 받아들이기 어렵다. 요한복음 18:28은 유대인들의 마음에 명절을 더럽히지 않으려는 의도가 있음을 밝히고 있다. 안식일과 무교절기를 더럽히지 않으려 했다면, 유월절도 마찬가지였어야 한다.

셋째, 예수님은 음력을 사용하던 당시 유대 지도들과는 달리 양력을 사용하셔서 유월절을 지키셨다는 것이다. 그 해 양력에는 유월절이 화요일 저녁부터 시작되었기 때문에 공관복음은 예수님이 양력을 따라 유월절 식사를 하신 후 처형을 당하셨다고 기록한다. 하지만 음력으로는 아직 유월절 식사 때가 시작되지 않았고, 요한복음은 예수님의 처형이 음력에 따라 지켜지는 공식적인 유월절 식사 시간 전에 끝났음을 기록하고 있다는 설명이다.[10] 유대인 문서인 쥬빌리서와 쿰란 문서에는 당시의 권력자를 따르지 않는 일부 보수 유대인들이 양력을 사용했다는 근거가 있다고 한다.

문제는 이 견해 역시 예수님께서 드신 만찬은 공식적인 유월절 만찬이 될 수 없음을 인정해야만 한다는 점이다. 유월절 만찬이 아니라, 최후의 만찬인 셈이다. 예수님의 만찬에 사용한 양은 공식적으로 성전에서 잡은 양일 수 없다. 만약 예수께서 양력을 따라 유월절을 지키셔서 성전을 중심으로 한 당시 권세자들의 유월절을 인정하지 않았다면, 최후 만찬에 사용한 양은 성전에서 잡지 않은 것이 오히려 자연스러워 보인다. 그리고 비록 성전에서 잡은 양을 사용하지 않았어도, 예수님과 제자들에게 마지막 식사는 분명히 유월절 만찬이었다. 아마도 예수님과 제자들은 줄곧 양력을 사용하여 유월절을 지켜왔을 것이다.

세족식을 통해 가르쳐 주신 사랑의 교훈(13:4~20)

세족식의 의미는 언뜻 보아도 겸손한 행위의 중요성을 가르친다(14~17절). 이런 겸손의 행위는 예수님께서 말씀하신 '끝까지의 사랑'의 한 모습이다. 그러나 세족식이 주는 교훈이 겸손한 행위를 가르치기 위한 것 뿐이라면, 세족식 중에 있었던 베드로와의 대화(6~11절)는 무의미한 것이다. 세족에는 단순한 '겸손' 이상의 상징적 의미가 있다. 어떤 학자들은 이를 세례라고 본다.[11]

그러나 이를 증명하는 것은 쉽지 않다. 문맥에서 확실히 말하는 세족의 목적은 이를 통해 예수님과 상관있는 사람이 되는 것이며(8절), 한 번 씻은 자는 다시 씻을 필요가 없다. 세족은 반복이 필요 없는 단회로 충분한 은혜의 사건을 상징한다(10절).

대부분의 주석가들은 세족이 예수님의 죽음을 의미한다고 본다.[12] 예수님의 죽음을 통해 예수를 믿는 자들과 예수님은 상관 있게 되는데, 이는 단회의 사건이기 때문이다. '나와 상관이 없다'의 원어를 직역하면, '나와 함께 부분을 공유하지 못 한다'인데, 이 표현에는 예수님의 마음이 담겨 있다. 예수님의 사랑은 우리와 '상관' 있게 하려는 애타는 마음이다. 제자들의 발을 씻는 세족식은 단순히 겸손한 행동을 통해 감동을 주려는 것이 아니라, 제자들을 위해 자신의 생명을 내려놓음으로 제자들과 '상관' 있게 하려는 깊은 사랑의 배려다. 예수님은 제자들과 상관 있게 됨으로 늘 그들과 함께하신다.[13] 그러나 제자들은 이런 상징적 의미를 정한 때가 올 때까지 깨닫지 못했다(7절).

수건을 허리에 두르신 장면을 보라 4절). 유대에서 수건을 허리에 두르는 것은 '일하고 있음'을 상징한다(벧전 1:13). 요한계시록 1:13은 영광받으신 예수님의 모습을 묘사하는데, '가슴에 금띠를 띤' 모습이 나온다. 예수님은 지상에 계시는 동안 끊임없이 일하셨다. 수건을 허리에 두르셨지, 금띠를 가슴에 띠지 않으셨다. 지상에 있는 동안 모든 제자는 수건을 허리에 두르고 주님의 일을 하여야 한다. 그러면 영광받는 날에 우리 주님이 우리에게 금띠를 띠어 주실 것이다. 예수께서 보여 주신 '끝까지의 사랑'은 쉼 없이 수건을 허리에 두르고 일하는 것을 포함한다. 사랑은 행위다.[14]

세족에 담긴 상징적 의미는 베드로의 무지를 통해 더욱 분명히 드러난다. 8절과 9절은 베드로의 무지를 보이며, 결국 이 무지는 36~38절에서 예수님에 대한 '부인'(否認)이라는 엄청난 결과를 낳게 된다. 8절에도 이미 가벼운 '부인'이 있다("내 발을 절대로 씻기지 못 하리이다"). 예수님의 세족을 거부하는 것은 예수님께서 자신의 생명을 내려놓으며까지 주신 사랑을 거부하는 것이었다. 베드로의 자기 열심이 예수님의 사랑을 거부하는 무지를 낳고 있다.

10절은 해석상 난제를 포함한다. 앞서 가르치신 단회적 효과로서의 세족과 다른 가르침을 포함하는 듯하다. 예수님께서 베드로에게 하신 '발밖에 씻을 필요가 없다'는 말씀은 곧 발은 계속 씻어야 한다는 의미로 들리기 때문이다. 사본학적으로 보면 "발밖에"는 원문에 없을 가능성이 더 많다.[15] 그렇다면, "이미 목욕한 자는 다시 씻을 필요가 없다"는 뜻이 되는데, 이것은 앞선 가르침과 온전한 조화를 이룬다. 여기서 '목욕'과 '씻음'은 동의어며, 반복을 피하기 위해 다른 단어를 사용한 것이다.

만약 "발밖에"가 원문의 일부라면, 예수님은 세족의 파생적 의미를 하나 더 부여하고 계신 것이 된다. '목욕'이 세족 곧 예수님의 죽으심을 의미하며, 예수님의 죽으심을 통해 죄를 씻음받았어도, '발을 계속 씻음으로' 이후 삶의 여정에서 범하는 죄를 계속 씻어야 함을 가르쳐 주신다. 10절에서 '발 씻음'은 앞에서 의미하는 세족과 다르게 이해해야 한다.[16]

세족식의 상징적 의미 곧 예수님의 죽으심으로 제자들의 죄가 근본적으로 씻겼음을 아는 것은 12절 이하에서 계속되는 겸손의 의미를 이해하는 데 절대적으로 필요하다. 예수님의 가르쳐 주신 겸손은 단순한 태도가 아니라, 제자들이 가져야 할 근본적인 성품이었다. 겸손한 행동의 중요성과 절대성에 대한 바른 지식을 알고 이것을 행하는 것이 참 제자들에게 요구된다.

이것은 31절 이하에서 가르치는 새 계명으로서의 사랑과 긴밀하게 연결되어 있다. 이 모든 것이 예수님의 죽으심에 대한 바른 이해에 근거한다. 제자들의 죄가 근본적으로 씻겼고 예수님과 관계가 맺어졌다면, 그런 제자들은 예수님처럼 겸손을 행하게 된다는 것이다.

15절은 예수님이 보여 주신 세족이 제자들도 따라서 행할 모본임을 분명히 한다. '모본'에 해당하는 헬라어 원어는 '휘포데이그마'인데 신약성경에서 빈번히 사용되는 단어가 아니다. 신약성경 밖에서 이 단어는 '모범적 죽음'을 의미하는 데 사용되었다.[17] 이 단어를 근거로 학자들은 요한의

공동체가 세족식을 예배의 한 부분으로 정례화하여 시행하였을 것이라고 추정한다.[18]

17절은 "알고 행하는 자의 복"을 소개한다. 이 복은 예수께서 직접 가르쳐 주신 복으로 마태복음 5장의 8복과 연관지을 수 있다. 사도행전의 20:35절에 소개된 '주는 자의 복'을 예수께서 가르쳐 주신 9복이라고 한다면, 이 복은 열 번째 복이라고 볼 수 있다. "종이 상전보다 크지 못하고 보냄을 받은 자가 보낸 자보다 크지 못함을 알고 행하는 것"이 복이라는 것이다.

곧 겸손한 섬김이 복이란 뜻이다. 복이 되는 겸손은 단순한 태도가 아니다. 높은 위치에서도 낮은 자를 진정으로 섬길 수 있는 행위인데, 이것은 예수님에게서 비롯된다. 바로 예수님의 죽으심이란 사랑이 제자들의 마음에 담겨 여기에서 우러나는 겸손한 행위기 때문에 복이 된다. 세족식은 단순한 겸손의 행위가 아니라, 예수님의 대속적 죽음의 힘에서 비롯되는 겸손한 섬김을 가르쳐 준다. 자기의 잘못을 꾸준히 돌아보지 않을 때 겸손은 나에게서 멀어진다. 겸손한 행위를 통해 계속적으로 자신을 씻을 때, 제자들은 제자답게 된다.

유다의 배반 예고에 담긴 예수님의 사랑(13:21~30)

세족식이 끝난 후 만찬이 시작된다. 그러나 공관복음과는 달리 음식을 축사하시는 장면은 없고 장차 배반할 한 제자에 대한 예고가 중심을 이룬다. 가룟 유다에 대한 긴 기록은 유다의 배신을 예수께서 미리 알고 계셨음을 밝히는 데 있다.[19] 예수님은 모든 것을 알고 계셨고, 의연하게 정해진 길을 가신다. 그러면서도 동시에 예수님은 가룟 유다의 배반으로 가슴 아파하며, 그에게 사랑과 연민의 마음을 보낸다.

2절과 11절은 유다에 대하여 냉소적이다. 그러나 26절("한 조각을 찍으셔다가 가룟 시몬의 아들 유다에게 주시니")은 예수께서 '끝까지의 사랑'을 보여 주신 것으로 이해하는 것이 적절하다.[20] 21절에 보면, 예수님의 심령이 "민망하였다"고 한다. 예수께서는 11:33에서도 "민망히 여기셨다." 이 표현 속에서 예수님은 가룟 유다에 대한 인간으로서 느끼는 배신감과 연민의 정을 모두 드러내고 계신다.

가룟유다의 배반을 예고하는 대목에 등장하는 중요한 인물이 있는데, "예수님께서 사랑하는 제자"다(23절).[21] 전통적으로 예수님께서 사랑하는 제자는 이 복음서의 저자인 요한이라고 이해한다. 그는 분명히 12제자 중의 하나였고, 베드로와 특별한 관계가 있었으며, 예수님과도 친밀한 관계를 유지하고 있었다. 그럼에도 자신의 이름을 익명으로 한 것은 보다 객관적으로 모델이 되는 제자 하나를 소개하고 싶어서였을 것이다.

"사랑하는 제자"는 예수님의 품에 있었다. 요한복음에는 '품'이란 단어가 한 번 더 나온다. 1:18에서 독생자 예수님이 하나님의 품에 계셨다. 요한복음에서 '품'은 아주 친밀한 교제가 이루어지고 있음을 상징하는 단어다. 그곳에서 예수님과 친밀한 교제가 이루어지며, 예수님의 참 뜻을 깨닫게 된다. 예수님에 품에 안겨 있는 것은 아들이 아버지 품에 안겨 있던 것을 연상케한다. 참 제자의 모습을 소개하고 있다.[22] 예수님의 품에 있던 "사랑하는 제자"의 위치를 중심으로 당시 최후의 만찬을 하던 식탁을 재구성해 볼 수 있다.[23]

로마의 만찬에서 식탁은 말굽형으로 배치되었다. 예수님을 포함하여 13명이 만찬을 먹었기 때문에 헤드 테이블이 중앙에, 그리고 그 좌우에 식탁이 각각 있었을 것이다. 좌우 테이블에 각각 5명씩의 제자들이 앉았고, 중앙 테이블에는 세 명이 앉았을 가능성이 크다. 헤드 테이블의 가운데 자리에 주빈인 예수님이 앉으셨고, "사랑하는 제자"는 예수님의 오른쪽에 앉았었다. 그래서 그는 쉽게 예수님의 품에 안길 수 있었다.

주빈을 제외한 가장 중요한 자리는 주빈의 왼쪽 자리다. 놀랍게도 이 자리에 가룟 유다가 앉아 있었다. 그래서 예수님은 한 조각을 찍어 당신의 왼쪽에 있는 유다에게 손을 뻗어 쉽게 주실 수 있었다. 당시의 식사법은 왼손을 머리에 기대고 비스듬이 누워 오른 손으로 음식을 먹었다.

베드로의 위치는 중앙 테이블의 오른쪽 테이블 끝이었던 것 같다. 그는 "사랑하는 제자"와 멀리 있었기 때문에 머리짓으로 의사를 전달하였다(24절). 베드로의 위치는 그가 열두 제자 중 가장 늦게 세족을 한 것과 잘 조화를 이룬다.[24]

요한복음 13장에는 예수님의 행동이 두 가지 기록되어 있다. 하나는 발을 씻기시는 모습이고, 다른 하나는 한 조각의 떡을 찍어(포도주에 적셔) 주시는 것이다. 둘 다 예수님의 사랑이 담겨 있는 행동으로 보는 것이 자연스럽다. 예수님께서 유다에게 제공한 포도주에 적신 한 조각의 떡은 예수께서 흘리실 피와 찢기실 살을 상징한다. 예수님은 유다에게도 다른 제자들과 같은 "끝까지의 사랑"을 상징적으로 제공하였다.

그러나, 유다는 결국 예수님이 주신 "한 조각"을 받았지만 먹지는 않았다. 그는 받아들고 나갔다(30절). 30절의 밤은 유다의 영적 상태를 상징하기도 한다.[25] 요한복음에서 사탄에 대한 언급은 이곳에만 나온다. 어둠은 이해하지 못한 상태를 상징한다(3:19; 9:4; 11:10). 우리가 스스로 어둠을 택하려할 때도 주님은 우리에게 당신의 피와 살을 제공하신다. 예수님이 주시는 "끝까지의 사랑"은 받아 누려야 한다. 그러나 유다는 이를 받아들고 어둠속으로 내 달렸다. 배반의 길로!

사랑의 새 계명(13:31~38)

학자들은 고별설교가 13:31에서 시작된다고 본다. 잠시 따라올 수 없는 길이 있으며, 따라서 예수님이 제자들을 떠나야 하는 기간이 있음을 보여준다. 그리고 그 기간동안 제자들이 힘써 행할 것이 사랑이라고 한다. 이런 사랑을 통해 제자들이 예수님과 함께하고 있음을 세상에 증명할 수 있다고 가르쳐 주신다.

사랑에 관한 계명은 사실 예수님이 이곳에서 처음으로 주신 것이 아니다(참고 요일 2:7~8). 요한복음이 제안하는 사랑이 산상설교에서 가르쳐 주는 사랑에 비해 저급한 것이라고 주장하는 견해가 있다.[26] 산상설교에서 보여 주는 박애적인 면, 즉 원수에 대한 사랑이 요한복음에는 없고, 오히려 믿는 제자들끼리의 공동체 안에서 사랑으로 축소되었다고 비판한다.

그러나 요한복음은 사랑의 범위가 아니라 사랑의 근원과 본질을 더 강조하고 있는 것이다. 이 사실을 알면 요한복음이 제시하는 사랑이 산상설교의 사랑보다 저급하다고 폄하할 수 없다. 요한복음은 제자의 사랑이 예수님과의 연합을 통해 우러나는 것이어야 한다고 가르친다.

모든 사랑의 모델은 하나님 아버지와 아들 예수님의 사랑이다. 제자들의 사랑은 이런 아버지와 아들 예수님의 사랑을 본삼아, 이를 투영하는 것이어야 한다. 예수님의 사랑은 제자들의 사랑에 영향을 줄 뿐 아니라, 제자들을 바로 사랑하도록 만든다. 사랑은 제자들에게 반드시 나타나야 하는 표지다.

베드로의 부인(否認) 예고에 담긴 예수님의 사랑(13:36~38)

예수님의 죽으심과 사랑에 대해 무지한 것은 유다만이 아니었다. 베드로도 마찬가지였다. 베드로는 예수님을 위해 목숨을 드릴 수 있다고 큰소리 쳤지만, 막상 그는 예수님을 세 번 부인했다. 그러나 예수님께서 십자가에서 죽으시고, 아버지께로 돌아가신 후에 베드로 또한 약속한 길을 갈 수 있었다(요 21:19). 제자들은 예수님을 통해서만 제자로서의 길을 갈 수 있음을 배워야 한다.

이곳에서 예고된 베드로의 실패 이야기는 요한복음 후반부를 엮어가는 중요한 맥이 된다. 베드로의 실패는 요한복음이 기록한 수난이야기 중에 특별한 위치에 있다. 마가복음이 기록한 가야바의 법정은 거짓 증거자의 발호가 초점이며, 베드로의 부인(否認)은 딸린 스토리 정도지만, 요한복음은 가야바 법정을 기록하면서, 오직 베드로의 실패만을 이야기한다.[27]

그의 실패는 결국 마지막 장의 디베랴 바닷가에서의 회복(21:15~19)을 통해 반전(反轉)된다. 베드로는 "네가 나를 사랑하느냐"라는 예수님의 사랑에로의 초청에 응한 것이다. 베드로의 실패이야기는 "끝까지의 사랑"의 중요한 정점을 이룬다.[28]

설교를 위한 제안

요한복음 13장 전체를 한 번에 설교하는 것은 쉽지 않을 것이다. 만약 한 번에 전체를 설교하려면, 세족의 의미에 초점을 맞추어야 할 것 같다. 세족의 의미를 예수님의 죽으심, 겸손한 행위, 그리고 새 계명으로서의 사랑으로 발전시키면 되는데, 이렇게 하면 자칫 교리적 설교가 될 수 있다.

다른 방법은 예수님이 보여 주신 "끝까지의 사랑"을 소개하면서 요한복음 13장을 폭넓게 강해해도 된다. 구체적 내용으로 1) 겸손한 행위로 나타난 섬김, 2) 유다에 대한 연민, 3) 베드로에 대한 사랑이야기 등으로 채워가면 된다.

요한복음 13장은 여러 주제를 설교할 때, 그 주제를 드러내기 위하여 다양하게 사용할 수 있다. 그리스도인들이 쉬지 않고 선을 행할 것을 권면할 때 수건을 허리에 두른 예수님의 모습을 인용할 수 있고, 예수님이 직접 가르쳐 주신 복을 설교하면서 산상수훈에서의 8복, 사도행전 20:35과 함께 겸손히 섬기는 자의 복으로 요한복음 13:17을 강해하면 적절할 듯 싶다. 또한 예수님이 사랑하는 제자의 모습을 설교할 때, '예수님의 품'에 있던 제자의 모습은 의미하는 바가 클 것이다.

13 예수의 떠나심과 보혜사 성령
요한복음 14장의 주해와 적용

이제 눈앞에 다가온 자신의 죽음에 비추어, 예수께서는 자신의 생애와 사역의 의미를 요약하시면서, 자신이 아버지께로 떠나는 것이 그의 제자들에게 어떤 유익을 가져다 줄 것인지를 설명하신다. 그것은 완전한 이별을 의미하는 것이 아니다. 그가 떠난 이후에도 그들은 여전히 그러나 새로운 형태의 신적 임재를 누리게 될 것이기 때문이다.

그렇다면 제자들은 그의 떠나심을 슬퍼할 것이 아니라 오히려 기뻐해야 하는 것이다. 아마 예수께서는 이런 설명을 통해, 자신이 떠남으로 말미암아 충격을 받게 될 제자들을 미리 준비시키시고자 하셨던 것으로 보인다.

공관복음서에서는 그 평행구를 찾아 볼 수 없는 요한복음 14장은 고별 강화의 형태를 취하고 있다.[1] 본 강화의 상황은 최후의 만찬인 것이 거의 분명하지만(참조. 요 13장), 실제로 요한은 이 만찬에 대해 아무런 명시적인 기술도 하지 않는다. 학자들은 14장의 강화 부분이 크게 두 가지 주제를 다루고 있음에 주목한다. 곧, 예수의 떠나심에 대한 해설(4~14절)과 예수의 돌아오심에 대한 해설(15~26절)이다. 한편, 1~3절은 이들 두 주제를 함께 도입해 주는 서언 역할을 하고, 27~31절은 결언 역할을 한다.[2]

서언(14:1~3)

1절은 요한복음 13:36~38에서 베드로에 대한 예수의 부정적인 예견 때문에 자신들의 운명에 대해서도 의구심을 갖고 근심에 싸여 있었을 제자들을 향한 예수의 적절한 격려와 촉구다. 한편, 본 절은 요한복음 13:33에서 도입하였던 주제, 곧 예수의 떠나심의 주제를 다시 강화의 논제로 대두시킨다.

2~3절은 '아버지의 집에' 있는 '많은 거할 곳' 과 너희를 위하여 준비될 '처소' 그리고 예수의 '다시 오심' 이 무엇을 지칭하는가와 관련하여 많은 논의의 대상이 되어 왔다. 이들 각 구절들과 관련된 다양한 해석들에 비추어 우리의 제안을 제시해 보려 한다.

'많은 거할 곳' ('모나이 폴라이')의 의미를 규정하는 것은 쉽지 않다. 통상적으로 사람들은 '모나이' 를 '저택들' 이라는 의미로 이해해 왔다. 하지만 이는 불가타역(Vulgate)의 'mansiones,' 그리고 그에 영향을 받은 영어 흠정역(KJV)의 'mansions' 와 같은 번역에 영향을 받은 그릇된 해석의 결과다. '모나이' 는 요한복음에서 자주 사용되는 중요한 동사 '메네인' ('거주하다', '머무르다')의 명사형으로서, 가장 자연스러운 의미는 장소적인 '거처' (居處), 그리고 파생적 의미인 '자리' (또는 '지위')다. 하지만 어떤 이들은 '모나이' 를 장소적인 의미보다는 '메네인' 동사의 행동 또는 그 상태(곧, '거함'), 좀 더 구체적으로 하나님과의 '교통' (交通)을 의미한다고 제안하기도 한다.[3] 이러한 제안은 요한복음에서 본 단어가 유일하게 다시 나타나는 14:23에서의 용법에 비추어 볼 때 지지를 받는다.[4]

'아버지의 집에' ('엔 테 오이키아 투 파트로스')도 그 의미를 규정하는 것이 쉽지 않다. 어떤 이들은 영적인 집 또는 하나님의 성전(요 2:16)으로서의 '교회 공동체' 개념에 비추어 본 절에서의 '집' 을 집합적인 의미로 해석한다(참조. 고전 3:16~17; 엡 2:20~22; 벧전 2:5; 요 2:19~21). 그렇다면 2~3절에서의 예수의 약속은 예수의 떠나심과(아마도 성령을 통한) 돌아오심에 의해 가능케 될 하나님과의 영적 교제로 특징지어지는 '교회 공동체'에 관한 것이 된다.[5] 하지만 상당수의 학자들은 여기서 '하나님의 집'이 단순히 하나님의 거처인 '하늘'을 지칭한다고 생각한다.[6] 물론 이 경우 '하늘'은 눈에 보이는 공간적 하늘인 '공중' 또는 '우주 공간'과는 구별되는, '하나님의 거처'로서의 하늘을 의미한다.

이러한 해석은 구약성경과 유대교의 전통적 이해의 지지를 얻는다(참조. 창 19:24; 신 26:15; 왕상 22:19; 에녹1서 39:4~5; 마 6:9, 14, 26 등).[7] 하지만 이들 두 제안은 서로 상충되는 것으로 보이지 않는다. 신약성경 저자들의 사고 세계에서 하나님의 거처로 불리는 성전(또는 성소)은 교회 공동체와 일치될 뿐 아니라(고전 3:16~17; 엡 2:20~22) 하늘과도 일치되기 때문이다(히 9:24).

이렇게 볼 때, '아버지의 집'은 하나님께서 거하시는 성전의 성취인 그리스도의 몸으로서의(참조. 마 12:6; 엡 1:23) '교회 공동체'를 의미할 수도 있고, 성전의 원형인(히 9:24) '하늘'을 의미할 수도 있다. 흥미롭게도 요한계시록 21:1~22:5과 히브리서 12:22은 교회 공동체와 하늘의 개념을 연결하여 완성된 교회 공동체인 하늘의 도성 새 예루살렘을 언급한다. 그렇다면 본 절의 '아버지의 집'도 하나님의 거처로서의 '하늘'을 기본적으로 지칭하면서, 동시에 그것과 연결된 개념인 '교회 공동체'도 지칭하는 것으로 이해될 수 있다.

그러므로 '아버지의 집에 거할 곳이 많다'는 구절의 의미는 성전의 성취인 교회 공동체와 성전의 원형인 하늘에서 하나님과 교제를 나눌 수 있는 자리(곧 지위, 특권, 기회)가 많이 있다는 의미로 이해될 수 있다. 본 구절을 이렇게 이해할 경우, 2절의 '내가 너희를 위하여 처소를 예비하러 간다'는 구절은 예수께서 제자들에게 이 자리를 마련해 주기 위해 가신다는 의미로 이해된다.

그렇다면 예수께서 '가신다'는 말의 뜻은 무엇인가? 이 질문은 3절의 '내가 다시 와서 영접할/데리고 갈 것이다'(팔린 에르코마이 카이 파라렘프소마이)라는 구절에 대한 해석과 긴밀하게 연결되어 있다. 그런데 본 구절의 의미는 상당히 다양하게 제안되어 왔다.

1. 예수의 가심과 다시 오심에 대한 여러 견해

1) 린다스(B. Lindars)는 여기서 예수의 '가심'(곧, 떠나심)이 [승천이 아니라] '죽으심'을 의미하며, 따라서 그의 '다시 오심'도 그의 재림이 아니라 '부활'을 지칭한다고 제안한다. 그럴 경우, 예수의 영접함은 부활 이후 교회에서 경험될 예수와 아버지 그리고 제자들 사이의 상호 내주(內住)의 상황을 지칭할 것이다(참조. 20, 23절).[8]

2) 건드리(R. H. Gundry)는 예수의 '다시 오심'을 '보혜사 성령의 오심'으로 간주한다. 이러한 제안은, 14장의 문맥 가운데 16절에서 다른 보혜사(이는 예수께서 첫 번째 보혜사이심을 시사한다)를 보내 주실 것이라는 약속과, 23절의 삼위일체의 내주에 대한 약속, 그리고 26절의 보혜사와 예수와의 관계 등으로 미루어 볼 때 상당한 타당성이 있다. 또한 3절 후반부의 '나 있는 곳에 너희도 있게 하리라'는 약속의 의미도 잘 설명해 준다. 곧, 제자들이 보혜사 성령의 내주하심을 통해 예수와 마찬가지로 아버지와의 교제를 하도록 해주실 것이라는 약속이다.[9]

3) 카슨(D. A. Carson)은 예수의 다시 오심을 예수의 '재림'이라고 제안한다. 이 제안은 가장 자연스럽기는 하지만 예수의 오심이 재림을 의미하지 않는 것이 분명한 18~20절, 22~23절과의 관계에 비추어 그 타당성이 위협을 받는다.[10]

4) 바레트(C. K. Barrett)는 여기서 언급된 예수의 다시 오심이 예수의 부활, 보혜사의 오심, 재림을 종합적으로 지칭한다고 제안한다. 바레트는 예수께서 그의 고별 강화 초두에서 앞으로 다양한 형태로 제시될 그의 오심에 관한 주제를 의도적으로 애매하게 포괄적으로 제시하고자 했다고 제안한다.[11]

위의 제안들 중 처음 세 가지 제안들은 모두 타당성이 있을 뿐 아니라 한계도 있음을 인정하지 않을 수 없다. 한편 마지막 제안 4)는 요한에게 한 단어로 이중적/다중적 의미를 의도한 경우들이 적지 않다는 사실로 미루어 볼 때(예. 요 1:5), 상당히 타당한 것으로 보인다. 그럴 경우, '거할 곳'과 '하나님의 집'도 장소적 의미와 관계적/집합적 의미로 공히 이해될 수 있을 것이다.

결론적으로, 본 두 절의 의미는 바레트가 제안한 것처럼 의도적으로 포괄적인 성격을 띤 것으로 보이며, 그 다양한 의미들은 그의 강화가 진행되어 가는 가운데 보다 구체적으로 드러나게 될 것이다.

예수의 떠나가심(요 14:4~14)

본 단락을 이해하는 데 문제의 핵심이 되는 구절은 6절이다. '내가 곧 길이요 진리요 생명이니 나로 말미암지 않고는 아버지께로 올 자가 없느니라.' 일반적으로 본 절은 요한복음 3:16과 더불어 복음의 핵심을 잘 요약해 주는 진술로 받아들여져 왔다. 본 절은 구원이 전적으로 예수 그리스도께 기초해 있음을 잘 보여 준다.

'나는 …이다'('에고 에이미')라는 표현은 요한복음의 특징적인 스타일로서, 주로 중요한 기독론적 진리(생명의 떡, 세상의 빛, 양의 문, 선한 목자, 부활이요 생명, 포도나무 등)를 제시하는 데 사용된다(참조. 요 6:35; 8:12, 18, 23; 10:7, 9, 11, 14; 11:25; 14:6; 15:1, 5).

본 절에서는 이 특징적인 표현에 뒤이어 예수께서 '길과 진리와 생명'으로 소개된다. 여기서 세 개념이 균형 잡힌 모습으로 제시되고 있기는 하지만, 2~5절의 내용상 흐름과 6절 후반부의 부정적인 언급[12]에 비추어 볼 때, 그 초점이 '길'에 맞추어져 있는 것은 분명하다. 예수께서 길이시라는 사실은 인간을 하나님께로 이끄시는 중보적 역할에서 적절히 발견된다. 그는 이제(그의 죽으심과 부활을 통해) 자신이 하나님께로 가심으로써, 사람들을 하나님께로 이끄시는 길이 되신다. 그렇다면 예수의 길을 따라 하나님께 나아가고자 하는 자들은 그가 겪으실 죽음과 부활을 경험해야 한다. 여기서 예수께서 길이 되심은, 그 주된 의미가 2~4절에 비추어 볼 때 미래적이지만, 7절 이하에서는 현재적 측면 역시 도입되고 있다.

예수께서 '진리' 시라는 사실은 그가 하나님의 계시의 중보자라는 사실에서 발견된다. 예수께서 진리시라는 사실은 이미 요한복음 1:14에서 언급된 바 있다(참조. 요 1:4, 9).

한편, 예수께서 '생명' 이시라는 사실은 그가 하나님 안에 있는 구원의 중보자라는 사실에서 발견된다. 예수께서 생명이시라는 사실은 이미 요한복음 1:4; 3:15; 11:25 등에서 언급된 바 있다. 진리와 생명이라는 이들 두 단어는 길이라는 개념을 설명하기 위해 첨가된 것으로 보인다. 예수께서 모든 진리와 생명의 근원이신 하나님께로 나아가는 유일한 경로기 때문에 (6b절), 그 자신이 인간들을 위한 진리와 생명이 되시는 것이다.

예수께서 길로서 하나님의 진리와 하나님으로부터 오는 생명의 중보자시기 때문에, 예수를 아는 것은 곧 아버지를 아는 것이 된다(7a절). 뿐만 아니라 예수를 본 자는 곧 아버지를 본 것이 된다(7b~9절). 이러한 비밀을 제대로 깨닫지 못하는 제자들을 위해(참조. 8절의 빌립의 요청), 10~11절에서는 이 비밀의 이유가 설명된다. '내가 아버지 안에 있고 아버지께서 내 안에 계신다.' 예수께서는 자신과 하나님 사이의 일체성을 상호 내주의 원리에 의해 설명하신다. 사실 예수와 하나님 사이의 일체성은 이미 요한복음 10:30에서 명백히 선언되었다. '나와 아버지는 하나이니라' (참조. 요 10:37~38).

그런데도 제자들은 이 원리를 아직 깨닫지 못하고 있다. 따라서 예수께서는 이제 제자들이 이 사실을 이직도 믿지 못함을 완곡히 꾸짖으시며(10절), 이제는 믿어야 할 것을 명령하신다(11절). 그리고 만일 믿지 못하겠다면 예수께서 지금까지 제자들 앞에서 행하신 일들 곧 표적들을 보고서라도 믿어야 할 것을 촉구하신다(10b , 11b절).

12~14절에서 예수께서는 자신이 지상에서 행하신 하나님의 일들을 이제 자신이 아버지께로 가신 이후에는 제자들도 시행할 것임을 약속하신다(12절). 예수 안에서 능력을 행하신 하나님께서 앞으로는 제자들 안에서도 그 능력을 행하시리라는 것이다. 예수께서는 제자들이 이러한 능력을 행하기 위해서는 기도해야 할 것임을 밝히신다(13~14절). 여기서 흥미로운 사실은 기도의 대상이 예수 자신이라는 것이다(14절). 이는 예수와 하나님 사이의 일체성, 그리고 하나님과 제자들 사이에 예수의 중보자로서의 역할을 강조적으로 보여 준다.

예수의 돌아오심(14:15~26)

본 단락에서 예수께서는 자신의 돌아오심 주제를 다른 보혜사에 대한 약속과 더불어 설명해 나가신다. 예수께서는 이 주제를 전개해 나가시는 가운데, 보혜사를 받아들이고 받아들이지 않고의 결과에 따라, 보는 것과 보지 못하는 것, 아는 것과 알지 못하는 것(17절), 계명을 지키는 것과 지키지 않는 것, 사랑하는 것과 사랑하지 않는 것(15, 21, 23~24절) 등의 대조적인 모습으로 나타나는, '제자들'과 '세상'의 차이를 기술해 나가신다.

본 단락의 해석의 열쇠는 '다른 보혜사'('알론 파라클레톤')를 어떻게 이해하는가에 달려 있다. 보혜사 주제는 16절에서 처음 도입된 이후 26절과 15:26~27; 16:7~11, 12~14절에서 요한복음의 특징적인[13] 주요 주제로 발전되어 나간다. 사실 이 단어는 요한일서 2:1을 제외하고는 요한복음에서만 나타나는데, 이 단어의 의미를 적절히 파악하기 위해서는 첫째, 그 언어적 특성을 폭넓게 분석하는 것이 필요하며, 둘째, 본 절뿐 아니라 요한복음 내의 다른 보혜사 구절들의 용법을 전체적으로 검토하는 것이 필요하다.

1. '파라클레토스'의 언어적 특성

'파라클레토스'라는 단어의 언어적 특성은 다음과 같이 정리될 수 있다.

1) 본 단어가 '파라칼레인' 동사의 수동형에서 유래된 점으로 미루어, 그 기본적인 의미가 '도움을 받기 위해 곁에 초청된 사람' 곧 '피고인측 변호사'와 연관되어 있는 것으로 보인다(참조. 마 10:20; 행 6:10; 또한 참조. 요 15:26).

2) '파라칼레인'의 능동형 의미인 '중재하다, 탄원하다, 호소하다' 등의 의미와 관련해서, '중재자', '중보자', '대변인' 등의 의미도 내포되었을 수 있다(참조. 요일 2:1; 요 15:26~27).

3) '파라칼레인'의 능동형 의미인 '위로하다'의 의미와 관련해서, '위로자'라는 의미를 가질 수도 있다(참조. 요 16:6~7).

4) '파라클레시스'의 의미인 '권고', '격려'와 관련하여(살전 3:2; 롬 12:8; 히 13:22; 행 13:15), '권고자', '격려자' 등의 의미를 가질 수도 있다.

이처럼 다양한 언어적 의미들 중 어느 의미가 요한이 사용한 이 호칭에 가장 적절한 것인지를 결정하기란 용이하지 않은 것이 분명하며, 사실 꼭 어느 한 의미에 제한시켜야 할지도 의문스럽다.[14]

2. '보혜사' 개념의 구체적 용례들

요한복음에서 '보혜사'라는 개념이 사용된 구체적인 용례들은 크게 네 가지 측면에서 다음과 같이 정리될 수 있다.[15]

1) 보혜사의 오심과 아버지와 아들에 대한 보혜사의 관계

① 예수께서 떠나시면 보혜사가 오실 것이다(요 15:26; 16:7, 8, 13). ② 보혜사께서는 아버지로부터 나오신다(요 15:26). ③ 아버지께서는 예수의 요청에

따라 보혜사를 주실 것이다(요 14:16). ④아버지께서는 보혜사를 예수의 이름으로 보내실 것이다(요 14:26). ⑤예수께서는 자신이 떠나실 때 아버지로부터 보혜사를 보내실 것이다(요 15:26; 16:7).

2)보혜사의 정체

①그는 '또 다른 보혜사'로 불린다(요 14:16). ② 그는 진리의 영이시다(요 14:17; 15:26; 16:13). 3) 그는 성령이시다(요 14:26).

3)보혜사가 제자들과의 관계에서 행사하는 역할

①제자들은 그를 인지한다(요 14:17). ②그는 제자들 안에 있고 그들과 함께 거할 것이다(요 14:17). ③그는 제자들에게 모든 것을 가르치실 것이다(요 14:26). ④그는 모든 진리의 길을 따라 제자들을 인도하실 것이다(요 16:13). ⑤그는 예수께 속한 것을 가지고 제자들에게 알리실 것이다(요 16:14). ⑥그는 예수를 영화롭게 하실 것이다(요 16:14). ⑦그는 예수를 위해 증언하실 것이다(요 15:26~27). ⑧그는 그가 들은 것만을 말씀하실 뿐이며 자의로는 아무것도 말씀하지 않으실 것이다(요 16:13).

4)보혜사가 세상과의 관계에서 행사하시는 역할

①세상은 보혜사를 받아들일 수 없다(요 14:17). ②세상은 보혜사를 보거나 인지하지 못한다(요 14:17). ③그는 세상이 죄와 공의와 심판에 대하여 잘못되어 있음을 증명하실 것이다(요 16:8~11).

위에서 관찰한 내용들을 종합해 볼 때, 요한은 보혜사를 예수께서 아버지와 함께 계시는 동안 그리스도인들 가운데 예수의 인격적인 임재로서의 특별한 기능을 수행하시는 성령으로 제시한다. 보혜사에 대한 요한의 이러한 이해는 다른 신약성경이 제시하는 성령에 관한 일반적인 묘사들보다 그 관계적인 측면에서 훨씬 더 두드러진다.[16]

이러한 차이점은 보혜사가 성령 그분 자신과 단순히 일치된다기보다는, 예수와 제자들간의 관계에서 성령이 하시는 역할과 특별히 관련된 것임을 주목함으로써 쉽게 설명될 수 있다. 이러한 사실은 성령께서 '또 다른 보혜사'(요 14:16)라고 지칭되고 있다는 데서도 잘 시사되고 있다. 곧, 예수께서는 첫 번째 보혜사셨고, 이제 예수의 떠나심과 더불어 성령께서 그 보혜사의 역할을 대신하시는 상황을 보여 주는 것이다. 그렇다면 보혜사로서의 예수와 보혜사로서의 성령은 필연적으로 다음과 같은 유사점들이 있다.

3. 예수와 성령 사이의 보혜사로서의 유사점

1) 예수께서 세상에 오신 것과 마찬가지로(요 5:43; 16:28; 18:37), 보혜사께서도 세상에 오실 것이다(요 15:26; 16:7, 8, 13). 한편, 아버지께서 아들을 주신/보내신 것과 마찬가지로(요 3:16, 17), 아버지께서 아들의 요청으로 보혜사를 주실/보내실 것이다(요 14:16).

2) 예수께서 진리이신 것과 마찬가지로(요 14:6), 보혜사께서도 진리의 영이시다(요 14:17; 15:26; 16:23).

3) 제자들에 대한 예수의 관계는 여러 측면에서 제자들에 대한 보혜사의 관계와 유사하다. 제자들이 예수를 알고 인지하는 특권을 가진 것과 마찬가지로(요 14:7, 9), 제자들은 보혜사를 알고 인지한다(요 14:17). 예수께서 공생애 기간 중 제자들과 항상 함께 계셨던 것과 마찬가지로, 보혜사께서도 제자들과 함께 계신다(요 14:17). 예수께서 제자들을 가르치신 것처럼(요 6:59; 7:14, 18; 8:20), 보혜사께서도 제자들을 가르치신다(요 14:26; 16:14).

4) 세상에 대한 예수의 관계는 여러 측면에서 세상에 대한 보혜사의 관계와 유사하다. 악한 자들이 예수를 받아들이지 않는 것처럼(요 5:43; 12:48), 세상은 보혜사를 받아들이지 않는다(요 14:17). 악한 자들이 예수를 알지 못

하는 것과 마찬가지로(요 16:3), 세상은 보혜사를 알지도 인지하지도 못한다 (요 14:17). 예수께서 세상의 악함을 증언하신 것과 마찬가지로(요 7:7), 보혜 사께서도 세상의 잘못을 증언하신다(요 16:8~11).

보혜사 예수와 또 다른 보혜사 성령 사이의 이러한 기능적 밀접성은 요 한복음 14장에서 두 보혜사 구절들 모두 예수의 떠나심과 돌아오심에 관한 언급들 사이에 샌드위치 되어 나타난다는 사실에 의해 더욱 두드러진다. [2~6절]⟨16~17절⟩[18~20절]; [22~23절]⟨25~26절⟩[28절]. 곧, 요한복음 14장의 가장 자연스런 논점 전개는 다음과 같이 요약될 수 있다.

예수께서 얼마 후 떠나셔서 아버지와 함께 거하실 것이지만, 그의 제자 들을 고아와 같이 내버려두지 않을 것은 그가 그의 역할을 대신할 다른 보 혜사로서 성령을 보내 주실 것이기 때문이다.[17] 물론 이러한 논점 전개는 2~3, 18, 23절에서 예수의 돌아오심이 무엇을 지칭하는가와 밀접하게 연 관되어 있는 문제지만, 그 세부적인 부분에 대한 해석이 본 장 전체의 큰/ 자연스런 논지의 흐름을 깨뜨리거나 무시하는 결과를 가져와서는 안 될 것 이다.

보혜사의 의미를 위와 같이 확인할 경우, 18절에서 '내가 다시 오리라' 는 표현의 의미는 좀 더 분명해 보인다(참조. 23절). 앞에서 이미 제안했듯이, 2~3절에서 보다 포괄적인 의미로 사용되었던 '다시 오리라' 는 개념이 본 단락에 와서는 그 의미가 보다 구체적이고 좁게 적용되고 있는 것으로 보 이기 때문이다. 하지만 본 단락에서 이 표현이 구체적으로 무엇을 의미하 는지에 대해서 학자들의 의견은 일치되어 있지 못하다.

4. '내가 다시 오리라' 의 의미

1) 다수의 학자들은 '예수의 부활' 에 의한 다시 나타나심을 지칭한다고 제안한다.[18] 이러한 제안은 19절에서 '내가 살고' 라는 표현이 예수의 부활 을 지칭하는 것이 거의 분명하다는 사실에 의해 지지를 얻는다(참조. 요

16:16~30).

2)어떤 이들은 '보혜사의 오심'을 지칭한다고 제안한다.[19] 이러한 제안은 본 단락이 두 보혜사 구절(16~17절, 25~26절)에 의해 샌드위치 되어 있다는 사실에 의해서 지지를 얻는다. 또한 23절의 삼위일체의 내주에 관한 언급이나, 요한복음 16:7~15에서 예수와 보혜사 사이의 밀접한 관계, 특히 예수의 떠나가심과 보혜사의 오심이 밀접하게 연관되고 있다는 사실도 이러한 제안을 지지해 준다.

3)소수의 사람들은 '예수의 재림'을 제안하지만,[20] 본 문맥이 이를 지지하지 않는다는 데 대부분의 학자들이 동의한다.[21]

처음 두 가지 제안 중 어느 입장을 택하든지 문맥상 해결하기 어려운 난점이 존재하는 것을 인정하지 않을 수 없다.[22] 그렇다면 우리는 여기서도 요한이 어떤 분명히 정해진 어느 한 사건을 지칭한다기보다는, 제자들 가운데 그의 임재를 가능케 해 줄, 앞으로 임박한(참조. 19절의 '조금 있으면') 일련의 사건들(곧, 그의 부활과 보혜사의 오심)을 연결해서 내다보면서 이를 돌아옴이라는 개념으로 통칭한 것이라고 볼 수 있다.

이러한 이해에 비추어 볼 때, 본 단락의 전체적인 논점은 다음과 같이 간략하게 정리될 수 있다. 보혜사이신 예수께서 떠나가시면, 아버지께 구하여 다른 보혜사이신 성령을 보내셔서 제자들과 함께 거하시도록 하실 것이다(16절).

그렇다면 예수께서 떠나시더라도 제자들은 고아와 같이 버려지지 않을 것이다(18절). 이는 예수께서 다시 살아나셔서 잠시 그들과 함께 지내실 것이기 때문만이 아니라, 성령을 통해 그들과 '영원토록' 함께 계실 것이기 때문이다. 성령께서 보혜사로 제자들 가운데 계심으로 말미암아 제자들은 예수의 계명을 지키게 된다. 그리고 그러한 사실은 예수께 대한 제자들의 사랑을 확인해 준다(15, 21, 23~24절). 하지만 세상은 보혜사이신 성령을 받지 못하고, 따라서 그들은 그를 보지도 알지도 못한다. 그 결과 그들은 예수의 계명을 지키지 못하며, 이는 그들이 예수를 사랑하지 않음을 확증해 준다 (17, 24절).

이 보혜사 성령은 아버지께서 예수의 이름으로 보내신 분이시다(26절). 따라서 그분은 제자들 안에 함께 계시면서, 예수께서 제자들과 함께 계실 때 하셨던 역할, 특히 가르치는 역할을 하신다(26절). 성령께서는 이러한 가르치는 활동을 통해, 제자들로 하여금 예수의 가르침을 기억하며, 그 가르침에 따라 살아가도록 해 주신다(23절).

결언(14:27~31)

결언 단락은 서언 단락(1~3절)의 주제를 상당부분 반복한다. 1)근심하지 말 것에 대한 권면(1, 27절). 2)믿음에 대한 권고(1, 29절). 3)예수의 떠나심과 돌아오심에 대한 언급(2~3, 28절).

한편, 결언 단락은 서언 단락에 없던 몇 가지 요소들을 첨언한다. 첫째, 예수께서는 제자들이 근심하거나 두려워하지 말아야 하는 근거로서, 예수께서 제자들에게 평화를 주신다는 사실을 밝히신다(27절). 둘째, 제자들이 예수를 사랑한다면 예수께서 떠나셨다가 돌아오신다는 사실이 제자들에게 기쁨이 되어야 함을 권면하신다(28절). 셋째, 예수께서는 세상 지배자가 예수께 아무런 권한도 갖고 있지 못하다는 점을 밝히신다(30절).

31절 마지막의 '일어나라 여기를 떠나자'라는 명령은 이야기의 흐름상 요한복음 18:1로 연결되는 것으로 이해될 수 있지만(참조. 막 14:42),[23] 그렇게 연결할 경우, 요한복음 14:31과 18:1 사이에 위치한 요한복음 15~17장의 역할에 대한 적절한 설명이 필요하다.[24]

결론적으로, 요한복음 14장 전체는 예수의 떠나심과 그의 다시 오심이라는 큰 주제 가운데, 그의 죽으심과 부활, 보혜사의 오심, 아버지와 아들의 내주하심, 그리고 그의 재림까지에 이르는, 곧 앞으로 그의 제자들이 종말의 완성까지 경험해야 할 주요 사건들을 지극히 암시적이면서 포괄적인 방식으로 제시해 주고 있다. 예수의 1차 청중들이던 그의 제자들이 이 말씀을 듣는 중에 그의 죽으심과 부활에 좀 더 많은 관심을 모았다면, 요한복음의 1차 독자들은 이 말씀을 읽는 중에 예수의 부활과 더불어 오순절에 임한 보혜사 성령의 내주에도 관심을 모았을 것으로 보이며, 더 나아가서 이 말씀의 약속의 궁극적 성취가 예수의 재림과 연관되어 있다는 기대를 배제하지 않았을 것이다.

14 세상을 이기신 예수님
요한복음 15~16장의 주해와 적용

요한복음 15장과 16장은 예수님의 긴 '고별강화'(Farewell discourses, 13~17장) 한 가운데 위치한다. 여기서는 포도나무와 가지 비유(15:1~16), 제자들에게 닥칠 핍박(15:17; 16:4), 보혜사의 오심(16:5~16:15), 해산의 기쁨 (16:16~24), 제자들의 믿음과 예수님의 격려(16:25~33)에 대해 말씀하고 있다. 그리고 이 부분의 말씀은 아마도 집을 나와서(요 14:31) 길 가는 도중에 하신 것으로 생각된다. 그렇다면 이 부분의 말씀은 17장의 기도와 함께 저녁식사 후에 야외에서 하신 말씀이 된다.[1]

포도나무와 가지(15:1~17)

15장 첫 부분의 말씀은 포도나무와 가지 비유다. 엄밀하게 말하자면 '상징'(symbol)이나 '풍유'(allegory)라고 할 수 있다. 왜냐하면 상징의 각 부분이 각각 의미를 가지고 있기 때문이다.[2]

먼저 예수님은 "내가 참 포도나무요 내 아버지는 그 농부라"고 말씀하신 다(1절). 여기서 '참'(알레티네)이 가지는 의미는 보통의 포도나무가 아니라 우리 인간에게 참 생명을 가져다 주는 포도나무란 뜻이다.[3] 따라서 예수님 은 문자적 의미에서의 포도나무가 아니라 영적인 의미에서 참된 생명을 주시는 분이라는 의미로 이해해야 한다. 구약성경에 보면 이스라엘 백성을 '포도원'으로 비유하고 있다(사 5:1~7; 시 80:8~14; 렘 2:21). 그러나 여기서는 예수님이 참 포도나무고 그 제자들이 가지며 하나님 아버지는 농부라고 말하고 있다.

농부의 바람은 포도나무 가지가 과실을 많이 맺는 것이다(8절). 그래서 "무릇 내게 있어 과실을 맺지 아니하는 가지는 아버지께서 이를 제해 버리시고 무릇 과실을 맺는 가지는 더 과실을 맺게 하려 하여 이를 깨끗케 하시느니라"고 말씀하신다(2절). 여기서 '제해 버린다'(아이로)는 것은 '잘라낸다'는 의미다. 이것은 하나님과의 교제에서 완전히 단절되는 것을 뜻한다.[4]

그리고 '깨끗케 한다'(카타이로)는 단어는 필로(Philo)에 의해 '가지치기를 한다'는 의미로 사용된 적이 있지만(De Somn. II.64), 포도 재배와 관련하여 일반적으로 사용된 용어는 아닌 듯하다.[5] 이 단어가 '가지치기를 한다'는 의미로 사용된 예를 신약의 다른 곳에서 찾아볼 수 없다. 따라서 여기 2절의 '깨끗케 하다'는 단어는 3절의 "깨끗하니라"(카타로이)는 말씀과 연관된 의미로 사용되었다고 생각된다. 즉, 2절에서는 '가지치기'라는 문자적 의미보다는 3절에서의 '깨끗함'과 같은 영적 의미가 주로 부각된다고 생각할 수 있다.[6] 우리는 예수님이 일러 주신 말씀과 성령으로 깨끗케 되었다(3절; 엡 5:26; 딛 3:5).

그래서 예수님은 제자들에게 "내 안에 거하라. 나도 너희 안에 거하리라"고 말씀하신다(4절). '거한다'는 것은 예수님과의 지속적인 관계 가운데 있음을 의미한다(계 3:20; 요일 2:27~28). 예수님은 이것을 포도나무와 가지의 비유를 가지고 설명하신다. "가지가 포도나무에 붙어 있지 않으면 절로 과실을 맺을 수 없음 같이 너희도 내 안에 있지 아니하면 그러하리라"(4b절).

이처럼 그리스도인은 자기 스스로 과실을 맺는 것이 아니라 그리스도에게 붙어 있음으로 말미암아 그리스도로부터 영양을 공급받아 과실을 맺게 된다. 예수님은 이 진리를 다시 강조하신다. "나는 포도나무요 너희는 가지니 저가 내 안에, 내가 저 안에 있으면 이 사람은 과실을 많이 맺나니 나를 떠나서는 너희가 아무 것도 할 수 없음이니라"(5절). 여기서 비로소 제자들이 '가지들'(클레마타)임이 분명하게 선언되었다.

중요한 것은 제자들이 예수님 안에 머물러 있어야 과실을 많이 맺을 수 있다는 사실이다. 만일 그렇지 아니하면 과실을 맺을 수 없을 뿐만 아니라 버림을 당하고 만다. "사람이 내 안에 거하지 아니하면 가지처럼 밖에 버리워 말라지나니 사람들이 이를 모아다가 불에 던져 사르느니라"(6절). 원문에 보면 '던지웠다'(에블레테)와 '말라졌다'(엑세란테)로 되어 있다. 즉, 아오리스트(aorist, 단순과거) 시상이 사용되었다. 이것은 사람이 그리스도 안에 거하지 않을 때 일어날 상황을 이미 일어난 것으로, 생생하게 묘사하는 역할을 한다. 따라서 이것은 강한 경고의 의미를 담고 있다.

이러한 예를 우리는 갈라디아서 5:4에서도 볼 수 있다. 이 구절을 직역하면 "율법 안에서 의롭다 함을 얻으려 하는 너희는 그리스도에게서 끊어졌고(카테르게테테) 은혜에서 떨어졌다(엑세페사테)"가 된다. 곧 미래에 닥칠 위험을 이미 일어난 것으로, 생생하게 묘사하고 있다.

그리고 나서 예수님은 우리가 과실을 맺는 구체적인 방법 중의 하나로 '구하라'고 말씀하신다. "너희가 내 안에 거하고 내 말이 너희 안에 거하면 무엇이든지 원하는 대로 구하라 그리하면 이루리라"(7절). 우리가 그리스도 안에 거할 때 가만히 있으면 저절로 과실을 맺는 것이 아니라 구하는 것 곧 기도가 뒤따라야 된다는 것을 알 수 있다. 기도는 그리스도와의 교제를 가리키는 구체적 표현이며 실천적 행동이다. 따라서 기도는 그리스도의 제자 된 사람들이 그치지 말고 계속해야 할 사항이다.

뿐만 아니라 하나님이 기뻐하시는 의미 있는 열매를 맺는 것은 기도 응답을 통해 주어지는 것임을 알 수 있다. 자기 힘으로 스스로 이룬 것들 중에는 하나님이 기뻐하시는 열매가 별로 없다. 그저 잡초나 쓸모없는 것들만 맺을 따름이다. 따라서 우리가 농부 되신 하나님을 기쁘시게 해 드리는 열매를 맺으려면 기도하는 삶을 살아야 한다. 야고보도 말하기를 "너희가 얻지 못함은 구하지 아니함이요"라고 하였다(약 4:2). 다른 말로 하자면 우리가 열매를 맺지 못함은 기도하지 않기 때문이다.

그리고 또 하나 생각해야 할 것은 "내 말이 너희 안에 거하면"이란 말씀이다. 여기의 '말'은 헬라어로 '레흐마타'인데 단수인 '레마'의 복수다. 이 것은 우리가 그리스도 안에 거하고 그리스도가 우리 안에 거하시면 그리스 도의 말씀이 또한 우리 안에 거하신다는 것을 말해 준다. 따라서 그리스도 안에 거한다는 것은 그리스도의 말씀을 무시한 신비주의적 연합이 아니라 객관적인 말씀에 따른 생활임을 알 수 있다.

혹자는 '레마'와 '로고스'를 구별하여 '레마'는 내게 와 닿는 주관적인 말씀이고 '로고스'는 객관적인 하나님의 말씀이라고 주장하기도 한다. 그 러나 성경은 그러한 구분을 알지 못한다. 물론 '레마'는 어원상 '말해진 것'(what is said, das Gesagte)을, '로고스'는 그냥 '말'(the word, das Wort)을 뜻 하는 정도의 뉘앙스 차이는 있으나, 두 단어는 동의어로서 성경에서 호환 적으로 사용되었다. 그 일례로 요한복음 15:3에서는 '로고스'가 사용되었 으나 7절에서는 '레마'가 사용된 것을 볼 수 있다. 따라서 이 둘 사이에 의 미상의 차이는 없고, 둘 다 객관적인 예수님의 말씀을 뜻한다.

그리고 "너희가 과실을 많이 맺으면 내 아버지께서 영광을 받으실 것이 요 너희가 내 제자가 되리라"고 말씀하신다(8절). 여기서 '제자가 된다'는 것은 제자가 아닌 사람들이 제자가 된다는 의미는 아니다. 그렇다면 그것 은 과실을 많이 맺음으로 말미암아 예수님의 제자가 된다는 이상한 논리가 되고 말 것이다. 따라서 여기의 '제자가 된다'는 말은 '제자로서 합당한 자 가 된다, 참 제자가 된다'는 의미다(참조. 마 5:45).[7]

이이서 8~12절에서는 '그리스도 안에' 거하는 것은 또한 '그의 사랑 안 에' 거하는 것임을 말해 준다. 이 사랑은 세속적인 사랑이 아니라 거룩한 신적 사랑이다. "아버지께서 나를 사랑하신 것 같이 나도 너희를 사랑하였 으니 나의 사랑 안에 거하라"(9절). 즉, 이 사랑은 하나님 아버지께서 예수님 을 사랑하신 것처럼 예수님께서 우리를 사랑하신 그 사랑이다. 따라서 이 사랑은 이타적이며 자기희생적인 사랑이다.

그러면 구체적으로 우리가 어떻게 하면 예수님의 사랑 안에 거할 수 있는가? 그 답은 예수님의 계명을 지키는 것이다. "내가 아버지의 계명을 지켜 그의 사랑 안에 거하는 것 같이 너희도 내 계명을 지키면 내 사랑 안에 거하리라"(10절). 따라서 그리스도 안에 거하는 삶은 단지 기도와 묵상과 같은 개인적 경건만이 아니라, 우리의 일상생활 가운데 그의 계명을 적극적으로 지키는 생활을 통해 이루어진다는 것을 알 수 있다. 예수님의 계명은 곧 "내가 너희를 사랑한 것 같이 너희도 서로 사랑하라"는 것이다(12절).

예수님께서 제자들에게 "나의 사랑 안에 거하라"고 하신 목적을 다음과 같이 말씀하신다. 곧 "내 기쁨이 너희 안에 있어 너희 기쁨을 충만하게 하려 함이니라"(11절). 예수님께서 사랑의 계명을 주신 목적은 제자들에게 부담을 주거나 율법의 멍에를 씌우려는 것이 아니다. 오직 그들에게 기쁨을 충만하게 하려 함이다. 이 기쁨은 주님이 주시는 기쁨이며 거룩한 기쁨이다. 그리고 이 기쁨은 가만히 앉아서 명상하는 자에게 주어지는 정적인 기쁨이 아니라, 적극적으로 형제를 사랑하는 사람들에게 주어지는 능동적인 기쁨이다.

그러면서 예수님은 사랑의 가장 큰 형태를 말씀하신다. 그것은 사람이 자기 친구들을 위하여 자기 목숨을 버리는 것이다(13절). 이것은 분명히 예수님께서 자기 백성을 위하여 자기 목숨을 버리실 것을 염두에 두고 하신 말씀이다. '친구들'이라는 복수가 이것을 암시한다. 뿐만 아니라 이것은 예수님께서 제자들을 사랑하신 사랑이 어떤 사랑인가를 말씀하신다. 그것은 하나님의 아들이 자기 목숨을 버려 사랑하신 희생적인 사랑이다(요 10:11).

그리고 나서 예수님은 그의 계명을 지키는 자들을 향하여 '나의 친구'라고 말씀하신다(14절). 여기서 '친구'(필로이)의 개념은 '가까운 자, 친근한 자'다. 이것은 친밀한 교제, 동등한 지위를 의미한다. 따라서 이것은 '종'(둘로이)과 대립되는 개념이다. 종은 주인의 하는 일을 알지 못하나 친구는 그렇지 않다. 예수님은 하나님 아버지께 들은 것을 제자들에게 다 알게 하셨다(15절). 이러한 정보의 교류는 예수님께서 우리를 얼마나 존귀한 자로 보시는가 하는 것을 보여 준다. 따라서 우리는 성도들을 존중히 여겨야 하며 귀하게 대우해야 한다.

그렇지만 예수님과 그를 따르는 제자들 사이에는 우선순위가 있다. 제자들이 예수님을 택한 것이 아니라 예수님이 제자들을 택하셨다(16절). 따라서 이것은 예수님께서 우리를 부르신 목적이 있음을 의미한다. 예수님과 우리 사이의 친구 관계는 아무런 목적 없는 친교 관계가 아니라 분명한 목적을 가진 사명 관계다. 그것은 곧 "너희로 가서 과실을 맺게 하고 또 너희 과실이 항상 있게 하려 함"이다. 또한 "내 이름으로 아버지께 무엇을 구하든지 다 받게 하려 함"이다. 그러므로 우리가 과실을 맺는 것이 예수님께서 우리를 부르신 목적이다.

우리가 맺어야 할 과실은 곧 '서로 사랑하는 것'이다(17절). 따라서 형제 사랑은 예수님께서 우리를 택하시고 부르신 목적이요, 또한 우리가 그리스도 안에 거할 때 맺어야 하는 열매임을 알 수 있다. 이처럼 사랑은 기독교의 가장 중요한 가르침이며 핵심이다(마 23:37~40; 7:12; 요 13:34; 요일 3:23).

오늘날 한국 교회에는 마음속의 체험이 제일 중요한 줄로 알고 늘 체험만을 강조하는 사람들이 많다. 또는 뜨거운 찬양만 있으면 신앙이 부흥하는 것처럼 열광하는 젊은이들이 많다. 그러나 생활 속의 사랑을 잃어버린다면 다른 어떤 것으로도 보상할 수 없다.

세상의 핍박(15:18~16:4)

이어서 예수님은 세상이 그의 제자들을 미워할 것이라고 말씀하신다. 곧 핍박이 있을 것이라는 말씀이다. 그때 제자들이 알아야 할 것은 세상이 제자들보다 먼저 예수님을 미워하였다는 사실이다(18절). 곧 예수님을 미워하였기 때문에 또한 그의 제자들을 미워한다는 사실이다. 그리고 나서 예수님은 세상이 제자들을 미워하는 이유 몇 가지를 말씀하신다(18~21절).

첫째, 제자들이 세상에 속하지 않았기 때문이다(19절). "너희가 세상에 속하였더라면 세상이 자기의 것을 사랑하였을 것이다." 이 문장은 문법적으로 '비현실적 조건문'(unreal condition)인데 사실이 아닌 것을 가정하여 말하는 것이다.[8] 그래서 사실은, 제자들이 세상에 속하지 않았으며 도리어 세상에서 예수님의 택함을 입었기 때문에 세상이 그들을 미워한다는 것이다. 여기서 우리는 '하나님께 속한 자들'과 '세상에 속한 자들' 사이에 근본적인 구별이 있음을 알 수 있다(요일 4:4~6, 5:18~19). 그래서 이 두 그룹 사이에는 피할 수 없는 갈등이 있다.

다음으로 예수님은 제자들에게 "종이 주인보다 더 크지 못하다"고 한 말(요 13:16)을 기억하라고 하신다(20절). 세상이 예수님을 미워하였고 또 미워하기 때문에 그의 종 된 제자들도 당연히 미워할 것이다. 그러고 나서 예수님은 세상이 예수님과 그의 제자들을 핍박하는 근본 이유를 말씀하신다. 그것은 그들이 예수님을 보내신 자 곧 하나님을 알지 못하기 때문이다(21절). 여기서 '알지 못한다'는 것은 단지 지식적으로 알지 못한다는 뜻이 아니라 '믿지 않는다', '섬기지 않는다'는 뜻에 가깝다. 그들은 하나님을 알지도 못할 뿐 아니라 알려고도 하지 않으며 하나님과의 인격적 관계에 들어오려고 하지도 않는다.

그래서 세상은 그 죄를 핑계할 수 없다(22~27절). "내가 와서 저희에게 말하지 아니하였더면 죄가 없었으려니와"(22a절). 이것도 비현실적 조건문이다. 실상은 예수님이 오셔서 저희들에게 말씀하셨기 때문에 그들은 죄가 있으며 그 죄를 핑계할 수 없다. 물론 예수님이 오시기 전이라도 하나님의 뜻을 거스르고 하나님의 말씀을 배척한 유대인들에게 죄가 없는 것은 아니지만, 하나님의 아들을 보고 그 말씀을 듣고도 믿지 않고 배척한 그 분명한 죄책은 면했을 것이다. 그러나 이제 그들은 하나님의 아들의 말씀을 듣고도 배척했기 때문에 도무지 핑계할 수 없는 것이다.

그리고 "나를 미워하는 자는 또 내 아버지를 미워하느니라"고 말씀하신다(23절). 이것은 아버지와 예수님 사이의 불가분의 밀접한 관계를 말한다.

예수님은 하나님의 보내신 자요 사신(使臣)이다. 따라서 그를 환영하는 자는 그 보내신 자를 환영하는 것이요, 그를 미워하는 자는 또한 그 보내신 자를 미워하는 것이다(마 10:40; 요 14:7, 9~11; 요일 5:10).

예수님은 이어서 "내가 아무도 못한 일을 저희 중에서 하지 아니하였더면 저희가 죄 없었으려니와 지금은 저희가 나와 및 내 아버지를 보았고 또 미워하였도다"고 말씀하신다(24절). 예수님은 이 세상의 어느 누구도 하지 못한 놀라운 이적들을 많이 행하셨다(요 14:11; 5:36). 그럼에도 불구하고 그들은 예수님을 믿지 않았다. 그들에게 충분한 증거가 주어졌지만 그들은 믿지 않았다. 도리어 하나님의 아들과 그 보내신 자를 미워하였다.

이러한 그들의 불신앙과 미움 배후에는 하나님의 깊은 섭리가 있었음을 말씀하신다. 그것은 곧 성경 말씀을 이루려 함이라는 것이다. "그러나 이는 저희 율법에 기록된 바 저희가 연고 없이 나를 미워하였다 한 말을 응하게 하려 함이니라"(25절). 바로 그들이 믿고 신봉하는 율법에(시 35:19; 69:4) 이런 사실이 기록되어 있음을 말씀하신 것이다. 따라서 그 말씀이 이루어지도록 하기 위하여 이런 핍박이 임하는 것이다.

이 세상에는 단지 인간들 사이의 관계만으로는 설명할 수 없는 깊은 차원이 있다. 그것은 곧 하나님(그리스도)과 마귀 사이에 일어나는 영적 전쟁에 관한 것인데 우리의 행위에 아무 잘못이 없어도 단지 하나님께 속하였다는 이유만으로, 하나님을 믿는다는 이유만으로 미움을 당하는 일이 많이 있다. 그 이유는 그 배후에 하나님과 하나님 믿는 것을 싫어하는 마귀의 역사가 있기 때문이다.

이어서 예수님은 간단히 '증거'에 대해 말씀하신다(26~27절). 예수님을 증거할 자는 보혜사 성령과 예수님의 제자들이다. 여기서 갑자기 증거에 대해 말씀하시니 이상하게 들릴 수 있다. 그러나 이것은 예수님께서 이 세상에 오셔서 사람들에게 증거하셨다는 말씀(22절)의 연장선상에서 이해할 수 있다.

세상은 예수님의 증거를 보고 듣고도 믿지 않았으며 또 미워하였지만,

예수님에 대한 증거는 중단되지 않고 계속될 것이다. 예수님께서 아버지께로 가신 후에 보내실 '보혜사' 곧 아버지께서 나오시는 '진리의 영'이 예수님을 증거하실 것이다(26절; 요 14:16~17; 16:13). 그리고 예수님의 제자들도 처음부터 예수님과 함께 있었으므로 증거할 것이다(27절). 증인이란 자기가 직접 보고 들은 것을 증거하기 때문에 처음부터 예수님과 함께 지내며 보고 들은 제자들이 예수님을 증거하는 것이다(참조. 행 1:21~22).

보혜사(保惠師)로 번역된 '파라클레토스'의 의미에 대해서는 법정적 의미에서의 '중재자, 대언자'(intercessor, advocate)로 보는 견해와(참조. 요일 2:1),[9] 넓은 의미에서의 '위로자'(comforter)로 보는 견해가 있다.[10] 요한복음 14~16장의 문맥에서 볼 때 '파라클레토스'는 제자들과 함께 있으면서 그들을 위로하고 보호하고 진리 가운데로 인도하는 자 곧 '위로자' 또는 '보혜사'로 보는 것이 옳다고 생각된다.

그런데 이 보혜사는 '하나님'이 보내실 것이라고 말하기도 하고(요 14:16, 26), '예수님'이 보내실 것이라고도 한다(요 15:26; 16:7; 행 2:33). 이 둘은 다 맞는 말이다. 보혜사 성령은 하나님 아버지와 성자 예수님으로부터 나오신다(계 22:1; 겔 47:1과 계 21:22). 이 성령은 또한 '진리의 영'으로도 불리는데, 그 이유는 성령은 자신이 진리이시면서(요일 5:7; 2:27) 또한 사람들을 진리 가운데로 인도하시는 분이시기 때문이다(요 16:13; 14:26).

그러고 나서 예수님은 이 말을 하신 목적을 말씀하신다. "내가 이것을 너희에게 이름은 너희로 실족지 않게 하려 함이나"(요 16:1). 여기서 '실족하다'(스칸달리조마이)는 말은 원래 돌에 걸려 넘어지다는 뜻인데 '죄를 범하다,' '믿음에서 떨어지다'는 의미로 많이 사용되었다. 여기서는 환난이나 핍박으로 인하여 예수님을 부인하거나 믿음에서 떨어진다는 의미로 사용되었다. 예수님께서 앞으로 닥칠 핍박에 대해 미리 말씀하신 것은 제자들로 하여금 미리 마음의 준비를 해서 핍박을 당할 때 꿋꿋하게 서게 하기 위함이다.

이어서 예수님은 세상 사람들이 제자들에게 어떤 일을 할 것인가를 말씀하신다. "사람들이 너희를 출회할 뿐만 아니라 때가 이르면 무릇 너희를 죽이는 자가 생각하기를 이것이 하나님을 섬기는 예라 하리라"(2절). '출회'(離會, 아포쉬나고구스)란 회당에서 쫓아내는 것을 말한다(참조. 요 9:22; 12:42).[11] 이것은 유대인들과의 교제를 단절하는 것을 말하며 사회적, 종교적인 고립을 의미한다.

이뿐만 아니라 심지어는 "무릇 너희를 죽이는 자가 생각하기를 이것이 하나님을 섬기는 예라 할 때가 오리라"고 하신다. 예수님을 배척하는 유대인들은 예수 믿는 자들을 이단(異端)이라고 생각하였다. 그래서 이런 이단을 처치하는 것이 곧 하나님을 섬기는 것이라고 믿었다(행 24:5, 14). 그래서 회심 전의 바울은 예수 믿는 자들을 잡아 가두고 심지어 죽이는 데 앞장섰던 것이다(행 7:58; 8:1, 3; 22:20; 26:9~12).

본문 2절의 원문은 좀 더 강한 표현이 사용되어 있다. 우리말 번역에는 '하나님을 섬기는 예' 라고 되어 있지만 원문에는 '하나님께 바쳐 드리는 예배' 라고 되어 있다. 여기서 '바쳐 드린다' (프로스페로)는 동사는 짐승을 잡아서 하나님께 제물로 바칠 때 사용되는 단어다. 이것은 예수님의 제자들을 잡아서 죽이는 것이 마치 하나님을 섬기기 위해 제물을 잡아 바치는 것과 같다는 생각을 표현하고 있다. 세상이 이런 악한 일을 하는 이유는 근본적으로 그들이 하나님과 예수님을 알지 못하기 때문이다(3절).

그러고 나서 이 말씀을 하신 목적을 말한다. "오직 너희에게 이 말을 이른 것은 너희로 그 때를 당하면 내가 너희에게 이 말 한 것을 기억나게 하려 함이요"(4a절). 예수님께서 미리 말씀하셨다는 사실을 기억하게 될 때 제자들은 예수님의 말씀이 참됨을 믿게 될 것이며, 또한 그들이 당하는 환난과 핍박을 참고 견디는 데도 도움이 될 것이다.

그런데 "처음부터 이 말을 하지 아니한 것은 내가 너희와 함께 있었음이니라"고 말씀하신다(4b절). 예수님이 너무 일찍 말씀하셨더라면 제자들의 마음이 혼란해지고 믿음이 떨어질지도 모르는 일이었다. 핍박에 대한 말씀은 어느 정도 믿음이 자란 제자들에게 줄 수 있는 말씀이다. 뿐만 아니라 예수님이 제자들과 늘 함께 계실 때는 미래에 대해 너무 일찍 말씀하실 필요가 없었다. 그러나 이제 세상을 떠나실 날이 얼마 남지 않았으므로 앞으로 닥칠 일들에 대해 미리 말씀하시고 당부하시는 것이다.

보혜사의 오심(16:5~15)

예수님은 이어서 자신의 떠나가심과 보혜사의 오심에 대해 말씀하신다. 예수님은 이제 그를 보내신 하나님 아버지께로 가신다(5절). 여기서 '간다' (휘파고)는 것은 죽음과 부활, 승천을 통해 하나님 아버지께로 가시는 것을 말한다. 그러나 제자들은 아직 이 말씀의 의미를 제대로 깨닫지 못한 것이 분명하다(참조. 요 13:36; 14:5). 그래서 제자들 중에는 예수님께 어디로 가시는지 묻는 이가 없고 도리어 마음에 근심이 가득하였다(5b절).[12]

하지만 예수님이 떠나가시는 것이 제자들에게 유익이라고 말씀하신다(7절). 왜냐하면 예수님이 떠나가지 않으면 보혜사가 오시지 않을 것이기 때문이다. 여기서 우리는 보혜사가 오시는 것이 제자들에게 결정적으로 유익이라는 사실을 알 수 있다. 왜 그런가? 보혜사가 오시면 제자들과 영원히 함께 계실 것이며 그들 속에 계실 것이기 때문이다(요 14:16~17).

그래서 제자들은 보혜사 성령을 통해 예수님과 더욱 밀접하고 지속적이며 내면적인 교제를 가질 수 있다. 그리고 예수님은 그 보혜사 성령을 통해 제자들을 위로하시고 진리 가운데로 인도하실 것이다. 뿐만 아니라 하나님의 정하신 계획을 따라 오순절 날의 성령 강림을 통해 예수 그리스도의 복음이 온 세상으로 힘 있게 전파되어 나갈 것이다. 이런 구속사적 섭리가 이루어지려면 예수님이 이 세상을 떠나서 하나님 아버지께로 가셔야만 했던 것이다.

보혜사 성령이 오실 때 그는 세상을 책망하실 것이다(8~11절). 그 책망하시는 대상은 세 가지다. 첫째, 죄에 대하여, 둘째, 의에 대하여, 셋째, 심판에 대하여 책망하신다. '죄'(罪)에 대하여라 함은 세상이 예수님을 믿지 않기 때문이다(9절). 예수님이 이 세상에 오셔서 자신을 증거하신 이후로는 그를 믿지 않는 것이 무엇보다 큰 죄다.

'의'(義)에 대하여라 함은 예수님이 아버지께로 가시니 그들이 다시 그를 보지 못하기 때문이다(10절). 예수님은 하나님의 의로서 이 세상에서 의롭게 사셨으며 의 자체셨다. 그런 유일한 의가 이제 하나님께로 다시 가시니 이 세상에는 의가 없게 되었다. 곧 이 세상은 의가 하나도 없는 죄의 세상이 되고 말았다. 따라서 성령이 오시면 이 세상에 의가 없음을 꾸짖고 책망하실 것이다. 물론 이 말의 다른 측면은 오직 십자가에서 죽으시고 부활하신 예수님만이 의이시므로 모든 사람이 다 예수님께로 나와야만 한다는 것을 의미한다.

'심판'(審判)에 대하여라 함은 이 세상 임금이 심판을 받았기 때문이다(11절). 예수님의 부활, 승천으로 말미암아 이 세상 임금인 사탄은 실패하고 패배하였다. 그의 권세는 결정적으로 꺾이고 말았다(히 2:14; 요일 3:8). 그래서 성령이 오시면 이 세상 사람들에게 하나님의 의로운 심판이 있음을 선포하며, 사람들에게 회개하라고 전파하실 것이다(행 17:31; 24:25). 따라서 예수님이 가신 후에 오신 보혜사 성령의 세상 책망은 모두 다 복음 전파와 관련된 것으로 생각된다. 복음은 세상 사람들의 죄를 지적하는 것이며, 그들로 하여금 회개하고 돌아오도록 하는 것이다(행 2:37~39).

그 뒤 예수님은 보혜사 곧 진리의 영이 오실 때 하실 사역에 대해 말씀하신다. 먼저 그는 제자들(믿는 자들)을 모든 진리 가운데로 인도하실 것이다(13절). 이 진리는 예수 그리스도를 중심으로 한 진리다. 예수님이 진리시며, 예수님이 하신 말씀이 진리고, 하나님의 말씀이 다 진리다(요 14:6; 8:45~46; 17:17).

이 진리는 영지주의에서처럼 객관적인 철학적, 우주적 지식이 아니라 인격체이신 예수 그리스도를 중심으로 한 산 지식이며 믿는 자에게 영생을 주는 진리다. 진리의 영이 오시면 그가 우리를 모든 진리 가운데로 인도하시는 이유는 그가 자기 스스로 말하지 않고 오직 듣는 것을 말하기 때문이다. 이것은 성령의 사역이 성부와 성자와 밀접히 관련되어 있음을 말한다. 그리스도 없는 성령의 사역은 범신론적으로 흐르고 말며 기독교와 상관없는 주관주의 종교나 철학으로 흐르고 만다. 따라서 성령의 사역은 성부, 성자의 사역과 불가분리의 관계에 있다.

그리고 진리의 영이 오시면 그가 '장래 일들'을 알리실 것이라고 한다. 여기서 '장래 일들'(τὰ ἐρχόμενα)이 무엇인가 하는 것이 문제다. '사도들이 그리스도의 부활 후에 본 바, 그의 영적 왕국의 미래 상태'로 보거나(칼빈), '전체 기독교 방식'(the whole Christian way)으로 보는 것[13] 등은 어려움을 피해가는 주석으로 생각된다.

여기서 '장래 일들'은 문자 그대로 앞으로 올 일들을 가리킨다. 물론 성령은 점쟁이처럼 사소한 것들을 점치는 것은 아니다. 그러나 기독교 복음은 미래의 심판과 구원, 종말과 예수님의 재림, 천국과 지옥을 빼고서 생각할 수 없다. 성령이 오실 때 이러한 종말과 심판에 대해 확실하게 증거하실 것이며 그 가운데 구원의 길을 제시하실 것이다.

실제로 오순절 날에 성령이 강림하셨을 때 성령은 베드로를 통해 다음과 같은 말씀을 전하게 하셨다. "… 또 내가 위로 하늘에서는 기사와 아래로 땅에서는 징조를 베풀리니 곧 피와 불과 연기로다. 주의 크고 영화로운 날이 이르기 전에 해가 변하여 어두워지고 달이 변하여 피가 되리라 누구든지 주의 이름을 부르는 자는 구원을 얻으리라"(행 2:19~21; 참조. 욜 2:30~32). 이것은 성령이 강림하셔서 증거하신 말씀이다. 곧 장래 있을 종말의 징조를 말한 후에 구원을 말하였다.

또한 사도 바울은 아테네 시민들 앞에서 "이는 정하신 사람으로 하여금 천하를 공의로 심판할 날을 작정하시고 이에 저를 죽은 자 가운데서 다시 살리신 것으로 모든 사람에게 믿을만한 증거를 주셨음이니라"고 증거하였다(행 17:31). 또 벨릭스 총독 앞에서 '의인과 악인의 부활'을 증거하였으며 '의와 절제와 장차 오는 심판'을 강론하였다(행 24:15, 25). 그리고 데살로니

가교회 성도들에게는 예수님의 재림과 관련하여 일어날 일련의 사건들에 대해 좀 더 자세히 알려 주었다(살전 4:13~18; 살후 2:3~12 등).

그리고 사도 요한은 성령에 감동하여 이 세상 역사의 진행과 종말에 대해 보고들은 바 내용을 그의 계시록에서 자세히 기록하였다.

이 모든 것들은 말하자면 예수님의 부활, 승천 이후에 성령이 오셔서 알게 해 주신 '장래 일들' 이다. 따라서 우리 그리스도인들은 점쟁이들처럼 개인의 길흉화복에 대해 점치는 것과 같은 것은 아니지만, 하나님의 구원 역사와 관련된 전세계적이고 우주적 종말에 대한 전망을 소유하고 있음을 잊어서는 안 될 것이다.

그리고 진리의 영 곧 보혜사 성령이 오시면 그리스도의 영광을 나타내신다. "그가 내 영광을 나타내리니 내 것을 가지고 너희에게 알리겠음이라"(14절). 성령은 자기 영광을 나타내지 않고 그리스도의 영광을 나타내신다. 따라서 그리스도가 영화롭게 되는 곳에 성령이 역사하고 계신다. 그러나 아무리 성령, 성령을 말한다 해도 그리스도의 영광이 드러나지 않는 곳에는 성령이 역사하시지 않는다. 아무리 분위기가 뜨겁고 힘차게 찬송을 불러도 그리스도의 영광이 나타나지 않는다면 그것은 참된 성령의 역사라고 할 수 없다. 이로써 참된 성령의 역사와 거짓 역사를 구별하게 된다.

성령이 그리스도를 영광스럽게 하는 이유는 성령이 그리스도의 것을 취하여서 제자들에게 전하기 때문이라고 한다. 자기 것을 취하여 자기 것을 전하는 것이 아니라 그리스도의 것을 취하여 사람들에게 전한다. 따라서 성령은 뒤로 숨고 그리스도만 나타나게 된다.

이어서 나오는 15절은 이에 대한 보충 설명이다. 앞에서 '내 것' 이라고 말한 이유는 아버지에게 있는 것은 다 예수님의 것이기 때문이라고 설명하신다. 이것은 성부와 성자 사이에 완전한 공유가 실현되고 있음을 말해 준다(고전 3:23).

해산의 기쁨(16:16~24)

예수님의 말씀은 계속 이어진다. 여기서도 앞에서와 마찬가지로 예수님의 떠나가심의 슬픔과 기쁨에 대해 말씀하신다. 예수님은 이것을 해산에 비유하시면서 잠시 해산의 고통이 있겠지만 그것이 변하여 기쁨이 될 것이라고 말씀하신다.

예수님은 이러한 것을 염두에 두고서 "조금 있으면 너희가 나를 보지 못하겠고 또 조금 있으면 나를 보리라"고 말씀하셨다(16절). 여기서 "조금 있으면 너희가 나를 보지 못하겠고"는 예수님의 죽으심과 이 세상을 떠나가심에 대해 말한 것이다. 제자들은 예수님을 이제 육신의 눈으로 다시 보지 못할 것이다. 그런데 후반부의 말씀 "또 조금 있으면 나를 보리라"에 대해서는 논란이 있다. 이에 대해 부활 후에 예수님이 다시 제자들에게 찾아오신 것을 가리킨다고 보기도 한다.[14]

물론 이렇게 생각해 볼 여지가 없는 것은 아니지만, 곤란한 점이 많다. 부활 후 예수님의 나타나심은 간헐적이고 불연속적이었다. 그리고 그때는 아직도 제자들 중에 의심하는 사람들이 많이 있었다. 그래서 해산의 기쁨이 임했다고 말하기는 어렵지 않겠는가? 뿐만 아니라 부활하신 예수님은 곧 하늘로 떠나가셨으니 또 다시 보지 못하게 되고 말았다.

그래서 그러한 것은 제자들에게 근본적인 문제 해결이 될 수 없었다. 따라서 여기의 "조금 있으면 너희가 나를 보리라"는 말씀은 오순절 날의 성령 강림으로 이해하는 것이 더 옳은 듯이 보인다.[15] 무엇보다도 앞의 문맥이 예수님의 떠나가심과 보혜사의 오심에 대해 말하고 있지 않는가? 16:7 이하에서 계속 보혜사가 오시면 어떤 일이 있을 것인가에 대해 말하지 않았는가. 따라서 여기의 이 말씀은 부활·승천하신 예수님께서 성령 안에서 제자들에게 오시는 것을 가리킨다고 보아야 할 것이다.

그러나 제자들은 이 말씀의 뜻을 알지 못하였다. 그래서 이것이 무슨 뜻인가 하여 서로 문의하며 말하였다(17~18절). 예수님은 제자들의 그 묻고자 함을 아시고 친히 설명해 주셨다. "내가 진실로 진실로 너희에게 이르노니 너희는 곡하고 애통하겠으나 세상은 기뻐하리라 너희는 근심하겠으나 너희 근심이 도리어 기쁨이 되리라"(20절). 제자들이 곡하고 애통하는 것은 예수님이 십자가에 못 박혀 돌아가셨기 때문이다. 잠시나마 악의 권세가 승리하고 불의가 지배하기 때문이다. 그래서 세상은 기뻐하며 즐거워한다(계 11:10 참조). 제자들은 고통스러워하겠지만 그 고통이 변하여 기쁨이 될 것이다.

여기서 개역판의 '근심' 은 '고통' 으로 번역해야 정확하다. 원어 '뤼페' 는 막연한 근심이 아니라 적극적인 고통을 가리킨다. 그러나 이 '고통' 이 변하여 '기쁨' 이 될 것이다. 이 기쁨은 물론 예수님의 부활로 말미암아 시작된다. 그리고 승천과 이어서 성령 부어 주심을 통해 이 기쁨이 계속 이어질 것이다.

예수님은 이것을 해산의 고통과 출산의 기쁨에 비유하신다(21절). 여기서도 '근심하나' 는 '고통을 가지나' 로 번역해야 정확하다. 여자가 해산하게 되면 단지 '근심' 하는 정도가 아니라 '고통' 을 겪는다. 왜냐하면 해산의 때가 왔기 때문이다. 그러나 아이를 낳으면 세상에 사람 난 기쁨을 인하여 그 '환난' (틀리프시스)을 더 이상 기억하지 않는다.

이처럼 예수님이 부활·승천하시고 이어서 약속하신 성령을 보내시면, 그래서 성령의 능력으로 복음이 전파된다면 십자가의 고통은 더 이상 고통스럽게 여겨지지 않는다. 그것은 오히려 자랑스러운 면류관, 영광스러운 경험이 되는 것이다. 그래서 하늘에 계신 예수님은 이제 '일찍 죽임을 당한 것 같은' 영광스러운 흔적을 가진 어린양의 모습으로 묘사되고 있으며(계 5:6), 하나님 보좌 앞의 네 생물과 24장로들과 천군 천사들로부터 찬송과 경배를 받으시는 것이다(계 5:8~14).

그래서 예수님은 이렇게 말씀하신다. "지금은 너희가 근심하나 내가 다시 너희를 보리니 너희 마음이 기쁠 것이요 너희 기쁨을 빼앗을 자가 없느니라"(22절). 예수님이 제자들을 다시 '보시리라' 는 것은 오순절 성령 강림을 말한다고 보아야 할 것이다. 예수님은 성령을 통해 제자들에게 다시 오시고 그들과 함께하신다. 물론 이것을 예수님의 부활로 보는 주석가들이 많이 있지만, 앞에서 지적한 바와 같이 몇 가지 중요한 문제에 걸리고 만다. 여기서는 "너희 마음이 기쁠 것이요 너희 기쁨을 빼앗을 자가 없느니라"는 말씀이 장애가 된다. 곧 예수님의 부활 후 40일간 제자들에게 이러한 기쁨이 있었다고 보기는 어렵기 때문이다.

그리고 이어서 나오는 말씀도 부활 후 현상으로 보기 어렵게 만든다. 곧 "그 날에는 너희가 아무 것도 내게 묻지 아니하리라"(23a절). 여기서 '묻다' (에로타오) 동사를 어떻게 이해하는가 하는 것이 문제다. 이것을 여기서처럼 '질문하다' 로 볼 수도 있고, 이어서 나오는 '구하다' (아이테오)와 동의어로 볼 수도 있다. 즉, '기도하다' 의 의미로 볼 가능성도 있다. 후자의 의미로 본다면, 23절의 의미는 그 날에는 제자들이 예수님께 기도하지 않고 하나님 아버지께 직접 기도할 것이라는 것이 된다.[16]

그러나 이러한 해석은 사실에 맞지 않다. 제자들은 예수님의 부활 전에도 하나님 아버지께 기도하였다(마 6:6, 9; 7:11; 눅 18:11, 13). 따라서 여기의 '에로타오' 는 '아이테오' 와 구별되는 것으로서 '묻다, 질문하다' 의 의미로 보는 것이 옳다고 생각된다. 그렇다면, 그날에 제자들이 아무것도 묻지 않는다는 것은 진리의 영이 오셔서 그들 안에 거주하심으로 이제는 그들이 진리를 알고 있다는 의미가 될 것이다(요 16:13). 이는 곧 "너희는 주께 받은 바 기름 부음이 너희 안에 거하나니 아무도 너희를 가르칠 필요가 없고 오직 그의 기름 부음이 모든 것을 너희에게 가르친다"(요일 2:27)는 말씀과도 상통하는 말씀이다.

그리고 나서 예수님은 힘 주어 말씀하신다. "내가 진실로 진실로 너희에게 이르노니 너희가 무엇이든지 아버지께 구하는 것을 내 이름으로 주시리라"(23b절). 여기서 '내 이름으로' 를 어디에 연결시킬 것인가 하는 것이 문제다. 그러나 여기 있는 개역한글판의 번역과 같이 "내 이름으로 주시리라" 는 것은 성경의 용례에 비춰볼 때 부자연스럽다. 다른 곳에서는 한결같이

'구하다'에 연결되어 있다(요 14:13~14; 15:16; 16:24, 26). 따라서 여기서 다르게 볼 이유가 없다. 뿐만 아니라 이어서 나오는 24절이 바로 "내 이름으로 구하다"로 되어 있지 않은가? 따라서 여기서는 부활하시고 승천하신 예수님, 아버지께로 가신 예수님의 이름의 권세를 말씀하시며, 이런 문맥에서 제자들에게 그 예수님의 이름으로 구하면 받는다는 것을 말씀하신 것이다.

그래서 24절에서는 지금까지는 너희가 내 이름으로 아무 것도 구하지 아니하였으나 구하라 그러면 받으리니 너희 기쁨이 충만하리라"고 말씀하신다. 이 말씀은 제자들이 여태까지 아무 기도도 하지 않았다는 것이 아니라 '예수님의 이름으로' 구하지 않았다는 것이다. 그 이유는 아직 예수님께서 구속 사역을 다 이루지 못하셨고 하나님 아버지께로 가지 못하셨기 때문이다.

그러나 이제 예수님께서 부활·승천하셔서 하나님 아버지께로 가시면 예수님의 이름으로 구하라고 하신다. 따라서 여기서는 예수님 이름의 권세가 강조되어 있으며(참조. 빌 2:9~11), 그 이름의 권세를 힘입어 기도할 수 있는 특권이 우리에게 주어져 있음을 말한다. 그렇게 기도할 때 우리가 받게 될 것인데, 그 목적은 우리의 기쁨이 충만하게 되는 것이라고 말씀하신다(24b절). 기도 응답의 기쁨은 순수한 기쁨이며 하나님이 주시는 기쁨이다.

제자들의 믿음과 예수님의 예언(16:25~33)

이어서 예수님은 14장부터 계속된 말씀의 마무리를 하신다. 우선 25절에서는 "이것을 비사(比辭)로 너희에게 일렀거니와 때가 되면 다시 비사로 너희에게 이르지 않고 아버지에 대한 것을 밝히 이르리라"고 말씀하신다. 여기서 "비사"는 헬라어로 '파로이미아'로서 좁은 의미의 비유(譬喩, parable) 뿐만 아니라 넓은 의미에서 모든 종류의 비문자적인, 비직접적인 말을 가리킨다(요 10:6; 16:29).[17]

"때가 이르면"이란 역시 성령 강림을 가리킨다. 성령 강림 이후에 그리스도의 복음이 밝히 드러났으며 분명하게 전파되었다. 특히 사도 바울을 통해 복음의 비밀이 분명하게 해설되었다(롬 16:25~26; 엡 3:2~3). 따라서 이 사실 또한 "때가 이르면"을 예수님의 부활 후 40일간의 현현으로 보는 것을 어렵게 만든다.

이어서 예수님은 또다시 "예수님의 이름으로" 구할 것을 말씀하신다. 그때는 제자들이 직접 하나님께 예수님의 이름으로 기도할 것이다. 물론 예수님은 우리를 위해 항상 간구하시지만(롬 8:24), 우리는 이제 기도할 때 더 이상 남을 의지하는 연약한 어린아이가 아니다. 우리에게는 직접 하나님 아버지께 나아갈 수 있는 당당한 권리가 주어져 있다(엡 3:12, 히 4:16; 롬 5:2). 그 이유는 예수님께서 구속 사역을 완성하시고 부활 · 승천하셔서 하나님 우편에 앉으셨기 때문이다.

이에 대해 27절은 "이는 너희가 나를 사랑하고 또 나를 하나님께로서 온 줄 믿은 고로 아버지께서 친히 너희를 사랑하심이니라"고 말한다. 여기에 사용된 '사랑하다'는 동사는 모두 '필레오'인데, 이것은 제자들과 예수님 사이, 그리고 하나님과 제자들 사이의 친근한 관계를 강조한다. 하나님은 제자들의 예수님에 대한 믿음 때문에 제자들을 친히 사랑하신다. 이는 하나님이 그만큼 자기 아들을 사랑하시고 귀하게 여기신다는 것을 암시한다. 예수님은 분명하게 자기 자신에 대해 말씀하신다. "내가 아버지께로 나와서 세상에 왔고 다시 세상을 떠나 아버지께로 가노라"(28절). 이것은 더 이상 비유를 사용하지 않은 분명한 말씀이다.

그러자 제자들은 이제야 분명히 이해했다는 듯이 대답하였다. "지금은 밝히 말씀하시고 아무 비사도 하지 아니하시니 우리가 지금에야 주께서 모든 것을 아시고 또 사람의 물음을 기다리지 않는 줄 아나이다 이로써 하나님께로서 나오심을 믿삽나이다"(29~30절). 그러나 제자들의 이 대답은 모호하다. 정말로 예수님께서 죽음과 부활, 승천을 통해 하나님 아버지께로 가신다는 사실을 알았는지는 불분명하다. 이 후의 제자들의 행태를 볼 것 같으면 그 답은 부정적이다.

하지만 이때 제자들은 막연하게나마 예수님에 대해 무엇인가 깨닫고 믿은 것 같다. 제자들의 대답을 보면 아마도 이들은 예수님의 전지하심과 하나님의 아들 되심을 확실히 알고 믿게 되었다는 의미 정도가 아닐까 생각된다. "사람의 물음을 기다리지 않는다"는 것은 예수님께서 친히 모든 사람을 아시고 아무의 증거도 받으실 필요가 없다는 의미다(요 2:24~25). 따라서 이것은 예수님은 사람처럼 의존적인 존재가 아니라는 의미 곧 신적인 존재라는 의미로 이해된다.

제자들의 고백에 대한 예수님의 대답은 간단하다. "이제는 너희가 믿느냐"(31절). 때 늦은 믿음과 작은 믿음에 대한 탄식이 숨어 있으나 예수님은 그것을 표출하지 않으셨다. 그나마 이제라도 믿는다고 고백하니 다행이라는 마음도 섞여 있었으리라. 그러나 예수님의 마음은 그리 밝지 않다. 왜냐하면 제자들이 곧 예수님을 혼자 두고 달아날 것을 아셨기 때문이다. "보라 너희가 다 각각 제 곳으로 흩어지고 나를 혼자 둘 때가 오나니 벌써 왔도다"(32a절). 제자들의 믿음은 아직도 작았고 연약하였다.

그렇지만 예수님은 혼자 계시는 것이 아니라 아버지께서 그와 함께 계신다고 말씀하신다(32b절). 하나님은 예수님을 혼자 내버려 두지 않으셨다. 십자가에 달리셨을 때도, 돌아가셨을 때도, 무덤에 장사 지낸 바 되었을 때도 하나님은 항상 예수님과 함께하셨다. "나의 하나님, 나의 하나님, 어찌하여 나를 버리셨나이까?"라는 부르짖음도(마 27:46) 하나님이 예수님을 완전히 버리셨다는 의미는 아니다. 하나님은 자기 아들의 고통을 다 보고 계셨지만 잠시 못 본 척, 고통에 처하도록 내버려 두셨다는 의미다(참조. 시 22:1~2). 예수님과 하나님 아버지 사이의 끊임없는 교통과 부자 관계는 예수님의 사역의 원천이었으며 고난을 견뎌내는 저력이었다.

마지막으로 예수님은 이 말을 하신 목적을 말씀하신다. "이것을 너희에게 이름은 너희로 내 안에서 평안을 누리게 하려 함이라"(33a절). 제자들을 책망하거나 불안하게 하시려고 이 말씀을 하시는 것이 아니라 예수님 안에서 '평안'을 얻게 하려는 것이다. 이 평안은 예수님이 주시는 평안이요 예수님 안에서 얻을 수 있는 평안이다(요 14:27). "세상에서는 너희가 환난을 당하나 담대하라 내가 세상을 이기었노라"(33절). 이것은 제자들에게 주시는 격려의 말씀이다.

세상에서는 환난이 있다. 예수님과 그의 제자들을 미워하는 마귀의 세력이 활동하고 있다. 그러나 이런 세상에서 위축되지 말라고 격려하신다. 여기서 '담대하라'는 것은 인간적인 용기를 말하는 것이 아니다. 인간적인 용기와 의리를 내세우며 큰 소리 쳤던 베드로는 예수님을 세 번이나 부인하고 말았다. 따라서 여기서 '담대하라'는 것은 믿음에 의한 용기를 말한다. 하나님의 살아계심을 확실히 믿고 예수님이 악한 세상을 이기셨다는 것을 확신하는 믿음이 있을 때 참된 용기가 생긴다.

그래서 예수님은 "내가 세상을 이기었노라"고 말씀하신다. 여기에 '내가'가 강조되어 있다. 예수님과 세상을 대비하시면서 '예수님'이 세상을 이기셨다는 것이다. '세상'은 마귀가 지배하는 악한 세상을 의미한다(요 15:18~19; 16:11; 엡 2:2; 요일 2:15~17; 5:19 등). 그런데 예수님이 세상을 '이기셨다'고 하신다. 여기서 '이기셨다'(네니케카)는 단어의 시상은 완료다. 이것은 과거의 어느 시점에 세상을 이기셨는데, 그 결과가 지금도 남아 있음을 의미한다. 즉, 예수님을 이미 세상을 이기셨고, 그래서 지금 '이긴 자'로서 권세를 가지고 계심을 말한다.

세상 임금은 이미 '심판을 받았다'(요 16:11, 완료). 예수님은 이미 강한 자를 결박하셨기 때문에 그 졸개들인 귀신들을 마음대로 쫓아내신다(마 12:29, 계 20:2). 따라서 예수님을 믿는 제자들은 예수님 안에서, 예수님을 힘입어 세상을 이긴다. 그 이김의 비결이 믿음이다. "세상을 이긴 이김은 이것이니 우리의 믿음이니라"(요일 5:4). 왜냐하면 믿음은 우리로 하여금 예수님께 속하게 만들며 예수님 안에 있게 하고 그 안에서 이기게 하기 때문이다(요일 4:4).

그러므로 예수님의 제자들은 세상에서 어떠한 환난을 당하더라도 낙심하거나 위축되지 말아야 하며, 예수님을 믿으므로 담대히 복음을 증거하라는 것이 예수님의 메시지다. 이러한 예수님의 당부를 제자들이 처음에는 지키지 못하였다. 예수님이 잡혀서 심문을 받으시고 십자가에 못 박히실 때 제자들은 다 달아나고 말았다. 그 후 다시 살아나신 예수님이 다시 찾아오셨을 때 그들에게 기쁨이 있었다. 그러나 그것은 일시적이었다. 제자들은 또다시 낙심하여 물고기를 잡으러 갔다.

그러나 오순절에 약속하신 보혜사 성령이 오셨을 때 그들은 이제 더 이상 흔들리지 않았으며 사자처럼 담대히 복음을 전하였다. 대제사장들도 산헤드린 공회도 더 이상 그들을 저지하지 못했다. 따라서 예수님의 이 말씀은 성령 강림 이후에 충만하게 이루어져 가고 있음을 알 수 있다.

오늘날 우리에게 필요한 것은 바로 이 예수님에 대한 믿음이다. 세상을 이기시고 하나님 아버지께로 가신 영광의 주 예수님에 대한 믿음이다. 이런 예수님을 믿는 자들은 또한 그 예수님께서 우리에게 성령을 주셨음을 믿고, 또 우리에게 기도의 권세를 주셨음을 믿어야 한다. "무엇이든지 내 이름으로 구하면 주시겠다"고 하신 약속을 믿고 당당하게 하나님 앞에 나아와 구하는 믿음이다.

15 예수님의 고별 기도
요한복음 17장의 주해와 적용

대부분의 신약학자들에 의하면 요한복음은 네 복음서 중에서 가장 나중에 기록되었다. 그것은 다음 몇 가지 점에서 입증된다. 요한복음에서 예수님의 십자가 죽음은 예수님 사역의 절정이 아니라 하나님께로 돌아가는 중도의 과정에 놓여 있다는 점(13장부터 수난사 시작), 예수님이 공관복음서의 언급처럼 율법과 선지자의 강령인 하나님 사랑과 원수 사랑을 포함한 이웃 사랑을 강조하는 것이 아니라 새 계명인 형제 사랑 내지는 서로 사랑을 강조하신다는 점(13:34), 그리고 요한복음에서만 예수님 이후의 구속사에서 주도적으로 활동하실 성령을 보혜사(파라클레토스)로 언급한다는 점(14:16~17, 26; 15:26; 16:13~14) 등이 그것을 지지한다. 무엇보다도 요한복음 배후에 있는 신앙 공동체의 상황이 1세기말 교회의 상황을 반영하고 있다는 점이 요한복음의 1세기말 기록 시기를 뒷받침해 준다.

본문의 배경

요한복음의 첫 번째 청중이요 독자인 당시 신앙 공동체는 안팎으로 어려움을 겪고 있었다. 곧 교회는 밖으로는 로마 제국으로부터 황제를 주(도미눈스)와 신(데우스)으로 숭배할 것을 강요당하고 있었으며, 요한의 눈에 이미 세상에 속해 있는 것으로 보이는 유대교로부터 회당에서 쫓겨나는 출회(아포쉬나고구스)를 경험하였다(요 9:22; 12:42; 16:2 참조). 또 교회는 안으로는 영지주의적인 이단 사상, 특별히 성육신을 부인하는 이단적인 기독론으로 인해 하나 됨을 유지하는 것에 심각한 위협을 받고 있었다(1:1~18 참조). 이러한 상황에 처한 요한 공동체를 이해하는 것이 요한복음을 이해하기 위해 먼저 알아야 할 선결 과제다.

이것을 기본적인 전제로 하여 본문인 17장을 올바르게 이해하려면, 본문이 전체 요한복음에서 차지하는 자리를 고려해야 한다. 먼저 본문을 요한복음 전체의 맥락에서 살펴보자. 요한복음을 전반부인 "세상 앞에 계시된 하나님의 아들 예수 그리스도"(1~12장)와 후반부인 "아버지께로 돌아가는 아들 예수 그리스도"(13~21장)로 양분할 때, 17장은 요한복음에 묘사된 예수님의 수난사인 후반부에 속해 있다. 좀 더 범위를 좁혀 본문을 그 전후 맥락에서 살펴보면, 17장은 앞으로는 요한복음에 기록된 고별강화(13~17장)를 마감하며, 뒤로는 그 이후 예수님의 수난사(18~21장)를 준비하는 역할을 한다.

또 본문의 내용을 제대로 파악하려면 본문이 전체 요한복음에서 차지하는 자리를 살펴볼 뿐 아니라 그 양식도 고려해야 한다. 16세기 이후 17장은 '대제사장의 기도'로 불려 왔다. 예수님께서 중보자로서 기도하신다는 점에서는 그렇게 불릴 수도 있다. 그러나 본문이 내용적으로는 히브리서처럼 대제사장 – 그리스도론을 다루지 않기 때문에 그 명칭에 대해 이의를 제기하기도 한다.

그러므로 본문의 직전 단락인 13~16장이 '고별강화'로 불린다면 17장을 단순하게 '대제사장의 기도'로 부르기보다는 오히려 '고별기도'로 부르는 것이 더 어울릴 것이다. 고별기도는 예수님이 처음으로 드린 기도 양식이 아니다. 예수님 이전에도 이런 기도 양식이 있었다. 고별기도 양식은 전승사적으로는 구약성경에서 찾아볼 수 있으며(창 47:29~49:33; 신 32~33장; 수 22~24장; 대상 28~29장 등), 종교사적으로는 유대교(12족장 유언서)나 영지주의

문헌에서도 찾아볼 수 있다. 그렇기는 하나 요한복음에 기록되어 있는 고별기도는 하나님에 의해 보내심을 받아 자신을 죽음에 내어 주는 계시자란 점에서 다른 고별기도와 구별된다.

이 고별기도에서 아들은 아버지 앞에서 자신의 활동에 대해 해명하며 제자들을 위하여 간구한다. 아들을 세상에 보내신 아버지는 아들이 아버지께로 돌아가기 때문에 그 아들의 일을 보호해야 한다. 그러므로 예수님의 고별기도는 기도의 양식 안에 표현된 그리스도론을 반영하고 있다. 그러므로 이 기도에 예전적인 요소가 없지 않지만 이 기도는 요한 공동체가 늘 드리는 기도와 달랐다.

요한의 고별기도 본문은 다음의 세 단락으로 구분할 수 있다. 곧 자신을 위한 예수님의 기도(1~8절), 제자들을 위한 중보기도(9~19절), 모든 믿는 자들을 위한 중보기도(20~26절)가 그것이다.

요한복음의 고별기도

1. 자신을 위한 예수님의 기도(17:1~8)

첫 단락에서 하나님의 아들이신 예수님은 먼저 아버지께 자신을 위해 간구하신다. 이 간구는 다시 둘로 나눌 수 있다. 1~5절은 예수님께서 자신을 위해 드리신 간구의 내용이며, 6~8절은 그 이유다. 간구의 내용은 자신을 영화롭게 하심이며, 그 이유는 제자들의 믿음이다.

1) 간구의 내용(1~5절): 영화롭게 하심

고별기도의 첫 절은 예수님께서 기도하시는 자세와 자신의 기도를 들으시는 분을 부르는 부름말로 시작한다. 그 기도의 자세는 "눈을 들어 하늘을 우러러"로 표현되고, 기도를 시작하는 부름말은 "아버지여"라는 호칭으로 시작된다. 기도의 자세에서 예수님의 하나님에 대한 순종을 엿볼 수 있으며, 기도의 호칭에서 예수님께서 하나님의 아들이 되시는 기독론과 함께, 하나님께서 예수님의 아버지가 되신다는 신관이 드러난다. 이는 유대인이나 이방인이 드린 기도와 차별화된 예수님께서 드리신 기도의 특징이다.

고별기도에서 드리신 간구의 내용은 "영화롭게 하게 하옵소서"(독사손)라는 부정과거 명령형 동사다. 그러니까 이 동사는 이제 아들이 아버지께로 돌아갈 때가 되었으니 단번에 아들을 영화롭게 해달라는 요구를 나타낸다. 이는 본 단락의 처음(1절)과 마지막(5절)에 언급된다. 아들은 모든 사람에게 영생을 주게 하려고 아버지로부터 만민을 다스리는 권세를 받았다(2절). 그 영생은 유일하신 하나님과 그분이 보내신 예수 그리스도를 아는 것이다(3절). 이때 '알다'란 요한복음에서는 '듣다'나 '사랑하다'처럼 '믿다'와 바꾸어 쓸 수 있는 단어로 요한이 즐겨 사용하는 용어다.

아들이 아버지께 '영화롭게 하소서'라고 간구할 수 있는 것은 아버지께서 아들에게 하라고 주신 일을 이루었기 때문이다(4절). 아들은 자신을 세상에 보내신 아버지의 파송 과제를 이루었기에 이제 창세 전에 아들이 아버지와 함께 누렸던 영광으로써 아들을 영화롭게 해달라고 간구한다(5절).

이 단락에서 로고스(말씀) 기독론과 성육신 기독론을 제외한 요한복음의 특징적인 그리스도 이해가 거의 다 나타난다. 곧 예수 그리스도는 창세 전에 계셨으며(선재 기독론), 아버지의 보내심을 받은 아들이며(파송 기독론), 이제 십자가를 지심으로써 받은 과업을 완수하고 아버지께로 되돌아 갈 것을 기다리신다(복귀 기독론). 아버지를 영화롭게 하는 것은 아들의 순종이며, 그 순종으로써 아들은 계시 사역을 이루셨다. 그러므로 아들은 아버지께 자신을 다시 하늘의 영광으로 받아들임으로써 아들을 영화롭게 하시기를 간구하신다.

2) 간구의 이유(6~8절): 제자들의 믿음

자신을 위한 간구를 하신 후 예수님은 그 이유를 구체적으로 밝히신다. 아들을 영화롭게 해야 할 이유는 아들이 제자들에게 아버지의 이름을 나타냈기 때문이다(6a절). 이름은 존재다. 그러므로 하나님의 이름을 나타냈다는 것은 하나님의 존재를 드러냈다는 말이다.

구체적으로 제자들은 예수님을 통하여 자신들이 하나님으로부터 유래된 것을 알게 되었고(6b절), 하나님께서 예수님에게 주신 모든 것도 하나님에게서 나온 것임을 알았으며(7절), 예수님이 하나님에게서 나시고 그의 보내심을 받은 아들이라는 것을 알게 되었다(8절). 제자들로 이를 알게 한 것은 바로 말씀이었다. 하나님의 말씀과 예수님의 말씀이 알게 하셨다. 제자들은 이 말씀을 지켰다(6b절). 그들은 교리문답의 진리가 아니라 예수 그리스도를 삶의 토대로 굳게 붙잡았다. 이로써 아들은 제자들에게 아버지의 이름을 나타내었다. 그러므로 아들은 아버지께 자신을 영화롭게 하소서라고 간구한다.

2. 제자들을 위한 중보기도(17:9~19)

중보기도는 '내가 비옵나니'로 시작된다(9절). 이 단락의 중보기도는 '그들을 위하여'(9절)라는 어구로 제자 무리를 위한 기도다. 그것은 두 가지다. 하나는 그들을 '보전하소서'(11절과 15절)라는 간구며, 다른 하나는 그들을 '거룩하게 하소서'(17절)라는 간구다. 내용적으로 보면, 전자는 악에 빠지지 않는 것을 구하는 것으로 부정적이고 소극적인 간구고, 후자는 긍정적이며 적극적인 간구다. 이 단락은 작은 세 단락으로 구분할 수 있다. 곧 중보기도의 서론(9~11a절), 제자들의 보전하심 간구(11b~15절), 제자들의 거룩하게 하심 간구(16~19절)가 그것이다.

1) 중보기도의 서론(9~11a절)

이 단락에서 예수님의 중보기도는 단지 제자 무리만을 위한다(9a절). 물론 예수님의 관심에서 세상이 제외되는 것은 아니다. 그것은 이미 하나님이 세상을 사랑하여 아들을 세상에 보내셨다는 구절(3:16)에서 알 수 있다. 예수님께서 제자들을 위하여 간구하시는 이유는 그들이 아버지의 것이기 때문이다(9b절). 예수님이 가진 것은 모두 아버지의 것이며 아버지의 것은 예수님의 것이다(10a절). 예수님은 제자들을 통하여 영광을 받으셨다(10b절). 예수님이 제자들을 위해 기도하는 것은 세상을 떠나 아버지께로 가지만 제자들은 세상에 남아 있기 때문이다(11a절).

2) 제자들의 보전하심 간구(11b~15절)

예수님은 하나님을 "거룩하신 아버지"로 부른다. 간구의 내용은 17장에서 두 번째로 나타나는 부정과거 명령형 동사인 "보전하소서"(테레손)다. 제자들을 지키는 것은 사랑이신 하나님의 본질(요일 4:8)인 하나님의 이름으로써 가능하다. 예수께서 제자 보전을 위해 기도하시는 목적은 세 가지다.

첫째 목적은 하나님과 예수님이 하나 되신 것처럼 제자들도 하나가 되게 하기 위함이다(11b절). 예수님은 세상에서 공적인 삶을 사실 때 멸망의 자식인 가룟 유다를 제외한 제자들을 아버지의 이름으로 지키셨으며, 그것은 성경을 이루기 위함이었다(12절).

둘째 목적은 예수님의 기쁨을 제자들 안에 충만히 가지게 하기 위함이다(13절).

셋째 목적은 제자들이 악에 빠지지 않게 하기 위함이다(14~15절). 제자들은 아버지의 말씀을 가지고 있기 때문에 세상이 그들을 미워한다. 그럼에도 불구하고 제자들은 세상 밖으로 나가서는 안 되며 현실도피적 광신에 빠져서도 안 된다(14절). 제자들은 하나님을 대적하는 세상의 방식을 거부해야 하고 악에 빠지지 않고 그로부터 물들지 않도록 유의해야 한다(15절).

3) 제자들의 거룩을 간구(16~19절)

이제 예수님은 제자들을 위해 두 번째 간구를 하신다. 이는 "거룩하게 하옵소서"라는 세 번째 부정과거 명령형 동사(하기아손)로 표현된다(17절). 제자들을 거룩하게 함에 대한 간구는 그들을 악에서 보전함에 대한 간구 그이상이다. 예수님이 세상에 속하지 않은 것처럼 그들은 거룩하게 된 자들로 세상에 속하지 않은 자들이다(16절). 그리고 하나님께서 제자들을 거룩하게 하심은 진리인 말씀으로만 가능하다(17절과 19절). 이때 사용된 "진리"(알레테이아)라는 단어는 신약성경에서 요한문헌에 매우 자주 나타나는 요한의 애용어다(신약전서 총 109회 중 요한복음에서 25회, 요한서신에서 20회 사용). 진리는 다름 아닌 하나님의 말씀이다. 예수님은 제자들을 거룩하게 하시기 위해 스스로를 거룩하게 하셨다(19a절). 그 이유는 제자들도 진리로 거룩함을 얻게 하기 위함이었다(19b절).

3. 모든 믿는 자들을 위한 중보기도(17:20~26)

또다시 중보기도는 "내가 비옵는 것은"으로 이어진다. 이제 중보기도는 제자 무리를 넘어서서 모든 믿는 자를 향한다. 이번에는 예수님의 간구에 제자들을 위한 중보기도 단락에서처럼 하나님께 구하는 명령형 동사가 나타나지 않는다. 그렇기는 하나 예수님의 중보적 간구는 목적절을 통해 표현된다. 이때 예수님의 중보기도의 내용은 둘이다. 하나는 모든 믿는 자들의 하나 됨(20~23절)이며, 다른 하나는 모든 믿는 자들의 온전함(24~26절)이다.

1) 모든 믿는 자들의 하나 됨(20~23절)

예수님의 간구는 이제 제자 무리를 넘어 제자들의 설교를 통해 예수님의 부활 이후 믿음에 이르게 된 사람들 곧 교회의 모든 믿는 자를 위한다(20절). 그 간구는 무엇보다도 믿는 모든 신자들의 하나 됨에 집중된다.

교회는 항상 일어날 수 있는 하나 됨을 깨뜨리는 위협과 도전을 경계해야 한다. 이 하나 됨은 늘 추구되는 것이며, 또 항상 위협받는 것이다. 늘 위협받지만 추구되어야 하는 하나 됨은 인간의 노력을 통해 이루어질 수 없다. 그것은 오직 하나님을 통해서만, 즉 하나님 안에서 앞서 있었던 아버지와 아들의 하나 됨을 통해서만 가능하다(21~22절).

아버지가 아들 안에 있고 아들이 아버지 안에 있는 것같이 모든 믿는 자들도 아버지와 아들 안에 있어야 하며, 이 하나 됨을 위해 아버지께서 아들을 세상에 보내신 것을 믿어야 한다(21절). 이러한 온전한 하나 됨은 예수님의 계시 활동이 지향하는 목표를 완곡하게 서술한다. 곧 아버지께서 아들에게 주신 영광을 아들 역시 그를 믿는 자들에게 주었는데, 그것은 아버지와 아들이 하나 된 것같이 그들도 하나가 되게 하기 위함이다(22절).

이 하나 됨 안에서 다음 단락의 주제인 온전함을 이루게 된다(23절). 그리고 그 온전함은 사랑을 통해서만 가능하다. 아버지께서 아들을 사랑하신 것처럼 예수님을 믿는 모든 자들도 서로 사랑함을 통해서만 그 온전함에 이를 수 있다. 이 주제는 마지막 단락인 다음 세 절에서 계속된다.

2) 모든 믿는 자들의 온전함(24~26절)

온전함은 하나님의 사랑 안에서 이루어진다. 예수님의 간구는 이제 넓은 종말론적 시야를 가지고 모든 믿는 자들의 온전함을 향한다. 예수님은 다시 "아버지여"를 부름으로써 고별기도의 절정에 이르게 되신다. 모든 믿는 자들은 아버지께서 아들에게 주신 자며, 이들도 아들과 함께 있어 아버지께서 창세 전부터 사랑하심으로 아들에게 주신 영광을 그들도 보기를 원하신다(24절).

그리고 이제 예수님은 마지막으로 "의로우신 아버지여"라는 호칭으로 자신의 고별기도를 마감하신다(25a절). 세상이 아버지를 알지 못하여도 아들은 아버지를 알았고 아들을 믿는 모든 자들도 아버지께서 아들을 보내신 줄 알았다(25b절). 이때 교회와 세상의 대조는 '알다'와 '알지 못하다'로 표현된다. 3절과 마찬가지로 여기서도 '알다'는 '믿다'라는 뜻이다. 세상은 믿지 못하였으나 교회는 예수님이 하나님께서 세상에 보내신 하나님의 아들임을 믿었다. 예수님은 아버지의 이름 곧 하나님의 존재를 자신을 믿는 모든 자들에게 알게 하였고 또한 알게 한다. 그 목적은 하나님께서 예수님을 사랑하신 그 사랑이 그들 안에 있고, 예수님 역시 그들 안에 있게 하기 위함이다(26절).

믿는 자들이 최종적으로 온전하게 되는 것은 아직 이루어지지 않았다.

그 완성은 시간과 공간의 제약을 받는 세상 밖에 있다. 고별기도의 끝에 회고와 전망이 나타난다. 이미 하나님 이름은 계시되었다(회고). 그러나 그분의 이름은 그분의 사랑이 계속되게 함으로써 미래의 세대에게도 알려져야 한다(전망).

적용을 위한 제언

성경에서 현실로 눈을 돌려보자. 오늘날 한국 교회는 안팎으로 교회의 하나 됨을 깨뜨리고자 하는 위협과 도전을 받고 있다. 작금의 한국 교회는 밖으로는 이교와 이단적 사상으로부터 하나 됨을 파괴하려는 위협을 받고 있으며, 안으로는 여러 가지 요인에서 비롯된 내적 분열의 갈등과 대립으로부터 교회의 하나 됨을 힘겹게 지켜 나가고 있다.

하나 됨은 비단 기독교 공동체만이 아니라 모든 공동체가 추구하는 이상이고 목표다. 교회의 하나됨은 교회가 세워진 이래로 늘 요구되어온 것이며, 또한 항상 위협받는 것이기도 하였다. 이러한 한국 교회의 하나 됨의 상실 내지는 균열의 위기에 직면하여 한국 교회는 어떻게 해야 하나? 해답은 말씀밖에 없다. 그러므로 오늘날 이 땅에서 부름받은 그리스도인들은 다시금 본문이 전하는 하나님 말씀에 귀를 기울여야 한다. 예수님의 고별기도에서 오늘날 한국 교회로 옮겨야 할 신학적 메시지는 다음과 같다.

첫째, 자신을 위한 기도 단락에서 예수님은 자신의 지상 사역을 하나님께 보고 드리면서 영생은 유일하신 참 하나님과 그분이 보내신 아들 예수 그리스도를 믿는 것 외에 다른 길이 없다는 것을 알리신다(1~8절).

영생은 요한이 남긴 성경에서 가장 중요한 신학적 개념이다. 예수님이 세상에 오셔서 하나님나라를 전하셨고, 이를 바울 사도가 자신의 중심적인 신학 개념인 하나님의 의로 정리했다면, 요한은 그것을 영생이란 용어로 요약했다. 3절은 요한복음에서 유일하게 영생을 정의한 구절이다. 예수님이 생명 그 자체시기에, 영생의 정의는 영생을 얻는 길과 동일하게 서술된다. 생명을 전하는 중보자 되신 예수 그리스도 외에 천하에 구원을 얻을 만한 다른 이름이 없다는 것은 다양한 개성이 존중되는 포스트모더니즘(post-modernism, 후기근대주의) 사회에서도 여전히 유효한 진리다.

둘째, 예수님께서 세상에서 활동하시는 동안 동고동락을 같이 했던 제자들을 위해 드린 간구의 내용은 두 가지 곧 '그들을 보전하소서'와 '그들을 거룩하게 하소서'다(9~19절). 전자는 예수님 이후 교회의 존속을 위해서 필수적인 간구(11절과 15절)며, 후자는 세상에 속해 있지 않으나 세상 안에 있는 교회가 세상에 물들지 않고 세상과 타협하지 않기 위해서 반드시 필요한 간구(17절)다. 이때 제자는 공관복음서에서처럼 요한복음서에서도 예수님과 그 이후 교회의 연결 고리다.

셋째, 제자들의 보존은 다름 아닌 그들의 하나 됨이며, 이는 하나님의 이름으로 가능하다(11~13절). 제자들이 하나 되어야 할 이유이자, 원형 및 모범은 바로 아버지와 아들의 하나 됨이다. 하나님과 예수님의 하나됨은 아버지와 아들간의 사랑과 신뢰와 순종에서 유지된다. 제자들의 하나 됨과 마찬가지로 그들의 거룩함 역시 자신의 성화 노력이 아니라 진리인 아버지의 말씀으로 가능하다(17절). 이는 기독교 성화의 특징이다.

말씀이 없는 교회는 교회가 아니다. 이 말씀은 단순한 교리문답이나 그리스도의 체현 없는 선포나 사변적이고 이론적인 지식이 아니라 창세 전에 계셨던 말씀, 하나님의 아들이 인간으로 성육하신 말씀으로 그리스도인의 삶에서 경험되는 하나님의 아들 예수 그리스도의 말씀이다.

넷째, 예수께서 모든 믿는 자들을 위해 드린 간구(20~26절)는 요한복음을 듣는 모든 청중과 이를 읽는 모든 독자를 위한 간구다. 간구의 내용은 하나 됨(20~23절)과 온전함(24~26절)이다. 즉 온전한 하나 됨은 고별기도를 드리는 주님의 바램이요, 모든 교회가 추구해야 하는 목표다. 이 목표는 모든 믿는 자들의 마지막 때까지 주목하고 달려가야 할 목표다. 이것 역시 하나님을 통해, 아버지 하나님과 아들 예수 그리스도의 하나 됨을 통해서만 가능하다. 그러므로 모든 그리스도인은 이 온전한 하나 됨을 위하여 하나님과 동행하고, 주님과 함께 걸으며, 성령으로 살아야 할 것이다.

요약하면, 예수님의 고별기도인 요한복음 17장은 한편으로는 믿는 자들의 하나 됨이 예수께서 간구하시는 하나님의 선물로 주어지는 것임을 알리는 복음이며, 다른 한편으로는 아버지와 아들 안에 뿌리를 두고 있는 온전한 하나 됨을 위해 모든 그리스도인들에게 진리의 말씀 안에 머물고 그 말씀으로 살 것을 요구하는 권면이다. 그것이 '내가 그리스도 안에, 그리스도가 내 안에'라는 요한 신학의 의미다. 그러므로 작금 겪고 있는 한국 교회 균열의 위기를 극복하려면 다시금 요한복음 17장을 통해 들려 주시는 하나님의 말씀에 귀를 기울여야 할 것이다.

16 예수의 고난 이해와 증언
요한복음 18~19장의 주해와 적용

그리스도의 고난과 죽으심을 기록한 18~19장은 고별담화의 13~17장과 그리스도의 부활 사건을 다룬 20~21장과 함께 요한복음 후반부(13~21장)의 중요한 축을 이루는 본문이다. 특히 18~19장(고난)은 20~21장(부활)과 묶여 고별담화에 이어, 그리스도의 사역을 마무리한다.

본문의 십자가 사건은 다른 복음서(마태, 마가, 누가)의 기록과 본질적으로 다른 것은 없다. 그분의 죽으심은 선지자들이 예언해 온 그리스도에 대한 말씀의 완전한 성취며, 그 그리스도의 속죄 사역으로 우리의 죄 사함이 이루어졌다. 모든 복음서가 이 사실에 일치한다. 물론 복음서간의 초점의 차이는 다소 있다.

그런데 요한은 십자가 사건의 기록에서 병행법적 문체를 활용해 기록한 특색이 보인다. 본문의 이해에 병행법적 문체 특성이 고려되는 이유는 본문 해석의 실마리를 제공해 주기 때문이다.

18~19장은 크게 세 부분으로 나눌 수 있는데, 그리스도께서 체포당하심(18:1~12), 세 번 심문당하심(18:13~19:15), 그리스도의 죽으심(19:16~42)이 그것이다. 즉 사도 요한은 예수의 체포, 심문, 죽음 등이 어떤 과정과 목적으로 진행되는지를 그려 주고 있다.

그리스도께서 체포당하심(18:1~12)

고별담화(특히 17장의 기도)를 마치신 후에 주님은 기드론 시내 건너편 동산에 가셨다. 그곳에서 주님은 대제사장들과 바리새인들이 보낸 하속(성전경비병)들과 한 대의 로마 군인들에 의해 체포를 당하신다. 체포당하시는 과정에 대하여 탤베트(Talbet)는 다음과 같이 대치 구조의 이해를 보여 준다.

[18:1~12 구조]
A. 1~3절, 군대와 하속들이 예수께 나아옴
　B. 4~8a절: 기꺼이 잡혀가길 원하시는 예수
　　C. 8b~9절: 제자들에 대한 예수의 관심
　B′. 10~11절: 기꺼이 잡혀가길 원하시는 예수
A′. 12절: 군대와 하속들이 예수를 잡음

1. 군대와 하속들의 예수 체포(A-A′. 1~3, 12절)

주님과 제자들이 만찬 후 늘 모이던 감람산에 가 있을 때, 천부장의 지휘를 받은 한 대의 로마 군대와 대제사장들과 바리새인들의 사주를 받은 성전 경비대가 예수를 체포하러 왔다(1~3절). 그들은 등불과 횃불, 그리고 무기로 무장하고 왔다. 결국 주님은 체포를 당해 묶이신다(12절).

2. 기꺼이 잡혀가길 원하시는 예수(B-B′. 4~8a, 10~11절)

두 부분 모두 기꺼이 체포당하려 하셨던 주님에 대해 말씀한다. 주님은 '당할 일'을 이미 아셨다(4절). 그들이 누구를 찾는지 주님께서 나서서 물으셨고(4절), 그들이 나사렛 예수를 찾는다 하자, 그가 자신임을 당당히 밝히셨다(5절). 그들 군대는 두려움 때문인지 오히려 물러나 땅에 엎드려졌다(6절). 같은 문답이 두 번째 지속되었다(7~8a절). 베드로가 자신의 검으로 말고의 오른쪽 귀를 벤 후, 주님은 베드로에게 "검을 집에 꽂으라"고 말씀하셨다(10~11절). 주님은 '아버지께서 주신 잔'을 순종하여 마셔야 한다고 말씀하신다. 고난에 대한 제자들의 생각과 주님의 생각은 달랐던 것이다. 4~8a절이 체포의 때에 있었던 군인들과 주님과의 대화라면, 10~11절은 베드로와 주님의 대화의 장면이다.

3. 제자들에 대한 주님의 관심(C. 8b~9절)

대치 구조의 중간인 이 단락에서 주님은 그의 제자들에 대한 깊은 관심을 가지신다. 제자들의 안전과 관련된 주님의 말씀(8절)에 대해 요한은 9절에서 해설을 달아 놓았다. 그의 제자 중에 하나도 잃기를 원치 않으시는 주님에 대한 말씀이다.

4. 요한복음 8:1~12의 핵심 메시지

1)체포하는 자와 체포당하는 자

주님을 체포하러 온 이들은 횃불과 등불과 무기를 의지해 왔다. 그들의 두려움을 보여 준다. 그러나 주님은 얼마나 당당하셨는지, 그리고 체포의 때에 어떻게 주도적으로 임하셨는지 알려 주는 말씀이다. 그분은 자신의 뜻대로 체포당하셨다. 준비된 사건이었다.

2)주님의 신적 능력

주님은 당할 일을 이미 '다' 아시는 분이셨고, "내로라"(에고 에이미) 말씀하시는 분이셨고, 그분이 말씀하실 때 군대가 무서워 물러나 땅에 엎드려지는 분이셨다. 이 부분은 그분의 신적 능력을 보여 준다.

3)주님의 순종

주님은 아버지께 순종하는 분이셨다. 그것이 아무리 어려운 고난의 잔이라도 그 잔을 기꺼이 마시는 분이셨다.

4) 제자들에 대한 관심

주님은 체포와 고난의 그 급박한 순간에도 제자들에 대해 깊은 관심을 보여 주신 분이셨다. 제자들 중 한 사람도 잃지 않기를 원하셨고, 오해한 베드로를 개인적으로 가르쳐 주셨다. 주님은 그분에게 속한 자를 끝까지 사랑하시는 분이셨다(13:1).

세 번 심문받으심(18:13~19:16)

체포당하신 주님은 세 번의 심문을 연속하여 받으신다. 안나스 앞에서 (18:13~23), 가야바 앞에서(18:24~28a), 빌라도 앞에서(18:28b~19:16) 심문을 당하셨다. 요한은 이 부분에서도 요한적인 문체를 사용해 그때의 상황을 그려 주고자 했다.

1. 안나스와 가야바 앞에서의 심문(13~27절)

13~27절 이하를 변형된 병행법으로 볼 수 있다. 주후 6~15년에 대제사장이었던 안나스와 그의 뒤를 이어 16~36년에 대제사장이었던 안나스의 사위 가야바 앞에서 이뤄진 예수에 대한 심문 부분은 다음과 같이 구성되어 있다.

> [13~27절 구조]
> A. 안나스에게 끌려가심(13~14절)
> B. 베드로의 첫번째 부인(15~18절)
>   C. 예수의 심문(19~23절)
> A′. 가야바에게 보내짐(24절)
> B′. 베드로의 두 번째, 세 번째 부인(25~27절)

1) 안나스와 가야바의 앞에서(A-A'. 13~14, 24절)

이 두 부분은 주님께서 안나스와 가야바에게 보내지는 장면을 기록한다. 비슷한 이슈라는 측면에서 보면 안나스, 가야바, 빌라도에게 끌려가는 부분이 모두 같은 A그룹에 놓여 있어야 하는데 실제로는 그렇게 의도되지 않은 것 같다. 가야바와 안나스는 비슷한 동류로 취급된 반면, 빌라도는 조금 다르게 취급되었다. 28절 이후 빌라도의 심문 기사는 이와 비교도 안 될 정도로 많은 부분을 차지한다. 가야바 - 안나스는 주님에 대한 적대 그룹의 대표자들이다.

2) 베드로의 부인(B-B'. 15~18, 25~27절)

이 부분은 베드로의 예수 부인의 사건을 공통적으로 담고 있다. 15~18절이 베드로의 첫 번째 부인을, 25~27절은 베드로의 두 번째, 세 번째 부인 부분을 각각 다루고 있다. 베드로는 문 지키는 여종 앞에서 자신이 주님의 제자가 아니라 부인했다(15~18절). 추워서 불을 쬐던 베드로는 함께 불을 쬐던 사람들이 주님의 제자인지를 묻자, 다시 부인한다(25절). 마지막으로 말고의 친척으로 대제사장의 종이 베드로가 주님과 함께 동산에 있었음을 주장하자, 다시 부인한다(26~27절). 베드로가 주님을 부인하는 이 장면은 13~27절의 안나스와 가야바 앞에서의 심문 부분에서 무척 중요하게 다뤄진다. 내용에서 절반의 분량이다. 요한만이 베드로의 부인 기사를 둘로 나눠 기록했다.

3) 안나스의 예수 심문(C. 19~23절)

베드로의 부인 기사의 첫째 것(15~18절)과 둘째 - 셋째 것(25~27절)이 나뉘어 있기 때문에 19~23절이 C부분이 된다. 24절 이후에 가야바의 심문 내용은 생략되어 있다. 이는 병행법의 형태로 보면 28절 이후에 가야바의 심문 내용이 추가될 것이라 예상되는데 요한은 28절 이하의 빌라도 심문 내용을 더 강조하기 위해, 또한 안나스의 심문(19~23절)이 가야바의 것과 공통적인 것임을 강조할 목적으로 생략했을 것이다. 19~23절에서 안나스는 예수의 제자들과 그분의 교훈에 대해 질문을 던진다(19절). 주님은 공개적으로 가르쳤고 숨긴 것이 없다고 말씀하신다(20~21절). 그의 태도에 분개한 성전 경비('하속')는 예수를 치며 대제사장에게 예를 갖출 것을 요구한다(22절). 주님은 그의 말 중 어떤 것이 잘못된 것인지 반문하신다(23절).

2. 요한복음 18:13~27의 핵심 메시지

1) 누가 심판자인가

주님은 전현직 대제사장인 안나스와 가야바의 심문을 받으셨다. 특히 안나스의 심문은 주님에 대한 불신과 무지를 보인 것이다. 주님은 대응은 강하셨다. 한 성전 경비도 주님을 함부로 대했다. 인간 대제사장 그룹과 주님과의 비타협의 갈등이 나타나는 부분이다. 그들은 주님을 묶고 심문할 수 있었다. 그러나 주님은 그들에게 굴복되지 않았다. 누가 과연 심판자인가?

2) 주님이 가셔야 할 길

주님의 답변으로 비춰볼 때, 주님은 그들과 타협하길 원치 않으셨다. 그분의 오신 목적인 고난의 길을 가기 위해 주님은 오히려 그들과 일부러 다투시는 것처럼 보인다. 그분의 때에 십자가의 죽음을 맞으시기 위한 길을 걷고 계신 것이다. 주님의 계획이 있었다. 그분은 그 길을 진행해 가신다.

3) 베드로의 부인

제자 베드로의 부인이 부각되어 있다. 그의 비겁함과 두려움에서 비롯된 주님에 대한 부인은 주님의 고난의 때에 주님의 제자들이 보여 주었던 모습을 대표적으로 반영한다. 주님은 큰 목적을 이루기 위해 고난과 죽음을 앞두고 계셨으나 제자들은 그렇게 도망했다. 닭이 울어 주님의 예언(13:38)이 성취되었는데 주님은 그들의 약함을 알고 계셨다.

3. 빌라도 앞에서의 심문(18:28~19:15)

빌라도 앞에서의 심문에 대해 드 바레베크(de Varebeke)는 다음과 같은 병행구조를 제시한다.

[18:29~19:15 구조]

A. 18:29~32, Outside - 예수의 죽음을 요구하는 유대인들

  B. 18:33~38a, Inside - 예수의 왕권에 대해 심문하는 빌라도

    C. 18:38b~40, Outside - 예수의 죄를 찾지 못했다는 빌라도

      D. 19:1~3, Inside - 예수를 매질하며 모욕하는 군병들

    C′. 19:4~8, Outside - 예수의 죄를 찾지 못했다는 빌라도

  B′. 19:9~11, Inside - 예수와 함께 권세에 대해 얘기하는 빌라도

A′. 19:12~15, Outside - 빌라도는 놓아 주려 했으나 유대인들이 예수의 죽음을 요구함

1) 예수 죽음의 요구(A - A′, 18:29~32, 19:12~15)

안나스와 가야바 앞에서 심문하던 유대인들은 새벽에 예수를 빌라도 법정으로 끌고 온다(18:28). 총독 빌라도를 만난 유대인 고소자들은 주님을 '행악자'라 하여 사형해 줄 것을 요구한다(18:30). 당시 유대인들 자체 법정에서는 사형권이 없었다(18:31). 주님은 어떤 죽음으로 죽으실지 이미 말씀하신 바 있다(18:32). 빌라도는 예수를 놓아주려 했으나 유대인들의 계속된 요청으로 인해 끝내 십자가의 판결을 내릴 수밖에 없게 된다(19:12~13, 15~17). 유대인 소요나 민란이 일어날 수 있는 상황이었다. 이 부분에서 요한은 유대인들의 강청이 어떠했는지 비교적 상세히 묘사해 주고 있다. 결국 주님은 십자가형을 받게 된다.

2) 빌라도의 예수 심문(B - B′, 18:33~38a, 19:9~11)

빌라도는 전반부 심문(18:33~38a)에서 네 가지를 질문한다. "네가 유대인

의 왕이냐"(33절), "네가 무엇을 하였느냐?"(35절), "네가 왕이 아니냐?"(37절), "진리가 무엇이냐?"(38절). 앞의 세 가지에 대해서는 주님의 답변이 있었으나 마지막 질문에는 주님의 답변이 소개되지 않았다. 주님은 빌라도에게 그의 나라는 이 세상에 속한 것이 아님을 말씀하셨고(36절), 왕인지 여부를 묻는 거듭된 질문에 주님은 세상을 위해 오신 왕으로 자신을 드러내셨다(37절). 특히 그는 진리를 증거하러 세상에 오신 분이셨다(37절). 물론 빌라도는 그 진리를 이해할 수 없었다(38절).

후반부 심문(19:9~11)에서 빌라도는 예수께 "너는 어디로서냐?" 하고 묻는다(9절). 하나님의 아들이라는 소문(8절)에 두려움이 생겼기 때문이다. 대답이 없자, 자신이 십자가에 못박을 권세도, 놓을 권세도 있음을 강조한다(10절). 이에 주님은 더 높은 권세가 그에게 그런 권세를 행할 수 있게 했기 때문에 가능한 것이라 답변하신다(11절). 빌라도의 다섯 번의 질문과 그의 권세 주장에 대해 주님은 과연 누가 왕이 되시는지, 그리고 참된 권세가 어떤 것인지를 답변해 주셨다.

3) 예수의 죄를 찾지 못했다는 빌라도(C-C′, 18:38b~40; 19:4~8)

빌라도는 적어도 두 번에 걸쳐 예수의 죄를 찾지 못하겠다고 말했다. 한 번은 첫 번째 심문이 끝난 후였다. "나는 그에게서 아무 죄도 찾지 못하노라"(18:38). 그 말은 다시 반복된다. "… 내가 그에게서 아무 죄도 찾지 못한 것을 너희로 알게 하려 함이로라"(19:4). 그래서 빌라도는 유월절에 놓아 주는 전례에 따라 예수를 놔 주길 원했다(18:39). 또한 예수를 채찍질하고 모욕스런 옷을 입힌 후 그것으로 군중의 분노를 충족하게 되길 원했다(19:5). 그러나 어느 시도도 성공하지 못했다. 유대인들은 바나바를 놓아 주길 원했고(18:40), 가시 면류관과 자색옷의 주님을 보고는 오히려 십자가에 못 박게 해달라고 소리를 높였다(19:6). 예수의 하나님 아들이라는 주장 때문에 그들은 죽이고자 했던 것이다(19:7).

4) 예수를 매질하고 모욕하는 군병들(C, 19:1~3)

이 단락은 18:29과 19:15의 중심에 위치한다. 그리스도의 고난받으신 내용을 담고 있다. 예수께서는 빌라도의 군병들로부터 '많은 고난'을 받으셨다. 그리고 갖은 모욕을 당하셨다. 하늘의 왕이신 주님은 이 땅에게 그렇게 고난과 멸시를 받으셨던 것이다. 한편으로 그분이 로마 군인들에 의해 몰락한 '유대인의 왕'으로 취급을 받으셨던 장면은 역사의 역설이다.

4. 요한복음 18:28~19:15의 핵심 메시지

1) 주님의 왕 되심

본문에서 계속 강조되고 있는 것은 주님께서 왕이 되신다는 사실이다. 그 사실은 "유대인의 왕이냐"라는 빌라도의 반복된 질문에 그에 대한 주님의 답변에서 드러난다. 심지어 그분이 고난받으시는 장면에까지 그 사실이 역설적인 형태로 등장한다.

그는 자칭 "유대인의 왕"으로 간주되었다. 그런데 주님은 유대인이나 이 세상의 왕은 아니셨다. 주님은 세상에 속하지 않은 나라의 왕이셨다. 그들을 그것을 결코 알 수 없었다. "네가 어디로서냐?" 그 질문에 사실 주님은 이미 답변을 하셨다.

2) 권세의 본질

본문은 세상(로마) 왕의 대리인인 빌라도와 하늘의 왕이신 예수 그리스도와 많은 대조점을 보여 준다. 빌라도가 세상 권세를 집행할 권한을 가지고 있으나, 위에서 주시지 않으면 절대 그렇게 할 수 없음을 주님은 강조하셨다.

그리스도의 '종'(일군, 천사)들이 싸우고자 했다면 유대인들과 비교할 수 없다(18:36). 위의 권세는 로마의 권세보다 상위에 있다(19:11). 세상의 권세는 하늘의 것에 비할 때 아무것도 아니다.

3) 유대인의 집요함

유대인들은 그들의 왕으로 오신 예수 그리스도를 어떻게 하든지 십자가에 못 박으려 한다. 그래서 빌라도에게 끌고 왔고, 빌라도의 "죄를 찾지 못하겠다"는 반복되는 말에도 결코 물러나는 법이 없다. 예수에 대한 증오는 컸다.

예수를 '행악자'로 불렀고(18:30) 그분을 죽이기 위한 목적으로 빌라도에게 끌어왔고(18:31), 주님이 풀려나려는 데 강력히 반대했고(18:40), 십자가에 못 박아달라고 반복해서 소리지르며 그분을 죽여야 한다는 강한 의지를 보였고(19:6~7), 심지어 빌라도의 '가이사의 충신' 여부와 가이사에 대한 반역까지 연결시켜 압박했고(19:12), 주님을 십자가에 못 박게 하기 위해 가이사만이 그들의 왕이라 주장하기까지 했다(19:15). 그들의 죄를 주님은 지적하신 바 있다(19:11). 그들의 불신과 증오의 배후에는 그들의 아비 마귀가 있었다(8:44 참조). 그들은 하나님을 섬기는 것이 아니라 실상은 세상을 섬기는 자들이다(19:15 참조).

4) 그리스도의 고난

본문의 중요한 초점은 주님께서 고난을 받으셨다는 것이다. 주님은 이미 자신의 피가 흘려져야 할 것을 언급하신 바 있다(6:53, 56; 12:24~27 참조). 주님은 기꺼이 그 험한 채찍질에 맞으셨고, 가시 면류관과 자색 옷을 입혀 그를 모독하는 말과 그를 손으로 치는 일까지 다 감당하셨다. 그분은 기꺼이 고난 받으시는 세상 죄를 짊어 지고가시는 '어린양'이셨다(1:29). 그 고난을 받고 죽음을 당하시기 위해 주님은 모든 권한을 포기하셨다. 아버지의 뜻에 순종했다. 그분은 그 백성을 구원하려 모든 것은 내놓으신, 진정한 왕이셨다.

그리스도의 죽으심(19:16~42)

주님께서는 군병들에게 넘겨지신 후, 십자가에서 못 박혀 죽임을 당하시고 요셉의 새 무덤에 안치되신다. 이 부분에 대한 병행법적 구조는 다음과 같다.

> [15~42절 구조]
> A. 15~16절, 유대인들의 요청, "없이 하소서", "못 박게 하소서"
>   B. 17~18절, (군병들이) 십자가에 못박음
>   C. 19~22절, 빌라도의 패, 유대인의 왕이라는 사실
>   D. 23~29절, 두 개의 예언 성취(옷에 대한 것과 목마르다는 것)
>   E. 30절, 마지막 사건, "다 이루었다", 그리고 죽으심
> A´. 31절, 유대인들의 요청(시체를 십자가에 두지 말라는)
>   B´. 32~34절, (군병들이) 다리를 꺾고 창으로 찌름
>   C´. 35절, 본 자의 증거, 증거를 통해 믿게 되길 원함
>   D´. 36~37절, 두 개의 예언 성취(뼈에 대한 것, 찌른 자에 대한 것)
>   E´. 38~42절, 시신 안치의 준비와 새 무덤에 안치함

1. 유대인의 요청(A-A´, 15~16, 31절)

예수를 못 박으라는 유대인들의 거듭된 요청으로 인해 빌라도는 결국 예수 그리스도를 십자가에 못박게 내어 준다(15~16절).

십자가에서 숨을 거두신 것을 잘 모르는 유대인들은 안식일이 시작될 상황이었기 때문에 다리를 꺾음으로 십자가형을 종결해 줄 것을 요구한다(31절). 유대인들은 그들의 특정한 목적을 가지고 빌라도에게 요구한 것이었으나, 그것들은 오히려 주님에 대한 하나님의 뜻을 이루게 되는 결과로 나타난다(십자가에 죽으심, 다리가 꺾이지 않음).

2. 군병들이 행한 일(B-B′, 17~18, 32~34절)

군병들은 예수께 십자가를 지우고 골고다로 끌고 가서 두 사람의 죄수와 함께 예수를 십자가에 못 박았다(17~18절). 십자가형 종결에 대한 유대인들의 요청에 따라 빨리 죽음에 이르게 할 목적으로 두 죄수의 다리를 꺾었으나, 예수께서 이미 죽으신 것이 확연했으므로, 한 군병이 옆구리를 찔러 피와 물이 나온 것으로 그 죽음을 확인했다(32~34절).

3. 빌라도의 패와 본 자의 증거(C-C′. 19~22, 35절)

빌라도는 예수의 십자가 위에 히브리어, 로마어, 헬라어로 쓰여진 "나사렛 예수 유대인의 왕"이라는 패를 써 붙였다(19~21절). 유대인들이 "자신이 유대인의 왕이라 말한 사람"이라 쓰라고 요구했으나 빌라도는 수긍하지 않았다(22절). 이로써 빌라도는 예수께서 왕이 되심을 밝힌 셈이 되었다. 십자가상의 사건, 특히 예수께서 다리가 꺾이지 않았던 장면을 본 증인은 주님과 주님의 죽으심과 관련된 그의 증거를 독자들이 믿기를 원한다(35절).

4. 그리스도에 대한 예언의 성취(D-D′. 23~29, 36~37절)

예언에 대한 성취가 두 가지씩 나타난다. 먼저, 주님의 옷을 제비 뽑는 사건(시 22:18)과 "내가 목마르다"고 하신 사건(시 22:15 참조)은 모두 성경이 응하게 된 사건들이다. 이 두 사건 가운데 하나의 사건이 포함되는데, 바로 예수 그리스도께서 그 '사랑하시는 제자'에게 어머니를 부탁하시는 장면이다(26절).

그 제자는 마리아를 자기의 집에 모시게 된다(27절). 예언 성취의 중간에 위치하기 때문에라도 이 사건의 중요성이 강조될 수 있다. 한편 예수께서 숨을 거두신 후 일어난 사건도 성경의 성취 부분이다. 두 강도는 다리를 꺾었으나 주님의 죽음을 확인한 병사는 창으로 그냥 찔러 확인한(33~34절) 사건은 두 가지 예언의 성취와 관련된다. 그 뼈가 하나도 꺾이지 않는다는 것(시 34:20; 출 12:14; 민 9:12)과 그 찌른 자를 보리라(슥 12:10)는 예언이었다.

5. 다 이루심, 시신 안치의 마무리(E-É. 30a, 38~40절)

신 포도주를 받으신 주님은 "다 이루었다"고 하심으로 그 영혼이 떠나실 모든 준비가 끝나신 후 그의 영혼을 아버지께 의탁하셨다(30절). 예수의 숨겨진 제자 요셉은 니고데모와 함께 예수의 시신을 가져다가 향품과 함께 세마포로 감싸, 안치할 수 있도록 필요한 조치를 해놓은 후(38~40절) 그의 시신을 요셉의 새 무덤에 안치하였다(41~42절).

6. 핵심 메시지

1) 십자가 사건과 섭리

십자가 위에서 죽으신 예수의 죽음 사건은 마지막까지 하나님 말씀의 성취와 관련이 된다. 옷 나눔, "목마르다" 하신 것, 다리를 꺾지 않은 것, 찌른 자를 보게 된 것 등 모두 말씀의 성취라 할 수 있다. 따라서 이 사건의 세세한 부분까지 하나님은 계획하셨고 그 뜻을 이루어가신 것이다. 사람은 자신의 뜻을 따라 한 것 같지만, 결국 하나님의 뜻을 이루는 데 사용된다. 하나님의 뜻이 더 상위에 있기 때문이다. 예수 그리스도께서는 결국 "다 이루었다"고 말씀하셨다. 그분이 하고자 하신 일을 다 이루신 것이다.

2) 유대인의 왕

주님께서 왕이 되심은 계속된 초점이다. 빌라도의 패에서 간접적으로 나타났다. 십자가상에서 그리스도는 매우 의연하시다. 물론 그분에 대한 예언의 성취도 그분이 누구신지를 드러내는 사건들이다.

3) 모친 마리아에 대한 관심

십자가 사건 가운데 특이한 사건이 요한에게 모친 마리아를 부탁하는 장면이다. 주님께서 기대하셨던 제자 요한의 역할과 모친 마리아에 대한 관심이 드러나는 부분이다. 주님은 가족을 그렇게 생각하셨다.

17 다시 사신 주님을 만난 사람들
요한복음 20~21장의 주해와 적용

    호스피스의 필요성을 온 세계에 알려오던 죽음 연구의 전문가 엘리자베스 퀴블러 여사는 죽음을 휴가로 생각하던 평소 소신에 걸맞게 "나는 은하수로 춤추러 간다"는 마지막 말을 남기고 세상을 하직했다고 한다. 범인(凡人)이 쉽게 가질 수 없는 멋지고 감동적인 여유임에 틀림없다.

    요한복음의 예수는 죽음의 순간을 "다 이루었다"는 말로 마무리했다. 아무런 여한이 없다는 함의에서 퀴블러 여사의 발언과 유사하게 들릴 수도 있다. 하지만 요한복음은 결코 죽음 자체를 미화(美化)하지 않는다. 죽음의 문제는 '은하수로 춤추러 간다'는 식의 낭만적 시어(詩語)로 대충 얼버무릴 수 있는 성격의 것이 아니다. 죽음은 그보다 훨씬 심각하다. 죽음은 극복되어야만 할 적이다.

첫 번째 주일 새벽에(20:1~18)

    요한복음은 전반(全般)에 걸쳐서 끈질기게 생명 또는 영생의 문제를 강조해왔다. 이제 예수는 죽었다. 그러나 그의 죽음은 끝이 아니었다. 예수의 죽음이 요한복음에서 줄기차게 예기(豫期)해 온 '영광'이 되기 위한 절차의 완성이 남아 있었다. 예수의 죽음이 '영광'으로 이해되는 것은 그것이 부활로 종결되기 때문이다.

요한복음 20장은 그리스도교의 예배일이 된 안식일 후 첫 날, 즉 첫 주일(主日, 일요일)과 두 번째 주일(主日)에 발생한 사건들을 기록하고 있다.[1] 그리고 21장은 그 시기를 분명히 파악할 수 없다. 그러나 사건의 장소가 갈릴리로 옮겨진다.[2]

1. 안식 후 첫날 확인된 빈 무덤의 이슈(1~10절)

신약성경의 전승에 나타난 예수 부활의 증거는 다시 사신 예수의 출현(出現), 즉 자신의 지인(知人)들에게 '나타나 보임'(appearing)이다. 예수는 죽기 전에 가까이 지내던 제자들과 가족들에게 다시 나타나 자신을 보임으로써 그들에게 '예수 부활의 믿음'을 심어 주었다.

당시 예수 부활의 증거는 다시 나타난 예수를 만나본 목격자들의 증언이었다. 바울이 고린도 교인들에게 예수 부활 사건의 확실성을 천명하면서 제시했던 증거도 당시 50년대 중반까지 생존해 있던 200여 명의 부활 사건 목격자들이었다(고후 15:4~8). 그러나 부활하신 예수를 대면하기 이전에 있었던 시신(屍身) 부재 현실에 대한 인식상의 혼란 그리고 그로 야기된 잠시 동안의 정서적 혼동은 기독교 부활 증거로서의 '빈 무덤' 사건을 구성한다.

돌문이 옮겨져 있는 예수의 무덤을 보고 막달라 마리아가 우선 추정했던 현실은 도굴(盜掘)이었다(1~2, 13절). 무덤의 봉인이나 돌문을 제거하고 도적질을 할 경우 사형에 처한다는 로마 황제 클라우디우스(41~54절)의 포고령 사본이 나사렛에서 발굴되었는데, 이것으로 볼 때 도굴 사건은 당시 흔히 있었던 일이었다.[3]

마리아의 보고를 받고 달려온 베드로와 '예수의 사랑하는 제자'는 무덤에 예수의 시신이 없어졌고 시신을 감았던 세마포만 남아 있으며 머리를 둘러쌌던 수건이 잘 개켜져 있는 것을 확인했다. 그런데 이런 무덤 내부의 모습은 우선 급하게 이루어지기 마련인 일반적 도난의 가능성을 배제시켰다. 이러한 현장 목격이 베드로에게 어떤 느낌을 주었는지에 대해서는 언급이 없지만 요한복음을 기록한 '예수의 사랑하는 제자' 는(21:24) 이때 무슨 일이 발생했는지 이해하고 믿음을 갖게 된다(8절). 빈 무덤은 다시 사신 주를 만나기 전에 '예수의 사랑하는 제자' 에게 예수 부활의 믿음을 발생시킨 현장이었다.

빈 무덤이 아니었다면 이후 제자들의 그리스도 부활 선포는 한낱 공염불에 지나지 않았을 것이다. 불신자나 반대자가 제자들의 주장을 논박할 수 있는 가장 확실한 증거가 '예수의 시신이 들어 있는 무덤' 으로 버젓할진대 어떻게 감히 예수가 다시 사셨다는 주장을 할 수 있었겠는가? 빈 무덤이 아니었으면 부활의 복음 선포 자체가 현실적으로 불가능했을 것이다(행 2:23~24).[4] 이 당혹스러운 진실 앞에서 제자들의 대담한 예수 부활 전파를 억제하기 위해 반대자들이 할 수 있는 주장은, 고작 제자들이 예수의 시신을 훔쳐가 놓고 거짓말을 한다는 억지뿐이었다(마 28:11~15).

모든 인류의 위인들이 자신의 존재 의미를 '화려한 무덤' 으로 과시한다. 권력과 평판이 높을수록 무덤은 규모가 커지고 아름답게 장식된다. 그래서 인간의 영광은 곧 무덤의 영광이기도 하다. 하지만 예수만이 이 '무덤의 영광' 을 거부한다.

요한복음 예수의 영광은 그의 십자가였고 그 '십자가의 영광' 은 '부활의 영광' 과 함께 동전의 양면을 구성한다. 예수는 사망의 증거인 '든 무덤' 으로 영광을 받지 않는다. 예수는 생명의 증거인 '빈 무덤' 으로 말한다. 예수의 종교는 생명의 종교다. 유일한 빈 무덤의 종교는 생명의 구원을 위한 유일한 길이요 진리요 생명이다. 그래서 무덤에 머물지 않고 살아 계신 예수로 말미암지 않고는 아버지께로 올 자가 없다(요 14:6).

2. 부활하신 주님의 첫 목격자 - 막달라 마리아(11~18절)

베드로와 '예수의 사랑하시던 제자' 두 남자는 집으로 돌아갔다. 하지만 아직 이해할 수 없는 황당한 현실 앞에서 망연자실한 마리아의 눈에는 눈물만 흐른다. 그렇게 돌아가신 것도 가슴이 찢어질 듯한데 모셔둔 무덤마저 이렇게 훼손되어 시신조차 편안히 누워 계시지 못하다는 생각이 여인을 많이 서럽게 했을 것이다. "도대체 누가 주님의 시신마저 가져갔단 말인가"(13절). 사랑의 정서는 싱거운 남자들보다는 속 깊은 여성들에게 더 간절한 것 같다. 이 여인이 부활하신 주님의 첫 목격자가 되게 한 것은 아마 이 애절한 정서를 긍휼히 보신 하나님의 특별한 은혜였을 것이다. 예수께서는 두 천사와 함께 부활하신 후의 첫 모습을 무덤 안에서 막달라 마리아에게 드러내셨다.

그 새벽에 무덤 안에서 발생한 장면의 묘사는 말끔하게 연결되는 일상의 사건과 달리 다소 흐릿하고 신비한 분위기를 자아낸다. 일면 물체성 없는 영상이 교차되는 것 같은 느낌을 주는 것은 그대로 마리아의 보고를 해석 없이 옮겨 적은 데서 오는 생경함일 것이다. 두 천사가 예수 시신의 발과 머리가 놓였던 곳에 각기 앉아서 별다른 메시지 없이 마리아에게 왜 우느냐고 묻는다(13a절). 이에 마리아가 주님의 시신이 없어져서 그런다고(13b절) 응답하지만 천사는 더 이상의 대사를 잇지 않는다.

마리아는 대답을 하고 인기척을 느꼈는지 뒤를 돌아보았다. 동산지기라고 생각했다. 실은 다시 사신 예수의 등장이었다. 그리고 예수는 처음 만난 사람에게 말을 건네듯이 묻는다. "여인이여, 왜 울고 있나요? 누구를 찾으시나요?"(15a절). 예수는 죽음에 머물러 있지 않기 때문에 울 필요가 없고 그의 시신을 찾을 이유도 없다는 뜻이었을 것이다. 하지만 여전히 마리아는 그녀의 슬픔을 가중시킨 예수 시신의 향방에 집착한다. 예수는 마리아의 이름을 불러 자신의 정체를 재차 확인시켜 준다. 마리아는 반가운 놀람으로 예수를 붙잡으려 했던 것으로 보인다.

이때 자신을 '만지지 말라'고 하는 예수의 말씀은, '나는 지금의 부활한 형태의 존재로 이곳에 계속 있을 것은 아니라'는 함의를 지닌 것으로 보아야 할 것이다.[5] 예수의 사심을 본 마리아는 즉각적으로 이전의 삶의 양식으로 돌아가게 되었다고 단정했을지도 모른다. 그러나 다소 수수께끼 같은 예수의 발언은 그러한 선입관을 부정한다. 예수는 하나님께로 돌아가셔야 한다.

현재 사건의 핵심은 예수가 죽음에 있지 않고 하나님께서 그를 다시 살리셨다는 데 있다. 그리고 이것은 복음 메시지의 핵심을 구성한다. 마리아의 할 일은 형제들에게 가서 이 메시지를 전달하는 것이었다(17~18절).

그러다면 예수께서는 왜 막달라 마리아에게 먼저 나타나셨는가? 앞에서 언급한 것처럼 여기에는 정서적 동인(動因)이 있다. 예수를 깊이 사랑하여 그 슬픔의 강도도 남달리 컸던 여인에게 하나님께서는 긍휼을 베푸셨다. 또한 그렇게 여인들의 믿음은 남성들의 비겁함과 무심함과 이기성을 넘어 존중받기에 마땅했다. 그런 의미에서 부활한 예수가 그 첫 모습을, 끝까지 충성을 잃지 않았던 '여성'에게 나타낸 사건은 이후 역사 속에서 전개될 교회 내의 여성 리더십의 역할과 무관하다 할 수 없다. 이 사건을 통해 예수께서는 당시 억압받던 여성들에게 사명 해방의 권위를 부여하신다.

장면의 흐릿한 분위기는 오히려 사실(史實)의 일차(一次)성을 거증한다. 더구나 여자의 증인됨을 신뢰하지 않던 시절에 막달라 마리아가 부활 목격의 첫 증인이 되었다는 점은 사건 기록의 진실성을 반증한다. 회의론자들이 주장하듯이 만일 부활 스토리가 교회가 지어낸 가공의 이야기라면 그 꾸며낸 이야기로 사람들을 설득하기 위해 여인을 첫 증인으로 내세우는 것이 조작하는 사람들로서는 아주 형편없는 전략이 될 것이기 때문이다. 이렇게 예수께서는 그 부활의 모습을 당신의 사람들에게 나타내셨다.

첫 번째 주일 저녁에(20:19~25)

이미 예수의 부활 소식을 막달라 마리아를 통해 전해들은 제자들은(18절) 문을 닫고 몰래 한 자리에 모였다(19a절). 유대인들을 두려워하여 문을 닫았다고 했다. 예수의 부활이라는 아직 이해하기 힘든 사건에 대한 소식으로 마음의 혼란을 겪으면서, 동시에 주변의 적대적 분위기로 불안하기 그지없는 상태에 처한 이들에게 예수는 '샬롬'(평강)을 전해 주신다(19b절). 유대인들이 일상적으로 하는 인사말이었으나 혼동과 불안에 사로잡혀 있던 제자들에게는 더없이 간절하게 필요했던 마음의 상태였다.

돌아가시기 직전에 그렇게 약속하셨다. "평안을 너희에게 끼치노니 곧 나의 평안을 너희에게 주노라 내가 너희에게 주는 것은 세상이 주는 것 같지 아니하니라 너희는 마음에 근심도 말고 두려워하지도 말라"(14:27). 그렇게 평안의 인사를 하시면서 고난의 흔적인 손과 옆구리를 제자들에게 보여 주자 드디어 제자들에게 기쁨이 왔다(20절).

1. 두 번째 목격자들 – 도마를 제외한 제자들

예수께서는 재차 평강을 선언하시고 제자들에게 사명을 부여하여 세상으로 파송하신다(21절). 이 역시 죽음 전에 제자들에게 미리 언급한 바 있었던 내용이었다(17:18). 아버지께서 예수를 세상에 보내신 것 같이 예수도 저희를 세상으로 보내신다(21절). 이 파송은 성령의 수여와 함께 이루어진다.

예수께서 숨을 내쉬며 "성령을 받으라" 하셨다. 창세기 2:7의 여호와의 생기를 연상케 하는 장면이다. 성령은 예수의 영이며 생기다. 부활하신 예수께서는 자신의 생기를 제자들에게 불어넣는 상징적 행위를 통해 그들 가운데 영속(永續)되는 자신의 임재를 확신시키신다.

일찍이 약속된 보혜사로서의 성령은 그들과 항상 함께 있으면서 예수의 교훈과 선포를 대리하도록 되어 있었다(14:16, 26). 마른 뼈들에게 생기가 들어가니 일어나 큰 군대가 되었던 에스겔 37:9~10 또한 의미 있게 이 일에 적용된다. 그렇게 에스겔 본문을 연상한다면 예수의 성령 불어넣기는 제자들로 하여금 사명을 감당케 만들어 주는 능력의 충전이 된다.

그들이 파송받아 담당할 복음 사역은 다름 아닌 사죄의 권세를 대리하는 것이었다. 제자들에게 죄를 용서하거나 용서하지 않을 권세가 있는 것은(23절) 그들이 전하는 예수의 복음과의 연계 속에서 이해해야 한다. 제자들이 전하는 복음을 받아들여 예수를 믿으면 사람들의 죄가 사함을 받을 것이다. 그러나 그들이 전하는 복음을 거절하여 예수를 믿지 않으면 사람들의 죄가 그대로 남아 있을 것이다.

적용을 위한 정리를 해 본다. 부활의 주가 제자들에게 나타나 주신 첫 번째 메시지는 평안이었다. 당신께서 죽음 전에 약속하셨던 그 평안이었다 (14:27). 사명을 받아 파송되기 이전에 이들에게는 평안이 있어야 했다. 저들이 보냄을 받는 것도 평안을 전하기 위함이었다. 그래서 저들에게 우선적으로 필요한 것이 자신의 평안이었다.

여호수아에게 사명을 맡기시던 하나님께서 그 과업 착수 이전에 강조하신 것도 다름 아닌 평강(平康)이었다. "마음을 강하게 하라 담대히 하라 두려워 말며 놀라지 말라"(수 1:9a). 그리고 하나님께서는 여호수아가 처하는 곳이 어디든지간에 그곳에 함께하시겠다는 약속을 하셨다(1:9b). 부활의 주님도 보혜사 성령을 주심으로 동행과 내재를 약속하신다. 그리고 사명이 주어진다.

사명자는 일하기 전에 우선 평안을 얻어야 한다. 환경은 불안을 야기해도, 일꾼의 마음은 평정을 가져야 한다. 주께서 믿음으로 심지가 견고한 자를 평강에서 평강으로 지키심을 기억하면 좋을 것이다(사 26:3). 그리고 일하시는 분이 주님이 되시게끔 성령 충만을 받아야 한다. 그러면 사명자는 부활하신 주님의 권위를 갖게 된다. 마음을 강하게 하고 담대히 하자. 하나님께서 일하신다.

2. 보지 않고 믿을 수 있을까? - 도마의 불신(24~25절)

예수의 부활은 일상에서 경험되지 않는 일이었기에 그 누구라도 의심할 수 있는 성격의 사건이었다. 도마를 제외한 나머지 제자들은 감각을 통한 만남이 있었기에 믿었다. 하지만 그 이후 외부 감각으로 부활한 예수를 만날 기회가 없던 사람들은 오직 믿음으로 이 사실과 이 사실이 수반하는 의미를 알아야 했다. 이를 위한 자연스러운 회의(懷疑) 극복의 발판이 되어 준 것이 도마의 현장 부재다.

도마는 예수께서 제자들에게 나타나실 때 자리에 없었기 때문에 일반적인 보통 사람이 가질 수 있는 의문을 표한다. "내가 그 손의 못 자국을 보며 내 손가락을 그 못 자국에 넣으며 내 손을 그 옆구리에 넣어보지 않고는 믿지 아니하겠노라"(20:25). 이러한 회의주의자가 결국 주님을 만나보고 믿음으로 전환했다면, 이후 주님을 보지 않고도 믿어야 할 사람은 굳이 도마의 불신 단계를 되밟을 필요가 없을 것이다.

다음 주일(主日)(20:26~31)

팔 일째 되는 날이었다. 십자가 죽음 이후 두 번째 안식 후 첫 날이었다.[6] 도마를 포함한 모든 제자들이 한자리에 모여 있던 곳에 주님께서 또다시 평안을 선언하시면서 나타나셨다. 바로 의심의 마음을 가지고 있던 도마를 위해서였다.

1. 세 번째 목격자 – 의심하던 도마(26~29절)

예수는 단도직입으로 도마에게 자신의 상흔(傷痕)을 직접 만져보고 '아피스토스'(불신자)가 아니라 '피스토스'(신자)가 되라고 명한다(27절). 예수의 이 말씀은 예수 부활의 경험적, 물리적 사실성을 또다시 확증한다. 회의주의자에게 던지는 자신감 넘치는 실체 검증의 요구였다. 도마가 실제로 손가락을 예수 몸의 못 자국과 창 자국에 넣어보았다는 기록은 없다. 다시 사신 주님을 보는 것만으로 그의 회의는 일순에 사라져버리고 말았다.

그리고 도마는 신약성경 전체에 걸쳐 가장 고양(高揚)된 기독론적 고백을 예수에게 올린다. 선생이나 주님, 그리스도(메시아)를 넘어 여기서 부활하신 예수는 그대로 '하나님'이 되신다. 도마의 고백 "나의 주시며 나의 하나님이시니이다"(28절)는 요한복음의 절정을 이룬다.[7]

다시는 도마와 같은 의심을 해서는 안 된다. 그런 의심을 품는 사람들을 위해 도마는 부활 사실의 현장을 검증한 회의주의자 구실을 했다. 다시는 도마와 같은 의심을 할 필요가 없다. 도마가 그 과정을 다 거치고 나와서 최고의 신앙고백을 할 수 있었기 때문이다. 이 점에 쐐기를 박기 위해 예수 께서는 그 사건의 의미를 이렇게 해석하신다. "너는 나를 본고로 믿느냐? 보지 못하고 믿는 자들은 복 되도다"(29절).

2. 요한복음의 목적(30~31절)

이 도마의 고백과 예수의 코멘트를 절정으로 요한복음의 본래 목적을 완수한 것 같은 분위기를 준다. 결국 요한복음은 예수를 보지 않고 믿는 자 들을 위한 책이었다. 그래서 그 목적을 요약하여 정리하면서 이야기를 일 단락 짓는다. "오직 이것을 기록함은 너희로 예수께서 하나님의 아들 그리 스도이심을 믿게 하려 함이요 또 너희로 믿고 그 이름을 힘입어 영생을 얻 게 하려 함이니라"(20:31).

그 후, 디베랴 바닷가에서(21:1~23)

왜 다 끝난 것 같던 요한복음에 디베랴 바다에서의 만남 이야기가 추가 로 주어지는 것일까? 요한복음이 실질적으로 마감되는 느낌을 주는 앞 장 에서 예수의 이야기는 다 끝이 났다고 보아야 한다.

그러나 항시 제대로 이해하지 못하고 있다가 실패를 반복하는 제자들의 예수 부활 이후의 역할에 대해서는 무언가 석연치 않은 느낌을 떨쳐버릴 수가 없다. 특히 제자들을 대표하는 인물인 베드로는 심각한 스캔들을 안 고 있었다.

1. 왜 또다시?

예수를 세 번씩이나 부인했던 그 지도자가 여전히 예수가 맡기신 과업을 이끌어갈 수 있을까? 이것은 분명히 이슈였다. 오늘날 과거사 논쟁의 소용돌이 속에 허우적거리는 우리 한반도의 길 잃은 어린양들을 생각해보라. 과연 베드로는 정적의 공격을 벗어날 수 있었을까?

요한복음의 예수는 세 번째 만남에서 이 문제를 푼다. 다른 복음서가 지도자로서의 베드로의 권위 회복의 단서를 알려 주지 않는 반면 요한복음은 신약성경 전체를 통해 역사적 궁금함을 야기하는 베드로의 실패와 회복에 대한 답변의 내러티브를 제공한다. 의미를 중심으로 살펴보자.

2. 물고기 대량 포획 사건의 추억(1~14절)

요한복음 21장 이야기의 중심은 확실히 베드로다.[8] 베드로와 다른 제자 6인은 디베랴 바다(갈릴리 호수)에 고기를 잡으러 나갔다. 결과는 완전한 실패였다(3절). 그런데 아직 어두운 호숫가에 한 사람이 나타나 배 오른 편에 그물을 던져보라고 했다(6a절). 그대로 따라했더니 그물을 들어올릴 수 없을 정도로 포획이 거대했다(6b절).

이 일은 누가복음 5:1~11에 소개되는 베드로의 소명 이야기에서 묘사된 대량 포획 사건을 연상시킨다.[9] 그때도 베드로와 그의 친구들이 밤새도록 수고했으나 얻은 것이 없었다. 그러나 말씀을 가르치던 예수의 지시에 순종하여 그물을 내렸을 때 잡힌 것이 많아 그물이 찢어질 지경이었었다(눅 5:6). 이 순간에 '예수의 사랑하는 제자'는 그 첫 만남 때의 사건을 떠올리면서 호숫가의 그분이 예수임을 직감한다. 그의 지적에 즉각 공감한 베드로가 물에 뛰어내려 주께로 간다. 그리고 예수께서는 밤새 노동으로 지친 제자들에게 조반을 준비하시는 자상함으로 그들을 사랑하신다.

이렇게 약간의 상상력을 발휘해본다. 예수께서 다시 살아나셨다. 그리고 그들을 만나 평안을 전하고 파송을 명하며 성령을 불어넣기까지 하셨다. 그러나 실패와 도주와 상심으로 무너진 이들, 특히 격렬한 부정으로 스스로 큰 상처를 입었던 베드로에게는 인격적 회복이 필요했다. 부활 주님의 이 세 번째 출현은(21:14) 그러한 정서적 회복을 목적으로 한 것 같다.

대량 포획 사건은 베드로를 처음 소명할 때의 첫 감동을 연상시켰을 것이다. 그때도 예수의 초자연적 권능에 신성한 경외를 느낀 베드로는 자신이 죄인임을 자각하고 떠나달라고 했었다(눅 5:8). 그러나 주님은 그 죄인에게 "무서워 말라 이제 후로는 네가 사람을 취하리라"며 소명을 주셨다(눅 5:10).

이제 예수께서는 주님을 부인한 상처가 가슴 깊이 박힌 베드로, 그 애초의 죄인을 용납하시고 사명자로 부르셨던 그때의 아름다운 기억으로 다시 초청하신다. 그리고 가출했다 돌아온 자식에게 따뜻한 음식을 차려 주는 어머니의 밥상을 마련하신다. 그들 중 누구도 아무 말 하지 않았다. 그저 조용히 같이 식사를 했고 그 따스한 정은 아직 서늘한 새벽 공기를 훈훈하게 데울 뿐이었다.

3. 부정(否定)의 기억과 사랑의 고백(15~23절)

더 중요한 일은 조반 이후에 준비되어 있었다. 예수께서는 세 차례에 걸쳐 베드로에게 자신을 사랑하는지 물으셨다. 질문의 내용은 의도적이었다. "요한의 아들 시몬아 네가 이 사람들보다 나를 더 사랑하느냐"(21:15a). 이 역시 베드로의 장담과 맞물려 있다. 그는 죽을지언정 주님을 버리지 않겠다고 했었다(요 13:37; 눅 22:33). 특히 마태복음과 마가복음은, 다른 제자들이 다 주를 버릴지라도 자기는 그러지 않겠노라고 비교하는 것을 기록한다(마 26:33; 막 14:29).

그렇다면 예수께서는 실패를 경험한 베드로에게 그런 장담의 주님 사랑을 다시 묻고 있는 것이다. "그때 장담했던 것처럼 다른 사람들이 나를 사랑하는 것보다 네가 나를 그렇게 더 많이 사랑하느냐?" 베드로는 자신이 주님을 사랑한다고 대답할 수 있었다. 그러자 예수께서 부탁하신다. "됐다. 그러면 내 양을 책임져 다오."

그런데 예수님은 왜 베드로가 곤란하여 염려할 정도로 세 번씩이나 같은 질문을 되풀이하셨을까?[10] 그것은 베드로를 의심해서가 아니라 그를 사하여 아꼈기 때문이다. 베드로에게는 세 번 부인한 상처가 깊었다. 세 번씩이나 주님을 부인한 비겁한 과거는, 그가 정상적인 사람이라면 부활하신 주님을 뵈올 때 내내 괴로움의 근원이 되었을 것이다. 예수께서는 베드로에게 세 번의 부인을 상쇄하는 세 번의 사랑고백을 발언하게 하여 그 맺힌 상처를 씻어 주시고자 하신 것이 아니었을까? "네가 엉겁결에 나를 부인했지만 너의 심중에 나에 대한 사랑이 진심이고 그 마음은 지금도 변함이 없다는 것을 내가 안다. 그러니 그것을 끄집어내 너와 내가 같이 확인하고 지난 아픔은 잊어버리자." 그리고 그 고백이 되풀이될 때마다 예수께서는 '주님의 양을 먹이라'는 애초의 사명을 세 번에 걸쳐 확인하고 또 확인한다.

사실 베드로의 세 번 부인 사건은 당시 사람들에게는 스캔들이었을 것이다. 과연 베드로가 그런 비겁한 부인을 하고 나서도 여전히 교회의 지도자일 수 있을까? 이런 권위의 의문을 일거에 지워버린 것이 이 만남과 대화였다. 예수께서는 다소 의아한 느낌을 자아내는 이 질의응답을 통해 베드로의 상처를 치유하고 지도자로서의 권위를 회복하여 그의 인격과 직분을 회생(回生)시키셨다.

이런 과정을 거친 베드로는 이제 과거 장담하던 것처럼 주를 위해 기꺼이 죽을 수 있는 신앙을 구비하게 되었다(21:18~19). 실제로 후대 역사의 전승은 베드로가 그렇게 주를 위해 로마에서 순교했음을 알려 준다.

중심을 보시는 하나님이시다(삼상 16:7). 그분은 우리의 모든 것을 우리 자신보다 더 잘 알고 계신다(시 139:1~4). 우리가 혹 약간의 실수를 저질렀더라도 우리의 중심이 진실하고 그 사랑이 확고하면 용서와 회복의 전문가 되신 예수께서 이렇게 영혼을 소생케 하여 당신의 사람으로 다시 사용하신다.

주

1장

1. 흥미롭게도 요한복음에서 '하나님'이란 단어가 83회, '아버지'라는 단어가 137회 사용되었는데 그 중에 122회 이상이 하나님 아버지를 언급한다. 이것은 '하나님의 아들'로서 예수와 성부 하나님과의 관계를 강조하는 비근한 예가 된다.
2. 요한복음의 상징에 대한 연구로는 Koester의 책 *Symbolism in the Fourth Gospel* (1995)를 보라.
3. 요한복음에서 물의 상징에 대한 연구로는 Jones의 책, *The Symbol of Water in the Gospel of John* (1997)을 보라.

2장

1. E. Pagels, *The Johannine Gospel in Gnostic Exegesis: Heracleon's Commentary on John*, Atlanta: Scholars Press, 1973을 보라.
2. 그럼에도 불구하고, 요한복음의 배경에 대해서 학자들의 의견이 일치하지 않다는 점은 덧붙여야겠다. 유대교와 헬라 사상 가운데 어느 것이 더 많은 영향을 끼쳤는지에 대해서는 난제가 남아 있다.
3. 쿰란 공동체는 랍비 전승과는 다른 묵시문학의 사상과 친숙한 윤리적 이원론과 고도로 발전된 천사론을 가지고 있다. 이것이 요한복음의 교회와 다른 점이다.
4. W. Meeks, 'The Man from Heaven in Johannine Sectarianism,' *JBL* 91 (1972), pp. 44~72. 믹스는 복음서의 언어, 특히 하늘과 땅 그리고 인자의 내려옴(3:13) 사이를 묘사하는 언어가, 스스로를 자신들이 살고 있던 세계에서 고립된 것으로 이해했던 공동체를 제시한다고 단정했다. 그러나 이러한 주장은 많은 학자들의 반론에 부딪히게 되었다.
5. 참조. B. Lindars(김동수 역), 「요한복음」(서울: 이레서원, 2002), pp. 58~61; 김춘기, 「요한복음 연구: 신학과 주석」(서울: 한들 출판사, 1998), pp. 59~62; D. Moody Smith(최흥진 역), 「요한복음의 신학」(서울: 한들 출판사, 1999), pp. 26~38.
6. C. F. Burney, *The Aramaic Origin of the Fourth Gospel* (Oxford: Oxford University Press, 1922).
7. W. D. Davies, *Invitation to the New Testament* (Sheffield: JSOT, 1993(rep.)), p. 391.
8. 더 자세한 설명은 다음을 보라. W. D. Davies (1993) pp. 397~408.
9. 반론에 대해서는 B. Lindars (2002) p. 71을 보라.

4장

1. 이 경우 요한복음과 공관복음이 유사한 부분은 요한이 독립적으로 사용한 자료가 공관복음의 자료와 일치하기 때문에 더 오래된 전통(tradition)으로 거슬러 올라간다고 볼 수 있다. 이러한 입장에서는 요한복음의 역사적 사료로서의 가치가 높이 평가된다. 요한복음문제와 역사적 예수연구 사이의 연관성에 관하여는 C. L. Mitton, *Jesus: The Fact Behind the Faith* (London: A. R. Mowbray & Co., 1973), p. 83 참조.
2. 요한복음문제에 관하여서는 M. Hengel, *The Johannine Question*, translated by J. Bowden, London: SCM, 1989 참조.
3. 큄멜(W. G. Kümmel)의 정의에 의하면 "공관복음 문제는 첫 세 복음서들 사이의 문헌적 관계에 대한 연구로서 마태복음, 마가복음, 누가복음간의 일치와 차이라는 이상하고 복잡한 관계를 어떻게 설명할 것인가 하는 문제다"(*Einleitung in das Neue Testament*, 17th ed., Heidelberg: Quelle & Meyer, 1973, p. 17).
4. 요한복음이 공관복음에 의존한다는 주장에 관해서는 F. Neirynck, 'John and the Synoptics,' in *L'Evangile de Jean: Sources, redaction, theologie*, ed. M. de Jonge, *Bibliotheca ephemeridum theologicarum lovaniensium* 44 (Leuven: Peeters, 1977), pp. 73~106 참조.
5. "Some Johannine 'Herrnworte' with Parallels in the Synoptic Gospels," in *New Testament Studies* 2 (1955~1956), p. 77. 다드가 제시한 다른 경우들에 관해서는 C. H. Dodd, *Historical Tradition in the Fourth Gospel* (Cambridge: Cambridge University Press, 1963), pp. 268~270 참조.
6. "John 12 12ff. and the Question of John's Use of the Synoptics," in *Journal of Biblical Literature* 82 (1963), p. 61.
7. *The Four Gospels: A Study of Origins*, 1st edition (London: Macmillan, 1924), pp. 405~406.
8. '우 … 헤오스'는 마태복음 5:18, 26; 10:23; 12:20; 16:28; 23:39; 24:21, 34; 26:29; 마가복음 9:1; 13:19; 14:25에 등장한다.
9. 마가우선설을 가정하는 학자들은 이러한 일치를 마태복음과 누가복음의 편집경향성의 공통성으로 설명한다.
10. I. Buse, "St. John and 'the First Synoptic Pericope'," in *Novum Testamentum* 3 (1959), p. 60. 참조. I. Buse, "St John and the Marcan Passion Narrative," in *New Testament Studies* 4, (1957~1958), p. 219; S. Temple, "The Two Traditions of the Last Supper, Betrayal, and Arrest," in *New Testament Studies* 7, 1960~1961, pp. 77~85.
11. "네가 유대인들의 왕이냐?"(요 18:33).
   "내가 너희에게 유대인들의 왕을 풀어줄까?"(요 18:39).
12. "호산나! 복되도다, 주의 이름으로 오시는 분이여!"(요 12:13).

II

3장

1. 참조. G. R. Beasley-Murray, *John* (*WBC*, 36; Nashville: Thomas Nelson, 2nd ed., 1999), pp. 45~46.
2. 12절에서 2인칭 복수형을 사용한 예수의 대화가 끝나고, 13절부터는 3인칭이 사용되는 점을 주목하라.
3. 하지만 니고데모의 경우 그의 영적 상태가 궁극적으로 긍정적인 모습으로 귀결되고 있음을 주목하라. 참조. 요한복음 7:50; 19:38~40.
4. 참조. F. P. Cotterell & M. M. B. Turner, *Linguistics & Biblical Interpretation* (London: SPCK, 1989), pp. 280~281.
5. D. A. Carson, *The Gospel according to John* (Leicester: IVP, 1991), p. 187.
6. C. K. Barrett, *The Gospel according to St. John* (Philadelphia: Westminster Press, 2nd ed., 1978), p. 202. 그는 이러한 토론의 내용이, 교회는 회당을 완성하고 성취한 것으로서 결과적으로 그것을 능가한다는 사실을 드러내 보여 준다고 주장한다.
7. 이러한 두 가지 개념의 연결은 디도서 3:5에서도 예증된다 - '중생의 씻음과 성령의 새롭게 하심'. 참조. B. Lindars, *The Gospel of Gospel* (NCBC; London: Marshall, Morgan & Scott, 1972), p. 150.
8. 참고적으로, 요한복음에서는 '생명'이라는 단어가 주도적으로 사용되고, '[하나님] 나라'는 본 문맥(3, 5절)과 18:36에서만 나타날 뿐인데 반해, 공관복음에서는 '하나님 나라' (= '하늘 나라')가 주도적으로 사용되고, '생명'은 몇 차례 사용되지 않는다.
9. 이는 Carson, *John*, pp. 191~195의 내용을 선별해서 채택한 것이다.
10. 예. R. E. Brown, *The Gospel according to John*, I (2 vols; *AB* 29, 29a; Garden City: Doubleday, 1966, 1970), pp. 141~144.
11. Barrett, *John*, p. 212.
12. Beasley-Murray, *John*, pp. 49~50; Carson, *John*, p. 199.
13. 참조. Beasley-Murray, *John*, p. 51.
14. Beasley-Murray, *John*, p. 51.
15. 참조. Barrett, *John*, p. 220.
16. 구약성경은 자주 하나님을 신랑에, 이스라엘을 신부에 비유한다(사 62:4~5; 렘 2:2; 3:20; 겔 16:8; 23:4; 호 2:14~20). 한편 신약성경은 그리스도를 신랑에, 교회를 신부에 비유한다(고후 11:2; 엡 5:25~27; 계 19:7; 21:2, 9~10; 22:17).
17. Carson, *John*, p. 212. 참조. R. Bultmann, *The Gospel of John. A Commentary* (trans. G. R. Beasely-Murray; Oxford: Basil Blackwell, 1971), p. 152 n. 3.
18. Beasley-Murray, *John*, p. 53.
19. 참조. Lindars, *John*, p. 170.
20. E. C. Hoskyns, *The Fourth Gospel* (London: Faber and Faber, 1947), p. 230.

21. 한글개역의 '만물' 이라는 번역은 자칫 물체로 존재하는 대상들만을 지칭하는 것으로 이해될 수 있나. 아래의 논의를 보라.

22. Lindars, *John*, p. 171.

23. 참조. E. Haenchen, *John*, I (2 vols; Hermeneia; Philadelphia: Fortress Press, 1984), p. 211.

4장

1. 번역문은 도서출판 일호의 하바드판 요세푸스 7권 78쪽에서 인용함. 이에 대한 언급은 George R. Beasley-Murray의 *John* (WBC vol 36, Word Books, 1987), p. 59에 기초했다.

2. 고대의 시간은 현대의 것과 다르게 계산된다. 밤은 1, 2, 3 경 정도로 대충 나누고 낮은 해가 뜨는 때부터 시작하여 질 때까지의 시간을 열둘로 나누었다. 고대의 1시는 오늘날 해가 뜨는 오전 6시 정도를 가리킨다. 따라서 본문의 6시는 오늘날의 시간으로 환산하면 낮 12시다.

3. F. F. Bruce, *The Gospel of John* (Grand Rapids: Wm B. Eerdmans, 1983), p. 102.

4. Patrick W. Skehan and Alexander A. Di Lella, The Wisdom of Ben Sira, The Anchor Bible 39 (New York: The Anchor Bible, Doubleday, 1987), p. 558.

5. 실제로 구약에서 야곱이 이 우물을 팠다는 기록을 찾아볼 수는 없다. 사마리아 여인이 전해들은 이 전승은 아마 창세기 33:18~20을 배경으로 했을 것이다.

6. 그래서 주후 70년 예루살렘 성전의 파괴 이후 유대인들의 제사는 영원히 중단되고 말았다.

7. 일부 주석들은 44절의 말씀이 사건 진행의 맥락에 맞지 않는다고 보아 당혹해한다. 더구나 이어지는 스토리에서 예수는 갈릴리에서 환영을 받은 것처럼 보이기도 한다. 그래서 브루스는, 요한복음 내에서의 '고향'이 갈릴리가 아닌 유대를 가리킨다고 보기까지 했다(*The Gospel of John*, p. 116). 하지만 갈릴리의 두 번째 표적을 사마리아의 믿음과 부흥이라는 중심 스토리와 대조하기 위한 '부록'으로 이해하면 이런 종류의 불필요한 학술적 고민을 할 필요가 없다.

5장

1. 이 문제에 대해서는 L. Morris, *The Gospel according to John*, rev. ed., (Grand Rapids: Eerdmans, 1995), p. 265 n. 6; F. W. Grosheide, *Het heilig evangelie volgens Johannes* I (Amsterdam: H. A. van Bottenburg, 1950), pp. 338~340을 보라.

2. 어떤 주석가들은 이 치유 현상을 초자연적인 능력으로 보거나(Hendriksen: 꼭 그렇다고 주장하는 것은 아니지만 이 가능성을 배제하지 않는다) 하나님의 특별 은혜로 본다 (Grosheide).

3. D. A. Carson, *The Gospel according to John* (Leicester: Apollos, 1991), p. 242.

4. 개역한글판 성경에는 없지만 원문에는 19절 초반에 '대답하였다' (아페크리나토)가 있다.
5. 참조. Grosheide, *Johannes*, I, p. 359,
6. 참조. W. Hendriksen, *The Gospel of John, Edinburgh: Banner of Truth* (1954), pp. 494~500(특히 p. 499).
7. 이 두 구절에서는 동사가 모두 '아오리스트'로 되어 있다. 이것은 과거의 어느 시점에 행해진 '동작'에 초점을 두고 말하는 것이다. 이에 반해 요한복음 5:24은 그 동작의 결과로 이루어진 '현재의 상태'에 초점을 두고 말한다.
8. 참조. E. C. Colwell, "A definite rule for the use of the article in the Greek New Testament," in *JBL* 52 (1933), pp. 12~21.
9. 예를 들면 Seyoon Kim, "The 'Son of Man'" as the Son of God, Tubingen: J. C. B. Mohr, 1983. 한편 F. W. Grosheide는 관사 없는 '휘오스 안트로푸'는 관사 있는 '호 휘오스 투 안트로푸'와는 달리 '칭호(title)'가 아니라 그냥 '사람'이라는 의미로 이해한다 (*Johannes*, I, p. 375).
10. F. L. Godet, *Studies in the New Testament* (Grand Rapids: Kregel, 1984(repr.), p. 93f.
11. 여기서 '행한 자'라는 분사(프락산테스)의 시상이 모두 '아오리스트' (부정과거)로 되어 있는 것이 특이하다. 여기의 아오리스트를 단회적 의미나 단호한 동작의 의미로 이해하면 안 된다. 여기에 현재가 아니라 아오리스트가 사용된 이유는 마지막 심판 날의 시점에서 돌아볼 때 인간이 지나간 세상에서 행한 일들은 모두 과거지사가 되고 말기 때문이다. 따라서 마지막 심판 날의 시점에서 지나간 역사를 되돌아보면서 말하기 때문에 지나간 세상에서 어떤 사람이 행한 모든 일들을 하나로 묶어서(globally) 표현하기 때문에 아오리스트 시상이 사용되었다. 즉, 여기의 아오리스트는 '글로벌 아오리스트' (global aorist)로 이해할 수 있다.
12. 여기서 '범죄하다'는 동사의 시상은 '현재'다. 이것은 곧 불신자들이 일상적으로 죄를 지으며 살고 있는 것과 같은, 그러한 일상적인 죄 짓는 생활을 하지 않는다는 의미로 이해할 수 있다. 참조. M. Zerwick, Biblical Greek, Rome: Editrice Pontificio Istituto Biblico (1963), §251.
13. 데살로니가전서 3:13의 '거룩한 자들' (호이 하기오이)은 4:14과 관련지어 생각해 볼 때 '성도들' 곧 '(죽은) 성도들의 영혼들'을 가리킴이 분명하다. 바울에게서 '거룩한 자들'은 항상 그리스도의 피로 거룩하게 된 '성도들'을 가리키며 결코 '천사들'을 가리키지 않는다. 참조. J. A. C. Van Leeuwen, Paulus' zendbrieven aan Efeze, Colosse, Filemon, en Thessalonika, Amsterdam: H. A. van Bottenburg, 1926, p. 350.
14. 예수님에 대해서도 또한 '등불'이라고 말할 수 있지만(계 21:23), 그것은 영원히 있을 '등불'이다.
15. 참조. Hendriksen, *The Gospel of John*, p. 207f.

6장

1. 1절의 "그 후"(메타 타우타)가 얼마의 시간 간격을 말하는지는 정확히 알 수 없다. 요한은

그의 복음서보다 앞서 기록된 공관복음서들의 내용을 보충하려 했기 때문에 당연히 많은 사건들을 생략했다. 요한복음 5:1의 "명절"을 초막절(9월)로 간주한다면, 유월절(3~4월)을 앞둔 6장까지는 약 6개월이 경과한 셈이다. 요한은 공관복음 기자들이 2번만 언급한 유월절을 3번 언급하는데(2:13=2:23; 6:4; 11:55=19:14), 이것은 예수의 공생애 기간을 3년으로 추정하는 근거가 된다.

2. 예수가 빵 다섯 덩이와 물고기 두 마리로 5,000명을 먹인 기적은 사복음서에 모두 기록되었다. 요한의 보도는 공관복음의 기사들과 조화롭게 잘 연결되는 동시에(비교. 마 14:13~21; 막 6:32~44; 눅 9:10~1) 그곳에 없는 귀중한 자료들을 보충해 준다(4, 8, 14, 15절).

3. 시내 산 위의 떨기나무 불꽃 가운데 나타나서 모세를 부르신 하나님은 자신을 다음과 같이 계시하셨다. "나는 스스로 있는 나다(אֶהְיֶה אֲשֶׁר אֶהְיֶה I am who I am) … 너는 이스라엘 자손에게 이르기를 스스로 계신 자가 나를 너희에게 보내셨다 하여라"(출 3:14). 히브리 구약성경에서 하나님의 이름(יהוה 야훼)은 이 동사(היה 하야)에 기초하고 있다. LXX은 이 동사를 '에고 에이미'로 번역했다

4. G. Maier, *Johannesevangelium* I, Bibel-Kommentar 6 (Neuhausen, Stuttgart: Hünssler Verlag, 1984), p. 263.

5. 22b절의 ἦν(미완료시제)는 지각동사(εἶδον)와 결합하여 그 지각이 일어난 시점보다 상대적으로 앞선 시점을 가리킨다(F. Blass/A. Debrunner/F. Rehkopf, *Grammatik des neutestamentlichen Griechisch* [Göttingen: Vandenhoeck & Ruprecht, 161984], § 330, 2를 참조하라): … εἶδον ὅτι πλοιάριον ἄλλο οὐκ ἦν ἐκεῖ(… they saw that therehad bee no other boat ther).

6. 22절의 문장은 문법적으로 까다로우며 오래된 사본에서 때때로 불확실하다. 이 때문에 여러 해석자들은 배와 관련된 전체 기사가 후대에 형성되어 삽입된 것이라고 주장한다(예를 들면 R. Schnackenburg, Das Johannesevangelium, HThK IV/2 [Freiburg/ Basel/Wien: Herder, 31980], 44f). 하지만 지금까지 22절이 빠져 있는 사본은 하나도 발견되지 않았으며, 위의 주장을 뒷받침할만한 유력한 증거가 없다. Maier, *Johannesevangelium* I, p. 265를 보라).

7. 비교. 마 12:38; 16:1; 막 8:11; 눅 11:16, 29; 요 2:18; 4:48.

8. 여기서 "주여!"(퀴리에)라는 호칭은 "랍비여"(라흐비)와 마찬가지로 공손한 형식으로 통용되는 표현일 뿐 어떤 신앙고백적 의미를 나타내지는 않는다(비교. 3:26; 4:11, 15, 19; 5:7; 12:2).

9. 요한복음에는 예수의 "나는 …이다"(에고 에이미…)라는 독특한 형식의 진술이 모두 7회 등장한다(6:35 – '생명의 빵'; 8:12 – '세상의 빛'; 10:7, 9 – '양들의 문'; 10:11, 14 – '선한 목자'; 11:25 – '부활과 생명'; 14:5 – '길과 진리와 생명'; 15:1, 5 – '참 포도나무'). 여기 등장하는 모티브들은 예수가 유대교에서 (기적이나 주요 명절 강화의 맥락 속에서) 취하여 자신의 메시아적 인격과 사역에 적용시켜 재해석한 것들이다.

10. 헬라어 동사 '공귀제인'(to grumble)의 단순형 및 복합형은 LXX 가운데 특히 광야 기사에서 모세와 하나님에 대한 이스라엘 백성의 태도를 묘사하는 데 자주 등장한다(출 15:24; 16:2, 7; 17:3; 민 11:1; 14:2, 27, 29 등). 요한복음 6:41의 헬라어 원문에서 이 동

사(에공귀조)는 문장의 맨 첫머리에 놓임으로써 강조되어 있다.
11. 요한복음 6장과 민수기 11장 사이의 병행구절에 관해서는 G. M. Burge, John, *The NIV Application Commentary*(Grand Rapids: Zondervan, 2000), p. 193을 보라.
12. Maier, *Johannesevangelium I*, p. 264; Burge, *John*, p. 196.
13. '이중예정 교리'의 증거 본문으로 인용되어 온 로마서 9:14~24의 해석과 적용에 관해서는 필자의 졸고 "토기장이와 다른 하나님(롬 9:14~24)," 김종렬(편), 「2002 예배와 강단」(서울: 한들출판사, 2001), pp. 111~112를 참조하라.
14. D. A. Carson, *Divine Sovereignty and Humans Responsibility* (Grand Rapids: Baker, 1994), p. 132.

7장

1. Gary M Burge, *John* (*The NIV Application Commentary*; Grand Rapids: Zondervan, 2000), p. 221.
2. D. A. Carson, *The Gospel according to John* (Grand Rapids: Eerdmans, 1991), p. 309; Burge, *John*, p. 222를 참조하라.
3. 37절에 언급된 "명절 끝날 곧 큰 날"이 초막절의 칠일째(신 16:13~15 참조)인지 아니면 팔일째(레 23:34~37; 민 29:39 참조) 되는 날인지에 대해서는 학자들의 견해가 다소 갈리고 있다. 본문을 이해하는 데 어떤 견해도 해석의 결정적 차이를 초래하지는 않지만 필자는 개인적으로 이 날이 팔일째라고 보는 것이 더 설득력 있다고 본다. 변종길, 「성령과 구속사」(서울: 개혁주의신행협회, 1997), pp. 136~140; D. A. Carson, *John*, pp. 321~322를 참조하라.
4. 예수께서 언급하신 이 메시지의 본문 역시 학자들 사이에서 크게 두 가지 견해로 양분되는데, 38절의 "나를 믿는 자"(호 피스튜온 에이스 에메)라는 분사구로 된 주어가 어디에 속하는 것으로 볼 것인가에 따라 구두점이 달라지게 됨으로서 해석에 차이가 나타난다. 1) 대부분의 한글성경과 영어성경은 "나를 믿는 자"가 38절의 주어 역할을 함으로써 "마시라" 다음에 구두점을 찍은 경우다 - Lightfoot, Westcott, Zahn, Bernard, Barrett, Lindars, Morris, Carson, 이한수, 변종길의 입장. 2) 이와 달리 "나를 믿는 자"의 분사구가 37절에 속한 것으로 봄으로써 이 분사구 다음에 바로 구두점을 찍는 경우다. 흔히 '기독론적 독법'으로 간주된다 - Abbott, Brown, Bultmann, Dodd, Dunn, Jeremias, Burge, 김희성의 입장.
먼저 이 두 견해는 헬라어 문법상 모두 가능하다. 또한 해석에서도 차이보다는 공유하는 바가 사실 더 많다. 해석의 차이를 유발하는 것은 "생수의 강이 흘러나는 배"를 누구의 배로 볼 것이냐다. 전자는 '예수를 믿는 모든 사람들'의 배를, 후자는 "예수님 자신"의 배를 의미한다. 그러나 전자의 견해를 취한다 하더라도 "생수의 강"의 근원은 예수 그리스도 자신임이 잘 드러나고 있다. J. B. Cortez, "Yet Another Look at John 7:37~38", *CBQ* 29 (1967), pp. 75~86; G. M. Burge, *The Anointed Community: The Holy Spirit in the Johannine Tradition* (Grand Rapids: Eerdmans, 1987), pp. 88~93; 변종길, 「성령과 구속사」, pp. 140~176; 이한수, "요한의 성령이해", 「신학지남」 239(1994), pp. 77~109; 김희성, "신자의 배냐 예수의 배냐?", 「신학과 선교」 26 (2001), pp. 29~51을 보라.
5. G. M. Burge, *John*, pp. 226~228; 유상섭, 「설교를 돕는 분석 요한복음」(서울: 규장, 1999), pp. 178~181을 참조하라

8장

1. 이 부분의 사본상 문제점의 논의에 대해서는 Bruce M. Metzger, *A Textual Commentary on the Greek New Testament*, 2nd edn. (DB and UBS, 1971, 1994), pp. 187~189를 참조하라.
2. 이에 대해서는 George R. Beasley-Murray, *John*, WBC 36 (Waco: Word, 1987), pp. 143~144를 참조하라.
3. Beasley-Murray, *John*, p. 145.
4. 이런 주장은 T. W. Manson이 하고 있으나, Beasley-Murray는 이에 대해 부정적이다. 참조, Beasley-Murray, *John*, p. 146.
5. 참조, D. Moody Smith, Jr., *John* (Nashville: Abingdon Press, 1999), p. 179.
6. Beasley-Murray, *John*, p. 127에서 재인용.
7. 이 점에 대해서 명확히 단정할 수는 없다. 그렇다고 보는 견해로는 Gary M. Burge, *John*, *NIV Application Commentary* (Grand Rapids: Zondervan, 2000), pp. 254~257를 참조하라.
8. 참조, B. F. Westcott, *The Gospel According to St. John* (reprinted, Grand Rapids: Eerdmans, 1981), p. 123.
9. Rudolf Bultmann, *The Gospel of John: A Commentary* (Oxford: Blackwell, 1971), p. 342.
10. Ernst Haenchen, *John II* (Philadelphia: Fortress, 1984), p. 26.
11. 7장과 8장 속에서의 논쟁들이 예수님의 선언적 말씀들에 의해 촉발되고 있음을 잘 정리해 주고 있는 예로 참조, C. H. Dodd, *The Interpretation of the Fourth Gospel* (Cambridge: Cambridge University Press, 1953), pp. 345~346.
12. 참조, Anthony C. Thiselton, "Truth" in *The New International Dictionary of New Testament Theology*, vol. III, p. 892.
13. 이 부분에 대한 사회과학적 접근의 좋은 한 예로는 Jerome H. Neyrey, "Spaces and Places, Whence and Whither, Homes and Rooms: 'Territoriality' in the Fourth Gospel," *Biblical Theology Bulletin* 32 (2002), pp. 60~74를 참조하라.
14. 또는 '50년도 되지 않게 아브라함을 보았다'고 읽을 수 있는 가능성에 대해서 D. A. Carson, *The Gospel According to John*, Pillar NT Commentary (Grand Rapids: Eerdmans, 1991), p. 359를 참조하라.
15. Metzger, *A Textual Commentary*, p. 193.
16. 참조, 메릴 테니, 「요한복음 해석」 (서울: 기독교문서선교회, 1989), p. 129.

9장

1. 기록목적은 상당히 분명한데 반해, 제기되는 문제는 요한이 본 복음서를 써 보낸 대상을 결정하는 일이다. 요한이 본 복음서를 써 보낸 대상을 결정하는 데 본문의 변이를 참조하는 일은 매우 중요하다. 문제는 "믿게 하려 함이요"에 해당하는 '히나 피스튜세테'에 있다. 현재형(present subjunctive: 피스에테)은 시내사본, 바티칸사본의 원본, 파피루스 66의 지지를 받는 반면, 부정과거형(aorist subjunctive: 피스튜에테)은 시내사본과 바티칸사본의 교정본, 그리고 대다수 사본의 지지를 받고 있다. 만일 현재형(히나 피스튜에테)이 채택된다면, 요한복음의 기록 목적은 교회 안에서 발생되고 있는 잘못된 해석들에 직면하여 예수는 메시아며 하나님의 아들이라는 계속 믿어 확신에 거하게 함으로 그리스도인들의 신앙을 견고케 해 주는 것이 된다. 그렇게 되면 기록목적은 교육, 혹은 변증 목적이 된다. 반면 부정과거형(히나 피스튜세테)이 채택되면 독자들이 예수가 그리스도 곧 하나님의 아들임을 믿는 자가 되어 구원을 얻도록 하기 위해 쓰여진 것이다. 즉 기록 이유가 불신자를 대상으로 하는 전도목적이 된다. 그러나 현재형이든 부정과거형이 채택되든 한 가지 분명한 것은 요한의 주된 관심은 "예수가 누구신가" 하는 기독론에 초점이 맞추어져 있다는 것이다.
2. "나는 … 이다"는 구절들은 헬레니즘 세계에서는 발견되지 않고 구약에서 발견된다. 하나님은 모세에게 자신을 스스로 있는 자(출 3:14)로 계시하셨고, 이사야서에서도 "나는 … 이다"(사 41:4; 43:10; 46:4)로 계시하셨다. 이러한 표현이야 말로 예수님이 누구신지에 대해서 가장 권위있고 대담하며 심원하게 확증한 것이다. 예수님은 이 관용어를 통하여 자신을 당대의 모든 메시아 기대들로부터 초월시켰으며, 그의 생애 가운데 하나님의 현현(顯現)이 일어나고 있음을 주장하였다. 이 관용어를 통하여 예수님은 자신을 구약의 하나님과 동일시하고 있다. 이러한 사실은 요한의 복음에서 부활 후에 있었던 도마의 신앙고백에서 완전하게 표현된다. "나의 주시며 나의 하나님이시니이다"(20:28).
3. 마가복음 2:1~11은 예수께서 중풍병자를 고치시는 사건에서 병고치는 것을 죄 용서로 표현하고 있다. 이와 같이 인간의 병을 고치시는 것이 바로 죄 용서와 직결되어 있음을 성경 여러 곳에서 확인할 수 있다.
4. 초막절은 유대인들의 광야생활을 배경으로 한 절기다. 이 기간동안 제사장들은 실로암의 물을 길어다가 제단에 붓는 의식을 행했는데, 이를 통해 백성들은 므리바 사건을 기억하게 된다. 이를 배경으로 예수님은 '생수의 강'이라는 가르침을 주셨다. 또한 같은 절기 중 성전에는 불을 환히 밝히도록 되어 있었는데, 이를 배경으로 예수님은 나는 '세상의 빛'이라고 가르치셨다.

10장

1. 예수께서 죽은 사람을 살리신 기적사건은 공관복음에도 기록되어 있다(야이로의 딸을 살리심 - 마 9:18~19, 23~26; 막 5:22~24, 38~43; 눅 8:41~42, 49~56; 나인성 과부의 아들을 살리심 - 눅 7:11~15). 그러나 이런 기적사건들은 요한복음에 기록되어 있지 않다.
2. 나사로 사건에 대한 최근 연구는 다음을 보라. F. J. Moloney, 'Can Everyone be Wrong?

A Reading of John 11.1~12.8,' *NTS* 49 (2003), pp. 505~527; F. Manzi, 'Christus 'verus homo Lazarum flevit amicum'': Apporto biblico sul segno della risurrezione di Lazzaro,' *Ephemerides Liturgicae* 117(2003), pp. 53~95; W. E. S. North, The Lazarus Story within the Johannine Tradition (*JSNTSS*, 212; Sheffield: Sheffield Academic Press, 2001); R. Hakola, 'A Character Resurrected: Lazarus in the Fourth Gospel and Afterwards in David Rhoads and Kari Syreeni(eds.) Characterization in the Gospel: Reconceiving Narrative Criticism, *JSNTS*, 184 (Sheffield: Sheffield Academic Press, 1999), pp. 223~226; E. Reinmuth, 'Lazarus und seine Schwestern-Was wollte Johannes erzahlen? Narratologische Beobachtungen zu Joh 11,1~44', *Theologische Literaturzeitung* 124 (1999), pp. 127~138; Burkett, 'Two Accounts of Lazarus Resurrection in John 11,' *NovT* 36 (1994), pp. 209~232; M. W. G. Stibbe, 'A Tomb with a View: John 11.1~44 in Narrative-Critical Perspective', *NTS* 40 (1994), pp. 38~54; Wilhelm Wuellner, 'Putting Life Back into the Lazarus Story and its Reading: The Narrative Rhetoric of John 11 as the Narration of Faith,' *Semeia* 53 (1991), pp. 113~3; J. Kremer, Lazarus: Die Geschichte einer Auferstehung, *Text, Wirkungsgeschichte und Botschaft von Joh 11~14* (Stuttgart: Katholisches Bibelwerk, 1985).

3. 서사비평에 대하여 다음을 보라. M. A. Powell, *What is Narrative Criticism* (Minneapolis: Fortress Press, 1990).

4. 서사비평의 장단점에 대하여 Powell, *Narrative Criticism*, pp. 85~98을 보라.

5. 요한복음의 문학적 구조에 대하여 학자들은 이부구조(the bipartite structure), 또는 삼부구조(the tripartite structure)를 주장한다. 이부구조를 주장하는 학자들은 R. Bultmann, *The Gospel of John: A Commentary* (trans. G. R. Beasley-Murray; Oxford: Basil Blackwell, 1971); C. H. Dodd, *The Interpretation of the Fourth Gospel* (Cambridge: Cambridge University Press, 1953); C. K. Barrett, *The Gospel According to St John* (London: SPCK); R. E. Brown, *The Gospel According to John* (2 vols.; New York: Doubleday, 1966~1970) 등이 있고, 삼부구조를 주장하는 학자들은 A. Guilding, *The Fourth Gospel and Jewish Worship: A Study of the Relation of St John`s Gospel to the Ancient Jewish Lectionary System* (Oxford: The Clarendon, 1960); C. H. Giblin, The Tripartite Narrative Structure of John`s Gospel, *Biblica* 71 (1990), pp. 449~468; T. L. Brodie, *The Gospel According to John: A Literary and Theological Commentary* (Oxford: Oxford University Press, 1993) 등이 있다. G. Mlakuzhyil, The Christocentric Literary Structure of the Fourth Gospel(*AnBib*, 117; Roma: Pontificio Istituto Biblico, 1987)을 참조하라.

6. 태어나면서 눈 먼 사람을 치료하신 사건은 9:41로 끝나는 것이 아니라, 10장에서 계속되고 있는데 그 증거는 10:21이다. 이 논의에 대하여 다음을 보라. M. Asiedu-Peprah, *Johannine Sabbath Conflicts as Juridical Controversy* (WUNT, 2.132; ubingen: J.C.B. Mohr [Paul Siebeck], 2001), pp. 44~47, 116~120; P. W. Ensor, *Jesus and his 'Work' : TheJohannin Sayings in Historical Perspective* (WUNT, 2.85; ubingen: J. C. B. Mohr [Paul Siebeck] 1996), pp. 98~101; J. Painter, Tradition, History and Interpretation in

John 1, in J. Beutler, R. T. Fortna (eds.), *The Shepherd discourse of John 10 and its Context*, *SNTSMS*, 67 (Cambridge: Cambridge University Press, 1991), pp. 53~74, 150~156; Jan A. Du Rand, 'Asyntactical and Narratological Reading of John 10 in Coherence with Chapter 9', in Beutler, *Shepherd Discours*, pp. 94~115, 161~163; H. Thyen, 'Johannes 10 im Kontext des vierten Evangeliums', in Beutler, *Shepherd Discours*, pp. 116~134, 163~168.

7. M. W. G. Stibbe, *John* (Sheffield: JSOT Press, 1993), p. 80.

8. Manzi, 'Christus,' pp. 53~95를 보라.

9. Mlakuzhyil, *Christocentric*, pp. 215~221.

10. M. C. de Boer, *Johannine Perspectives on the Death of Jesus* (Kampen: Kok Pharos, 1996), pp. 176~217을 보라.

11. "나는… 이다"(에고 에이미)에 대하여 다음을 보라. L. Morris, *Jesus is the Christ: Studies in the Theology of John* (Grand Rapids: Eerdmans, 1989), pp. 107~125; D. M. Ball, 'I AM' in John's Gospel: Literary Function, Background and Theological Implications (*JSNTSS*, 124; Sheffield: Sheffield Academic Press, 1996).

12. North, *Lazarus Story*, p. 50.

13. BDAG, p. 322.

14. North, *Lazarus Story*, p. 50을 보라.

15. 요한복음 12:7의 '나의 장사할 날'(텐 헤메란 투 엔타피아스무 무)의 언급은 직접적으로 예수께서 자신의 죽음을 암시한 말씀이다.

16. Moloney, 'Can Everyone,' pp. 505~527을 보라.

17. Stibbe, *John, pp.* 125~126을 보라.

18. D. A. Carson, 'Understanding Misunderstandings in the Fourth Gospel', *TynB* 33 (1982), pp. 59~89을 보라.

19. 예수께서 죽으실 것을 풍유적으로 암시하는 장면이다. 예수는 유대 땅 예루살렘에서 죽으실 것이다. 그러나 도마는 자신이 알지 못하는 말을 하고 있는 것이다(참조. 14:5; 20:24~29). 이것은 11:50과 비슷한 상황이다. 요한은 가야바의 말을 11:51~52에서 설명하고 있다. Moloney, *John*, p. 326을 보라.

20. M. C. de Boer, 'The Depiction of 'the Jew" in John's Gospel: Matters of Behavior and Identity, in R. Bieringer et al (eds.), *Anti-Judaism and the Fourth Gospel* (Louisville: Westminster John Knox Press, 2001), pp. 141~157; R. F. Collins, 'Speaking of the Jews: 'Jew" in the Discourse Material of the Fourth Gospel', in R. Bieringer et al (eds.), *Anti-Judaism and the Fourth Gospel* (Louisville: Westminster John Knox Press, 2001), pp. 158~175; S. Motyer, *Your Father the Devil? A New Approach th John and 'the Jew'* (Carlisle: Paternoster Press, 1997)을 보라.

21. P. D. Duck, *Irony in the Fourth Gospel* (Atlanta: John Knox Press, 1985)을 참고하라.

12장

1. NIV 영어번역은 '끝까지'를 부사로 보고, 의역하여, 'full extent' (최대로 늘린)이라고 했는데, 예수님의 '온전한 자기 드림' (total self donation)을 보여 준다. "끝까지"를 시간의 개념으로 보아 죽으시는 순간까지 사랑하셨다고 이해해도 내용에는 별 차이가 없다.

2. 요한복음의 예수님 이야기를 이끌어 가는 틀 중의 하나가 '믿음(belief)'과 '불신(unbelief)'인데, 이 둘의 구별은 예수님에 대해 바르게 알고 있는가(knowledge / understanding) 여부로 결정된다. '믿음'과 '불신'의 대립에서 발생하는 갈등을 중심으로 요한복음을 이해한 대표적인 주석가는 비교적 오래된 Merill C. Tenny(Tenny, Merill C. & Richard N. Longenecker. *The Expositor's Bible Commentary: John and Acts*. vol.9, Grand Rapids: Zondervan, 1981)와 최근에 권위자로 떠오른 Alan Culpepper(*The Gospel and Letters of John*, Nashville: Abingdon Press, 1998)이다. 요한복음 13장은 예수님이 앞으로 전개될 모든 일에 대한 지식이 있음을 보여 준다(13:1~3). '믿음'은 이런 예수님에 대한 바른 깨달음에 근거하며, '불신'을 바른 지식이 없기 때문에 생긴다. 제자로서의 삶은 세상이 하나님을 알게 하는 것이다(요 13:35; 비교 13:12 "너희가 아느냐?").

3. 요한복음 전반부에서는 아직 때가 이르지 않았음을 반복적으로 말하다가 후반부에 오면서 때가 이름을 선언한다.

4. 비록 사탄이 등장하지만, 예수님은 모든 것을 알고 계신 전지한 분이기 때문에 위협 거리가 되지 못한다.

5. Brown, 주석, 556쪽; R. T. France, "Chronological Aspects of 'Gospel Harmony'," *VE* 16(1986) 50~54; Culpepper, 201쪽.

6. Brown, 주석, 556쪽.

7. Carson, 주석. 457쪽.

8. Carson, 주석, 589, 604쪽.

9. A. Jaubert, *The Date of the Last Supper* (Stein Island, N.Y.:Alba, 1965); E. Ruckstuhl, *Chronology of the Last Supper* (New York: Desclee, 1965); Bruce, 주석, 279쪽.

10. 고전적인 주장은 터툴리안, 시프리안, 아프라테스, 알렉산드리아의 씨릴의 주장에서 나오며, 최근에는 O. Cullmann이 발전시켰다. 자세한 내용은 Brown의 주석 567쪽을 참조하라.

11. Brown, 562쪽; Bruce, 283쪽; Carson, 466쪽.

12. 예수님은 십자가의 의미를 깨닫고, 예수님을 하나님의 아들로 영접한 사람들과 항상 함께 하신다. 이것이 예수님과 상관있는 영혼이 누리는 축복이다(참조, 눅 23:43).

13. 한규삼, 「요한복음 다시보기」(아가페 출판사, 2002), 148쪽.

14. 본문비평은 대부분의 목회자들에게 낯선 것임으로 상술을 피하기로 한다. 대부분의 주석가들은 '발 밖에'가 원문에 없을 것으로 추정한다(Brown, 566~567; Carson, 464~465).

15. 참고 "너희는 내가 일러 준 말로 이미 깨끗하였으니"(요 15:3). 요한복음은 제자를 씻는 것으로 말씀과 세족을 통해 상징적으로 표현되는 겸손한 성품/행위임을 밝힌다.

16. 마카비 2서 6:27~28, 31; 마카비 4서 17:22~25; 시락 44:16.

17. Culpepper, 206쪽. 요한복음 13:14~16과 누가복음 22:47은 같은 의미를 담고 있다. 이

를 근거로 요한복음 13:17은 유월절 만찬(혹은 최후의 만찬)에서 말씀하신 누가복음 22:19과 같은 내용을 포함한다고 보는 견해가 있다. "나를 기념하여 이것을 행하라"는 투토 포이에이테(눅 22:19)인데 요한복음 13:17의 "이것을 … 행하라"도 "타우타 포이에이테"다. "타우타"는 "투토"의 복수형이다.

18. 이런 경향은 요한복음 6:70~71에서부터 시작된다.
19. Carson, 주석, 474쪽.
20. 이 표현은 요한복음 후반부에만 나온다(19:26~27; 20:2~9; 21:1, 20~25). 영광의 책은 제자들을 위한 책이기 때문이다.
21. 한규삼, 17~22쪽.
22. 이 시도는 오래전 F. Prat에 의해 제안되었는데, 최근 연구가 그의 제안을 뒷받침해 준다 (*RSR* 15 [1925], pp. 512~522).
23. 베드로가 가장 늦게 세족을 하였다고 주장한 초기의 학자는 오리겐이었다(Brown, 주석, 552쪽).
24. 누가복음 22:53과 연결하여 보라. "그러나 이제는 너희 때요 어두움의 권세로다 하시더라." 요한복음에서 사탄에 대한 언급은 이곳에만 나온다. 어둠은 이해하지 못한 상태를 상징한다(9:4; 11:10; 3:19).
25. J. C. Fenton, *The Gospel According to John* (Clarendon, 1970), p. 27.
26. 한규삼, 177~180쪽.
27. 한규삼, 217쪽.

13장

1. 고별 강화의 범위와 상호 관계에 대한 논의에 대해서는 C. K. Barrett, *The Gospel according to St. John* (Philadelphia: Westminster Press, 2nd edn, 1978), pp. 454~455; 김득중, 「요한의 신학」 (서울: 컨콜디아사, 1994), pp. 117~126를 참조하라.
2. F. F. Segovia, 'The Structure, Tendenz and Sitz-im-Leben of John 13:31~14:31', *JBL* 104 (1985), pp. 477~478. 약간 다른 견해들에 대해서는 G. R. Beasley-Murray, *John* (WBC, 36; Nashville: Thomas Nelson Publishers, 2nd edn, 1999), p. 244를 보라.
3. B. Lindars, The Gospel according to John (*NCBC*, London: Marshall, Morgan & Scott, 1972), pp. 470~471; Barrett, *John*, pp. 456~457.
4. '우리가 저에게 와서 거처를 저와 함께 하리라' – 곧, 이는 신자 안에 삼위일체 하나님께서 내주하시며 교제하실 것에 대한 약속이다.
5. 참조. R. H. Gundry, 'In My Father's House Are Many Monai', *ZNW* 58 (1967), pp. 69~71.
6. Beasley-Murray, *John*, p. 249.
7. 한편, 어떤 이들은 아버지의 집을 하늘과 땅을 포괄하여 아버지의 능력과 사랑이 미치는 범주를 지칭한다고 제안하기도 한다. O. Schäfer, 'Der Sinn der Rede Jesu von den vielen Wohnungen in seines Vaters Haus und von dem Weg zu ihm (Joh 14, 1~12),' *ZNW*

32 (1933), pp. 210~217.
8. Lindars, *John*, p. 471.
9. Gundry, 'monai' , pp. 68~72; 그는 또한 예수의 '재림' 가능성도 제안한다.
10. D. A. Carson, *The Gospel according to John* (Leicester: IVP, 1991), pp. 488~490.
11. Barrett, *John*, p. 457.
12. '나로 말미암지 않고는 아버지께로 올 자가 없느니라.'
13. 본 단어는 요한일서 2:1을 제외하고는 요한복음에서밖에 나타나지 않는다.
14. R. E. Brown, *The Gospel according to John 13~21* (AB, *29a*; Garden City: Doubleday, 1970), pp. 1136~1137. '파라클레토스'의 개념적 배경에 대해 Brown, *John*, pp. 1137~1139는 다음 네 가지를 제시한다: 1) 구약에서 한 주요 인물이 떠날 때 다른 한 인물이 그의 자리를 대신 취하여 그의 사역을 수행하는 직렬-연결 관계: 모세-여호수아, 엘리야-엘리사. 그런데 이 경우들에서 성령이 그들 관계에 개입되고 있음은 의미심장하다 (신 34:9; 왕하 2:9, 15). 2) 구약에서 '하나님의 영'이 선지자들에게 임하여서 그들이 사람들에게 하나님의 말씀을 말하도록 하는 경우들(참조. 행 2장 - 오순절 사건 당시 사도들이 성령을 받은 후 설교한 경우). 3) 후기 유대교에서 법정적 역할을 감당하는 천사들의 역할(1QS 4:23~24; 지혜서 1:7~9; 희년서 1:24; 또한 참조. 욥 1:6~12; 슥 3:1~5). 4) 인격화된 지혜의 역할(집회서 24:12).
15. 아래의 내용은 Brown, *John*, pp. 1140~1141로부터 온 것이다.
16. 한편, 이 보혜사를 하나님뿐 아니라 예수께서도 보내시는 것으로 진술하고 있는 점으로 미루어 볼 때, 우리는 이 보혜사/성령을 하나님의 영(고전 2:11; 롬 8:11, 14)이자 예수의 영(고후 3:17; 갈 4:6; 빌 1:19)이라고 간주하는 점에서 요한과 바울이 일치하는 것을 발견한다.
17. 참조. M. M. B. Turner, 'The Concept of Receiving the Spirit in John's Gospel,' *Vox Evangelica* 10 (1977), p. 27.
18. Barrett, *John*, p. 464; Carson, *John*, pp. 501~502.
19. 참조. Brown, *John*, p. 645.
20. 일찍이 라틴 교부들.
21. 하지만 Barrett, *John*, p. 464는 간접적인 연결의 가능성은 인정한다.
22. 곧, 각 제안의 장점은 다른 제안의 난점이 되는 것이다.
23. Brown, *John*, pp. 656~657; Barrett, *John*, p. 469; Beasley-Murray, *John*, pp. 223~224, 263.
24. 참조. Beasley-Murray, *John*, pp. 223~224; Carson, *John*, pp. 477~479.

14장

1. 참조. F. W. Grosheide, *Het heilig evangelie volgens Johannes*, II, (Amsterdam: H. A. van Bottenburg, 1950), p. 332f.
2. 변종길, "요한복음에 나타난 비유의 핵심"(「그말씀」 1998년 7월호) 참조.

3. F. L. Godet, *Commentary on the Gospel of John*, I, (Grand Rapids: Zondervan, repr. of 1893 ed.), p. 259에 나오는 설명 곧 "그것은 정상적인 나타남을 불완전한 실현과 대비시킨다(It contrasts ⋯ the normal appearance with the imperfect realization)"는 설명은 옳지 않다고 생각된다.

4. Grosheide, *Johannes*, II, p. 335 n.3.

5. C. H. Dodd, *The Interpretation of the Fourth Gospel* (Cambridge: University Press, 1953, repr.1992). p. 136.

6. 참조. L. Morris, *The Gospel according to John*, (Rev. ed., Grand Rapids: Eerdmans, 1995), p. 594f.

7. 참조. Grosheide, *Johannes*, II, p. 344.

8. M. Zerwick, *Biblical Greek* (Rome: Editrice Pontificio Istituto Biblico, 1963, §313.

9. D. E. Holwerda, *The Holy Spirit and Eschatology in the Gospel of John* (Kampen: J. H. Kok, 1959, pp. 26~64.

10. 예를 들면 Grosheide, *Johannes*, II, p. 361 n. 3.

11. 예수님 당시에 출회(黜會)가 어떻게 시행되었는지는 알 수 없다. 후대에 두 종류의 출회가 있었는데, 하나는 30일간의 '일시 출회'(니드위)며 다른 하나는 '영구 출회'(헤렘)다. 예수님 당시에 이것이 구체적으로 어떻게 시행되었는지는 알 수 없지만, 어떠한 형태이든 출회가 시행되었다는 사실은 분명하다. 참조. Morris, *John*, p. 434 n.36.

12. 요한복음 13:36에서 베드로가 "주여, 어디로 가시나이까"라고 물은 것은 그냥 이 지상의 어떤 장소로 가시는 줄로 생각하고 물은 것이다. 따라서 여기서 예수님이 말씀하시는 의미에서의 질문은 아니었다. 참조. Grosheide, *Johannes*, II, p. 367.

13. Morris, *John*, p. 622.

14. Morris, *John*, p. 623.

15. 예를 들면, Grosheide, *Johannes*, II, p. 380.

16. Grosheide, *Johannes*, II, p. 385.

17. '파로이미야'(παροιμία)는 원래 '격언, 잠언'(Sprichwort)을 가리키는 단어인데, 요한복음에서는 '숨겨진 말'(die verhullte Rede)이라는 의미로 사용되었다(W. Bauer, *Griechisch-Deutsches Wörterbuch*, 5. Aufl., Berlin/New York: W. de Gruyter, 1971).

17장

1. 그리스-로마 시대 유대의 하루는 해가 지면 시작된다. 그래서 하루는 해질 무렵부터 다음 해질 무렵까지로 계산된다. 예수께서는 오늘날의 금요일 오후 세 시경 십자가에서 운명하셨고 그날 저녁 시작된 안식일 하루를 넘기고 안식 후 첫 저녁이 아닌 첫 날, 즉 오늘날의 주일 새벽에 그 무덤이 빈 채로 발견되었다.

2. 요한복음 21장은, 사용된 자료와 앞의 1~20장과의 관계에서 적지 않은 논란을 불러일으켰다. 하지만 메시지와 적용에 주목하는 이곳에서는, 결론 내리기 어려운 관념의 유희가 될 자료들의 관계에 대한 담론은 그에 관심과 책임을 느끼는 학자들의 과업으로 맡겨 접어두

기로 한다. 누가복음은 부활하신 예수의 유대 출현을 다루고 있고 마태복음과 마가복음은 부활 예수의 갈릴리 출현에 집중한다. 반면 요한복음은 결과적으로 볼 때 유대 출현(20장)과 갈릴리 출현(21장)을 모두 다룬다.

3. C. K. Barrett, The New Testament Background, *Selected Documents* (London: SPCK, 1957), p. 15; George R. Beasley-Murray, *John*, WBC 36(Waco, Texas: Word Books, 1987), p. 371에서 인용함.

4. William Lane Craig, "Did Jesus Rise from the Dead?" in *Jesus Under Fire*, ed. Michael J. Wilkins and J. P. Moreland (Grand Rapids: Zondervan, 1995), p. 151.

5. 이상훈, 「요한복음」(서울: 대한기독교서회, 1993), p. 581.

6. 그리스도교의 집회일이 오늘날의 일요일이 된 것은 분명히 예수의 부활 출현과 연관을 갖는다. 요한복음 21장에서 예수는 일주일 후 같은 요일에 제자들에게 나타났다. 이 날, 즉 안식 후 첫 날이 그리스도인들의 모임의 날로 굳혀져가는 계기가 된 것 같다. 바울의 교회들도 매주 첫날, 즉 안식 후 첫 날인 일요일에 모였다(고전 16:2; 행 20:7). 그런 의미에서 그리스도교의 주일은 매주 맞이하는 한 주 주기의 부활절이다.

7. F. F. Bruce, *The Gospel of John* (Grand Rapids: Wm. B. Eerdmans, 1983), p. 394.

8. 일부 주석가들은, 21장을 20장에서 끝나는 요한복음 원본에의 추가로 보고, 그 기록 목적이 예수께서 다시 오실 때까지 살아있으리라 믿었던 '예수의 사랑하시는 제자'의 때 이른 죽음을 변명하기 위한 것이었다고 주장한다. 본문 중에 그런 오해의 불식과 변명을 목적한 회상이 포함되어 있기는 하다(21:20~23). 그러나 그것 한 가지를 위해 사실상 21장의 대부분을 차지하는 베드로 이야기를 부수적인 것으로 처리하는 것은 합리적이지 못하다.

9. 학문으로서의 성서학은 서로 다른 책의 내용들을 비판적 검증 없이 연계, 조화시키는 것을 꺼리고 있다. 여기서 그러한 접근 방식에 대한 논쟁을 펼 여유는 없다. 하지만 우리는 성경을 교회의 삶을 위해 주어진 통일된 한 권의 책이며 그 안의 내용을 오늘날 우리의 신앙과 삶을 위한 하나의 종합된 스토리로 읽는 전통적 교회의 입장을 전제하면서 이 사안을 살펴고자 한다. 비록 누가복음과 요한복음이 각각 별도의 사건 진행 방식과 구상을 지니고 있지만 요한복음 21장의 스토리는 확실하게 누가복음이 기록하고 있는 베드로의 처음 소명 당시의 정황을 염두에 두고 있다.

10. 일부 주석가들은 예수의 첫 두 질문의 동사가 '아가파오'였으나 베드로가 두 번 다 '필레오'를 사용하여 대답했고 세 번째 질문에서는 예수께서 '필레오'를 사용해 질문하고 베드로도 같은 동사로 긍정적 답변을 한 것을 두고 두 동사의 함의 차이에 대해 다양한 해석을 내렸다. 하지만 두 동사는 70인역에서 같은 히브리 단어에 대한 번역으로 의미의 차이 없이 교대로 사용되었다(예, 창 37:3). 또한 흔히 오해하고 있는 것처럼 동사 '아가파오'가 하나님의 고상한 사랑을 가리키는 데만 사용되는 단어가 절대 아님을 알아야 한다. 세상을 사랑하여 바울을 버린 데마의 사랑(딤후 4:10)이나 그리스도인이 하지 말아야 할 세상 사랑을 언급할 때(요일 2:15) 모두 '아가파오'가 동사로 사용되었다. 더구나 요한복음 내에서 하나님이나 예수의 사랑을 언급할 때 '아가파오'와 '필레오'를 서로 바꾸어가면서 사용했다는 점을 감안한다면(3:35; 5:20; 13:23; 19:26; 21:17, 20; 20:2) 두 단어가 교대되는 것은 확실히 반복을 피하려는 스타일의 구사이지 뜻의 차이가 결코 아님을 부정할 수 없다. F. F. Bruce, p. 405를 보라.

원어 일람표(히브리어/헬라어)

P. 104
누크토스 νυκτὸς
오이다멘 οἴδαμεν

P. 105
아노텐 ἄνωθεν
겐네테 아노텐 γεννηθῇ ἄνωθεν

P. 106
아노텐 ἄνωθεν
엑스 휘다토스 카이 프뉴마토스
　ἐξ ὕδατος καὶ πνεύματος

P. 107
아노텐 ἄνωθεν
엑스 ἐξ

P. 108
사릌스 σάρξ
프뉴마 πνεῦμα
루아흐 רוּחַ

P. 109
호 디다스칼로스 ὁ διδάσκαλος
오이다멘 οἴδαμεν
타 에피게이아 τὰ ἐπίγεια

P. 110
타 에푸라니아 τὰ ἐπουράνια
에이 메 εἰ μὴ

P. 111
휩소테나이 ὑψωθῆναι

P. 112
케크리타이 κέκριται

P. 113
메타 타우타 μετὰ ταῦτα

P. 114
데이 δεῖ

P. 115
우데이스 οὐδείς
판테스 πάντες
에스프라기센 ἐσφράγισεν
판타 πάντα

P. 116
아페이테인 ἀπειθέιν

P. 125
엔 프뉴마티 카이 알레쎄이아
　ἐν πνεύματι καὶ ἀληθείᾳ

P. 130
벳자싸 Βηθζαθά
벳사이다 Βηθσαϊδα
베쎄스다 Βηθεσδά

P. 133
하마르타노 ἁμαρτάνω

P. 135
호모이오스 ὁμοίως
아가파오 ἀγαπάω
필레오 φιλέω

P. 137
가르 γάρ
휘오스 안트로푸 υἱὸς ἀνθρώπου

P. 139
우크 하마르타네이 οὐχ ἁμαρτάνει

P. 141
포스 φῶς
루크노스 λύχνος
카이오메노스 καιόμενος

P. 146
파이다리온 παιδάριον

P. 147
하르파제인 ἁρπάζειν
탈라싸 θάλασσα

P. 148
에고 에이미 ἐγώ εἰμι
유테오스 εὐθέως

P. 149
세메이온 σημεῖον
타 에르가 τὰ ἔργα
에르가조메타 ἐργαζώμεθα
토 에르곤 τὸ ἔργον

P. 150
에고 에이미 호 아르토스 테스 조에스
  ἐγώ εἰμι ὁ ἄρτος τῆς ζωῆς
에크발로 ἐκβάλλω

P. 151
헬퀴에인 ἑλκύειν
공귀제인 γογγύζειν

P. 152
사륵스 σάρξ
에마콘토 프로스 알레루스
  Ἐμάχοντο πρὸς ἄλλήλους
스칸달리제인 σκανδαλίζειν

P. 153
프뉴마 πνεῦμα
사륵스 σάρξ

P. 154
메 μή
텔레테 θέλετε

P. 155
세메이온 σημεῖον

P. 159
헬퀴에인 ἑλκύειν
디도나이 διδόναι

P. 166
카이로스 καιρός
아나바이노 ἀναβαίνω
파네로스 φανερῶς
파네로손 φανέρωσον
엔 크룹토 ἐν κρυπτῷ
아가쏘스 ἀγαθός

P. 170
로고스 λόγος

P. 172
포타모이 ποταμοί

P. 180
팔린 πάλιν

P. 184
호티 에고 에이미 ὅτι ἐγώ εἰμι

P. 187
헤오라카스 ἑώρακας
헤오라켄 세 ἑώρακεν σέ
호티 에고 에이미 ὅτι ἐγώ εἰμι

P. 190
에고 에이미 ἐγώ εἰμι

P. 198
호 휘오스 투 안트로푸
ὁ υἱός τοῦ ἀνθρώπου

P. 215
에고 에이미 ἐγώ εἰμι
엠브리모메노스 엔 헤아우토
ἐμβριμώμενος ἐν ἑαυτῷ
엠브리마오마이 ἐμβριμάομαι

P. 249
휘포데이그마 ὑπόδειγμα

P. 256
모나이 폴라이 μοναὶ πολλαί
메네인 μένειν
모나이 μοναί
엔 테 오이키아 투 파트로스
ἐν τῇ οἰκίᾳ τοῦ πατρός

P. 257
팔린 에르코마이 카이 파라렘프소마이
πάλιν ἔρχομαι καί παραλήμψομαι

P. 259
에고 에이미 ἐγώ εἰμι

P. 261
알론 파라클레톤 ἄλλον παράκλητον

P. 262
파라클레토스 παράκλητος
파라칼레인 παρακαλεῖν
파라클레시스 παράκλησις

P. 269
알레티네 ἀληθινή

P. 270
아이로 αἴρω
카타이로 καθαίρω
카타로이 καθαροί

P. 271
클레마타 κλήματα
에블레테 ἐβλήθη
엑세란테 ἐξηράνθη

348

카테르게테테 κατηργήθητε
엑세페사테 ἐξεπέσατε

P. 272
레흐마타 ῥήματά
레마 ῥῆμα
로고스 λόγος

P. 273
필로이 φίλοι

P. 277
파라클레토스 παράκλητος
스칸달리조마이 σκανδαλίζομαι

P. 278
아포쉬나고구스 ἀποσυναγώγους
프로스페로 προσφέρω

P. 279
휘파고 ὑπάγω

P. 281
타 에르코메나 τὰ ἐρχόμενα

P. 284
틀리프시스 θλῖψίς

P. 285
에로타오 ἐρωτάω
아이테오 αἰτέω

P. 286
파로이미아 παροιμία

P. 287
필레오 φιλέω

P. 289
네니케카 νενίκηκα

P. 291
파라클레토스 παράκλητος

P. 292
아포쉬나고구스 ἀποσυναγώγους

P. 294
독사손 δόξασόν

P. 296
테레손 τήρησον
하기아손 ἁγίασον

P. 297
알레테이아 ἀλήθεια

P. 324
아피스토스 ἄπιστος
피스토스 πιστός

P. 330
우…헤오스 οὐ…ἕως

P. 333
아페크리나토 ἀπεκρίνατο
휘오스 안트로푸 υἱὸς ἀνθρώπου
호 휘오스 투 안트로푸
 ὁ υἱός τοῦ ἀνθρώπου

프락산테스 πράξαντες
호이 하기오이 οἱ ἅγιοι
메타 타우타 μετὰ ταῦτα

P. 334
야훼 יהוה
하야 הָיָה
에고 에이미 ἐγώ εἰμι
엔 ἦν
에이돈 εἶδον
퀴리에 κύριε
라흐비 ῥαββί
공귀제인 γογγύζειν

P. 335
호 피스튜온 에이스 에메
  ὁ πιστεύων εἰς ἐμέ

P. 337
히나 피스튜세테 ἵνα πιστεύσητε
피스튜에테 πιστεύητε
히나 피스튜에테 ἵνα πιστεύητε

P. 339
에고 에이미 ἐγώ εἰμι
텐 헤메란 투 엔타피아스무 무
  τὴν ἡμέραν τοῦ ἐνταφιασμοῦ
  μου

P. 341
투토 포이에이테 τοῦτο ποιεῖτε
타우타 ταῦτα
투토 τοῦτο

P. 342
파라클레토스 παράκλητος

P. 343
파로이미아 παροιμία

P. 344
아가파오 ἀγαπάω
필레오 φιλέω

---

*θ는 원칙적으로 'ㅆ'으로 음역했으나, 필자가 'ㅌ' 혹은 'ㄸ'를 선호한 경우 필자의 의견을 존중했습니다.
*υ는 원칙적으로 'ᅱ'로 음역했으나, 필자가 'ᅮ'를 선호한 경우 필자의 의견을 존중했습니다.